한국외국어대학교 러시아연구소
HK 연구사업단 학술연구총서 34

세계사 속의 러시아혁명

이 도서의 국립중앙도서관 출판예정도서목록(CIP)은 서지정보유통지원시스템 홈페이지(http://seoji.nl.go.kr)와 국가자료공동목록시스템(http://www.nl.go.kr/kolisnet)에서 이용하실 수 있습니다.
CIP제어번호: CIP2019019507(양장), CIP2019019504(무선)

한국외국어대학교 러시아연구소
HK 연구사업단 학술연구총서 **34**

The Russian Revolution in World History

세계사 속의 러시아 혁명

편저자 | 강덕수 · 한정숙 · 송준서

지은이 | 한정숙 · 반병률 · 강준영 · 공유식 · 이용운 · 손영훈
베텔 · 김광수 · 김신규 · 김지영 · 이춘입 · 송준서

한울
아카데미

책을 펴내며

강덕수(한국외국어대학교 러시아연구소 소장)

이 책은 세계의 근대사를 러시아혁명이라는 프리즘으로 바라본 연구 결과물이다. 2017년은 인류 역사에 한 획을 그은 러시아혁명이 발발한 지 100년이 되는 해였다. 1917년에 일어난 러시아혁명은 세계 최초의 사회주의 국가를 탄생시켰고, 혁명 이데올로기는 유럽, 아시아, 아프리카, 아메리카 등 세계 전역으로 확산되어 민족해방운동, 구체제 타파, 반인종차별 투쟁 등에 많은 영향을 끼쳤다. 한 세기가 지난 현시점에, 한국을 비롯해 전 세계에 영향을 미친 러시아혁명의 세계사적 의의를 각국의 경험을 통해 살펴보는 것은 의미 있는 기획이라 하겠다.

그동안 혁명 당사국인 러시아에서는 러시아혁명과 관련해서 정치, 경제, 사회, 문화 등에 미친 영향을 논의한 결과물이 다수 출판되었다. 하지만 러시아혁명이 아프리카, 아메리카, 중앙아시아, 동아시아 등 다양한 지역에 미친 영향에 대해서는 종합적인 연구가 드물었다. 따라서 이 연구물

은 공간과 시간의 범위를 확대해 세계사적 관점에서 러시아혁명을 고찰했
다는 점에 학문적 의의가 있다.

　이 책은 모두 10장으로 구성되어 있다. 1장은 근대화, 민족문제, 국제
관계 측면에서 러시아혁명의 세계사적 의미를 기술했다. 러시아혁명이 세
계 각국에 미친 영향의 사례로 먼저 동아시아 지역을 살펴보았다. 2장에서
는 러시아혁명 직후 소비에트 정부의 지원을 얻어 항일 독립운동을 하고자
했던 여운형과 한인 공산주의자들의 활동을, 3장과 4장에서는 러시아혁명
이데올로기가 중국에 전파되어 중국화되는 과정과 쑨원의 러시아혁명 인
식 및 국민당 개조를 소개했다. 5장에서는 중앙아시아 지역의 사례로 러시
아혁명이 카자흐 지식인의 민족운동과 자치 정부 수립에 미친 영향을 고찰
했다. 6장에서는 아프리카 지역의 사례로 러시아혁명에 대해 앙골라 및 에
티오피아 정부와 지식인이 보인 반응과 볼셰비즘이 이 지역의 독립운동을
주도한 지식인들에게 미친 영향을 살펴보았다. 다음으로는 러시아혁명이
유럽에 미친 영향을 체코슬로바키아와 헝가리를 통해 고찰했다. 7장에서
는 러시아혁명이 제1차 세계대전에 참전한 체코와 슬로바키아 군인들의
운명을 어떻게 바꿔놓았는지 살펴보았다. 8장에서는 러시아혁명의 영향으
로 세계에서 두 번째 프롤레타리아혁명 정부가 헝가리에서 탄생한 사건을
분석했다. 9장에서는 러시아혁명 사상이 대서양 건너 아메리카 지역에서
미국 흑인 인권 운동에 미친 영향을 고찰했다. 마지막으로 10장에서는 100
여 년 전 혁명의 당사국이던 러시아에서 소련 붕괴 이후 오늘날에 이르기
까지 탈소비에트 러시아 지도부가 혁명을 어떻게 기억하고 있는지 살펴보
았다.

　이 책에 실린 글의 대부분은 2017년 12월 1, 2일 한국외국어대학교 러
시아연구소, 한국러시아사학회, 한국서양사학회가 공동으로 개최한 학술
회의 '러시아혁명 100주년: 혁명의 유산과 평가, 그리고 한국적 이해'의 결

과물을 토대로 했다. 이 세 기관은 2016년 중반 공동 학술회의를 기획했고, 2017년 중반, 한국연구재단 학술회의 지원 사업에 선정되어 한국연구재단의 후원을 받아 공동 학술회의를 성공적으로 개최할 수 있었다. 이 학술회의는 총 3부로 나누어 진행되었는데 각각의 주제는 1부 '러시아혁명, 이상과 현실', 2부 '러시아혁명의 유산, 러시아혁명과 세계', 3부 '러시아혁명과 현대 한국 지식인'이었다. 이 책은 이 중 2부에서 발표된 글을 중심으로 구성했다.

한국외국어대학교 러시아연구소의 HK(인문한국) 연구사업(NRF-362-2009-1-B00005)의 일환으로 출판되는 이 책은 러시아연구소만이 아니라 한국의 서양사 연구, 그리고 러시아사 연구의 중추적 역할을 맡고 있는 한국서양사학회와 한국러시아사학회가 공동으로 기획한 학술회의의 결과물이다. 이 학술회의를 기획한 강성호 전 한국서양사학회 회장, 한정숙 전 한국러시아사학회 회장, 김현택 전 한국외국어대학교 러시아연구소 소장에게도 이 지면을 빌려 심심한 감사의 말씀을 전한다. 특히 이 학술회의 조직을 위해 노고를 아끼지 않은 러시아사학회 총무이사 황동하 교수를 비롯한 학회 임원진에게도 감사드린다. 이 외에도 출판을 흔쾌히 수락해 주신 한울엠플러스(주)에 감사드리며, 아울러 이 책의 출간을 주관한 송준서 교수, 원고를 다듬어준 이양경 조교에게도 고마운 마음을 전한다.

이 결과물이 한 세기 전에 세계를 뒤흔들었던 역사적 사건에 대한 이해의 지평을 넓히고 재평가하는 데 기여하기 바란다. 덧붙여 우리 러시아연구소는 앞으로도 우리와 연구 주제나 관심사를 공유하는 학회들과 지속적으로 학술협력을 추진할 것을 약속드린다.

차례

1장

세계사 속의 러시아혁명

한정숙(서울대학교 서양사학과)

이 글은 2017년 12월 1일 한국외국어대학교에서 열린 러시아혁명 100주년 기념 전국서양사 연합학술대회에서 발표된 필자의 기조 발제 「세계사 속의 러시아」를 저본으로 하여 원광대 학교 한중관계연구원에서 발간되는 ≪한중관계연구≫, 4권 1호(2018), 47~49쪽에 게재된 글 을 다시 일부 수정한 것이다. 또한 ≪신동아≫, 2018년 3월 호에 수록된 필자의 글 「러시아혁 명 100주년, 열광과 좌절의 유산」 가운데 몇 문장이 이 글에 실려 있음을 밝힌다.

1. 100주년을 맞은 러시아혁명

2017년은 러시아혁명[1] 100주년을 기념하는 해였다. 한때 한국 사회의

---

1) '러시아혁명'이라는 말의 용법에 대해 잠시 생각해 보겠다. 러시아-소련 바깥에서는 러시아혁명은 러시아력 10월 25, 26일(오늘날의 양력으로는 11월 7, 8일)에 일어난 10월혁명을 중심으로 그 전후에 일어난 일련의 변화 과정을 가리켜 왔다. '러시아혁명'은 흔히 '볼셰비키혁명'이라는 용어와 동일시된다. 망명 이후 『러시아혁명사』[Leon Trotsky, *The History of the Russian Revolution*, Vol.3, translated from the Russian by Max Eastman(New York: Simon and Schuster, 1937)]를 쓴 트로츠키도 마찬가지이고, 한국 연구자들도 모두 그러한 의미로 이 말을 써왔다. 이 글도 이 용례를 따른다. 다만 혁명의 시작 시기와 종료 시기는 좀 더 분명히 할 필요가 있는데, 일반적으로 10월혁명의 서막을 2월혁명으로 잡는 데는 큰 이견이 없지만 혁명의 종료 시기를 언제로 볼 것인가에 대해서는 의견이 천차만별이다. 스티브 스미스처럼 신경제 정책 시기까지 혁명기로 보는 논자도 있고(S. A. Smith, *Russia in Revolution: An Empire in Crisis, 1890 to 1928*, Oxford: Oxford University Press, 2017) 러시아혁명의 수정주의적 해석의 대표자인 실라 피츠패트릭처럼 스탈린 체제까지를 혁명기로 보는 사람도 있다[Sheila Fitzpatrick, *The Russian Revolution*, 4th ed.(Oxford: Oxford University Press, 2017)]. 소련에서는 '러시아혁명'이라는 말이 쓰이지 않고 보통 1905년 혁명, 2월혁명, 10월 대혁명 등의 용어가 사용되었다. 볼셰비키혁명을 가리키는 소련 학계의 공식 용어는 '사회주의 10월 대혁명'이었고 '위대한 10월(Великая Октябрь)'이라는 말도 빈번하게 쓰였으며 일반적으로는 '10월(Октябрь)'이라는 말이 사용되었다. 소련 해체 후에는 '10월혁명' 대신 '10월 정변(октябрьский переворот)'이라는 말도 종종 사용되어 왔다. переворот라는 말은 революция 대신 사용되면서 10월혁명에 대한 부정적 함의를 담은 말처럼 해석되기도 하지만, 중립적으로 사용되기도 한다. 최근에는 러시아 학계에서도 러시아 대혁명이라는 말로써 1905년 혁명부터 1917년 2월혁명, 10월 볼셰비키혁명에까지 이르는 복합적 혁명 과정을 칭하는 경향이 나타나고 있다. 더는 10월혁명에만 초점을 맞추지 않는다고 볼 수도 있다. 그러면서도 역사학자 르이스코프나 슈빈이 사용하는 '러시아 대혁명'이라는 말은 이 복합적이고 포괄적인 과정에 프랑스혁명 못지않은 역사적 의미가 있다는 자부심을 표현한다. Д. Ю. Лысков, *Великая русская революция 1905-1922*(Москва: Книжный дом ≪Либроком≫, 2012); Александр Шубин, *Великая российская революция: от февраля к октябрю 1917 года* (Москва: Родина Медиа, 2014). 주로 원로 세대에 속하는 정통 레닌주의자들은 러시아혁명을 칭하는 데 여전히 '10월'이라는 용어를 쓰고 있다. *Вершина великой революции. К 100-летию Октября*. Под общей редакцией Б. Ф. Славина, А. В. Бузгалина(Москва: Алгоритм, 2017).

일부 구성원들은 러시아혁명을 마치 눈앞에서 전개되고 있는 사건처럼 여겼고, 이 혁명의 경과가 곧 한국 사회의 변화 전망과 직결되기라도 한 듯, 혁명가 한 사람, 한 사람의 운명을 촉각을 곤두세워 추적했으며 그들의 장단점에 대해 열띤 논쟁을 벌였다.[2] 소련이 차가운 겨울바람 속에 해체된 후 이 혁명에 대한 지식인 사회의 관심은 크게 줄어들었다. 러시아 자체에서도 혁명 기념일에 대한 관심은 소련 시절 같지 않다. 물론 연구자들은 혁명의 의미를 재조명하는 저서를 다수 내놓았고 학계에서 크고 작은 학술 행사가 열려 혁명의 여러 측면을 조명했다. 그러나 혁명 100주년의 해에 혁명을 기념하는 일이 러시아 사회의 가장 첨예한 관심사는 아니었다. 역사적 사건의 기념에 아낌없이 인적·물적·지적 자원을 동원해 왔던 소련에서와는 달리, 2017년의 러시아에서는 푸틴 정부가 혁명 분위기가 형성될까 경계하여 러시아혁명 100주년에 대해서도 냉담한 태도를 취해왔던 것[3]이 주된 이유의 하나이다. 반공주의가 주된 흐름을 이루던 사회에서는 말할 나위도 없다. 냉전주의적 러시아혁명 해석이 다시 목소리를 더욱 높이는

---

[2] 2017년 12월 1, 2일 한국러시아사학회와 한국외국어대학교 주최로 열린 러시아혁명 100주년 기념 서양사 연합 학술대회의 일환으로 마련된 '러시아혁명과 나'라는 제목의 좌담회(라운드 테이블)에서, 학자, 언론인, 노동운동가 등으로 활동하고 있는 좌담 참가자들은 주로 1980년대의 자신의 활동을 돌이켜 보면서 러시아혁명가들에게서 느낀 막연한 의미에 대해 언급했다. 이 좌담회의 몇몇 참가자는 당국의 눈을 피해 『무엇을 할 것인가』, 『일보 전진, 이보 후퇴』, 『국가와 혁명』 등 레닌의 저작을 읽거나 배포했던 경험, 소련 체제와 세계 질서의 대안을 트로츠키에게서 구할 수 있다고 믿게 된 과정 등을 회고했다.

[3] 코린 아마세, 「푸틴 정부가 '혁명 100주년' 기념행사를 꺼리는 이유」, ≪르몽드 디플로마티크≫, 2017년 3월 호, 8쪽; Catherine Merridale, "Putin's Russia can't celebrate its revolutionary past. It has to smother it," *The Guardian*(2017.11.3). https://www.theguardian.com/commentisfree/2017/nov/03/putin-russia-revolution-ignore-centenary(검색일: 2017.11.20); Oliver Carroll, "Russian Revolution at 100: Why the centenary means little to modern day Russia's leaders – and its people," *The Independent*, 5 November 2017; http://www.independent.co.uk/news/world/europe/russia-october-revolution-100-years-bolsheviks-soviet-putin-communist-party-federation-tsars-a8038911.html(검색일: 2017.11.20).

현상도 심심치 않게 찾아볼 수 있다.[4] 다만, 영국의 경우에서 보듯이 이 혁명의 의미를 중시하는 외국의 운동가, 연구자들은 여러 가지 기념행사를 열었다.

그렇다면 소련이 붕괴한 후 러시아혁명에 대해 말하는 것은 죽은 말에게 채찍질하기일까? 러시아혁명의 부당성을 재확인하고 그 흔적을 역사에서 지우기 위해 확인 사살을 감행하기 위함일까? 결코 그렇지 않다. 이 글에서 필자는 세계사 속 러시아혁명의 위치를 짚어보고 그 의미를 생각해 보고자 한다. 사실관계에서 특별히 새롭게 이야기할 내용은 없다. 이미 잘 알려져 있지만 우리가 소련 해체라는 거대한 사건 속에서 한꺼번에 잊어버린 사실들을 상기하고 개관해 보면서, 미처 생각하지 못했던 러시아혁명의 문명사적 의미도 한번 짚어보자는 것이다.

역사는 당장 눈앞에서 전개되는 현실보다 깊고 멀리 작용한다. 그것은 우리가 눈앞의 숨 가쁜 잡사와 사건들의 단기 파동 속에서 망각하고 무시했을 때에도 인간 삶의 심층 속에서 기다리면서 기회 닿을 때마다 자신을 주장한다. 프랑스혁명은 테르미도르 반동, 나폴레옹의 황제 정부 수립과 몰락, 왕정복고, 7월혁명, 1848년 혁명과 제2 공화정 수립, 루이 보나파르트의 황제 정부 수립과 몰락, 제3 공화정 등등 쉼 없는 전복과 재전복의 과정을 거치고 나서야 비로소 위상이 확립되었다. 제3 공화정이 어느 정도

---

4) 예를 들어 냉전 시기부터 가장 강경한 반공주의 관점에서 러시아혁명을 부정적으로 해석해 왔던 미국의 러시아사 연구자 리처드 파이프스(Richard Pipes)는 페레스트로이카 이후 발표한 러시아혁명 관련 저술에서 10월혁명을 권력욕에 사로잡힌 볼셰비키의 음모로 인해 일어난 일로 여겼고 혁명 이후의 모든 어려움과 비극을 모두 이들의 잘못된 결정 탓으로 돌렸다. Richard Pipes, *The Russian Revolution 1899-1919*(London; New York: Collins Harvill, 1990); Richard Pipes, "1917 and Revisionists(Sovietologists)," *The National Interests* 31(1993). 러시아혁명과 소련 체제에 상대적으로 더 우호적으로 역사를 서술해 왔던 연구자들 가운데 일부도 파이프스 못지않게 부정적인 소련사 해석으로 선회하는 경우를 찾아볼 수 있다.

자리 잡고 혁명 후 1세기를 지난 시점이 되어서야 이를 기념하는 행사들이 제대로 열릴 수 있었다.[5) 러시아혁명은 이와는 운명이 다소 달랐다. 혁명으로 수립된 체제가 70년 이상 유지되면서 그동안 국가 차원에서 혁명을 기념하는 행사는 무수히 많았으나 바로 그 체제가 무너지면서 1세기 후에 오히려 기념의 의미가 축소된 느낌을 주는 것이다. 그러나 우리가 눈앞에서 러시아혁명을 놓치고 있더라도 이 혁명은 나중에 가서 다시 선명하게 자기를 주장하게 될 수도 있다. 러시아혁명의 성과와 영향 또한 우리가 의식하고 있는 것보다 깊고 멀리 미쳤고, 미치고 있다. 이는 일국 차원을 넘어 국제 관계의 변화에 미친 러시아혁명의 영향이라는 관점에서 조금만 생각해 보아도 알 수 있다. 또한 문화와 일상생활, 사회적 영역에서도 러시아혁명의 영향은 뚜렷이 드러난다.

혁명이란 구체제(낡은 것, 용도 폐기된 것)를 타파하고 불가역적인 변화를 만들어내는 포괄적인 과정이다.[6) 혁명을 통해 인간은 시간을 단절시키고

---

5) 1889년에 열린 파리 만국박람회는 프랑스혁명 100주년을 기념하는 성대한 행사였고, 에펠탑은 이를 기념하여 세워진 가장 유명한 조형물이다.

6) 혁명(革命)이라는 말은 주역 가운데 혁괘(革卦)에 대한 설명에 나오는 "天地革而四時成 湯武革命 順乎天而應乎人 革之時大矣哉(하늘과 땅이 바뀌어 사계절이 이루어지듯 탕 임금과 무임금이 혁명을 일으킨 것은 하늘에 순응하고 사람들의 뜻에 따른 것이니, 변혁의 때는 위대하도다)"라는 구절에서 비롯된 것이다. 즉, 이미 수천 년 전부터 국가의 기본 질서의 변화를 가리키는 데 이 말을 사용했다.

그에 반해 서양어 revolution은 원래 천체의 회전을 가리키는 말이라고 한다. 후기 라틴어에서 '돌다', '회전하다'를 의미하는 동사 revolvere에서 파생된 revolutionem이나 고(古)프랑스어에서 회전, 선회를 의미하는 명사 revolucion이 어원이다. 그런데 15세기 중엽 이후 이 말에는 대전환 사태라는 뜻이 추가되기 시작했다. 1600년 무렵부터는 '기존 정치체제의 전복'이라는 의미로 이 말이 쓰이기 시작했다. 특히 1688년 영국의 명예혁명 시기에 스튜어트 왕조가 축출되어 통치자가 바뀌게 된 것을 가리키는 데 '(Glorious) Revolution'이라는 말이 쓰이게 된 것이 오늘날과 같은 의미로 revolution의 용법이 확대되었다(온라인 어원사전에 의거한다). https://www.etymonline.com/word/revolution(검색일: 2017.8.15).

새로운 시간을 만든다. 혁명의 어떤 국면에서는 반동이 일어나 일시적인 퇴행이 불가피해지기도 한다. 하지만 그렇다고 해서 혁명의 이상과 성과가 영영 잊히거나 묻히는 것은 아니다. 긍정적 유산과 가르침이 있는 혁명이라면 후대인들이 (경우에 따라서는 혁명을 이룬 사회가 아닌 다른 사회에서일지라도) 이를 되살려내기 때문이다. 혁명의 유산도 격세유전(隔世遺傳)으로 전승되는 경향이 있다고 생각한다. 물론 사회가 유전자를 가지고 있어서 대를 걸러 이 유전자를 전달한다는 의미가 아니라, 사회적 움직임이 파동과 같은 변화의 주기에 따라 진행된다는 의미다. 지금 상황은 러시아혁명의 유산에 대한 반응이 저점에 있는 것이다. 그렇다면 이 혁명을 낮게 평가하는 움직임이 극한에 이르면서 발생하는 사회적 불평등과 불공정이 극에 이르면 다음 국면에서는 다시 이 혁명에 대한 재평가가 이루어질 수도 있을 것이다.

역사상 무수한 혁명과 혁명 시도가 있었다. 성공한 혁명도 있고 실패한 혁명도 있지만 그중에서 세계사적 대혁명으로 불릴 만한 것은 프랑스혁명과 러시아혁명, 이 둘이라고 할 수 있다. 두 혁명은 새로운 이념으로 해당 사회를 바꾸어놓았을 뿐 아니라 전 세계적으로 그 이념이 퍼져간, 영향력이 가장 컸던 혁명이기 때문이다. 프랑스혁명은 가장 전형적이고 가장 고전적인 시민혁명이다. 이 혁명으로 절대군주가 쫓겨나고 시민계급의 권력이 수립되었다. 러시아혁명은 세계 최초의 사회주의혁명이다. 이 혁명으로

정치적 격변으로 통치자나 지배 체제가 바뀌는 것을 가리키는 러시아어는 원래 переворот (페레보로트)이다. 그런데 러시아에서도 서유럽과의 접촉이 늘어남에 따라 영어, 독일어, 프랑스어에서 공통으로 사용되는 revolution/revolucion이라는 말이 수입되어 революция (레볼류치야)라는 러시아어형으로 변형되어 사용되면서 일반화되었다. 이 장의 주 1)에서 말했다시피 최근에는 러시아에서도 러시아혁명을 가리키는 데 переворот라는 말을 쓰는 빈도가 늘어났다. переворот가 revolution에 비해 해당 사건을 폄훼하는 것이라는 견해도 있지만, 전체적으로 본다면 이 말은 중립적인 용어라고 할 수 있다.

계급 없는 사회를 지향하는 프롤레타리아 권력이 수립되었다. 존 리드의 표현대로 1917년 러시아혁명은 '세계를 뒤흔든' 혁명이었다.[7] 그리고 열광과 증오라는 상반된 반응이 이 혁명을 둘러싸고 격돌했다.[8] 프랑스혁명의 이념이 전 세계적으로 전파되었고 이 이념에 따라 사회를 재편하려는 움직임이 물결을 이루었듯이, '계급의 철폐'와 '무산대중의 해방'이라는 러시아혁명의 이념 역시 다른 사회들에까지 파급되었고, 반대파는 이를 막기 위해 부심했다. 서유럽의 노동계급은 소비에트 러시아를 고립시키려는 자국 정부의 시도에 항의하는 시위를 하곤 했다.[9]

그런데 프랑스혁명과 러시아혁명은 계급적 기반이라는 면에서 혁명 세력의 집권 준비 정도가 각기 달랐다고 할 수 있다. 프랑스혁명은 시민계급의 사회경제적 지배력이 확립된 위에 정치적 지배의 도장을 찍었다. 반면 러시아혁명은 당시 형성되고 있던 프롤레타리아 계급이 가불(假拂)로 권력을 장악한 사건이다. 이와 관련하여 독일의 한 정치학자는 이렇게 말한 바 있다. "시민혁명은 대개 정치권력의 장악과 더불어 종결되었다. 왜냐하면 자본주의 경제의 토대는 이미 그 이전의 역사 발전 과정 속에서 대부분 마련되어 있었기 때문이다. 그런 까닭에 대개의 경우 이러한 혁명의 과제는 이 같은 토대에 상응하며, 시민계급에는 이제 쓸모없어진 봉건제도들을 철폐할 수 있게 도와주는 정치적 상부구조를 수립하는 것에 국한될 수 있었다. 이에 반해 사회주의혁명은 정치권력의 장악과 더불어 비로소 시작되었

---

7) John Reed, *Ten Days That Shook the World* (New York: Boni & Liveright, 1919).
8) 러시아혁명을 둘러싼 1세기에 걸친 해석의 역사에 대해서는 한정숙, 「'세계를 뒤흔든 혁명' 에 대한 열광, 비판, 성찰: 러시아혁명 100년, 해석의 역사」, 정재원·최진석 엮음, 『다시 돌아보는 러시아혁명 100년』(문학과 지성, 2017), 35~132쪽을 참조.
9) E. Sylvia Pankhurst, "The British Workers and Soviet Russia," *The Revolutionary Age*, August 9, 1919. https://www.marxists.org/archive/pankhurst-sylvia/1919/british-workers.htm(검색일: 2017.11. 2).

다. 노동계급은 이제 막 시작된 과도기를 거쳐 가면서 경제를 변형시키고 산업과 농업경제 안에 일률적인 사회주의 생산관계들을 창출해낼 도구로서 이 정치권력을 이용해야 했다."[10]

그만큼 사회주의 권력 수립 과정에서 더 큰 사회적 갈등이 발생했고 더 큰 인간적 고통이 대가로 치러졌던 것도 사실이다. 그러나 그 후에 수립된 체제는 상당한 지속성이 있었고, 이에 열광한 수많은 추종자를 낳았다. 그리하여 러시아혁명은 한동안 새로운 문명의 형성 가능성을 엿볼 수 있게 했다. 적어도 인간사회가 종전과는 전혀 다른 원칙 위에 세워질 수 있지 않을까 하는 기대를 낳기까지 했다. 그 원칙들 중에는 지금까지 지속되면서 여전히 중요성을 인정받는 것도 있고 잊혀버린 것도 있다. 러시아혁명의 의미를 사회 내부의 변화와 국제관계의 근본적 변화라는 두 측면에서 살펴볼 수 있겠다.

홉스봄은 프랑스혁명과 영국에서 일어난 산업혁명이라는 이중 혁명의 과정을 거쳐 부르주아-자유주의적 자본주의가 승리했다고 말했다.[11] 이것이 서구 근대화의 길이었다. 10월혁명으로 수립된 소비에트 러시아/소련 사회는 이와는 다른 방식의 이중 혁명, 즉 이중 혁명 대체 과정을 통해 서구와는 다른 방식의 근대화의 길을 가기 시작했다. 그리고 이에 이어서 소련 동쪽의 유라시아 지역 거대 부분이 자유주의적 자본주의의 길을 우회하는 다른 길을 보여주는 공간으로 성립했다(한국은 그 예외 가운데 하나다). 그 결과 각별히 의미 있고, 현재까지 그 파장이 미치고 있는 변화는 국제관계에서 일어났다. 특히 중국이 이 공간의 일원으로 합류함으로써 세계적 차

---

10) Gert Meyer, "Die Industriegesellschaft der Gegenwart: Die UdSSR als Beispiel einer sozialistischen Planwirtschaft," Helmuth Schneider(Hrsg.), *Geschichte der Arbeit vom Alten Ägypten bis zur Gegenwart*(Köln: Kiepenheuer & Witsch, 1980), p.363.

11) E. Hobsbawm, *The Age of Revolution 1789-1848*(New York: Vintage Books, 1996), p.2.

원에서 서구 중심의 역사발전론에 근본적으로 도전했다. 이는 체제의 우열을 논하는 문제가 아니라 사실 확립의 문제다(유라시아 공간 대부분이 거쳐 온 길이 더 낫다는 의미가 아니라 그것은 다른 길이라는 의미다).

　필자는 러시아혁명 이후 비서구 공간에서 새로운 노선에 따라 포괄적 근대화가 진행된 과정을 '유라시아 혁명'이라고 부르고자 한다. 유라시아 혁명이란 러시아혁명을 기점으로 서구의 패권이 기울고 유라시아 대륙의 거대한 지역에서 대항 권력이 수립되었음을 말하기 위해 필자가 만든 용어다. 유라시아 대륙 세력의 혁명이라는 의미이고, 그 가장 중요한 세력은 압축해서 말한다면 러시아와 중국이라고 하겠다. 유라시아라는 용어는 사용하는 사람에 따라 다양한 뜻으로 쓰인다. 이 말은 오랫동안 주로 지리학과 지질학의 용어로 사용되었고 이 의미로는 유럽과 아시아를 합친 대륙을 가리킨다. 이것을 문명사적 단위나 지정학적 공간을 의미하는 용어로 사용하게 된 것은 20세기 초 러시아 유라시아주의자들부터다.[12] 초창기 러시아 유라시아주의자들은 러시아 역사의 지배권 안으로 들어왔던 공간을 유라시아라고 불렀다. 이리하여 20세기 말부터 러시아 유라시아주의자들이나 러시아를 연구하는 사람들 사이에서는 유라시아가 러시아 문화권을 가리키는 말로 사용되는 경향도 있다. 그러나 국제관계론, 지정학에서 유라시아는 그보다 넓은 개념으로 쓰인다. 한국에서도 유라시아라는 말은 흔히 러시아와 중앙아시아, 몽골, 중국을 포괄하며 문명사적으로 정주 문명과 유목 문명을 포괄하는 대륙 세력을 뜻하는 개념으로 쓰인다.

---

12) 유라시아주의에 대해서는 다음 문헌을 참고. 신범식, 「고전적 유라시아주의의 두 측면에 대한 일고찰」, ≪러시아연구≫, 8권 2호(1998); 한정숙, 「슬라브적인 것과 유라시아적인 것: 범슬라브주의와 유라시아주의를 통해서 본 러시아의 민족주의 이념」, 한국서양사학회 엮음, 『서양에서의 민족과 민족주의』(까치, 1999).

2. 혁명의 내적 측면: 대안적 근대화

차르 체제가 자살하다시피 무너진 후 러시아는 처음에는 자유주의적 자본주의의 길로 나아가고자 했다. 그것이 2월혁명의 길이다. 2월혁명으로 수립된 임시정부는 볼셰비키 10월혁명으로 무너졌지만, 그것이 아니더라도 러시아가 자유주의적 자본주의에 쉽게 안착했으리라는 보장은 없다. 중부 및 동부 유럽의 수많은 국가가 전쟁 사이 기간 중에 그러했듯이 2월혁명 이후 체제는 파시즘, 혹은 준(準)파시즘으로 귀결되었을 가능성이 크다. 왜냐하면 제정 시대 말기 이래 취약한 물적 기반 위에서 노동계급을 과잉 착취함으로써 자본주의적 발전을 이루는 길을 택해왔던 러시아 부르주아지는 이를 보장해 주던 차르 정부가 2월혁명으로 무너졌으므로 새로운 보호자를 구해야 하는 상황이었으며 이를 위해서는 군부의 힘을 빌리거나 외국 세력에 의존할 수밖에 없었을 것이기 때문이다. 실제로 1917년 8월 말에 일어난 코르닐로프 장군의 쿠데타 시도는 이를 말해준다.[13] 취약한 러시아 부르주아지가 전쟁과 노동계급의 압박 속에서 선택한 것이 옛 차르 정권의 군부에 의존하는 것이었는데, 이것이 사실은 2월혁명 노선의 몰락을 자초했다.

코르닐로프 쿠데타를 제압하면서 혁명세력은 급속도로 급진화했고, 러시아는 10월혁명, 곧 볼셰비키혁명으로 나아가게 되었다. 이는 자유주의적 자본주의의 길도 아니고 파시즘 군국주의의 길도 아닌 제3의 길이었다. 볼셰비키는 10월 26일 제2차 전 러시아 노동자·농민·병사 소비에트 대회에

---

13) 코르닐로프 쿠데타 시도의 진정한 제안자가 누구인지는 아직도 확실히 밝혀지지는 않았다. 아마도 임시정부 수반 알렉산드르 케렌스키와 제국 군대 장군 라브르 코르닐로프는 서로를 이용하고자 했을 수 있을 것이다. 케렌스키도 코르닐로프도 자신이 최고 권력자가 되어 백색 독재 정부를 수립할 가능성이 있었다면 이를 반겼을 것이다.

서 노동자 농민 임시정부(즉 소비에트 정부)의 수립을 선포했고 평화에 관한 포고령으로 무병합·무배상의 즉각적 전쟁 종식을 선언했으며, 토지에 관한 포고령으로 모든 토지를 국유화하고 농민이 이를 이용하게 하는 토지개혁을 실시했다. 인류 최초의 총력전인 제1차 세계대전에서 교전국들 중 그 어느 나라도 상대 병력의 궤멸 없이는 전쟁을 끝내지 않으려 하던 상황에서 볼셰비키는 이 전쟁 자체에 시종일관 반대한 유일한 집권 세력이다. 즉, 제국주의 전쟁에 대한 반대와 봉건적 토지 소유의 철폐가 볼셰비키의 집권을 받쳐준 두 기둥이다.

볼셰비키 정부는 초기에 민족들의 권리, 여덟 시간 노동제, 교육부 창설, 은행 국유화 등등에 관한 수많은 포고령을 내놓고 사회경제적 개혁을 추진했는데 그중 어떤 것은 시민혁명 단계에 속하는 것(토지를 국유화하고 농민들에게 이용권을 부여한 '토지에 관한 포고령', 소수민족들의 자율권을 강화한 '러시아의 여러 민족들의 권리 선언', 신분제 철폐, 정교분리)이었고 어떤 것은 사회주의 성격을 띠는 것(은행 국유화, 노동자에 의한 생산 통제)이었다.

사실 러시아혁명의 성격에 대한 해석은 혁명 당사자들인 볼셰비키 사이에서도 일치한 것은 아니다. 부하린(Nikolai Bukharin)이나 프레오브라젠스키(Evgenii Preobrazhenskii)와 같은 볼셰비키 내 급진주의자들은 내전 국면에서 집필한 『공산주의의 ABC』에서 공산주의 정책을 당장 실시할 것을 주장했다.[14] 그들은 소비에트 러시아의 경제발전 단계에 상관없이 자기 사회가 공산주의 정책을 실시할 수 있다고 보았다. 반면 급진적 노동자 그룹의 좌파적 요구를 제어해야 할 위치에 있던 볼셰비키 내 중도파 세력은 10월혁명으로 바로 전면적 사회주의 정책으로 넘어갈 수는 없다고 보았다. 이들은

---

14) Н. И. Бухарин, Е. А. Преображенский, *Азбука Коммунизма. Популярное объяснение программы Российской коммунистической партии большевиков*(Москва, 1919).

10월혁명이 사회주의 혁명의 과제와 부르주아 혁명의 과제를 함께 수행해가야 한다고 주장했다. 그들이 보기에 "러시아의 대소 부르주아지가 해결할수 없었던 부르주아 민주주의 혁명의 과제를 해결하는 사명이 10월혁명의 몫으로 떨어졌고", 이 때문에 러시아 거의 대부분의 지역에서 유혈 없이 소비에트가 권력을 장악할 수 있었으며 "러시아 노동계급은 …… 자본주의의전 세계적 운동이 하향 곡선을 그리기 시작한 시기에 …… 부르주아 민주주의 혁명을 하게 되었고, 완료했으며, 완성했다"고 한다.15) 볼셰비키는 민주주의 혁명이 완수되지 않은 상태에서 바로 집권하자, 시민민주주의 단계의개혁과 사회주의 단계의 개혁을 함께 추진하게 된 것이다.

소비에트 러시아가 수립된 후 최초의 사회주의 헌법으로 제정된 1918년 헌법은 생산자, 근로 인민이 주인이 되는 사회를 선포했다. 물론 그 후사회는 격렬한 계급투쟁을 겪었다. 러시아혁명은 프랑스혁명을 모범으로삼았는데 자코뱅의 '인민의 적' 법률처럼16) 소비에트 러시아도 '인민의 적'을 색출하고 이를 사회적으로 무력화하면서 체제를 강화해 갔다.17) 시민

---

15) Я. Яковлев, *Об историческом смысле октября*(Москва: Красная Новь, 1922), p.15.

16) 프랑스혁명 당시 혁명 세력은 루이 16세를 '인민의 적(enemi du peuple)'으로 규정하여 처형했다. 자코뱅 집권기이던 1794년 6월 10일에 제정된 혁명력 2년 프레리알(Prairial, 牧月) 22일 법은 '인민의 적' 범위를 확대했다. 이 법은 혁명재판소가 '인민의 적'을 처벌하기 위해 설치되었으며, '인민의 적'이란 "무력이나 간계로써 공공의 자유를 파괴하고자 하는 자들"이라고 정의했다. 그리고 혁명재판소에서 '인민의 적'으로 평결받은 자는 사형으로 처벌한다고 규정했다.

17) 볼셰비키 정부는 1917년 11월 28일(현행 양력으로는 12월 11일)에 공포된 포고령에서 '인민의 적' 개념을 법적으로 도입하면서 이렇게 천명했다. "인민의 적들로 가득 채워진 입헌민주당의 모든 지도자들은 이로써 법적 권리를 박탈당한 자가 될 것이고 즉각 체포될 것이며 혁명 법정의 재판을 받게 될 것이다." 이 문제에 대해서는 Stephane Courtois, Nicolas Werth, Jean-Louis Panne, Andrzej Paczkowski, Karel Bartosek, Jean-Louis Margolin, *The Black Book of Communism: Crimes, Terror, Repression* (London; Cambridge, Massachusetts: Harvard University Press, 1999), p.55를 참조. 이 책은 소련 해체 이후에 출판된 책 중에서도 소련 체제를 혹독하게 비판하는 문헌 중 하나다.

민주주의가 성숙하지 않은 상태였던 만큼 그 대가를 그만큼 더 크게 치러야 했다.

1918년 여름부터 시작된 내전은 엄청난 인적·물적 희생을 수반한 고통스러운 과정이었고, 볼셰비키 정권은 백군을 상대로 생사를 건 투쟁을 펼쳐야 했다. 그러나 1920년에 내전에서 승리하고 크론시타트 해군 병사들의 도전을 진압한 후 레닌은 과감하게 사회 구성원들을 향한 화해 정책인 신경제정책으로 나아갔다. 이는 소농민을 비롯한 생산자들과 소상인, 소기업인들에게 경제활동의 재량권을 일정 부분 허용해 주는 것이었고 혼합 경제체제의 문을 여는 것이었다.[18]

1920년대를 거치면서 볼셰비키 정부는 권력을 공고하게 장악하게 되었고 당내 논쟁에서 승자가 된 공산당 서기장 스탈린은 생산력주의로 나아갔다. 스탈린은 레닌보다 유리한 조건에서 집권했으나 레닌보다 훨씬 가혹한 방식으로 통치했다. 스탈린의 생산력주의 정책은 레닌의 신경제정책처럼 생산자들을 배려함으로써 생산력을 높이는 것이 아니라 생산자가 국가의 일방적인 계획과 명령을 수동적으로 따르는 가운데 외연적 성장을 이루게 하려는 것이었다. 또한 이 같은 외연적 성장을 위해 스탈린은 집권 공산당 내에서조차 일체의 정치적 유연성을 불허했다. 이런 점에서 스탈린은 레닌과는 다른 원칙 위에 서 있었던 권력자임이 분명하다. 특히 스탈린 집권기에 공업 부문과 농업 부문에 대한 대우는 가장 극명한 대조를 이루었다. 농업 부문에서는 1929년부터 강행된 농업 집단화로 인해 농민층이 농노해방 이래 또다시 예속 상태에 빠졌고 농업 부문의 만성적 부진은 소련 경제의 아킬레스건이 되었다.[19] 반면 공업 부문은 그보다 조금 이른 시기에 실시

---

18) 중국의 덩샤오핑이 1978년 이후 취한 정책은 신경제정책에 비견할 만하다.
19) 20세기 말에 소련 농업 집단화의 문제점을 역사학 연구를 통해 밝힌 가장 신뢰할 만한 연

되기 시작한 5개년 계획에 따라 비약적인 성장을 이루었다.[20] 소련 경제의 성장은 비자본주의적 산업화의 모델을 제시했다. 그것은 결국 개발독재의 길이었다. 독재 정부가 주도하는 고속 산업화라는 점에서 스탈린식 경제 발전 5개년 계획은 강력한 기시감을 준다. 한국에서 제3공화국 이래 실시된 경제개발 5개년 계획과 명칭 자체가 유사하기 때문이다. 물론 박정희 정부의 경제개발은 재벌에게 특혜를 주고 노동운동을 억압하면서 진행되었다는 점에서 국가가 직접 자본가의 역할을 하고 노동자들에게 성과에 따른 보상을 제공하는 방식으로 (자율적 노동운동 자체는 역시 철저히 억압했지만) 진행된 스탈린식 산업화와는 큰 차이를 보이기는 한다.

노동계급 혁명으로 수립된 소련이 어떻게 생산력주의의 길로 가게 되었을까. 혁명 전 러시아에서는 모든 사람이 강한 국가를 원하고 있었다. 그것은 산업화이건 전쟁이건 당면한 과제를 효율적으로 수행할 능력이 있는 국가라는 의미의 강한 국가다. 차르 체제는 반대자에 대한 억압을 위해 모든 수단을 동원한다는 점에서만 강력한 국가였고 정치적·사회적 갈등의 조정, 농민의 경제력 향상, 대외 전쟁 수행 등 많은 면에서 무능력을 드러냈다. 제1차 세계대전의 와중에 러시아제국의 최고위 정치인 일부는 황제를 교체하거나 권력 구조를 변경하는 쿠데타를 계획했다.[21] 이른바 정치

구서로는 다음을 들 수 있다. Viktor Petrovich Danilov, *Rural Russia Under the New Regime* tr. by O. Figes(Indiana University Press, 1988).

20) 제철 금속, 기계 및 중장비 제작, 토목 건설 등 중공업 분야의 성과가 특히 두드러졌다. Sheila Fitzpatrick, *The Russian Revolution*, p.153.

21) 차르 니콜라이 2세의 아저씨이자 1차 대전 개전 후 한동안 러시아군 최고사령관이었던 니콜라이 니콜라예비치 대공은 거칠고 엄격하지만 차르의 유약함과 대비되는 결단성, 단호함을 보여주는 인물로 큰 인기를 모았다. 니콜라이 2세의 부인인 알렉산드라 표도로브나 황후는 황제의 유약함 때문에 쿠데타 세력이 그를 황제로 옹립하고자 한다는 불안감마저 느끼고 있었다. 차르는 황후의 강력한 종용 때문에 니콜라이 니콜라예비치 대공을 총사령관직에서 해임하고 스스로 그 직책을 맡았다. Murray Frame, Boris Kolonitskii, Steven G. Marks,

세력의 신뢰를 받는 책임 내각인 신뢰 내각을 수립하려는 시도도 있었다.[22] 이 모든 것은 전쟁을 효율적으로 수행하는 국가기구를 수립해 보려는 의도에서 비롯된 것이다. 권력 기구의 재편 방향에 대해서는 극과 극으로 의견이 나뉘더라도 차르 체제가 무력하며 비능률적이라는 데 대해서는 거의 모든 구성원의 의견이 일치되어 있었다고 할 수 있다. 사회 구성원의 동의 수준이 낮은 정부가 마지막 발걸음을 끌고 있었다. 이런 의미에서 제정 러시아는 매우 약한 국가였다. 니콜라이 2세가 퇴위를 선언했을 때 이를 안타까워하는 사람이 아무도 없었던 것은 그 때문이다.

2월혁명 후 수립된 임시정부도 강한 국가 창출에 실패했는데 이는 정부 권력의 기반이 약했기 때문이다. 임시정부가 존속 8개월 동안 차르 체제와는 비교할 수 없을 정도로 광범한 정치적 자유를 허용한 것은 분명하지만 전쟁 수행, 산업 관리, 농업 문제 해결 방안 제시 등 가장 중요한 국정 현안에서는 성과를 거두지 못했다. 민중은 2월혁명 초에는 소비에트는 물론 임시정부에도 지지를 모아 주었으나 차츰 임시정부에 대한 기대가 실망으로 바뀌었다. 이 때문에 임시정부는 자본가, 자유주의자들의 정부로 입지가 축소되었으며 특히 코르닐로프 사건 이후 임시정부와 민중 사이에는 깊은

Melissa G. Stockdale(ed.), *Russian Culture in War and Revolution, 1914-22 Book 2. Political Culture, Identities, Mentalities, and Memory*(Bloomington: Slavica Publishers, 2014), pp.32~35; Leon Trotsky, *The History of the Russian Revolution.* translated from the Russian by Max Eastman, Vol.1(London: Wellred Publications, 2007), p.89.

황제의 조카사위인 펠릭스 유수포프 공작과 황제의 사촌동생인 드미트리 파블로비치 대공이 주도한 그리고리 라스푸틴 살해 사건도 러시아의 전쟁 수행 능력을 강화해 보려는 시도와 무관하지 않았다. 유수포프 공은 라스푸틴 암살 사건의 전말을 기술한 회고록을 남겼다. Ф. Ф. Юсупов, *Конец Распутина: воспоминания*(Париж: Лев, 1927).

22) 효율적인 전쟁 수행을 가능케 할 신뢰 내각 수립 시도와 좌절에 대해서는 박상철, 「1915년 봄-여름 러시아의 군사적 패배와 진보블록의 형성」, ≪러시아연구≫, 25권 2호(2015), 87~116쪽을 참조.

거리감이 생기게 되었다.[23] 임시정부는 자신의 정책을 위해 민중의 지지를 동원할 역량을 상실했다. 이런 점에서 임시정부 시기의 러시아는 약한 국가였다고 할 수 있다. 10월혁명 후 내전을 거친 다음 비로소 강한 국가가 탄생했다. 사회적 역량을 동원하여 자신의 목표를 실행에 옮기고 내외의 과제에 대처할 능력이 있는 국가라는 의미에서 강한 국가였다. 스탈린은 초고속 산업화를 성공적으로 추진하고 제2차 세계대전을 승리로 이끌 수 있을 정도로 강한 국가를 만들어냈다.

러시아혁명이 마르크스주의에 바탕을 둔 혁명이므로 마르크스주의의 용어로 이야기하자면, 이러한 강력한 국가의 작동으로 소련식 사회주의는 일정한 단계까지는 생산력의 해방을 이끌었다. 적어도 1950년대까지의 소련 체제는 생산력의 발전을 가능하게 하는 생산관계를 가졌다고 할 수 있다. 그러나 1960년대 이후 이른바 과학기술혁명 시기부터 소련의 생산관계는 생산력에 질곡이 되었다.[24] 경제성장은 정체되고 사회주의적 근대화도 한계에 부닥쳤다. 그러고 보면 러시아혁명으로 수립된 체제의 효율성은 반세기 정도 유지되었다고 할 수 있다. 소련은 군사력과 공권력 행사라는 면에서 국가권력이 엄청나게 강했으나 사회 구성원의 창의성과 주체성에 바탕을 둔 역량과 자발적 동의를 가장 효율적으로 이끌어내서 과제를 해결하는 데는 무능했다는 점에서 1960년대 후반 이후에는 약한 국가가 되었다.

페레스트로이카는 이 문제를 해결하기 위해 개혁을 하고자 한 것이다.[25] 정치 개혁을 통해 경제 개혁으로 나아가고자 한 것이고, 레닌의 신경

---

23) 코르닐로프 쿠데타가 일어난 후 임시정부에 대한 민중의 실망감은 병사, 농민 집회가 발표한 성명서에서 찾아볼 수 있다. Mark Steinberg(ed.), *Voices of Revolution, 1917*(New Haven; London: Yale University Press, 2001), p.231, p.235 passim.

24) 1964년 이후 1982년까지 이어진 브레즈네프 서기장 집권기는 페레스트로이카 시기에 공식 역사학에서 "정체(停滯)의 시기(Эра застоя)"라고 명명되었다.

제정책이 그러했듯 시장경제 요소를 도입하고자 한 것이다. 그것이 성공했으면 오늘날의 중국 경제와 같이 당이 명령 고지를 장악한 상태에서 사회주의 경제와 시장경제가 혼합된 체제로 나아갔을 것이다. 그러나 소련의 페레스트로이카는 실패로 끝났고 소련은 붕괴했다.[26] 우리가 한때 북방의 최강자로 여겼던 사회주의 종주국 소련은 러시아혁명의 결과로 태어났으며 냉전의 한 축이 되었으나, 1991년 말 해체되었다. 일반적으로 소련의 해체를 현실 사회주의의 몰락으로 여기고 있으며, 냉전의 해체를 의미하는 사건으로도 여긴다. 실로 이데올로기 대립의 시기였던 20세기는 러시아에서 일어난 혁명으로 문을 열고(20세기 초에 러시아에서는 혁명의 리허설이라 불리는 1905년 혁명이 일어났다), 이 혁명으로 성립한 소련의 해체와 더불어 끝났다고 해도 과언이 아니다.

러시아가 볼셰비키혁명을 통해 서구와 다른 경로의 산업화, 근대화로 나아갔다고 했는데, 그것은 사적 소유권을 배제한 채 이루어진 산업화였고 시민권의 바탕을 소유권에 두지 않는 방식의 근대화였다. 서유럽 국가들은 12세기 이래 로마법의 계승을 통해 절대적 소유권의 개념을 점차 수용했고 자본주의로의 이행 과정에서 이를 확립했다. 영국은 존 로크의 저작에서 확인되듯 소유권을 인격권과 동일시하는 원칙을 가장 철저히 확립한 사회가 되었다. 프랑스는 '인간과 시민의 권리선언' 17조에서 "공적인 필요를 위해서는 재산을 수용할 수 있다"라고 인정한 것에서 볼 수 있듯이 소유권의 절대성에 대한 강조가 영국처럼 강하지 않은 사회였다. 그럼에도 프랑스혁

---

25) 특히 대외 관계에 초점을 맞추어 페레스트로이카의 전말을 살핀 최근의 글로는 김남섭, 「고르바초프의 '신사고'와 냉전 체제의 종식」, ≪역사비평≫, 97호(2011)를 들 수 있다.

26) 순수하게 경제체제의 면에서 러시아혁명의 테르미도르 반동에 대해 말한다면 신경제정책이 1차 테르미도르 반동이었을 것이고 스탈린은 이를 뒤엎은 것이며 고르바초프의 페레스트로이카는 2차 테르미도르에 해당한다고 할 수 있다.

명 이후 시민권은 재산 소유 정도에 따라 차등적으로 부여되었다. 1등 시민이 있었고 2등 시민이 있었다. 시민권은 소유권에 바탕을 두었기 때문이다.

소유권의 면에서 볼 때 러시아는 오랫동안 로마법의 소유 개념을 계승한 사회가 아니었으나 18세기에 이르러 적어도 귀족의 토지는 절대적 소유권의 대상이 되었다. 안나 여제가 포메스티에(поместье: 봉직 조건부 소유지) 소유자는 보치나(вотчина: 세습 토지) 소유자와 같은 권리를 가진다고 선언한 것이 1831년이었고 예카테리나 여제는 귀족들의 재산 소유권을 극한에 이르기까지 보장했다.[27] 1917년 볼셰비키혁명 전까지의 약 2세기 가까운 기간이 러시아에서 절대적 소유 개념이 존속한 시기다. 부르주아지는 비록 속도는 빠르지 않을망정 성장하고 있었고 19세기 말부터 그 성장이 다소 가속화했다. 따라서 혁명 전 러시아에서 사적 소유권이 형성되지 않았다고 보는 것은 오류다. 오히려 공유재산, 국유재산에 대한 개념이 명확히 다듬어지지 않은 것이 혁명 전 러시아의 소유권 시스템의 특징이라는 견해도 있다.[28]

반면 볼셰비키혁명으로 수립된 소비에트 체제의 토대 중 하나는 사적 소유권의 절대성에 대한 부정이다. 그러면서도 소비에트 사회는 그 전반기에는 산업화에서 엄청난 성공을 거두었다. 절대적 소유권의 화신인 부르주아지 주도의 산업화, 근대화를 이룬 서구 국가들과는 다른 경로였다. 이 점에서 볼셰비키혁명 이후의 러시아는 서구 근대화를 따라가던 길에서 돌연 벗어나 전혀 다른 방식의 근대화를 이루었다. 소유권의 절대성이 부정되었으므로 소유권과 시민권의 동일시는 처음부터 불가능했다. 시민의 권리는

---

27) E. Pravilova, *A Public Empire: Property and the Quest for the Common Good in Imperial Russia* (Princeton & Oxford: Princeton University Press, 2014), pp.23~35.
28) E. Pravilova, 같은 책, 42쪽.

이른바 반동 계급으로 여겨진 혁명 전 기득권층에게 일시적으로 제한되었던 것을 제외하면 기본적으로 모든 구성원에게 동등하게 부여되었다. 소비에트 체제는 재산 소유뿐 아니라 성별, 인종에 바탕을 둔 차별된 시민권도 인정하지 않았다. 여자들, 소수민족 구성원도 남자들, 주류 민족 구성원과 동등한 권리를 인정받았다. 사회적 권리의 보장이라는 면에서 혁명 러시아는 획기적인 성취를 이루었다. 콜론타이를 비롯한 여성 혁명가들의 노력으로 혁명 직후 새로 도입된 여성·가족 정책은 세계에서 가장 선진적이었다.[29] 68혁명 이후 서구 사회가 이 분야에서 이룬 성취는 대부분 혁명 후 소비에트 사회가 이룬 것을 반세기 후에 실현한 것이다. 1세기 후인 지금 한국 사회는 출산·육아의 사회적 지원과 같은 정책을 시행해 보려고 애쓰고 있다. 그런데 그것은 이미 1세기 전 소비에트 러시아에서 실시된 정책을 연상케 하며, 어떤 경우는 사실상 성격이 같다. 또한 무상교육, 무상의료는 소련의 구성원들에게 주어진 대표적인 권리였다. 소비에트 정권 초기 공공 의료 정책 부문의 강력한 지도자였던 니콜라이 세마시코는 1918년 6월 모스크바에서 열린 전 러시아 소비에트 의료위생부 대회에서 '소비에트 현장 의료의 조직과 과제'를 발표하면서 "치료 의학은 첫째, 보편적 접근성, 둘째, 무상이라는 원칙의 철저한 실행에 바탕을 두고 확립되어야 한다"라고 역설했다.[30] 그의 주도로 그다음 달에 설치된 보건인민위원부는 통합 의료 서비스를 무료로 제공하고 사회 구성원들의 건강 보호를 위한 구성원 참여와 국가 의무를 장려하는 것을 임무로 하고 있었다.[31] 이러한 공공 의

---

29) 영국의 러시아사 전문가 스티브 스미스 교수는 최근 한국 언론과의 인터뷰에서 여성해방운동을 러시아혁명이 남긴 가장 중요한 유산의 하나로 손꼽았다. "볼셰비키혁명 이후 암울한 러시아 봤다면 마르크스 경악했을 것"(인터뷰 100주년 맞은 러시아혁명 전문가 스티브 스미스 교수), ≪중앙일보≫, 2017년 11월 4일, 19쪽.
30) "Создание Наркомздрава РСФСР," http://poisk-ru.ru/s35854t3.html(검색일: 2017.10.3).

료 원칙은 미국의 의학사가인 헨리 시게리스트 같은 서방 의학자들에게서 높은 평가를 받기도 했다.[32] 자본주의를 개혁하고자 하는 사람들 사이에서 기본 소득 논의가 활발하게 이루어지고 있는데 혁명 후 러시아에서는 기본 소득이 현물의 형태로 제공되었다고 말해도 좋을 것이다.

한편, 러시아혁명 후 진행된 근대화는 전체 구성원의 시민적 권리를 상당 부분 유보하거나 제한한 채 이루어졌다. 그것은 주로 자유권의 제한으로 나타났다. 집회·결사의 자유, 언론의 자유가 가장 크게 제한되었다. 문학인들과 예술가들도 창작 활동의 자유를 제한받았다. 1930년대 이후 쇼스타코비치와 프로코피예프의 뛰어난 음악은 집권 공산당이 제시하는 가이드라인과 심각한 마찰과 갈등을 겪은 끝에 나온 것이다. 1910, 20년대에 세계 미술을 선도했던 러시아 아방가르드 미술은 1930년대에 들어서면서 입지를 잃어버렸고 이 자리에 대신 들어선 것은 구상성(具象性), 계급성, 선전성이 강조되는 사회주의 리얼리즘 예술이다.

정치적 자유의 부재와 높은 수준의 사회적 권리가 결합한 소련식 시민권이 성립되었다. 사회적 권리는 사회 구성원들이 투쟁의 결과로 쟁취하는 것이라기보다 당이 내려주는 혜택의 성격을 띠었다. 독일 학자 야라우슈는 옛 동독 체제를 후견자 독재 체제로 불렀다.[33] 소련이 그 원형인데, 소련은

---

31) 특히 소련 공공의료는 치료보다 포괄적 예방의학, 건강한 노동 및 주거 조건, 사회보장과 건강 교육에 초점을 맞추었다.

32) Henry E. Sigerist, *Socialized Medicine in the Soviet Union* (New York: Victor Gollancz, 1937)을 참조.

33) Konrad H. Jarausch, "The GDR as Welfare Dictatorship," in Konrad Hugo Jarausch, *Dictatorship as Experience: Towards a Socio-Cultural History of the GDR*(New York; Oxford: Berghahn Books, 1999), p.47. 동독의 경우 에리히 호네커의 집권 이후 가족 정책은 복지국가의 모범에 가까웠다. 소련의 초기 여성 정책은 아주 선구적이었으나 후기로 가면서 후퇴했고 1970, 1980년대 동독 수준은 아니었다. 또한 여성은 사회적 권리가 크게 신장되었지만 정치 영역에서의 대표성은 스탈린 집권 이후 매우 낮아졌다.

동독에 비해 후견성보다 독재성이 더 강했다고 할 수 있다. 정치적으로 소련 국민은 성숙한 주체로서 권리를 가지지 못했다. 그들은 시민이 되지 못하고 점차 피후견자에 불과한 지위로 떨어졌다. 이것이 소련 체제의 최대 약점이다. 앞에서 1960년대 이후 이른바 과학기술혁명 시기부터 소련의 생산관계는 생산력에 질곡이 되었고 사회주의적 근대화도 한계에 부닥쳤다고 말했지만, 이는 사회 구성원들이 정치적 자유를 누리지 못한 사실과 긴밀한 관계가 있다고 생각한다. 그야말로 혁명적 독재로서 과도적으로 행사되었어야 할 강력한 권력이 견제받지 않은 채 지속되어 자유로운 개인이 부재하게 되었던 것이 혁명으로 수립된 체제의 치명적 정체(停滯)를 불러왔다.

3. 혁명의 민족·국제 관계적 측면

프랑스혁명은 국제 관계 재편성에 대한 장기 전망이나 근본 원칙이 없이 진행되었다. 세계혁명에 대한 기대도 없었다. 국제 관계에 대한 고려가 있었다면 아마 제국주의 경쟁에서 프랑스가 불리하지 않은 효율적 정부를 구성하는 것이 혁명 세력의 희망 사항이 되었을 것이다. 프랑스혁명은 혁명전쟁, 나폴레옹전쟁을 통해 유럽의 국제 관계를 크게 변화시키는 계기가 되기는 했지만, 식민주의, 인종주의에는 변화를 주지 못했다. 식민지 노예 문제에 대해서는 프랑스혁명기 논객들이 적지 않은 관심을 기울였지만[34]

---

34) 최근 한국의 몇몇 젊은 연구자들은 프랑스혁명 시기 노예제 문제에 대한 논의에 큰 관심을 기울이고 있다. 다음은 그 성과들이다. Kwon, Yun Kyoung, *Ending Slavery, Narrating Emancipation: Revolutionary Legacies in the French Antislavery Debate and 'Silencing the Haitian Revolution', 1814-48*(Ph.D. Dissertation, The University of Chicago, 2012); 양희영, 「프랑스혁명기 지롱드파의 노예제 폐지론과 식민지 구상」, ≪이화사학연구≫, 52권(2016).

그것은 부차적인 문제였을 뿐, 혁명 정부가 이를 우선순위의 문제로 놓고 그 해결을 위해 고심한 것은 아니다. 프랑스혁명은 서구 중심주의를 오히려 공고히 하는 하나의 계기가 되기도 했다.

반면에 러시아혁명은 전 지구 차원에서 이후의 국제 관계를 근본적으로 바꾸는 계기가 되었다. 소비에트 체제가 제국주의, 식민주의에 정면으로 도전했기 때문이다.

첫째, 러시아혁명으로, 볼셰비키식 사회주의를 지향하는 세력뿐 아니라 민족 해방을 지향하는 세력 전반이 고무되었다. 러시아혁명은 민족 혁명이 아니라 일차적으로 계급 혁명으로서의 성격을 띠었다. 러시아가 식민 지배를 받거나 반(半)식민 지배 아래 놓인 약소국이 아니었으므로 혁명 세력에게는 러시아 자체의 민족 독립이나 해방이라는 목표가 중요한 것이 아니었다. 그러나 이 혁명은 동시에 전 세계 차원에서 민족문제의 해결을 위한 체계적·포괄적 해법을 내놓은 유일한 혁명이기도 하다. 10월혁명의 주역인 볼셰비키는 국내적으로는 소수민족을 위한 포괄적 원칙으로서 러시아 내 모든 민족의 평등을, 국제적으로는 민족자결, 반제국주의, 식민지 독립을 주장했다. 소련은 이런 점에서 식민지 및 구식민지 엘리트 다수의 호감을 얻을 수 있었다. 식민지 조선의 지식인들도 러시아혁명으로 크게 고무되어 독립을 요구하는 활동에 박차를 가하기 시작했다. 1918년 6월에는 하바롭스크에서 한인사회당이 창당되어 사회주의 계열 독립운동의 긴 여정이 시작되었다.[35] 사회주의자가 아닌 지식인들도 이 혁명이 만들어 놓은 새로운 질서와 질서 변화의 공간에서 조선 독립의 새로운 계기를 찾고자 했다. 이광수를 비롯한 식민지 조선의 지식인들은 1919년 2월 발표된 2·8독립선언서에서 "최후 동양평화의 견지로 보건대 위협이던 아국(俄國:

---

35) 임경석, 『한국사회주의의 기원』(역사비평사, 2003), 68~74쪽.

러시아)은 이미 군국주의적 야심을 포기하고 정의와 자유를 기초로 한 신국가의 건설에 종사하는 중이며"라고 하여 소비에트 러시아의 이념과 국제관계 원칙에 큰 기대를 걸었다. 박은식은 1920년에 발표한 『한국독립운동지혈사(韓國獨立運動之血史)』에서 "러시아혁명당은 선두에 붉은 깃발을 내걸고 전제정치를 타도하여 크나큰 대의를 선포하고 각 민족의 자유와 자치를 허용했다. 과거의 극단적인 침략주의자가 엄청난 변화를 이루어 극단적인 공화주의자로 바뀌었다. 이는 세계 개조의 가장 앞선 계기가 되었다(俄國革黨首擧紅旗推翻專制宣佈廣義許各族以自由自治向之極端侵略主義者一變以爲極端共和此改造世界之最先動機也)"라고 하여 지극히 호의적인 평가를 내리며 그 진보적인 영향에 아낌없는 기대감을 표현했다.[36] 러시아혁명은 인도의 민족독립운동에도 고무적 영향을 미쳤다.[37] 인도 독립운동의 대표적 지도자 중 한 사람인 자와할랄 네루는 볼셰비키혁명의 의미를 다음과 같이 평가했다. "이러한 모든 사태 전개에도 불구하고, 또한 인류 개선을 위한 원래의 정열이 어쩌면 왜곡되었을 수도 있겠지만, 그럼에도 나는 소비에트 혁명은 인간 사회를 큰 도약으로 전진케 했고 꺼버릴 수 없는 찬란한 불꽃을 밝혔

---

36) 박은식, 『韓國獨立運動之血史』 하편(성진문화사, 1975), 5쪽(상편과 하편이 한 권에 묶여 있다). 흥미롭게도 국제적 차원에서의 냉전이 끝난 다음에도 한국의 한 연구자는 한문으로 된 박은식의 저서를 현대 한국어로 옮겨 '한국독립운동지혈사'라는 제목으로 출판하면서 본문에서 인용한 부분을 누락시켰다. 박은식, 『한국독립운동지혈사(상)』, 남만성 옮김(서문당, 1999), 152쪽. 민족지사로 알려진 박은식이 공산주의 혁명을 높이 평가했던 것이 알려지면 박은식에게 누가 된다고 생각했기 때문일까, 아니면 한국의 독립운동이 러시아혁명의 영향을 강하게 받았다는 것을 인정할 만한 분위기가 아니었기 때문일까?

37) 인도의 민족운동 세력이 10월혁명의 사회주의적 성격에 공감했는지와는 별개로 이 혁명이 인도의 민족운동을 고취했다는 점만은 부인할 수 없다. Zafar Imam, "The Effects of the Russian Revolution on India," *South Asian Affairs. Number Two. The Movement for National Freedom in India*(Oxford University Press, 1966), pp.74~97; V. N. Shukla, "Russian Revolution(1917) and Character of the Indian National Movement," *Proceedings of the Indian History Congress*, Vol.49(1988), p.571.

으며 세계가 나아갈 새로운 문명의 토대를 놓았다고 확신한다."[38] 중국의 쑨원은 러시아혁명을 자신의 삼민주의와 같은 원칙 위에서 일어난 것으로 보면서 그중에서도 특히 러시아인들의 민족적 투쟁을 중시했다. "러시아혁명은 원래는 다만 민권주의와 민생주의이고, 민족주의가 없었다. 그러나 육 년간의 분투에서 모두 민족주의 투쟁을 했다. 그러므로 우리 당의 삼민주의와 실제로는 부합하는 것이다."[39] 러시아혁명은 민족 해방이 어떠한 길을 따라갈 것인가에 대한 구체적 답을 주었던 것은 아닐지라도 민족 해방 세력의 행동성과 능동성 자체를 고양하고 고취했다는 것만으로도 큰 의미가 있는 일이었다.

둘째, 이에 더하여 서구적 근대화의 길을 따라갈 여건이 되지 못했던 구식민지 사회의 지도자들에게 소련식 근대화는 대안적 근대화의 모범으로 여겨졌고 그들은 이를 환영했다.[40] 소련식 근대화는 집권 공산당의 강력한 주도 아래 토지개혁을 실시하여 '봉건적' 사회경제 관계를 철폐하고 사회적·경제적 평등을 실현하며 생산수단의 국유화와 계획경제 실시를 통해 사회주의 건설로 나아가는 길이라고 여겨졌다. 아시아, 아프리카, 라틴아메리카의 여러 나라가 이 모델을 모방했다.[41] 중국 공산당 역시 농민층

---

38) Jawaharlal Nehru, *Discovery of India*(Dehli; Oxford; New York: Oxford University Press, 1985), p.29.

39) 이용운, 「손문의 러시아혁명관」, 『러시아혁명 100주년 기념 전국서양사연합학술대회 자료집』(2017.12.1~2)에서 재인용.

40) 사회주의적 근대화가 근대화의 한 경로로서 이론적 논의의 테두리 속으로 들어온 것은 1960년대 이후의 일이라고 할 수 있다. 배링턴 무어의 독재와 민주주의의 사회적 기원은 전통사회에서 근대사회로의 이행 경로를 유형별로 살피는 작업을 역사사회학적으로 수행함으로써 선구적인 역할을 했고 사회학계에서 아이젠슈타트가 복수의 근대성이라는 담론으로 이 논의를 좀 더 정밀하게 뒷받침했다고 할 수 있다. Barrington Moore, *Social Origins of Dictatorship and Democracy: Lord and Peasant in the Making of the Modern World*(Boston: Beacon Press, 1966); S. N. Eisenstadt, "Multiple Modernities," *Daedulus* Winter 2000, Vol.129, No.1.

이 압도적인 사회에서 마르크스주의를 기치로 내건 혁명 세력에 의한 권력 장악이라는 면에서 소비에트 러시아의 길을 따랐다고 할 수 있다.[42] 이 두 측면을 좀 더 살펴보겠다.

러시아혁명은 처음부터 제국주의에 대한 거부를 자기 정체성의 핵심으로 삼았다. 자본주의 비판이 곧 제국주의 비판이기 때문이다. 제국주의 비판과 불가분의 짝을 이루는 것이 민족자결론이다. 볼셰비키혁명의 지도자 레닌은 '자본주의의 최후 단계로서의 제국주의'(1916)를 쓰기 이전인 1914년에 민족자결에 관한 논문을 발표했다. 이 글에서 그는 이 개념을 이렇게 정의한 바 있다. "민족운동의 역사적·경제적 조건들에 대한 검토에 입각해 볼 때, 우리는 민족자결이란 민족이 이민족으로부터 정치적으로 분리되고 독립적 민족국가를 이루는 것이라는 결론에 불가피하게 도달할 수밖에 없다."[43]

20세기 식민지 해방은 어떻게 이루어졌는지 생각해 보자. 많은 사람이 윌슨의 민족자결론 덕분이라고 생각한다. 물론 그 긍정적 영향도 인정해야

---

41) 소련식 사회주의가 제3세계 사회들을 위한 근대화의 길로 여겨지게 되었던 것에 대해서는 다음을 참조. Johann P. Arnason, "Communism and Modernity," *Daedalus*, Vol.129, No.1(2000), p.82, p.85.

42) 배링턴 무어는 러시아혁명과 중국혁명을 농민혁명에 의한 공산주의 수립의 경로라는 유형으로 묶었다. Barrington Moore, *Social Origins of Dictatorship and Democracy: Lord and Peasant in the Making of the Modern World*. 스카치폴의 연구도 무어의 선행 연구에서 출발해 독자적인 해석으로 나아갔다. Theda Skocpol, *States and Social Revolutions: A Comparative Analysis of France, Russia, and China*(Cambridge: Cambridge University Press, 1979).

43) Vladimir Ilyich Lenin, "The Right of Nations to Self-Determination," Lenin, *Collected Works*, 4th ed., Volume 20(Moscow: Progress Publishers, 1972), p.397. 이 시기의 민족자결론은 러시아제국이나 오스트리아제국과 같은 구제국들 내에서 사회주의 세력이 민족문제에 대해 취할 태도를 놓고 로자 룩셈부르크, 분트 등의 세력과 논쟁하면서 다듬은 이론이기는 하다. 그러나 차후 식민지 혹은 반식민지 민중의 반제국주의 투쟁에서 민족자결은 가장 핵심적인 투쟁 구호의 하나가 되었다.

할 것이다.[44] 그러나 미국은 뒤늦기는 하지만 분명 제국주의 경쟁에 뛰어든 국가이고 세기 전환기에는 아시아-태평양 지역과 카리브해에서의 식민지 혹은 영향권 획득이라는 면에서 적지 않은 성과를 올리고 있었다. 미국은 구제국들과의 경쟁에서 식민지 편을 드는 경우도 있었으나 반제국주의를 원칙으로 표방한 것은 아니다. 윌슨의 민족자결론은 시기적으로 레닌의 제국주의론, 민족자결론보다 나중에 나오기도 했지만, 무엇보다 영국, 프랑스 같은 구제국주의 종주국들의 식민지에는 적용되지 않는 것이었다.

물론 제2차 세계대전이 끝난 후에는 구제국주의 열강의 지배를 받던 대부분의 식민지도 해방되었다. 왜 그랬을까? 여기에는 식민지 지배의 비용과 이익을 비교했을 때 비용이 더 많이 든다는 현실적 이유도 당연히 작용했다. 식민지에 대한 직접 지배는 이미 시대에 뒤떨어진 착취 양식이었기 때문이다. 그러나 그것은 부분적인 이유이다. 오히려 더 중요한 것은 러시아혁명이 불붙인 제국주의 비판, 소련과의 도덕성 경쟁이다(식민지 조선의 독립 문제는 제2차 세계대전 발발 초기부터 이미 논의되었으나, 조선은 연합국의 교전국인 일본의 식민지였음을 상기해야 할 것이다). 1920년대 말부터 소련의 일인자가 된 스탈린은 일국 사회주의자였으므로, 트로츠키에 비해 혁명의 전파나 이를 위한 대외적 무력 사용에 소극적이었고 소련 내에서 사회주의를 유지하는 것을 더 중시했다. 심지어 소련 체제의 유지를 위해서는 다른 사회의 공산주의자들을 희생시키는 것도 마다하지 않았다. 그렇기는 하지만 전체적으로 보아 소련은 전쟁 사이 기간 중에 제국주의 지배를 받거나 공격을 받던 사회의 반제 투쟁을 지원하기 위해 코민테른을 통해 다각도의

---

44) 박은식은 앞서 소개한 대로 러시아혁명을 세계 개조의 가장 앞선 계기로 여겼지만 이와 함께 윌슨 대통령의 국제연맹 제안과 민족자결론도 최후의 승리를 거둘 것이라고 여기며 높이 평가했다. 박은식, 『韓國獨立運動之血史』 하편(성진문화사, 1975), 5쪽.

정책을 추진했다. 반제국주의 정책이 이타적인 동기에 의해서였는지, 소련 자체의 이익을 위해서였는지는 별도로 다루어야 할 문제이겠으나, 제국주의 세력에는 엄청난 도전이었다.

또한 소련은 스페인 내전 개입에서 볼 수 있듯이 인민 전선 정책을 통해 반(反)파시즘 세력의 투쟁을 지원했고 나치 독일과 전면전을 치러 엄청난 희생을 감내한 끝에 승리하기도 했다. 제2차 세계대전에서 연합국이 파시스트 세력을 몰아내는 데 결정적 역할을 한 것은 다름 아닌 소련이다.[45] 1950년대의 헝가리 사태, 더 길게는 1960년대 말의 프라하의 봄 사태 이전까지 소련이 서구의 일부 진보적 지식인들 사이에서도 적지 않은 지지를 받은 것은 바로 이 반제국주의, 반파시즘 노선 때문이다.[46] 소련은 냉전 시기에 서방 자본주의 선발국들을 일관되게 제국주의 국가들이라 칭했다. 이러한 상황에서 구제국주의 국가들은 식민지를 해방하지 않을 수 없었다. 프랑스는 왜 그토록 놓치기 싫던 알제리의 해방을 허용했을까? 식민지 해방이 시대정신이었기 때문이다. 러시아는 혁명 이전에는 제국이었으나 러시아혁명은 이 제국을 부정했기에 제국주의 문제에 단호한 태도를 취했다. 그때까지 전 세계 차원에서 원칙적으로 약자의 편을 든 혁명은 러시아혁명이 유일하다. 랑시에르는 정치란 '몫 없는 자'들의 몫을 공동체에 더하는 것이라고 말한다.[47] '몫 없는 자'들의 목소리가 들리게 하고 억압 상태에서

---

45) 한국의 학계에서 이 점을 강조한 최근의 연구자는 류한수이다. 그의 논문 「제2차 세계대전의 "잊힌 전선": 한국 사회와 학계의 독소전쟁 인식」, ≪러시아연구≫, 27권 1호(2017)는 소련 군대가 "파시즘 진영의 패망에 가장 큰 이바지를 했다"는 것을 한국 군사사학계, 역사교육계가 제대로 인식해야 한다고 역설하고 있다.
46) 소련 내부만 보더라도 스탈린주의라는 혁명 변질 과정을 겪은 후에도 소련이 제2차 세계대전 후 응집력을 가진 사회로 존속할 수 있었던 것은 반파시즘 투쟁이라는 공동의 기억이 있었기 때문이다.
47) 자크 랑시에르(Jacques Rancièr), 『정치적인 것의 가장자리에서』, 양창렬 옮김(길, 2008), 220~223쪽.

벗어나게 하는 것이 '치안'과 다른 '정치'라고 보는 것이다. 러시아혁명은 '몫 없는 자'들 편에서 이루어진 혁명인데, 이는 국제적 차원에서도 그대로 적용되는 것이다. 러시아혁명 이후 아시아가 부활할 수 있었고 그 영향 아래 아프리카의 정치적 주체화도 서서히 이루어졌다. 온전히 러시아혁명의 공이라는 의미가 아니라 그것이 시대정신이라는 의미이다.

중국 공산당은 소련의 정책 때문에 고사의 위기에 몰린 적도 있지만 거시적으로는 러시아혁명과 코민테른의 반제국주의 정책으로 고취되었다. 중화인민공화국은 소비에트 러시아를 모범으로 하여 수립된 국가이다. 국가권력의 계급적 성격, 권력 기구의 명칭과 구조, 사회경제정책, 문화예술정책 등의 전거를 모두 러시아혁명과 소비에트 러시아에서 구했다. 하나의 예를 들어보자. 마오쩌둥이 '노동자, 병사, 농민을 위한 예술'이라는 말을 할 때[48] 우리는 잠시 고개를 갸우뚱하며 묻는다. 여기서 병사는 왜 나오는 것일까? 물론, 반제국주의 투쟁, 반군벌 투쟁에서 병사들이 중요한 역할을 했기 때문일 것이다. …… 마오쩌둥은 "권력은 총구에서 나온다"라고 하여, 군사력에 바탕을 둔 혁명 권력의 성격을 매우 투박하게, 단도직입으로 표현했다. 당연히 군사 측면에서 혁명 권력의 근간인 병사들을 잘 대우해 주어야 할 것이다. 그러나 그렇다고 해서 이들이 직접 생산자들과 동렬에 놓이는 별개의 계급과 같은 대우를 받아야 하는 것일까? 그것은 권력을 가진 공산당 지도부가 어떠한 담론으로 어떻게 결정하는가의 문제다. 공산당 지도부는 러시아혁명의 선례를 경의로써 존중하는 사람들이었다. 그들은 러시아에서 제1차 세계대전의 와중에 농민 출신 병사들이 토지 문제를 놓고 전쟁 결과를 좌우할 정도로 민감한 반응을 보인 세력이었다는 것, 이들이

---

48) W. D. Kay, "Toward a Theory of Cultural Policy in Non-Market, Ideological Societies," *Journal of Cultural Economics*, Vol.7, Issue 2(1983), pp.11~12.

병사 대표자 소비에트를 구성했고 이 소비에트가 러시아혁명 세력에 결정적 지지 세력이 되어주었다는 것을 숙지하고 있었다. 중국 공산당의 혁명론 및 정책에서 병사 개념은 명백히 러시아혁명을 참조한 결과다.

러시아혁명은 반제국주의 혁명이었을 뿐 아니라 내부의 소수민족 정책에서도 그 이전까지의 다른 혁명들과는 다른 원칙을 채택했다. 적어도 혁명 초기 소비에트 권력은 지배 민족인 대러시아 민족보다 소수민족들에게 더 큰 권리와 혜택을 주었고, 더 나아가 소수민족을 근대 민족으로 형성시키는 정책을 쓰기까지 했다. 1920년대에 이는 토착화(коренизация: korenizatsiia) 정책이라는 이름으로 실시되었다.[49] 토착화 정책은 소수민족의 언어-문화 장려, 소수민족 출신 엘리트 양성, 소수민족 집단의 경제 발전(산업화 포함)을 주된 내용으로 했다. 이는 소련 공산당 권력이 소수민족의 러시아화를 통한 중앙집권 국가 형성이라는 구상을 내려놓고 소수민족의 민족 형성을 통해 연방제를 채택하는 것을 의미했다. 영토와 문자, 독자적 엘리트를 가진 근대 민족의 형성이라는 과정은 중앙아시아 민족들 사이에서 특히 두드러진 결과를 낳았다. 혹자는 소련의 연방제 채택을 단순히 내부 소수민족들, 혹은 피지배 민족들이 혁명 권력으로부터 이탈하는 것을 막기 위한 정책이었다고 해석하기도 하나, 중요한 것은 정책의 내용과 그 결과다. 혁명 과정에서 여러 가지 무리수가 있었던 것은 분명하지만, 적어도 소수민족,

---

49) 토착화 정책에 대한 선구적인 연구로는 게르하르트 지몬(Gerhard Simon)의 *Nationalismus und Nationalitätenpolitik in der Sowjetunion. Von der totalitären Diktatur zur nachstalinschen Gesellschaft*(Baden-Baden: Nomos-Verlagsgesellschaft, 1986)를 들 수 있다. 지몬은 혁명 이전 시기에는 "인민의 민족자결권"이 볼셰비키 민족 정책의 핵심 구호였으나 1920년대 소련의 민족 정책은 토착화 정책-민족 형성(nation-building) 정책으로 전환되었다고 규정한다. Gerhard Simon, *Nationalism and Policy Toward the Nationalities in the Soviet Union: From Totalitarian Dictatorship to Post-Stalinist Society*, translated by Karen Forster and Oswald Forster(Boulder; San Francisco; Oxford: Westview Press, 1991), p.20, p.23. 이 책은 독일어 원본의 영역본이다.

피지배 민족에 대한 정책에서도 소비에트 권력은 '몫 없는 자들'의 목소리가 들리게 하려 했다. 이러한 정책을 두고 한 연구자는 소련을 '소수자 우대 제국(Affirmative Action Empire)'이라고 불렀다.[50] 1920년대 신경제정책이 소생산자들과 소상인을 향한 화해 정책이었다고 한다면 토착화 정책은 이에 비견할 만한, 소수민족을 향한 화해 정책이었다고 할 수 있다.

물론 소련의 민족 정책에도 지극히 어두운 면이 있다. 1920년대에는 토착화 정책이 비교적 원칙에 입각하여 추진되었던 데 반해 스탈린이 집권한 후에는 다양한 방식으로 러시아화가 진행되었고, 그것을 의미하는 구호인 소비에트 애국주의가 토착화를 압도하게 되었다. 민족문제에서도 현저한 후퇴가 발생한 것이다. 그뿐 아니라, 스탈린 정권은 대외적 긴장이 고조되자 소수민족을 상대로 제노사이드에 가까운 정책을 취하기도 했다. 고려인들이나 크림 타타르인들이 겪어야 했던 강제 이주는 이 같은 어두운 면을 상징하는 현상이다.

중국은 민족 정책에서도 소련의 모범을 대폭 참조했다. 중국도 역시 복합 민족국가이되, 제2차 세계대전 종전 이전까지는 스스로 제국주의 세력을 물리쳐야 하는 반식민지 상태에 있었으므로 민족문제와 관련된 기본 상황이 크게 다르기는 했다. 그러나 소비에트 정권이 혁명 러시아에서 소수민족이 이탈하는 것을 막고자 했던 것과 유사한 과제를 쑨원의 국민당이건, 마오쩌둥의 공산당이건 중국의 혁명 세력도 가지고 있었다. 마오쩌둥은 기본적으로 소수민족의 민족자결을 지지하되 소수민족의 해방이 반제반봉건 혁명과 불가분하게 연결되어 있다고 보았고[51] 이 전략의 테두리 안

---

50) Terry Martin, *The Affirmative Action Empire: Nations and Nationalism in the Soviet Union, 1923–1939*(Ithaca; London: Cornell University Press, 2001). 이 책 역시 각주 49)에서 언급한 지몬의 연구와 더불어 토착화 정책으로 집약되는 소련의 민족 정책에 대한 표준적 연구서이다.

에서 민족문제를 다루었다. 중국 공산당 정부 수립 이후의 소수민족 정책도 원칙적으로는 민족들의 평등과 지역 단위의 민족 자치, 소수민족 간부의 양성 등을 내세운 것이어서[52] 소련의 토착화 정책과 아주 유사한 점이 있다. 물론 아주 큰 차이도 있기는 하다. 소련은 피지배 민족들을 정치적 민족으로 형성시켜 소련으로부터의 탈퇴권을 가진 연방공화국, 혹은 문화적 자율권을 가진 자치공화국으로 만들었으며, 이들을 묶어 연방을 이루었다. 반면 중국은 탈퇴권을 가진 공화국들의 연합이라는 의미의 연방제를 결코 허용하지 않는 나라다. 소련의 붕괴는 곧 연방의 해체를 말하는 것이었음에 반해 중국 공산당 체제가 건재하고 있는 것은 티베트인들이나 신장 위구르인들과 같은 소수민족들의 동요를 철저하게 봉쇄하고 있는 것과도 무관하지 않다.

이처럼 러시아혁명 이후 추진된 정책들은 명암이 있기는 하나, 그때까지 인류가 목격한 바 없는 새로운 실험이었고 전 세계의 주목을 받았다. 이것이 국제 관계에서 어떤 의미가 있는지 또 다른 면에서 생각해 보자.

러시아혁명은 유럽의 변방에서 일어난 혁명이나 후진국으로서 선발국을 모방하거나 따라 하려 한 것이 아니라 후진국이면서도 완전히 새로운 길을 가서 최첨단, 최선진의 생산양식을 만들어내고자 했다. 여기서 생산양식 변화의 중심지 이동이라는 개념을 잠시 생각해 보기로 하겠다. 이는 역사상 최선진 지역이 아닌 변두리에서 일어나 가장 선진적인 체제를 만들어낸 변화 과정이 고대부터 현대까지 이어진 것을 말한다. 생산양식의 계기적 변화가 중심 지역의 변화를 수반하면서 일어난다는 의미다.[53] 서양

---

51) Shiyuan Hao, *How the Communist Party of China Manages the Issue of Nationality: An Evolving Topic*(Beijing: Foreign Language Teaching And Research Press; Springer, 2016), pp.57~58.

52) Shiyuan Hao, 같은 책, pp.85~94.

사에서는 그리스에서 로마로 고대문명의 중심이 이동한 것, 봉건제가 성립하여 선진 지역이 지중해에서 유럽 대륙으로 이동한 것, 산업혁명으로 최선진 지역이 유럽 대륙에서 브리튼섬으로 이동한 것을 들 수 있다. 변방에서 일어난 생산양식의 혁명은 역사적으로 그보다 더 선진적이었던 지역으로도 전파되었다. 봉건제가 옛 로마문명의 공간들로도 퍼져나갔던 것이나, 산업혁명이 유럽 대륙 전체로 전파되었던 것을 보아도 그렇다.

그런데 변방에서 일어난 러시아혁명은 더 선진적인 지역으로 퍼져나가 안착하지는 못했다. 그것은 혁명기 러시아가 단순히 생산관계만으로 포괄되지 않는 문명의 전체적 수준, 시민사회의 성숙도라는 면에서 선진적인 사회를 설복할 정도에 이르지 못했기 때문이다. 러시아혁명은 서유럽에서 사회주의 혁명이 일어날 것을 전제로 해서 일어난 혁명이고, 또 그러한 기대 아래 혁명을 전파하기 위한 노력도 여러 차례 있었으나 러시아의 서쪽에서는 이것이 모두 실패했다. 가장 큰 기대를 모았던 독일혁명은 1918년 11월 실패로 끝났고 폴란드에 소비에트 체제를 수립하기 위해 감행한 소비에트-폴란드 전쟁은 소비에트 러시아의 패배로 끝나서 볼셰비키로 하여금 세계혁명 전략을 근본적으로 재고하게 만드는 계기가 되었다.[54] 헝가리에서는 1919년 3월에 소비에트 러시아 정부의 전폭적 지원을 받으며 쿤 벨러가 주도한 소비에트 정권이 수립되었다. 그러나 이 정권은 4개월 남짓 만에 붕괴되고 말았다. 그 후 중동부 유럽 지역에서는 대부분 파시스트, 혹은 준파시스트 체제가 수립되어 제2차 세계대전 때까지 지속되었다. 제2차 세계대전 후 중동부 유럽 여러 나라에서는 사회주의 정권이 수립되었다. 그

53) E. C. Welskopf, "Schauplatzwechsel und Pulsation des Fortschritts," in E. Schulin(Hrsg.). *Universalgeschichte*(Köln: Kiepenheuer & Witsch,1974), pp.122~123.
54) Norman Davies, *White Eagle, Red Star: The Polish-Soviet War 1919-20 and 'the Miracle on the Vistula'*(London: Pimlico, 2003), p.274.

러나 유고슬라비아를 제외한 나머지 국가들에서 사회주의 정권은 자생적인 것이거나 혁명의 전파에 의해 수립된 것이 아니라 파시스트 세력의 격파라는 특수한 상황 속에서 소련에 의해 이식되었다고 보는 것이 더 타당할 것이다. 즉, 이 국가들에서는 노동운동 세력이나 자생적 사회주의 정치 세력에 의한 사회주의 정권 수립 시도는 소련에 의해 저지당했고 친소련파 공산주의자들이 부르주아 정치 세력과의 연립 정권인 인민전선 정부 수립을 주도했다가 점차 친소 공산당 단독 정권 수립으로 나아간 것이 일반적이다.55) 유럽의 선발 자본주의 사회들에서는 러시아혁명 후 소비에트 러시아에 우호적인 노동자들의 집회와 시위가 자주 열리기는 했으나 사회주의혁명으로 나아갈 만한 세력이 형성되지는 않았다. 이렇듯 러시아혁명은 러시아의 서쪽으로는 전파되지 못했다.

그 대신 혁명은 동쪽으로 나아갔다. 러시아혁명의 영향으로 아시아의 여러 나라에서 사회주의 정권이 수립되었다. 1924년에 몽골인민공화국이 수립되었고, 1949년에는 중국에서 공산당 정권이 수립되었다.

러시아혁명 이후의 소비에트 세력은 국가주의의 극대화를 통한 산업화, 근대화의 길로 나아갔는데 이것은 그들이 예상한 것은 아니겠지만 그 외적 성과가 오히려 서구 근대화의 길을 따라갈 여건이 되지 못했던 사회의 엘리트에게는 대안적 근대화의 선택지를 제공해 주는 것으로 보였고, 그들은 이를 환영했다. 이는 냉전 기간 중 여전히 다면적 근대화의 한 방식으로 여겨졌다. 그리하여 한때 세계 인구의 3분의 1이 소련을 모델로 하는 근대화의 길을 따랐다. 그 유효기간은 지역마다 차이가 있었다. 동유럽 사회는 소련이 해체되기 이전에 이미 이 선택지를 포기했다. 그 해체 과정에

---

55) Ivan T. Berend, *Central and Eastern Europe, 1944-1993: Detour from the Periphery to the Periphery*(Cambridge; New York: Cambridge University Press, 1996), pp.1~93.

서도 심각한 사회적 갈등은 상대적으로 적었다. 그러나 아시아, 라틴아메리카의 일부 국가는 소련이 해체된 후에도 여전히 이 노선을 따르고 있다. 현재 비서구적 근대화의 길이라는 노선을 대표하는 사회는 중국이다. 어쩌면 러시아혁명의 최대 수혜자는 러시아가 아니라 중국이라고도 할 수 있겠다. 중국의 경우, 마르크스·레닌주의를 수용한 공산당 세력이 제국주의 세력에 맞선 투쟁을 성공적으로 수행함으로써 영토의 통합성을 온전히 지켜냈으며 1949년 이후에는 국제 관계에서 전면에 나서기보다 내부의 체제 정비에 주력했다. 그러다가 체제가 상대적으로 안정된 후 이른바 개혁·개방에 나서서 시장경제와 사회주의 경제가 혼합된 체제를 운영하면서 '세계의 공장' 자리에 올랐으며 현재까지 공산당의 지위는 소련 해체 직전의 소련 공산당의 지위와 비교하면 훨씬 더 안정적이다. 러시아혁명을 참고한 중국 혁명은 중국이 내부로 들어가 숨 쉴 틈을 허용해 주었고, 중국은 그 후 누구의 간섭도 받지 않고 독자 노선에 따른 경제 발전을 이룰 수 있었다. 중국은 소련에 비해 냉전적 대립으로 인한 부담을 훨씬 덜 짊어졌고 이것이 중국의 독자 노선에는 이점으로 작용했다고 하겠다. 원래는 이것이 10월혁명을 이끈 볼셰비키 정부가 선택할 수도 있는 노선이었겠으나 소련은 훨씬 큰 국제 관계의 부담 속에서 고투하다가 해체되었다.

중국과 소련은 한때 중소분쟁으로 험악한 관계를 맞기도 했으나 페레스트로이카 이후 러시아-중국 관계는 크게 개선되었고 현재 이 두 나라는 미국과 유럽의 대서양 동맹에 맞서고 있다. 중국의 집권당인 공산당의 당장(黨章)은 여전히 마르크스주의와 레닌주의의 계승을 지침으로 삼고 있으며 중국 저자들은 러시아혁명에 대해 여전히 가장 높은 평가를 하고 있다. 그들은 "1917년 레닌이 영도한 러시아 10월혁명은 위대한 승리를 거두었고 세계 제일의 사회주의 국가를 건설했으며 인류 사회 발전의 신기원을 개창했으니 세계에 혁명적인 변화를 불러왔다"[56]라거나 "10월혁명은 우연한 일개 사건이 아니라 심층적인 역사적 필연성과 합리성을 모두 갖춘 사회주의혁명이다"[57]라고 쓰고 있다. 21세기에 들어와 러시아와 중국의 정치체제는 상이하지만 양국이 맺고 있는 긴밀한 관계는 사회주의혁명을 통해 서구적이지 않은 길을 거쳐 20세기를 지나왔던 사회로서의 동질감에 바탕을 두고 있는 듯하다.

4. 미완의 혁명

소련이 해체된 후 러시아혁명의 의미에 대해 회의적인 시선이 많아진 것은 어쩔 수 없는 일이다. 러시아혁명은 소련이라는 체제의 수립을 이끌었지만 소련은 혁명의 약속을 실현하지 못했기 때문이다. 소련은 경직적인 행정명령 체제로 나아갔고 자기 혁신에 실패하여 해체되었다. 100년이 지난 지금, 러시아의 정통 레닌주의자들도 "낮은 생활수준, 민주주의 결여, 관료주의와 근로 대중의 괴리가 소련의 붕괴를 불러왔다"라고 인정한다.[58] 이제는 러시아혁명도 반드시 따라야 할 모델이라거나, 무슨 수를 써서라도 막아내야 하는 재앙으로 여길 눈앞의 사건이 아니다. 100년이라는 시간이 지났다. 긍정적인 유산은 따르고, 부정적인 폐해는 버릴 수 있는 시간적 간격을 얻었다. 방금 언급한 러시아 레닌주의자들이 말하듯 "10월혁명의 주역들을 신격화할 필요도 없지만 악마화할 필요도 없다"[59]라고 하겠다.

56) 張全景, 「蘇聯亡黨亡國的慘痛敎訓」, 李愼明 主編, 『十月革命與當代社會主義』(社會科學文獻出版社, 2008), p.1.
57) 陳之驊, 「十月革命的歷史必然性」, 李愼明 主編, 『十月革命與當代社會主義』(社會科學文獻出版社, 2008), p.287.
58) *Вершина Великой Революции. К 100-летию Октября*, p.1176.

러시아혁명으로 수립된 체제가 실현한 성과들은 개별적으로 다른 체제에 흡수되었고, 그 체제 자체는 소멸되었다. 사회주의 혁명으로 수립된 소련이 인류에 기여한 한 가지는 자본주의의 인간화를 촉진했다는 것이라는 주장도 분명 근거가 있다고 본다.

어떤 체제에도 공과 과가 있다. 영국과 프랑스의 제국주의, 미국 노예제도로 인하여 희생자들이 겪은 고통은 사회주의 소련 체제에서 억압받은 사람들의 고통에 못지않았다. 미국에서 극심한 인종차별이 행해지고 있을 때 러시아혁명으로 수립된 체제는 모든 인종과 민족의 동등한 권리를 주장했다. 영국과 프랑스를 비롯한 유럽 제국주의 국가들이 식민지 지배를 강화하고 있을 때 러시아혁명으로 수립된 체제는 식민지 해방 투쟁을 지원했다. 대부분의 서방 국가에서 여성들이 아무런 정치적 권리도 가지지 못하고 있을 때 소비에트 러시아는 여성의 사회적 권리를 보장했고 여성 장관, 여성 대사를 배출했다. 소련은 완전 고용, 무상의료, 무상교육을 실시했다. 물론 이러한 정책을 보장하기 위한 노력이 경직된 관료체제를 낳았다. 인간적 고통도 실로 엄청났다. 그러나 러시아혁명으로 수립된 체제의 진보적이고 선진적인 모습에 대해서는 입을 닫고 과오만을 이야기할 필요는 없다.

혁명은 혁명으로밖에 기존 질서를 바꿀 수 없는 상황에서 일어난다. 당시 사람들이 혁명을 불러낸 것은 그것이 그만큼 절박했기 때문이다. 인위적으로는 결코 일으킬 수도 없고 성공시킬 수도 없는 것이 혁명이다. 러시아혁명은 거대한 변화의 흐름들이 집적되어 일어난 것이다. 국가들의 상호 연관성이 증대해 가던 20세기 초에 일어난 혁명인 만큼 세계사 전체의 요구가 러시아혁명의 어깨 위에 얹혔다고 할 수 있다. 그 후 서구 사회는 그들 자신의 길로, 소련과 그 동쪽 사회도 그들 자신의 길로 각기 나아갔다.

59) 같은 책, p.1172.

혁명은 그것을 만들어낸 체제가 소멸한 후에도 현실을 사는 사람들에게 영감의 원천, 발상의 원천이 된다. 21세기에 러시아혁명에 대해 이야기하고 그 의미를 적극적으로 재해석한다는 것은 그것과 동일한 방식의 혁명, 동일한 결과를 불러올 혁명이 일어나야 한다고 주장하기 위해서가 결코 아니다. 1917년 혁명은 어디까지나 20세기의 혁명이다. 20세기의 한계를 고스란히 가진 혁명이라는 의미다. 한편, 러시아혁명은 20세기의 테두리 내에서 사회경제적·국제적 변혁의 출발점이 되었다. 현실적 모범으로서가 아니라 역사적 이해의 대상으로서 러시아혁명을 논할 때는 이 점을 분명히 상기해야 할 것이다.

참고문헌

김남섭. 2011. 「고르바초프의 '신사고'와 냉전 체제의 종식」. ≪역사비평≫, 97호, 8~45쪽.

랑시에르, 자크(Jacques Rancière). 2008. 『정치적인 것의 가장자리에서』. 양창렬 옮김. 길.

류한수. 2017. 「제2차 세계대전의 "잊힌 전선": 한국 사회와 학계의 독소전쟁 인식」. ≪러시아연구≫, 27권 1호, 109~140쪽.

박상철. 2015. 「1915년 봄-여름 러시아의 군사적 패배와 진보블록의 형성」. ≪러시아연구≫, 25권 2호, 87~116쪽.

박은식. 1975. 『韓國獨立運動之血史』. 성진문화사.

신범식. 1998. 「고전적 유라시아주의의 두 측면에 대한 일고찰」. ≪러시아연구≫, 8권 2호, 249~295쪽.

아마세, 코린. 2017.3. 「푸틴 정부가 '혁명 100주년' 기념행사를 꺼리는 이유」. ≪르몽드 디플로마티크≫, 2017년 3월호.

양희영. 2016. 「프랑스혁명기 지롱드파의 노예제 폐지론과 식민지 구상」. ≪이화사학연구≫, 52집, 99~130쪽.

이용운. 2017. 「손문의 러시아혁명관」. 러시아혁명 100주년 기념 전국서양사연합학술대회 자료집.

임경석. 2003. 『한국사회주의의 기원』. 역사비평사.

한정숙. 1999. 「슬라브적인 것과 유라시아적인 것: 범슬라브주의와 유라시아주의를 통해서 본 러시아의 민족주의 이념」. 한국 서양사학회 엮음. 『서양에서의 민족과 민족주의』. 까치.

_____. 2017. 「'세계를 뒤흔든 혁명'에 대한 열광, 비판, 성찰: 러시아혁명 100년. 해석의 역사」. 정재원·최진석 옮김. 『다시 돌아보는 러시아혁명 100년 1』. 문학과 지성사.

≪중앙일보≫. 2017.11.4. "볼셰비키 혁명 이후 암울한 러시아 봤다면 마르크스 경악했을 것(인터뷰, 100주년 맞은 러시아혁명 전문가 스티브 스미스교수)".

李愼明 主編. 2008. 『十月革命與當代社會主義』. 社會科學文獻出版社.

Б. Ф. Славин, А. В. Бузгалин(общ.ред.). 2017. *Вершина великой революции. К 100-летию Октября*. Москва: Алгоритм.

Бухарин, Н. И. и Е. А. Преображенский. 1919. *Азбука Коммунизма. Популярное объ-яснение программы Российской коммунистической партии больше-виков*. Москва.

Лысков, Д. Ю. 2012. *Великая русская революция 1905-1922*. Москва:Книжный дом ≪Либроком≫.

Шубин, Александр. 2014. *Великая российская революция: от февраля к октя-брю 1917 года*. Москва: Родина Медиа.

Юсупов, Ф. Ф. 1927. *Конец Распутина: воспоминания*. Париж: Лев.

Яковлев, Я. 1922. *Об историческом смысле октября*. Москва: Красная Новь.

"Создание Наркомздрава РСФСР." http://poisk-ru.ru/s35854t3.html(검색일: 2017.10.3).

Arnason, Johann P. 2000. "Communism and Modernity." *Daedalus*, Vol.129, No.1, pp.61~90

Berend, Ivan T. 1996. *Central and Eastern Europe, 1944-1993: Detour from the Periphery to the Periphery*. Cambridge; New York : Cambridge University Press.

Carroll, Oliver. 2017.11.5. "Russian Revolution at 100: Why the centenary means little to modern day Russia's leaders–and its people." *The Independent*, http://www.independent.co.uk/news/world/europe/russia-october-revolution-100-years-bolsheviks-soviet-putin-com munist-party-federation-tsars-a8038911.html(검색일: 2017.11.20).

Courtois, Stephane, Nicolas Werth, Jean-Louis Panne, Andrzej Paczkowski, Karel Bartosek and Jean-Louis Margolin. 1999. *The Black Book of Communism: Crimes, Terror, Repression*. London: Cambridge, Massachusetts: Harvard University Press.

Danilov, Viktor Petrovich. 1988. *Rural Russia Under the New Regime.* translated by O. Figes. Indiana University Press.

Davies, Norman. 2003. *White Eagle, Red Star: The Polish-Soviet War 1919-20 and 'the Miracle on the Vistula'*. London: Pimlico.

Eisenstadt, S. N. 2000. "Multiple Modernities." *Daedulus*, Vol.129, No.1, pp.1~29.

Fitzpatrick, Sheila. 2017. *The Russian Revolution*, 4th ed. Oxford: Oxford University Press.

Frame, Murray, Boris Kolonitskii, Steven G. Marks and Melissa G. Stockdale(ed.). 2014. *Russian Culture in War and Revolution, 1914-22. Book 2. Political Culture, Identities, Mentalities, and Memory*. Bloomington: Slavica Publishers.

Hao, Shiyuan. 2016. *How the Communist Party of China Manages the Issue of Nationality: An Evolving Topic*. Beijing: Foreign Language Teaching And Research Press.

Helmuth, Schneider(Hrsg.) 1980. *Geschichte der Arbeit vom Alten gypten bis zur Gegenwart.* Köln: Kiepenheuer & Witsch.

Hobsbawm, E. 1996. *The Age of Revolution 1789-1848*. New York: Vintage Books.

Imam, Zafar. 1966. "The Effects of the Russian Revolution on India." *South Asian Affairs. Number Two. The Movement for National Freedom in India*, pp.74~97. Oxford University Press.

Jarausch, Konrad H. 1999. "The GDR as Welfare Dictatorship." in Konrad Hugo Jarausch(ed.). *Dictatorship as Experience: Towards a Socio-Cultural History of the GDR*. New York; Oxford: Berghahn Books.

Kay, W. D. 1983. "Toward a Theory of Cultural Policy in Non-Market, Ideological Societies." *Journal of Cultural Economics*, Vol.7, No.2, pp.1~24.

Lenin, Vladimir Ilyich. 1972. *The Right of Nations to Self-Determination. in Lenin, Collected Works*, 4th ed. Vol.20, Moscow: Progress Publishers.

Lipman, Masha, 2017.3.11. "Why Putin Won't Be Marking the Hundredth Anniversary of the Bolshevik Revolution." *The New Yorker*. https://www.newyorker.com/news/news-desk/why-putin-wont-be-marking-the-hundredth-anniversary-of-the-bolshevik-revolution(검색일: 2017.11.20).

Martin, Terry. 2001. *The Affirmative Action Empire: Nations and Nationalism in the Soviet Union, 1923–1939*. Ithaca; London: Cornell University Press.

Merridale, Catherine. 2017.11.3. "Putin's Russia can't celebrate its revolutionary past. It has to smother it." *The Guardian*. https://www.theguardian.com/commentisfree/2017/nov/03/putin-russia-revolution-ignore-centenary(검색일: 2017.11.20).

Moore, Barrington. 1966. *Social Origins of Dictatorship and Democracy: Lord and Peasant in the Making of the Modern World*. Boston: Beacon Press.

Nehru, Jawaharlal. 1985. *Discovery of India*. Dehli: Oxford: New York: Oxford University Press.

Pankhurst, E. Sylvia. 1919.8.9. "The British Workers and Soviet Russia." *The Revolutionary Age*. https://www.marxists.org/archive/pankhurst-sylvia/1919/british-workers.htm(검색일: 2017.11.2).

Pipes, Richard. 1990. *The Russian Revolution 1899-1919*. London; New York: Collins Harvill.

_____. 1993. "1917 and Revisionists(Sovietologists)." *The National Interests*, Vol.31, pp.77~91.

Pravilova, E. 2014. *A Public Empire: Property and the Quest for the Common Good in Imperial Russia*. Princeton & Oxford: Princeton University Press.

Reed, John. 1919. *Ten Days That Shook the World*. New York: Boni & Liveright.

Schulin, E.(Hrsg). 1974. *Universalgeschichte*. Köln: Kiepenheuer & Witsch.

Shukla, V. N. 1988. "Russian Revolution(1917) and Character of the Indian National Movement." *Proceedings of the Indian History Congress*, Vol.49, pp.571~574.

Sigerist, Henry E. 1937. *Socialized Medicine in the Soviet Union*. New York: Victor Gollancz.

Simon, Gerhard. 1986. *Nationalismus und Nationalitätenpolitik in der Sowjetunion. Von der totalitären Diktatur zur nachstalinschen Gesellschaft* Baden-Baden: Nomos-Verlagsgesellschaft(1991) *Nationalism and Policy Toward the Nationalities in the Soviet Union: From Totalitarian Dictatorship to Post-Stalinist Society*, translated by Karen Forster and Oswald Forster. Boulder: San Francisco: Oxford: Westview Press.

Skocpol, Theda. 1979. *States and Social Revolutions: A Comparative Analysis of France, Russia, and China*. Cambridge: Cambridge University Press.

Smith, S. A. 2017. *Russia in Revolution: An Empire in Crisis, 1890 to 1928*. Oxford University Press.

Steinberg, Mark(ed.). 2001. *Voices of Revolution, 1917*. New Haven; London: Yale University Press.

Trotsky, Leon. 2007. *The History of the Russian Revolution*, Vol.3, translated from the Russian by Max Eastman. London: Wellred Publications.

2장

여운형의 활동을 통해 본
상하이 지역의 한인 공산주의

조직의 형성과 변천에 대한 재해석, 1919~1921년

반병률(한국외국어대학교 사학과)

1. 머리말

여운형(呂運亨)의 삶과 활동은 독립운동사를 비롯한 한국 근현대사의 큰 흐름과 불가분의 관계에 있다. 그리하여 여운형 연구는 전기적 연구의 범위를 뛰어넘어 한국 근현대사 전체 또는 동아시아 맥락에서 이루어질 필요가 있다. 즉, 국제 정세를 비롯해 같은 시기 다른 인물 또는 관련 단체와의 관계 등 전체 독립운동의 동향과 관련해서 분석하고 평가해야 할 것이다.

3·1운동 이후 1920년대 전반기에 여운형은 미국, 일본, 중국, 러시아 등 강대국들을 상대로 외교 활동을 전개했다. 일제강점기 그의 외교 활동과 항일 혁명 운동의 기본 방향은 이 시기에 형성되었다고 해도 과언이 아니다.

1919년 3·1운동 이후 1920년 전반기에 여운형은 미국을 비롯한 구미 열강에 호소하는 친서방 외교 활동에 주력했으나, 1920년 8월 동아시아를 방문한 미국 의원단을 상대로 외교 활동을 전개한 이후에는 소비에트 러시아의 지원과 협력을 얻고자 했다. 한국의 독립과 항일 혁명 운동에 대한 소비에트 러시아와 제3국제공산당(Comintern, 약칭 국제공산당)의 동정과 지원을 기대한 것이다. 광복에 이르기까지 여운형의 외교 활동은 소비에트 정부(1923년 이후 소련) 및 중국과의 연대에 중심을 두었다.

이 글에서는 상하이(上海) 시절 여운형의 활동 가운데 1919~1921년 시기의 활동을 다루었다. 여운형의 외교 활동은 1920년 8월을 기점으로 하여 두 시기로 나눌 수 있다. 앞 시기는 임시정부의 소비에트 정부 밀사 파견 계획과 관련하여 여운형의 대소 외교 활동을 다루었다. 밀사로 선정된 그의 모스크바행이 좌절된 과정, 그리고 임시정부의 소비에트 밀사 파견 계획의 추동력을 제공한 친볼셰비키 인사인 알렉세이 포타포프(Aleksei Potapov)를 매개로 중국의 천중밍(陳炯明) 장군을 만나 합의한 한·중·소 3국 제휴 계획을 재검토했다. 이러한 대중·대소 외교의 경험이 이후 여운형이 상하이 지역의 한인공산주의 조직에 참여하게 되는 계기가 되었음에 틀림없다.

이 글의 후반부에서는 여운형이 한인 공산주의 운동에 직접 가담하여 한인 '공산주의자그룹', '한인공산당(또는 한국공산당)', '이르쿠츠크파 고려공산당(상하이 지부)'에 참여하는 과정과 활동을 검토했다. 특히 두 번째 시기 여운형의 활동은 상하이 지역 한인 공산주의 운동과 관련한 중요한 쟁점 즉, 한인공산당-고려공산당의 형성 과정에 대한 쟁점을 검토했다. 그동안 연구자들은 여운형이 1929년 국내로 압송된 뒤 일본 치안 당국에 진술한 내용에 크게 의존하여 왔다. 여운형의 회고록이나 일본 경찰·검찰의 신문 조서에서 서로 엇갈리는 내용들 역시 실증이나 해석에서 연구자들의 편의대로 인용하거나 해석하여 온 측면이 없지 않다.

상하이 지역 한인 공산주의 조직(한인공산당, 고려공산당)과 관련하여 연구자들의 관점은 일치하지 않는다. 김준엽·김창순은 "상해에서의 공산주의자그룹의 조직은 이동휘의 국무총리직과 김만겸의 자금이 그리고리 보이틴스키(Grigorii Voitinskii)에 의하여 조합(調合)되었"다고 하여, 공산주의그룹의 조직 시기를 1920년 봄으로 설정했다. '공산주의자그룹'은 '한인사회당의 별칭'으로서 "1921년 1월 10일 형식상 한인사회당 대표회를 열어 고려공산당으로 공연화했다"라고 설명했다.[1] 서대숙은 같은 맥락에서 모스크바 자금이 도착한 후인 "1921년 1월 10일 이동휘는 구 한인사회당의 대표자들로 이루어진 예비 회담을 소집"하고 "당의 명칭을 고려공산당으로

---

1) 김준엽·김창순, 『한국공산주의운동사』 1(고려대학교 아세아문제연구소, 1967), 188~189쪽.

바꾸었다"라고 해석했다.[2] 이정식은 1960년에 발표한 논문에서는 "고려공산당이 1920년 5월에 상해에서 창건되었다"라고 했다가[3] 1972년에 출판된 저서에서는 이동휘(李東輝)의 영도하에 만들어진 '새로운 공산당'의 명칭과 창당 일자에 대해서 설명이 구구하다는 점을 지적하는 데 머물고 독자적인 견해를 유보했다.[4]

선구적 연구들의 혼란은 여운형이 신문조서에서 시기 구분(1920년과 1921년) 없이 '고려공산당'으로 진술한 데서 비롯된 바 크다. 이들 선구적인 연구 이후 이 문제에 관련하여 심화된 연구 성과들은 대체로 '한인공산당'은 1920년에, '고려공산당'은 1921년 5월에 조직됐다는 데에 견해가 일치하고 있다. 이 문제에 관하여 오랫동안 천착해 온 임경석은 박사 학위논문에서는 상하이에서의 한인공산당의 결성 시기를 1920년 8월로 파악한 바 있으나[5] 그 후 학위논문을 개정·출판한 저서에서는 이를 수정하여 재상하이 한국공산당(한인공산당)이 1920년 5월경에 조직되었다고 주장했다. 그리하여 여운형이 진술한바, 이동휘, 김립(金立), 이한영(李翰榮), 김만겸(金萬謙), 안병찬(安秉瓚), 여운형, 조동호(趙東祜) 등으로 구성된 중앙 간부 역시 1920년 5월 한국공산당 창립 당시의 간부진으로 추정했다.[6] 세밀한 실증적 분석을 바탕으로 여운형 연구의 지평을 넓히고 있는 재일 역사학자 강덕상은 임경석의 8월설을 받아들이고 있다.[7]

2) 서대숙, 『한국공산주의운동사연구』(화다, 1985), 28쪽. 서대숙은 1921년 1월부터 5월 사이에 이동휘와 대의원들이 당 선언과 강령, 당칙을 제정하고 1921년 5월에 개최된 제1회 당대회에서 공식 발표했다고 설명한다.
3) 로버트 스칼라피노(Robert Scalapino)·이정식, 『한국공산주의운동의 기원』(한국연구도서관, 1961), 13쪽.
4) 로버트 스칼라피노·이정식, 『한국공산주의운동사』 1(돌베개, 1986), 59~60쪽.
5) 임경석, 「고려공산당연구」(성균관대학교 사학과 박사학위 논문, 1993), 187쪽.
6) 임경석, 『한국사회주의의 기원』(역사비평사, 2003), 201~202쪽.

이렇듯 러시아 문서들을 비롯한 새로운 사료의 발굴과 연구의 진전에도 불구하고 '한인공산당'의 조직 시기와 과정을 비롯한 쟁점들이 여전히 분명하게 정리되고 있지 못하다. 필자는 일찍이 1920년 5월 보이틴스키와 김만겸이 블라디보스토크에서 상하이로 온 후 이동휘와 김립이 이끄는 한인사회당이 활동을 강화했고, 1920년 9월 초에 한인사회당 당대표회의를 개최하고 당의 명칭을 한인공산당으로 개칭하는 한편 조직을 확대·개편했다고 정리한 바 있다.[8]

이 글에서는 필자의 종래 견해를 근간으로 하면서 여운형이 관여했던 상하이 한인공산당의 형성·변화 과정과 관련된 문제들을 재검토하고자 한다. 여운형뿐만 아니라 이동휘, 이한영, 안병찬 등 한인공산당에 관여했던 인물들의 행적을 비교 분석하는 방법을 취했다.

2. 임시정부 밀파(密派) 외교원 선정과 모스크바행의 좌절

1) 3·1운동 전후 여운형의 러시아 한인 사회 방문

여운형이 러시아 한인 사회와 직접 접촉하게 된 것은 3·1운동 전야에 파리강화회의에 신한청년당 대표로 김규식(金奎植)을 파견하고 난 후이다. 여운형은 국내와 일본으로 신한청년당 당원들을 파견한 후, 자신은 만주와 러시아 연해주의 한인 지도자들과 연락하기 위해 상하이를 출발했다.

여운형은 창춘(長春)과 하얼빈(哈爾濱)을 거쳐 니콜스크우수리스크(소왕

---

7) 姜德相, 『呂運亨評傳 2: 上海臨時政府』(東京: 新幹社, 2005), pp.207~208.
 8) 반병률, 『성재 이동휘 일대기』(범우사, 1998), 243~246, 264~265쪽.

령)로 가서 박은식(朴殷植), 문창범(文昌範), 조완구(趙琬九), 이동녕(李東寧), 이승복(李升復) 형제와 원세훈(元世勳)을 만났다. 블라디보스토크에서는 채성하(蔡成河), 강우규(姜宇奎), 이발(李發: 이동휘의 부친), 김치보(金致甫), 정재관(鄭在寬), 강한택(姜漢澤), 오영선(吳永善), 김하구(金河球), 이강(李剛) 등을 만났다. 또한 3·1운동 직전인 2월 25일 개최 예정으로 소집된 노중령(露中領)독립운동단체대표회에 북간도 대표로 파견되어 블라디보스토크에 체류하던 김약연(金躍淵)과 정재면(鄭載冕)을 만났다. 이들 한인 지도자를 만나 파리강화회의 대표 파견 문제를 비롯한 동지 규합, 자금 마련, 도쿄(東京) 유학생들의 동향 등 독립운동 전반에 관하여 논의한 후 3월 6일 블라디보스토크를 출발하여 상하이로 돌아갔다. 이들 한인 지도자 가운데 일부는 후일 상하이로 오기로 약속했고 자금도 모금했다.[9]

여운형의 연해주 체류는 1개월에 불과했으나 이후 그의 활동에 적지 않은 여파를 남겼다. 뒤에 다시 언급하겠지만, 이와 관련하여 두 가지 점을 밝혀두고자 한다. 우선 여운형의 방문 당시 러시아 한인사회 역시 1918년 말 이래 파리강화회의 개최 소식을 접하고 블라디보스토크의 신한촌민회와 니콜스크우수리스크의 전로한족중앙총회(全露韓族中央總會)를 중심으로 대표 파견 문제를 논의하고 이를 뒷받침하기 위한 자금 모금 등 대책을 논의하고 있었다는 점이다. 그리하여 전로한족중앙총회 상설위원회(상설의회)를 중심으로 윤해(尹海)와 고창일(高昌一)을 파리강화회의 파견 대표로 선정했으며, 이들은 1919년 2월 5일 '한인 총대표'라 명시된 러시아어 및 프랑스어 증명서를 소지하고 니콜스크우수리스크를 출발했다.[10] 이러한

---

9) 이만규(李萬珪), 『여운형투쟁사』(민주문화사, 1946), 25쪽; 뒤바보, 「俄領實記」, ≪獨立新聞≫, 1920년 4월 8일 자.

10) 김병기·반병률, 『국외3·1운동』(한국독립운동사편찬위원회·독립기념관한국독립운동사연구소, 2009), 247~252, 258~266쪽.

상황이어서 여운형은 자금 모금 등에서 그다지 큰 성과를 거두지 못했다.

둘째로 당시 연해주에서는 전로한족중앙총회를 중심으로 노중령독립운동단체대표회를 소집하고 독립선언서 작성과 선포, 만세 시위 운동, 무장투쟁 준비와 독립운동 자금 모금 등의 계획을 수립하고 이를 지도할 중앙기관 창설 작업을 진행했다는 점이다. 노중령독립운동단체대표회에는 러시아 지역은 물론 서북간도와 국내로 파견된 단체와 지역 대표들이 대거 참석하여 대한국민의회를 창립하고 전체 한민족의 대표기관을 자임했다. 대한국민의회는 후일 상하이에서 조직된 임시정부와 중앙기관의 지위를 놓고 경쟁하게 된다. 대한국민의회는 함경도 출신이 절대다수를 차지하던 러시아 한인사회와 북간도를 지역 기반으로 했던 데 비하여, 상하이임시정부는 기호 출신 인물들이 주도했고 미주 한인 사회를 지지 기반으로 했다.

이러한 상황에서 여운형의 권고에 따라 대한국민의회의 상설의원으로 선출되어 있던 이동녕, 조완구, 조성환(曹成煥) 등이 상하이로 오게 되고 이들이 대한민국임시정부 조직을 주도하게 됨으로써,[11] 여운형은 후일 러시아 한인사회의 비우호적이며 비판적인 여론의 대상이 된 것이다. 이러한 러시아 한인사회의 평가는 후일 여운형의 일본 방문과 임시정부의 소비에트 정부 외교원 파견 과정에서 부정적인 요인으로 작용하게 되었다.

2) 여운형의 도일(渡日) 문제와 임시정부

여운형의 도일 계획이 알려지자 1919년 11월 중반 임시정부 국무총리

---

11) 이 기호 출신 인사들이 상하이임시정부 창립 과정에서 중심 역할을 한 사실을 근거로 여운형이 '임시정부 산파역'을 담당했다고 해석하는 것은 소급적인 사후 평가일 뿐만 아니라, 임시정부 조직 과정에서 여운형이 임시정부 안에 반대하고 독립당 안을 주장한 사실에서 볼 때도 적절한 해석이 아니다.

이동휘는 '국무원 포고 제1호'(1919년 11월 15일 자)를 반포하여, 여운형 등이 "정부의 의사를 무시하고 적국(敵國)에 천행(擅行)"함은 "순전히 단독적 행동이요, 임시정부와는 아무 관계가 없"다고 성명했다.[12]

이에 앞서 내무총장 이동녕, 재무총장 이시영(李始榮)이 합석한 자리에서, 이동휘는 여운형에게 "절대 독립을 주장하는 이날 ……"이라고 말하자, 여운형은 "그러면 누구는 자치(自治)를 운동한단 말이오"라고 반박했다. 이에 대하여 내무총장 이동녕은 여운형의 일본행에 대한 국무총리의 포고는 "순전한 총리 1인의 독행(獨行)이요, 국무회의와는 아무 관계 없노라"라고 국무총리 이동휘와 선을 그었고, 노동국총판 안창호(安昌浩) 역시 "국가를 위하는 순결 열렬한 충성에 대하여는 나는 절대로 이를 신임하노라"라고 여운형을 옹호하고 나섰다. 안창호의 측근인 이광수(李光洙)가 주필로 있던 ≪독립신문(獨立新聞)≫ 역시 이동녕, 안창호의 여운형 옹호 발언 기사를 게재함과 동시에 '이 총리(李總理) 포고(布告)에 대(對)하야'라는 기사에서 "이동휘 씨는 …… 여운형 일행은 독립 이외의 무엇을 구하는 듯하야 '민족의 수치', '독립의 독균(毒菌)'이라고까지 극언했다"라고 하면서 "공적 많고 유위(有爲)한 동지를 경솔히 공격하야 그 명예와 전도(前途)를 해(害)함은 넘어(너무) 각박한 불인정(不人情)한 일"이라고 하면서 이동휘를 비판하고 나섰다.[13]

여운형의 도일 문제를 둘러싸고 전개된 1919년 말의 상하이 정국은 국무총리 이동휘 측에 신채호(申采浩), 남형우(南亨祐), 한위건(韓偉建) 등 야당지 격인 '신대한(新大韓)' 측 인사들, 원세훈, 박용만(朴容萬) 등 상하이임시

---

12) ≪獨立新聞≫, 1919년 11월 20일 자, 2면, 「國務總理布告」; ≪獨立新聞≫, 1920년 1월 10일 자, 2면, 「布告第2號」.
13) ≪獨立新聞≫, 1919년 11월 20일 자, 2면, 「呂運亨氏 渡日에 對하야: 安勞動局總辦談」·「李總理布告에 對하야: 李內務總長談」·「李總理布告에 對하야」.

정부 비참여 세력이 가세하고, 안창호 측에서 이광수가 사장인 독립신문, 그리고 각원 중 이동녕, 이시영, 신규식(申圭植) 등 기호 출신 총장들이 암묵적으로 여운형을 두둔하여 지역적으로 동서 분열의 양상을 보였다. 즉, 함경도, 경상도, 강원도 출신 인사들이 이동휘를 옹호하고, 경기도·충청도·평안도·황해도·전라도 출신들이 이동휘를 반대하고 안창호를 옹호하는 양상을 띠었던 것이다.[14]

여운형이 방일을 끝내고 돌아온 후 이동휘가 "이 일행이 독립에 위반되는 행동이 없음으로 여운형 일행의 전과(前過)를 특서(特恕)"한다는 내용의 포고 제2호(1919년 12월 29일 자)를 발표함으로써 수습되었다.[15] 이어 ≪독립신문≫은 4회에 걸쳐 여운형을 수행했던 최근우(崔謹愚)의 '여운형 씨 일행 도일기(渡日記)'를 연재하여 상하이 정국의 논란을 잠재웠다.[16]

여운형에 따르면, 이동휘는 일본에서 돌아온 자신에게 "군(君)이 일본에 갈 당시까지 군이 일본에 매수된 것이라고만 믿고 있었지만, 그 후 그렇지 않은 것을 알고 우리의 활동 상황을 일본 민중에게 알게 할 필요를 느끼고 군의 이번 계획에 대하여 나 자신은 참괴(慙愧)함을 감당할 수 없게 되었다"라며 깊이 사과했다고 한다.[17] 그러나 후술하게 되는바, 여운형의 도일 문제 역시 후일 그의 활동과 관련하여 부정적인 요인으로 작용하게 된다.

---

14) 「안현경이 이승만에게 보낸 편지」(1920.1.1), 『梨花莊所藏 雩南 李承晩文書 東文篇』(국학자료원, 1998), 254~261쪽.

15) ≪獨立新聞≫, 1920년 1월 10일 자, 2면, 「布告第2號」.

16) ≪獨立新聞≫, 1920년 1월 1일 자 6면·1920년 1월 11일 자, 4면; ≪獨立新聞≫, 1920년 1월 17일 자, 4면; ≪獨立新聞≫, 1920년 2월 3일 자, 4면.

17) 「呂運亨調書(II)」, 『한국공산주의운동사(자료편)』 1(고려대학교 아세아문제연구소, 1980), 329쪽.

3) 소비에트 정부 외교원 밀파 계획과 여운형의 모스크바행 좌절

여운형이 일본에서 돌아온 얼마 후 러시아의 알렉세이 포타포프 장
군[18])이 상하이에 온 것을 계기로 1920년 초 소비에트 정부에 임정 특사를
파견할 계획이 추진되었다. 외교원 파견 계획은 비밀리에 추진되었다. 임
정 각원 가운데 이동휘와 안창호가 이 계획을 주도적으로 추진했는데, 그
과정이 안창호의 '일기(日記)'에 자세하게 기록되어 있다. 안창호는 1월 14일
에 안정근(安定根)을 만나 러시아 외교원 밀파 문제를 제기하고 다음 날인
15일 안정근을 다시 만나 러시아 외교원 파견 문제를 협의하여 파견 밀사
를 안공근(安恭根)으로 하기로 '협정'했다. 다음 날인 16일에는 이동휘가 안
창호를 찾아와서 포타포프와 교섭할 일을 상의했고, 21일에 다시 안창호를
찾아와 레닌정부 파원 문제를 조속히 결정하자고 촉구했다. 그 결과 1월
22일의 국무회의에서 여운형, 안공근을 파견하기로 결정했다.[19])

한형권(韓馨權)에 따르면, 자신이 모스크바 대표단의 파견 계획을 처음
으로 제안했다고 한다. 즉, 그가 하얼빈에서 한중 합작 신문인 ≪원동보(遠
東報)≫의 책임자로 있을 때 러시아의 포타포프 중장이 중대 사명을 띠고
상하이에 온다는 소식을 러시아어 신문을 통하여 알았다는 것이다. 그는

---

18) 포타포프 장군은 1872년 크론시타트에서 태어났으며 러시아육군사관학교와 육군대학을
졸업했다. 그는 1903년부터 러일전쟁 발발 시까지 한성의 러시아공사관 무관으로 근무했
고, 러일전쟁과 제1차 세계대전에서의 공로로 러시아 황제에게서 최고 훈장을 받았다. 러시
아 2월혁명 당시 자신의 친위대를 동원하여 로마노프 왕조 붕괴에 기여했다. 이러한 활동
덕분으로 그의 명성이 널리 알려지게 되었고, 1919년 2월 콜차크(Kolchak)에 의하여 '거적
(巨敵)'으로 지목된 뒤 축출당하여 일본에 망명했으나, 일본 정부가 치안에 위험한 인물이
라고 하여 1919년 12월 추방함으로써 상하이로 왔다고 한다. ≪獨立新聞≫, 1920년 3월 1일 자,
「俄國第一革命의 勇士 포타포프將軍의 略歷」 참조.
19) 朱耀翰, 「日記」, 1920년 1월 14일, 15일, 16일, 22일 자, 『안도산전서(安島山全書)』(삼중당,
1963)(이하 「안창호 일기」).

곧바로 상하이로 가서 포타포프를 만나 '일제 타도를 위한 병력 양성에 필요한 자금'을 요청하자, 포타포프가 임시정부에서 정식 대표를 모스크바에 파견하라고 권고했다는 것이다. 한형권의 요청에 따라 포타포프는 러시아와 조선의 협력이 필요한 이유를 설명하는 문건을 작성하여 주었고, 한형권이 이 문건을 번역하여 국무총리 이동휘에게 전달하고 임정 특사 파견 문제를 상의했다. 마침내 이동휘가 주도한 국무회의 논의를 거쳐 여운형, 안공근과 자기가 대표로 결정되었다는 것이다.[20] 이 사실은 '조선민족 운동연감' 1920년 10월 6일 자에서 확인할 수 있는데, 「안창호 일기」와 달리 여운형, 안공근 외에 한형권이 함께 명기되어 있다.[21]

한형권은 대한국민의회 의원이자 한인사회당 당원으로 국무총리 비서 자격으로서 여운형과 안공근은 안창호와 가까운 인물들로서 선정된 것이다. 이에 앞서 포타포프의 중재로 외무차장 장건상(張建相)이 임시정부를 대표하고, 문창범이 국민의회 의장, 한형권이 국민의회 의원 명의로 공동 서명한 1920년 1월 20일 자 협정문을 작성했다.[22] 1919년 가을 승인·개조

20) 한형권, 「혁명가의 회상록: 레닌과 담판, 독립자금 20억원 획득」, ≪삼천리≫, 6(1948)와 한형권, 「臨時政府의 對俄外交와 國民代表會議의 顚末」, ≪카톨릭청년≫, 1948년 8·9월 통합호, 69쪽. 한형권의 회상은 이동휘가 포타포프 장군에게 보낸 1920년 1월 20일 자 서신에서 확인할 수 있다. 즉, 이동휘는 서신에서 "상하이 임시정부는 일본의 압제로부터 한국 인민을 해방시키는 것과 관련하여 귀하께서 제안하신 정책 프로그램과 행동 계획을 접수했으며, 귀하의 지시에 따라 실행에 착수했습니다"라고 썼다. 「포타포프 장군에게(이동휘)」 (1920.1.20), 국사편찬위원회 엮음, 『대한민국임시정부자료집』 별책 5(국민대표회의 I) (2011), 241쪽 참조.

21) 金正明, 「朝鮮民族運動年鑑」, 『朝鮮獨立運動』 2권(東京: 原書房, 1967), 244~245쪽. 「안창호 일기」에는 외교원으로 여운형과 안공근만 언급되어 있고 한형권은 빠져 있다. 「안창호 일기」가 정확하다고 할 경우, 당초 1월 22일의 국무회의에서 여운형과 안공근이 선정되었으나, 추후 국무총리 이동휘가 여운형을 배제하고 그 대신에 한형권을 선정한 것으로 볼 수도 있다. 그리하여 사후적 기록인 『朝鮮民族運動年鑑』 1920년 10월 6일 자에 여운형, 안공근, 한형권 3명 모두를 기록하게 되었을 가능성도 배제할 수 없다.

22) 「포타포프 장군에게(문창범·한형권·장건상)」(1920.1.20), 국사편찬위원회 엮음, 『대한민국

분쟁으로 대립 관계에 있던 임시정부와 국민의회가 대소 외교 문제에서 창구를 일원화해야 한다는 포타포프의 설득을 받아들여 타협한 것이다. 그러나 이 공동협정문은 실현되지 못했는데, 해산을 선언한 국민의회가 임정 측과 대등한 지위를 내세우자 임정 측이 이를 용납하지 않은 것으로 보인다. 그리하여 모스크바 파견 밀사가 결정된 1월 22일의 국무회의에서 공동협정문에 임정 측을 대표해 서명한 장건상이 임정 외무차장직 사퇴서를 제출하여 수리되었는데, 임정 측의 공식 협의 없이 국민의회 측과 대등하게 협정문을 작성한 데 대한 문책성 해임으로 보인다. 그리하여 국민의회 측 인사들이 이 무렵 포타포프에게 모스크바 파견 밀사 문제의 주역인 이동휘와 안창호, 그리고 밀사로 선정된 여운형을 '중상'하면서 임시정부를 공격했다.[23] 마침내 2월 15일 대한국민의회가 통합 정부를 출범할 당시 임정 측의 약속 불이행을 비판하며 재건을 대내외에 선언하게 되는데, 국민의회가 주도하고 포타포프의 중재로 맺어진 공동협정을 임정 측이 수용하지 않은 것이 한 원인이 되었을 것이다.[24]

이러한 정황은 안창호의 '일기'에서도 확인된다. 국무회의 결정이 있던 1월 22일, 안창호는 안정근에게 안공근을 속히 오게 하여 러시아로 출발하

임시정부 자료집』 별책 5(국민대표회의 I)(2011), 242~243쪽; 「'한국에 관한' 포타포프의 약식보고」(1920.12.12), 국사편찬위원회 엮음, 『대한민국임시정부 자료집』 별책 5(국민대표회의 I)(2011), 259쪽.

23) 「안창호 일기」 1920년 1월 21일 자. 예를 들어 국민의회 측 인사가 포타포프에게 말한 내용은 안창호가 이승만(李承晩), 정한경(鄭翰景)과 함께 미국의 보호를 청하고 그 청구서에 서명한 부미파(付美派)로 독립사상이 없는 자로서 관계하지 않는 것이 좋다고 말했다고 한다.

24) 노령에서 온 김성근(金聲根)이 1월 20일 안창호에게 전한 바에 따르면, 니콜스크우수리스크와 블라디보스토크 등지에서 국민의회를 부활시키고 임시정부를 공격하려는 운동이 일어났는데, 특히 안창호에 대해서 "아령(俄領)을 사기(詐欺)하고 외교 만능주의를 주장하여 지방열을 고취한다"라고 혹독하게 비판하는 사람도 있었다. 「안창호 일기」, 1920년 1월 20일 자 참조.

게 하자고 독촉했다. 안창호는 그 이유로 포타포프 장군이 머지않아 상하이를 떠나게 될 것이며, "아령(俄領) 측(대한국민의회)에서 부분적으로 교섭할 예정이므로 먼저 착수할 필요가 있다"라는 것이다. 여운형은 국무회의에서 모스크바 파견 외교원을 결정한 사실을 당일 안창호에게서 전해 들었는데, 안창호는 밀파 외교원 선임 사실을 절대 비밀로 할 것을 당부했다.25)

이동휘는 1월 26일과 27일 안창호를 찾아와 "여운형을 보내면 아령 한인들의 인심을 수습하기 곤란한 즉, 정지하자"라고 했고, 안창호는 "다시 생각하자"라며 즉답을 피했다.26) 이동휘는 1월 31일 안창호를 다시 찾아와 러시아에 한형권을 파송한다고 하면서, 여운형은 절대로 파송하지 않겠다고 단호하게 밝혔다. 안창호는 이미 국무원에서 결정한 사안이므로 독단으로 정지함은 불가하니 국무원에서 다시 제의할 것을 권고했다.27) 이동휘는 국무회의에서 러시아 파견 외교원을 결정한 후인 2월 1일에는 포타포프를 대동여사(大東旅社)에 초청하여 만찬을 함께 했는데 안창호도 참석했다.28)

당시 여운형은 러시아행 의지가 강했던 것으로 보인다. 1월 27일 여운형은 안창호를 방문하여 이광수와 함께 러시아로 가겠다고 의사를 표명했는데 안창호는 받아들이지 않았다. 안창호가 여운형에게 러시아행을 포기하고 대신 오스트리아로 갈 것을 권유하자, 여운형 역시 자신은 "아행(俄行)할 뜻이 많다"라고 모스크바행을 포기할 의사가 없음을 분명히 했다.29) 여운형을 배제하려는 이동휘의 주장을 고려한 듯한 안창호의 태도에 여운형이 크게 실망했을 것으로 보인다. 한 달 후의 일이지만 2월 28일, 여운형은

25) 「안창호 일기」, 1920년 1월 22일 자.
26) 「안창호 일기」, 1920년 1월 26일, 1월 27일 자.
27) 「안창호 일기」, 1920년 1월 31일 자.
28) 「안창호 일기」, 1920년 1월 16일, 2월 1일 자.
29) 「안창호 일기」, 1920년 1월 27일 자.

안창호를 찾아가 모든 일에서 손을 뗄 것이라며 자신의 섭섭함을 표명했고 안창호는 안공근이 상하이로 온 후에야 외교원 파견 문제를 매듭지을 수 있을 것이라고 대답했다.[30] 안창호는 러시아에 있는 안공근의 상하이 도착을 기다려 보자는 취지로 여지를 남긴 것이다.

이동휘가 여운형의 러시아행을 반대하는 이유로 제시한 '아령 한인들의 인심'이란 무엇을 뜻하는 것일까? 우선 앞에서 언급한 것처럼 여운형은 1919년 2월 노령 지역을 방문하고 유력 인사들의 상하이행을 권유한 바 있다. 그 결과 이동녕, 조완구, 조성환 등 대한국민의회 비주류 기호 출신 인사들이 상하이로 가서 상하이임시정부 조직을 주도하게 되었고, 그 후 1919년 10월 임시정부와 국민의회 간에 통합 문제를 둘러싸고 제기된 승인·개조 분쟁을 거치면서 상하이임시정부 참여를 거부한 국민의회 주류 인사들은 여운형에게 매우 비판적이었다. 이에 더하여 이동휘는 1919년 말에 있었던 여운형의 일본 방문 문제를 매우 비판적으로 보았고, 러시아나 만주에서 온 독립운동가들의 대체적인 여론 또한 그러했다. 대체로 러시아 지역 한인들은 여운형의 도일을 일본 정부를 상대로 한 청원 운동이며 이승만(李承晩)의 위임통치(委任統治) 청원과 같은 맥락으로 간주해 매우 비판적으로 보았다.

후일 여운형이 회상한 바에 따르면, 이동휘가 당초에는 여운형의 일본행 소식을 접하고 여운형이 일본 정부에 매수되었다고 극력 반대했으나 일본 정부에 매수되지 않고 상하이로 귀환한 이후 관용적인 태도로 바뀌었음에도 불구하고, 이후 그것을 이유로 국무회의에서 결정한 모스크바 파견 밀사 여운형과 안공근을 무시하게 되었다고 회고했다.[31]

---

30) 「안창호 일기」, 1920년 2월 28일 자.
31) 「呂運亨調書(III)」, 375쪽.

한형권의 회고에 따르면, 정확히 어느 시점인지는 알 수 없지만 국무원 비서장인 김립은 한형권과 여운형을 불러 의사를 타진했는데, 한형권은 즉시 떠날 것을 주장했고, 여운형은 시베리아 내전에 따른 교통 두절을 이유로 기다렸다가 떠나자는 의견을 제시했다. 안공근은 시베리아에 머물고 있었던 관계로 연락이 되지 않고 있었다. 결국 여운형과 안공근의 파견을 꺼렸던 이동휘와 김립은 한형권을 단독 파견하기로 결정했다는 것이다.[32]

임시정부의 소비에트외교원 파견 결정 과정에 대하여 포타포프는 1920년 12월 20일 자로 소비에트정부 외무인민위원부에 제출한 '한국에 관하여'라는 보고서에 다음과 같이 썼다.

대한민국임시정부와 앞에 열거한 조직들은 사회 각계각층에서 선출된 다양한 인물을 러시아에 파견하기로 했다. 그러나 일본인들이 한인들을 추적하고 있는 상황에서 러시아와의 연락이 곤란한 점과 현지에서 활동하고 있는 책임있는 지위에 있는 지도자들이 제시한 요망 사항을 받아들여 모스크바에 체류 중인 한인대표들을 활용하는 것으로 결정되었다. 또한 한인 대표들과의 연락을 위하여 국무총리 비서 가운데 한 사람인 한형권을 모스크바로 파견했다.[33]

이러한 결정이 어느 시점에 이루어진 것인가는 확인할 수 없지만, 궁극적으로 이동휘와 김립이 이끌던 한인사회당의 주장이 관철되었음을 알 수 있다. '모스크바에 체류 중인 한인 대표들'이란 1919년 4월 대회에서 한인사회당이 국제공산당에 파견한 박진순(朴鎭淳)과 이한영을 지칭한 것임에 틀림없다. 한형권을 '국무총리 비서 가운데 한 사람'으로 명시하고 있는 점

---

32) 한형권, 「臨時政府의 對俄外交와 國民代表會議의 顛末」, 69쪽.
33) 「'한국에 관한' 포타포프의 약식보고」, 259쪽.

이 주목된다. 한형권이 임시정부만의 파견원 자격이 되었음을 의미하며, 이는 1920년 1월 20일 자 문창범, 한형권, 장건상이 공동 서명한 문서에는 한형권이 '대한국민의회 의원'으로 서명할 때의 합의 정신, 즉 포타포프가 권고한바 임시정부와 국민의회가 공동으로 추진하는 대소 외교 계획이 양측의 경쟁 관계로 인하여 실현되지 못하게 되었음을 의미한다.

결국 한형권만이 임시정부의 특사 신임장과 밀서, 그리고 이동휘가 원동(遠東)공화국(Far Eastern Republic) 대통령 겸 외무부 장관인 한인사회당의 오랜 후원자 크라스노쇼코프(Aleksandr Krasnoshchekov)에게 보내는 편지를 휴대하고 1920년 4월 말 모스크바로 떠났다.[34] 한형권은 또한 포타포프가 소비에트정부에 보내는 보고서를 휴대하고 있었다.[35] 안공근은 한형권이 모스크바로 떠난 후인 1920년 5월 3일에야 상하이에 도착했다.[36]

여운형은 신문조서에서 한형권이 모스크바로 떠난 한 달 후에야 이동휘가 한형권을 파견할 사실을 통보해 주었다고 했다.[37] 이는 액면 그대로 믿을 수 없다. '안창호 일기' 5월 13일 자에는 여운형이 안창호를 찾아와 남방(南方)에 다녀온 일을 말하고 천중밍의 소식을 전했다.[38] 이로부터 1주일 후인 5월 20일, 내무총장 이동녕과 재무총장 이시영이 안창호를 찾아와 국무총리 이동휘가 "수석(首席)에 있으면서" "내각원들을 모르게 음모하는 일

---

34) 한형권의 상하이 출발 시기를 4월 말로 보는 이유는 한형권이 1920년 4월 25일 러시아 입국 여비로 상하이 임정 외무부에 1000원을 청구한 사실, 그리고 이동휘, 김립, 계봉우가 북간도국민회장 구춘선에게 보낸 1920년 5월 11일 자 서한에 "한형권군도 不遠 莫斯科 (모스크바)에 도달할 듯하오며"라고 한 점을 종합한 것이다.

35) 「'한국에 관한' 포타포프의 약식보고」, 259쪽.

36) 「안창호 일기」, 1920년 5월 3일 자.

37) 高等法院檢事局 編, 「呂運亨訊問調書(第6回)」(경성지방법원검사국, 1929.8.5), 『朝鮮思想運動調査資料』第2輯)(1933), 46쪽.

38) 「안창호 일기」, 1920년 5월 13일 자.

이 종종" 있다고 하면서, "절대로 동사(同事)할 수 없다"라며 불만을 표시했다. 이동휘가 한형권을 독자적으로 파견하면서 노농(勞農)정부에 보낸 서류에 임시정부가 민의로 조직되지 않고 일본 사람과 서로 통하는 분자가 혼합하여 믿을 수 없다며 임정을 비판했다는 것이다. 안창호가 증거를 묻자, 이동녕과 이시영은 한형권을 파견할 때 서류를 본 포타포프가 여운형과 김갑수(金甲洙)에게 말한 내용이라고 하면서, 포타포프가 곧 상하이에 올 것이며 이 사실을 확인할 수 있을 것이라고 말했다.[39] 이상을 종합해 보면, 이동녕, 이시영 등 임정 총장들은 여운형이 안창호를 만난 5월 13일 이후 20일까지의 어느 시점에 한형권의 모스크바 파견 사실을 알게 되었고, 여운형은 이보다 앞서 천중밍을 만나러 간 4월 말에서 5월 상순의 어느 시점에 포타포프에게서 이 사실을 들었을 것이다.

4) 러시아 볼셰비키들을 매개로 한 대소 외교 모색

(1) 상하이 러시아 볼셰비키들과의 만남

여운형이 포타포프 장군 외에 상하이 거주 러시아 볼셰비키들과 접촉하고 있었음은 선행 연구자들에 의해 밝혀졌다. 김수영의 연구에 따르면, 1920년 2월 영국 출신의 볼셰비키 리제로비치(Lizerovich)가 상하이의 영안반점(永安飯店)에서 이광수와 중국인 주쥐원(朱卓文), 리한쥔(李漢俊)을 만났고, 이 모임에서 볼셰비키 형태의 단체를 조직할 필요성이 제기되었다고 한다. 이어 3월 여운형은 러시아 볼셰비키 아가레프(Agarev)와 중국인 사회주의자 리한쥔을 만나 잡지 ≪노동(勞動)≫을 러시아어, 중국어, 한국어로 공동 출간하기로 하고 실행에 옮겼다고 한다.[40]

---

39) 「안창호 일기」, 1920년 5월 20일 자.

1919년 이후 상하이에서 활동하고 있던 세메시코프(Semeshkov), 호도로프(Hodorov), 클라싱(Klassing), 아가레프 등 러시아 볼셰비키들은 1920년 3월 15일 러시아혁명을 경축하는 콘서트를 개최했는데, 이 콘서트에는 러시아인 350명이 참가하여 소비에트 정부에 대한 충성을 서약했으며 포타포프 장군이 관객에게 소개되었다.[41] 이 콘서트에는 상하이임시정부 대표 3명이 콘서트장 맨 앞좌석에 앉았고, 콘서트 진행 중에 사회자의 소개로 관중의 뜨거운 환호를 받았다.[42]

리제로비치는 영어를 구사하는 인물로, 그의 글이 신한청년당의 기관지 ≪신한청년(新韓靑年)≫과 김만겸(Ivan Stepahnovich Serebriakov Kim)이 주필로 발행하던 ≪신대한독립보(新大韓獨立報)≫에 실렸는데, 여운형과 이광수가 영어로 된 그의 글을 한국어로 번역하는 일을 맡았다. 제정러시아가 식민지, 반식민지 상태의 민족과 국가들에 강요한 불평등조약과 러시아의 이권을 포기한다고 밝힌 소비에트 러시아 부(副)외무위원인 레프 카라한(Lev Karakhan)의 선언은 중국과 한국의 혁명가들에게 크게 어필했다. 여운형이 편집을 맡았던 ≪신한청년≫ 1920년 3월 호에는 "조선, 중국과 소비에트 러시아 인민들이 긴밀하게 단합하여 제국주의 일본에 대항하자"라는 글귀가 들어 있다.[43]

후술하게 되는바, 여운형이 김만겸과 보이틴스키의 제안에 따라 한인 '공산주의자그룹'에 곧바로 가입할 수 있었던 것은 이들과의 만남에 앞서

40) 김수영, 「보이틴스키와 초기 동아시아 공산주의운동」, ≪중국근현대사연구≫, 36집 (2007), 37쪽.
41) 김수영, 같은 글, 35~36쪽.
42) 김수영, 같은 글, 37쪽. '상하이임시정부 대표 3명'이 누구인가는 확인할 길이 없지만, 이동휘, 김립, 한형권, 여운형 등 포타포프와 협력하던 인물들일 가능성이 크다.
43) 김수영, 같은 글, 42~43쪽.

여운형이 상하이 볼셰비키들과 긴밀한 교류를 하고 있었기 때문에 가능했을 것이다.[44)]

(2) 포타포프 장군을 중개자로 한 대소 외교 모색

여운형이 실제로 대소 외교에 나선 것은 포타포프와의 만남이 계기가 되었다. 여운형은 포타포프와 함께 중국의 천중밍 장군을 만나 한·중·러 3국의 협력 제휴 계획에 합의했다. 이 계획과 관련해서는 현재 두 가지 기록이 있다. 하나는 널리 인용된 바 이만규(李萬珪)의 '여운형투쟁사'의 관련 기록이다. 즉, 여운형이 포타포프를 쑨원(孫文)에게 소개했고, 쑨원이 다시 포타포프를 부하인 천중밍에게 소개했는데 당시 천중밍은 '우국(憂國)총 사령관'으로 장저우(漳洲)에 체류하고 있었다. 여운형은 포타포프, 조동호, 김갑수, 폴란드 여성과 함께 장저우로 가서 천중밍을 만나 몽골에 무선 전신을 설립하여 모스크바, 몽골, 광둥(廣東)을 연결하여 군사·경제·정치적 협조를 추진하자는 계획에 합의했다는 것이다.[45)]

또 다른 기록은 1920년에 작성된 안창호의 '일기'이다. 이에 따르면 여운형은 포타포프, 김복(金復)[46)]과 함께 천중밍을 만나 한·중·러 3국의 제휴

---

44) 김수영, 같은 글, 42쪽.

45) 이만규, 『呂運亨鬪爭史』(民主文化社, 1946); 몽양여운형선생전집발간위원회 엮음, 『몽양여운형전집』2(한울, 2004), 289쪽.

46) 김복은 다큐멘터리를 통해서 새롭게 주목받게 된 인물로 본명이 김규흥(金奎興)으로 신해혁명에도 참가하는 등 중국 혁명가들과 폭넓게 교류했다고 한다. 인터넷 신문고(www.shinmoongo.net)에 게재된 「범재 김규흥은 대한독립운동의 실질적 대부(5부)」에 실린 사진에는 여운형이 김복(김규흥), 천중밍, 포타포프, 김진영(김복의 조카)와 함께 찍은 사진이 있다. 이를 보면 이만규의 「여운형투쟁사」보다는 안창호의 일기가 신빙성이 있다. 이로써 당시 천중밍을 방문한 일행을 짐작할 수 있다. 이 칼럼의 필자는 이 사진을 1920년 7월경 찍은 것으로 추정하고 있다. 신해혁명 당시 김규흥의 활동에 대하여는 배경한, 「신해혁명과 한국: 김규흥의 광동에서의 활동을 중심으로」, ≪역사학보≫, 212집(2011), 279~307쪽 참조.

문제에 합의했다는 것이다. 즉, 시베리아 일부에 6개 한인사단을 양성한 후에 중국혁명군과 함께 베이징 정부를 전복하고 한국을 독립시키기로 했다는 것이다. 구체적으로는 소비에트 러시아 정부가 장소와 무기를 제공하고, 러시아 볼셰비키와 천중밍이 자금을 담당하며 한인은 인원을 제공한다는 계획이었다. 여운형과 김복은 이 계획의 총주관자로 안창호를 추대했다. 그리하여 1920년 7월 9일, 김복은 여운형과 함께 천중밍을 찾아가 합의한 계획을 안창호에게 알려주고 차후 소비에트 러시아 정부의 승인이 있을 경우 책임을 맡아줄 것을 제안했으나 거절당했다. 안창호는 소비에트 정부나 천중밍은 그 계획을 실현할 실력이 없다고 단언하며 거절했다.[47]

이와 관련하여 1920년 5월 초 재상하이 한인사회당 간부인 이동휘, 김립, 계봉우(桂奉瑀)가 북간도 대한국민회 회장 구춘선(具春先)에게 보낸 편지(1920년 5월 11일 자)에서 '러시아 외교원'과 이르쿠츠크 이북 지방을 근거지로 하여 사관 양성과 비행기 준비와 과격파군(赤軍)과의 제휴에 의한 최후 작전(군사행동)을 합의했다고 한 사실에 주목할 필요가 있다.[48] 1920년 1월 이후 포타포프가 상하이를 떠나는 4월 말까지 추진된바, 소비에트 정부의 지원과 협력을 이끌어내기 위한 외교원 밀파 계획은 1920년을 '독립전쟁의 해'로 선포한 임시정부에는 독립운동 수행의 성공을 가늠할 수 있는 매우 중요한 현안이었다.

임시정부 국무총리 이동휘는 레닌에게 보내는 1920년 5월 24일 자 서신에서 "모든 정세 평가와 관련한 포타포프 장군의 견해와 의견에 전적으

---

47) 이상의 「안창호 일기」 관련 서술은 이애숙, 「상해임시정부 참여세력의 대소(對蘇)교섭」, ≪역사와 현실≫, 32(한국역사연구회, 1999), 14~15쪽 참조.

48) 이 계획에 입각하여, 이동휘, 김립, 계봉우는 연명으로 북간도 대한국민회(회장 구춘선)에 사관학교 설립 계획과 재정 지원을 요청함과 동시에 이용(李鏞)을 동로사령관(東路司令官)으로서 북간도로 특파했다[북로(노령)사령관으로는 채영(蔡英)이 임명됨]. 김정주, 「이동휘·김립·계봉우가 북간도 대한국민회장 구춘선에게 보낸 편지」(1920.5.11),『朝鮮統治史料』 8(東京: 韓國史料硏究所, 1980), 236~239쪽 참조.

로 공감하고 있다"라고 하면서, "본인이 파견한 한형권을 통해 귀하께서도 원동의 정치적 상황에 대하여 두말할 나위 없이 익히 알고 계실 것이나, 이곳에서 출발한 용감한 혁명활동가 포타포프 장군이 귀하께 보다 더 상세하게 보고 드릴 것"이라고 썼다.[49]

포타포프는 상하이에 체류하는 동안 한국과 중국의 혁명 조직을 접촉하고 중요 인물들을 만났다. 후일 소비에트 정부에 제출한 보고서에서 포타포프는 자신이 파악한 한인단체들 가운데 적극적으로 활동하는 단체로 여섯 곳을 거명했는데, 여운형이 이끌던 신한청년당이 대한인국민회(미주), 대한애국부인회, 한국기독청년회 등과 함께 포함되어 있다.

그는 자신이 "상하이임시정부의 능동적인 활동을 비롯하여 한인들이 설립한 다양한 조직에 공개적으로 참여했으며", "러시아혁명 사상을 폭넓고 과감하게 보급했으며 소비에트 러시아와의 관계를 수립해야 한다고 주장했다"라고 썼다. 그리고 자신은 "본인에게 부여된 권한 내에서 행동 계획과 정책 프로그램을 제시했고, 정부의 승인을 받아 지도 방침으로 받아들여지고 지체 없이 실행되었다"라고 평가했다. 끝으로 그는 "임시정부와 각 조직은 임시정부와 대한국민의회, 중국의 천중밍 장군과 대동단(大同團), 그리고 노동자, 학생 조직들의 서신과 (한형권이 지참한) 자신의 보고서에 대한 소비에트 정부의 답신에 신경을 곤두세우고 있다"라고 썼다.[50] 한국의 독립운동과 중국혁명에 대한 소비에트 정부의 지원이 절실함을 전달하고자 한 것이다.

여운형은 포타포프를 통한 소비에트 정부의 지원과 천중밍 등 중국 혁

---

49) 「상해임시정부 국무총리 이동휘가 레닌에게 발송한 서신」, 국사편찬위원회 엮음, 『대한민국임시정부 자료집』 별책 5(국민대표회의 I)(2011), 244쪽.
50) 「'한국에 관한' 포타포프의 약식보고」, 259쪽.

명 세력의 연합을 통한 독립운동 방략을 추진했다. 문제는 여운형이 포타포프와 천중밍을 찾아가 그러한 계획에 합의한 시점이 분명치 않다는 점이다.

이와 관련하여 이애숙은 '안창호 일기'를 인용하여 여운형이 김복과 함께 천중밍을 만난 시점을 1920년 5월경으로 추정했다. 한편, 상하이의 국제 조계(租界) 경무국은 포타포프가 1919년 12월 17일에 상하이에 도착했고 1920년 4월 22일 상하이를 출발하여 모스크바로 떠났다고 기록했다고 한다.51) 여운형이 포타포프와 함께 천중밍을 찾아간 시점은 4월 하순, 늦어도 여운형이 상하이로 귀환한 5월 중순 이전으로 추정된다. 이동휘가 레닌에게 보낸 서신(1920년 5월 24일 자)에서 포타포프 장군이 한형권보다 뒤늦게 상하이를 떠나 모스크바로 향했다고 쓰고 있는 점에서52) 포타포프가 장저우에서 천중밍을 만난 후 상하이로 다시 와서 이동휘가 레닌에게 보내는 편지를 휴대하고 모스크바로 떠났거나, 이동휘가 포타포프가 중국을 떠나기 전에 서한을 포타포프에게 전달했다고 볼 수 있다.

앞에서 서술한바, 여운형은 천중밍을 만나러 간 특정 시점에 포타포프를 통해 한형권이 파견된 사실을 알게 되었다. 따라서 포타포프를 매개로 소비에트 정부의 지원과 협력을 바탕으로 한 한·중·러 3국 제휴 방략 계획은 여운형이 자신이 임시정부의 밀파 외교원으로 내정된 상태에서 추진한 것이라고 보아야 할 것이다. 따라서 종래의 연구에서 여운형이 이동휘에 의해 러시아 밀파 외교원으로 모스크바행이 좌절된 데 대한 반발 또는 대안으로서 해석하는 것은 적합하지 않다고 할 것이다.

---

51) 이정식, 『시대와 사상을 초월한 융화주의자 몽양 여운형』(서울대학교 출판부, 2008), 344쪽.
52) 「상해임시정부 국무총리 이동휘가 레닌에게 발송한 서신」, 244쪽.

3. 재상하이 한인(한국) 공산당 참여

1) '공산주의자그룹'(공산주의 조직)의 형성

러시아혁명 이후 중국을 비롯한 동아시아의 공산주의 선전 활동은 볼셰비키에 우호적인 개별 러시아 이민자들이 진행하고 있었다.[53) 그 후 러시아공산당과 코민테른의 조직적인 개입과 지원으로 전환되는 과정에서 주도적인 역할을 한 인물은 시비랴코프(Sibiriakov)로도 알려진 빌렌스키(Vilenskii)이다. 빌렌스키는 1919년 8월 동아시아 지역의 인민들을 상대로 한 공산주의 활동에 관한 테제 작성에 주도적인 역할을 했고, 러시아공산당 중앙위 정치국은 이 테제를 승인했다. 빌렌스키는 외부적으로는 소비에트 정부 외무인민위원부 동아시아(원동) 담당 전권위원이었으나 내면적인 역할은 동아시아에서의 선전활동 등 혁명 사업을 추진하는 것이었다. 1919년 9월 이후 시베리아에서 활동하던 빌렌스키는 러시아공산당 중앙위원회의 결정에 따라 1920년 2월 블라디보스토크로 떠났다. 1920년 1월 말에 이르러 원동 지역을 러시아혁명 세력이 장악한 새로운 상황에서 전권위원인 빌렌스키에게 부과된 과제는 일본 측과의 공식적인 교섭을 통하여 러시아와 일본의 충돌을 방지하는 것이었다. 빌렌스키는 블라디보스토크에서 한국과 중국의 많은 혁명 조직 대표자들과 만나 긴밀한 협력 관계를 확보했다.[54)

빌렌스키는 또한 1919년 9월 러시아공산당 중앙위원회 정치국에서 원

---

53) 이에 대해서는 김수영, 「보이틴스키와 초기 동아시아 공산주의운동」, 31~37쪽 참조.
54) 빌렌스키 시비랴코프(Vilenskii Sibiriakov), 국사편찬위원회 엮음, 「동아시아 인민을 상대로 한 대외활동 요약 보고서(1919.9~1920.8)」, 『한국독립운동사자료』 34권(1997), 130~131쪽.

동에서의 정보 수집을 포함한 혁명 사업을 전담할 대표로 선임한 러시아공산당 원동부 산하 블라디보스토크 지부의 책임자였다. 빌렌스키는 블라디보스토크에 도착한 후 1920년 2, 3월에는 중국 공작 전담 기구로 '해외공작처(Inotdel, 또는 외무과)'를 설립했다.[55]

빌렌스키는 1920년 3월 14일 블라디보스토크에서 보이틴스키와 회합하고 그를 상하이에 파견하기로 결정했다.[56] 당시 보이틴스키는 코민테른 원동부 블라디보스토크 지부에서 활동하고 있었는데, 이르쿠츠크의 원동부에서 중국공산당 조직을 공작하기 위해서 파견된 인물이다.[57] 마침내 해외공작처는 1920년 4월, 보이틴스키를 전권위원으로, 동양학연구소를 졸업한 티토프(Totov)와 김만겸을 부(副)전권위원으로 중국 상하이에 파견했다.[58]

보이틴스키는 3월 곧바로 중국으로 떠났고, 베이징에서 리다자오(李大釗)를 만난 후 그의 소개로 천두슈(陳獨秀)를 만나기 위해 4월 상하이로 갔다. 러시아 기자단 소속으로 신분을 위장해 1920년 4, 5월경 톈진을 거쳐 베이징으로 갔다. 김만겸은 이보다 늦은 5월 3일 상하이로 떠났다.[59]

---

55) 조세현, 『동아시아 아나키스트의 국제교류와 연대: 적자생존에서 상호부조로』(창비, 2010), 143~144쪽.

56) Joseph L. Wieczynski(ed.), *The Modern Encyclopedia of Russian and Soviet History*, Vol.8(1978), p.169; Joseph L. Wieczynski(ed.), *The Modern Encyclopedia of Russian and Soviet History*, Vol.42(1986), p.104.

57) Joseph L. Wieczynski(ed.), *The Modern Encyclopedia of Russian and Soviet History*, Vol.8, p.219.

58) M. Bronshtein(동양제민족부 부부장)·M. Abramson(동양제민족부 중국과 부과장), 「러시아 볼셰비키공산당 시베리아뷰로 산하 동양민족분과 활동에 대해 분과가 코민테른 집행위원회에 보내는 보고서 발췌문」(러시아문: 1921.12.21), RGASPI, Fond 495. op.154. del.24.l.39.

59) 윤상원, 「1920년대 초반 러시아한인사회주의자들과 코민테른: 김만겸의 활동을 중심으로」, ≪역사연구≫, 16(역사연구소, 2005), 23쪽.

보이틴스키는 부인과 함께 1920년 4월 말 중국인 통역 양밍지(楊明齎) 등과 함께 베이징에서 상하이로 내려와, 러시아어 신문 *Shankhaiskaia Zhizn*(上海生活)을 중심으로 활동하던 러시아인들의 도움을 받아 신문기자 신분으로 활동했다.[60] 러시아어 신문 ≪상하이생활≫은 상하이 국제조계 경무국인(Police Commissioner of the International Shanghai Municipal Council)이나 일본 당국에는 상하이의 볼셰비키 기관지로 알려져 있었다.[61] 일본 측 첩보에 의하면 김만겸과 김하구를 '러시아 과격파 기관지'로 알려진 이 신문사에 입사하도록 주선한 이가 기자인 박니콜라이 와실리예비치다.[62] 김만겸은 이 신문사에서 기사를 쓰면서 대양(大洋) 300냥(兩)을 받았는데, 후에 블라디보스토크에서 상하이로 온 강한택이 조수로 활동했다. 김만겸과 강한택은 일본과 중국을 상대로 공산주의 선전인 역할을 하고 있었다.[63]

1920년 2월 15일 재건된 대한국민의회 부의장이자 러시아 한인공산당 대표 자격인 김만겸이 러시아공산당의 선전원으로 상하이에 파견된 뒤 한인사회당 간부로서 임시정부에서 요직을 맡고 있던 이동휘와 김립 등에게 접근한 것은 매우 자연스럽고 현실적인 선택이었다. 김만겸은 이동휘, 김립 등이 한인사회당을 창당한 인물임을 잘 알고 있었을 것이다.

앞서 서술한바, 이동휘와 김립은 1920년 초 포타포프 장군을 만난 후

---

60) 김수영, 「보이틴스키와 초기 동아시아 공산주의운동」, 34쪽; 조세현, 『동아시아 아나키스트의 국제교류와 연대: 적자생존에서 상호부조로』, 148쪽.

61) 이정식, 『시대와 사상을 초월한 융화주의자 몽양 여운형』, 344쪽; 「기밀 제53호 鮮人의 行動에 관한 件」(1921.8.11), 『不逞團關係雜件 朝鮮人의 部-在西比利亞』(日本外務省史料館 所藏) 제12권(국사편찬위원회 소장본).

62) 「기밀 제53호 鮮人의 行動에 관한 件」(1921.8.11).

63) 「기밀 제62호 鮮人의 행동에 관한 件」(1920.10.14), 『不逞團關係雜件 朝鮮人의 部-在西比利亞(12)』, 日本外務省史料館 所藏(국사편찬위원회 소장본). 강한택은 러시아혁명 이전에는 러시아정교회 신부로서 '강 신부'라고 알려졌으며 러시아혁명 이후에 공산주의자가 되었다.

한형권 등 임시정부의 밀파 외교원을 파견하는 등 소비에트 정부의 지원을 획득하기 위한 계획을 추진하고 있었다. 또한 일본 측 첩보자료에 의하면 1920년 3월 한동원(韓東元)과 리니콜라이라는 한인 두 명과 중국인 샤치펑(夏奇峯)을 대동한 러시아 정부 파견원이 "임시정부를 방문하여 의향을 교환하여 서로 결합하기에 이르렀다"라고 했다.[64]

이동휘, 김립, 계봉우가 연명으로 북간도의 구춘선에게 보낸 1920년 5월 11일 자 서신을 보면, "우리 독립에 대하야 처음부터 내종까지 가장 밀접 관계된 레닌정부, 그 정부에 임의(이미) 파견한 박진순 군은 그 외교위원부에 가입했고 그다음 한형권 군도 불원간 막사과(莫斯科, 모스크바)에 도달할 듯하오며 그나마 상하이, 톈진 등 각처에 내왕한 중요인물 곳 아국(俄國) 외교원과의 비밀약속도 임의 결정한 바가 유(有)함네다"라고 썼다.[65]

이동휘 등이 말한 '러시아 외교원'은 톈진, 베이징을 거쳐 상하이로 온 보이틴스키로 추정된다. 이는 한인사회당원 계봉우가 간도 대한국민회장 구춘선에게 보낸 5월 14일 자 편지에서 확인할 수 있다. 즉, 계봉우는 편지에 "어제(5월 13일) 레닌정부로부터 특파위원 2인이 우리 정부에 공문을 가져왔는데 해부(海埠, 海蔘威, 블라디보스토크) 김만겸 씨도 동행하여 왔다"고 하며 공문의 내용을 간략히 소개했다. "귀정부(貴政府: 상하이임시정부) 형제들도 모스크바에 와서 상휴수(相攜手)하여 극동의 대원수(大怨讐)를 정복하

---

64) 김정주, 『朝鮮統治史料』 8, 235쪽.

65) 「이동휘·김립·계봉우가 북간도 대한국민회장 구춘선에게 보낸 편지」, 236~239쪽. 한편, 이태준이 1920년 5월 10일 자로 미국에 머물고 있던 김규식에게 보낸 편지에 의하면 한형권은 러시아로 들어가면서 몽골의 고륜(庫倫: 현재의 울란바토르)을 거쳤는데 당지에 동의의국(同義醫局)이라는 병원을 개설하고 있던 한인사회당 비밀 요원 이태준의 영접을 받았으며 '여비 곤란'으로 대양(大洋) 100여 원을 빌려 시베리아로 떠났다. 「이태준·김은식이 김규식에게 보낸 편지」(1920년 5월 10일 자), NARA, RG 165(RECORDS OF THE WFGS), Military Intelligence Division, Correspondence, 1917-41, 1766-1308-1766-1391, Declassified NND 740058, Box No.544, 1766-1391 1; 39-c 참조.

여야 할 것이고 또 모스크바에는 우리 노동군이 편성되어 그 수 2개 여단에 달한다 운운"[66]이라고 적었다.

상하이에 도착한 김만겸은 "대중을 확보하고 있는 '한민족의 중앙기관' (대한민국 임시정부)에 영향력을 가진 이동휘를 이용하는 것이 합목적적"이라고 판단했다고 한다.[67] 보이틴스키도 김만겸과 같은 판단을 했을 것이다. 김만겸은 1922년 10월 국제공산당 원동부장 보이틴스키에게 제출한 보고서에서, 한인사회당 위원장이며 임시정부 국무총리인 이동휘를 만나 한인사회당을 '공산주의 조직'으로 재조직하라고 제안하자, 이동휘는 "조금의 망설임도 없이 동의했다"라고 보고했다. 당시 상하이에 있던 한인사회당 당원은 모두 6명인데, 이들을 중심으로 '공산주의 조직'(공산주의자그룹)을 만들었다고 보고했던 것이다.[68] 소수의 한인사회당 당원 6명으로 조직된 '공산주의 조직'은 아직 당(黨)의 명칭을 사용할 수 없는 수준이었고, 구태여 말하자면 소조(小組)와 당의 중간 수준인 조직이었을 것이다.

이르쿠츠크의 '전 러시아 고려 공산단체 중앙 간부'에서 파견한 이괄(李适)이 「이르쿠츠크 공산당 고려중앙집행부'에 제출한 보고문」(1921년 4월 19일 자)에서 상하이의 근황(1920년 여름)을 소개하면서, '공산단(共産團)'을 조직하여 '혁명간부(革命幹部)'를 설치하고 '혁명에 대한 일과 연락에 관한 사항'을 처리하기로 했다고[69] 한 것은 이러한 사정을 말한다. 아직 '공산당'이라는 명칭 대신에 '공산단'으로 쓰고 있는 점에 주목할 필요가 있다. 이동휘,

---

66) 김정주, 『조선통치사료』 8, 239~240쪽.
67) 국사편찬위원회 엮음, 「한국의 공산주의운동에 대한 개요(이르쿠츠크파와 상해파 형성사)」, 『한국독립운동사자료』 제35권, 97쪽. 이 보고서는 김만겸이 작성한 것이다.
68) 「한국의 공산주의운동에 대한 개요(이르쿠츠크파와 상해파 형성사)」, 97쪽.
69) 리괄, 「報告三號−이르꾸쓰크공산당 高麗中央執行部」(1921년 4월 19일 자), 구 코민테른 문서보관소(현 러시아 국립사회정치사문서보관소) 소장 문서 분류 번호, fond 495, op.135, delo 91, ll. 2.

김립 등 한인사회당 간부들을 보이틴스키에게 소개하고, 이동휘에게 한인
사회당을 '공산주의 조직'으로 재조직할 것을 제안한 김만겸 역시 자신이
작성한 보고서에서 이 조직을 '공산당'이라고 하지 않고 '공산주의 조직'이
라고 표현했다.[70]

후일 여운형이 이동휘, 김립, 이한영, 김만겸 등이 1920년 봄에 상하이
에서 조직했다고 하는 '공산주의자그룹'은[71] 바로 이 '공산단'을 말하는 것
이다. '공산단' 또는 '공산주의자그룹'이 조직되었을 때는 국무총리 이동휘
가 김립 등 5명의 차장과 함께 이승만 불신임 운동을 전개하던 때였다. 이
무렵 상하이임시정부의 업무를 보이콧하고 있던 이동휘와 김립은 청년들
을 중심으로 당원 가입을 권유하며 당세 강화를 모색하고 있었다.[72]

일제 측 첩보자료에 의하면 이동휘와 김립은 김만겸이 휴대한 자금으
로 ≪신대한독립보≫ 발행을 시작했지만, 최창식(崔昌植)의 방해로 3호까지
발행·배포하고 중단했다. 김만겸은 과거 러시아 신문의 서울 특파원 시절
인 1914년경 최창식과 특별한 관계를 맺은 인연으로 상호 신뢰가 있었지만
그와 결합하지 않고 같은 '공산주의그룹'에 속하는 이동휘, 김립과의 관계
를 유지했다.[73] 후에 살펴보게 되겠지만 최창식은 결국 한인공산당에 가

70) 「한국의 공산주의운동에 대한 개요(이르쿠츠크파와 상해파 형성사)」, 97쪽.
71) 「呂運亨調書(I)」, 248쪽.
72) 예를 들어 이탁(李鐸)이 안창호를 찾아와 이동휘와 김립 두 사람이 신두식(申斗湜)에게
"입당하라고 누차 권하"였다고 하면서 내막을 알아내기 위해서 신두식을 입당케 하는 것이
어떠한가 문의한 것이다. 「안창호 일기」, 1920년 6월 23일 자 참조.
73) 「上海에서의 共産黨의 狀況」(1920.7.26), 『不逞團關係雜件−朝鮮人의 部−鮮人과 過激派(1)』
(日本外務省史料館 所藏)(국사편찬위원회 소장본). 최창식은 이동휘와 김립이 임정에 참여
하기 전에 국무원 비서장직에 있었다. 그러나 이동휘의 국무총리 취임으로 김립이 비서장
에 임명되자, 자신의 자리를 빼앗긴 데 불만을 갖고 이동휘와 김립의 활동을 적극 반대했
다. 이동휘와 김립은 김만겸이 가져온 자금(4만 원) 가운데 8000원으로 ≪신대한독립보(新
大韓獨立報)≫를 간행했는데 조완구, 조동호, 김두봉(金枓棒), 이광수, 정해리(鄭海里) 등을
"사용(使用)"했다고 한다.

입하게 된다.

　빌렌스키가 보이틴스키에게 부과한 사명은 중국에서 활동하는 동아시아 각국의 사회주의자들을 중국부, 한국부, 일본부를 만들어 흡수하고 이를 통괄할 '중앙기관'을 설치하는 것이었다.[74] 1920년 5월 상하이에는 보이틴스키의 지도로 사업 확대를 통솔하기 위한 '중앙'의 역할을 할 임시 집단지도체가 조직되었는데 이는 '코민테른 동아비서부'로 명명되었다.[75]

　이 중앙기관 산하에 동아시아 국가별로 중국부, 한국부, 일본부를 조직했다. 1920년 9월 보고할 당시 빌렌스키는 이 국가별 부서들의 조직은 여전히 '원시 상태의 답보 상태'에 머물러 있다고 평가했다. 동아비서부는 각 부의 활동 계획을 수립했는데, 7항으로 된 한국부의 활동 계획에서 주목되는 점은 제6항이다. 즉, "상하이에 있는 대한민국임시정부 내의 공산주의 분파(Fraktia)를 임시로 중앙(Tsentr)으로 활용하여 상하이로부터 앞에 모든 단체들에 공산주의 서적을 정기적으로 공급한다"라는 내용이다. 임시정부 내의 공산주의 프라치야, 즉 이동휘 등 한인사회당 당원들로 재조직된 '공산주의 조직'이 '임시 중앙기관'으로서 국내외 선전 활동을 주도한다는 것이다.[76]

---

74) 조세현, 『동아시아 아나키스트의 국제교류와 연대: 적자생존에서 상호부조로』, 143~144쪽.
75) 빌렌스키 시비랴코프, 「동아시아 인민을 상대로 한 대외활동 요약 보고서(1919.9~1920.8)」, 131~132쪽. 빌렌스키는 코민테른 제2차 대회가 열린 1920년 7, 8월 러시아공산당 중앙과 코민테른에 이 '코민테른 (임시)동아비서부'의 공식 승인을 요청했으나 실패했다. 김수영, 「보이틴스키와 초기 동아시아 공산주의운동」, 40쪽 참조.
76) 빌렌스키 시비랴코프, 「동아시아 인민을 상대로 한 대외활동 요약 보고서(1919.9~1920.8)」, 131~132쪽.

2) '공산주의자그룹' 가입과 한인(한국)공산당 간부

여운형은 1929년 국내로 압송된 후 일본의 경찰, 검찰의 신문 과정과 재판 과정에서 자신이 공산주의 운동을 하게 된 과정, 즉 '공산주의자그룹', '한인공산당', '고려공산당' 등에 관계하게 된 과정의 시기에 대하여 엇갈린 진술을 했다. 연구자들 역시 자신의 주장을 뒷받침하기 위해 여운형의 다양한 진술 가운데 하나를 인용하고 있는 형편이다. 여운형의 진술에만 의존하는 종전의 방식에서 벗어나 1920년 여름 상하이임시정부 국무총리 이동휘의 동향, 여운형과 조동호가 진술한바, 이동휘, 김립, 김만겸과 함께 한인공산당 중앙위원으로 선출된 안병찬의 법무차장 취임 등의 행적, 국제공산당 자금을 소지하고 상하이로 귀환한 이한영의 행적, 당시 임시정부를 비롯한 상하이 정국의 상황, 그리고 제2차 국제공산당대회 등과 관련한 자료들을 면밀하게 비교 검토할 필요가 있다.

우선 여운형의 '공산주의자그룹' 가입 시점에 관하여 검토해 보자. 여운형이 '1920년 여름'이라고 그 시기를 모호하게 진술하여 좀 더 구체적인 시기를 추정하는 데 어려움이 있는 게 사실이다. 여운형은 프랑스 조계의 김만겸 집에서 보이틴스키를 만난 후 그의 권고로 김만겸을 통하여 '공산주의자그룹'에 가입했다고 진술했다.[77] 일제 검경 당국에서 행한 여운형의 이 진술은 일관된다. 또한 여운형이 진술한바, 상하이의 한인 '공산주의자그룹'은 여운형의 가입 이전에 형성된 것이며, 한인사회당 당원인 이동휘, 김립, 이한영, 김만겸 등을 주요 구성원으로 하고 있었다.[78]

여운형은 보이틴스키를 만나고 '공산주의자그룹'에 가입하게 된 시점을

---

77) 「呂運亨訊問調書(第6回)」, 40~41쪽.
78) 「呂運亨調書(I)」, 248쪽.

"1920년 미국 의원단 일행을 전송한 후 그해 가을 무렵"이라고 진술했다.[79] 이 진술이 사실에 부합한다고 볼 수 있다. 여운형이 1920년 5월의 시점에는 그의 모스크바행이 좌절되는 등 불편한 관계에 있던 이동휘가 중심이 된 '공산주의자그룹'에 가입하는 것은 시기상조이기 때문이다.

1932년 압수한 상하이임시정부의 문서를 토대로 일본 당국이 작성한 『조선민족운동연감』에는 미국 의원단에 대한 임시정부의 외교 활동 일정이 기록되어 있다. 중국, 조선, 일본을 방문한 태평양협회 소속 의원들 중심의 '미국 의원 시찰단'의 동아시아 방문에 대비하여 임시정부는 이미 1920년 6월 말 안창호를 위원장으로 하는 '대미국 의원 시찰단 주위원회'를 구성하고 소요 예산안을 작성했다.[80] 여운형은 외무차장인 정인과(鄭仁果), 이승만이 주러 대사로 임명한 바 있는 이희경(李喜儆), 동생 여운홍(呂運弘)과 함께 임시정부 측 '미국 의원단 교제위원'으로 선임되었다. 이 외에도 의정원 의원 이유필(李裕弼), 교회 측 위원 서병호(徐丙浩), (애국)부인회 측 위원 김순애(金淳愛)가 위원으로 선임되었다. 주로 신한청년당 측 인사와 안창호 측 인사들이 주축을 이루고 있음을 알 수 있다.[81]

여운형은 8월 5일 상하이 '아스타 하우스'에서 개최된 미국 의원단 환영연회에서 다른 정부 측 교제위원들과 함께 참석했다. 여운형은 다음 날인 6일에 개최된 21개 단체 연합 주최의 미국 의원단 환영회에도 정부를 대표하여 정인과와 함께 참석했다. 미국 의원단은 9일 난징, 13일에 텐진을 방문하고 14일 베이징에 도착했다. 여운형은 8월 16일부터 20일까지 하루도 빠짐없이 미국 의원들을 개별적으로 만나 일본 통치하의 한국 상황을 설명

---

79) 「呂運亨訊問調書(第6回)」, 40쪽.
80) 「朝鮮民族運動年鑑」, 240쪽. 안창호가 국무총리에게 청구한 예산은 1만 1400원이다.
81) 「朝鮮民族運動年鑑」, 241~241쪽. 미국 의원단은 의원과 동행 가족을 합해 총 123명인데, 중국에는 의원 9명을 포함해 37명이 왔다.

하고 독립운동에 대한 미국의 지원을 요청했다. 여운형은 중국을 방문한 의원 9명 전원을 만나 '한국 헌법'(영역), '한일 관계'(영문), '일본인의 제반 불법행위'(영문) 등의 자료를 전달했다. 미국 의원들은 한국 독립을 원조하겠다고 약속했다.[82]

여운형은 일본 검찰국에서 한 진술에서 자신이 베이징까지 미국 의원단을 동행하여 전송했다고 했다. 그는 미국 의원단의 외교부장 '포타'를 만나 한국의 사정을 자세하게 호소하고 원조를 구했다고 한다. 여운형은 국내를 시찰하여 조선의 사정을 충분히 파악하고 이상재(李商在)에게서 조선 사정을 들을 것을 권고했다. 또한 여운형은 일본의 조선 병합은 미국에도 책임이 있다고 하면서 러일전쟁 당시 미국이 공사를 두었지만 조선 병합 당시에는 철수한 상태였기 때문에 조선의 사정을 이해하지 못하고 있음을 지적하고 이번의 기회에 조선을 충분히 이해한 후 원조해 줄 것을 요청했다고 한다. 미국 의원단은 귀국 후에 작성한 시찰 보고서를 보내왔는데 그 보고서에 여운형 등의 활동이 기록되어 있었다고 한다.[83] 여운형은 1920년 8월 내내 대미 외교에 전력을 기울인 후에야 동아시아의 공산주의 선전과 조직 확대에 몰두하고 있던 보이틴스키와 김만겸을 통해 공산주의자그룹, 즉 한인공산당에 가입하여 대소 외교의 가능성을 개척하고자 했던 것

---

82) 「朝鮮民族運動年鑑」, 241~241쪽. 여운형이 만난 미국 의원들은 하원의원 초타군(8월 16일, 8월 17일), 하원의원 스모루(8월 17일), 하원의원 베아(8월 18일), 하원의원 켐블, 하데, 우렌치(8월 19일), 상원의원 하리스, 하원의원 오스분, 구트 오루, 하스만, 모리스(8월 20일) 등이다. 여운형의 활동 외에도 임시정부는 대동여사(大東旅社)에서 유학생 주최로 개최한 환영회에 정인과, 황진남(黃鎭南), 서병호를 참석케 했고, 신국권(申國權)을 난징(南京)으로 파견하여 임춘희(任春熙)와 함께 미국 의원단에 재중학생(在中學生) 연서(連署)의 진정서를 제출케 했다. 임시정부는 또한 8월 13일 톈진에 백영엽(白永燁)과 황진남을 파견하여 난카이대학(南開大學) 장바오링(張伯岺) 박사를 방문하고 조선독립운동에 대하여 간담케 했다.

83) 「呂運亨訊問調書(第6回)」, 40쪽.

으로 보인다.

다음으로 여운형이 진술한바 한인공산당이 조직될 때 중앙위원으로 선출된 인물들의 행적을 검토해 보기로 한다. 여운형은 자신이 공산주의자그룹에 가입함과 동시에 조직 명칭도 고려공산당(사실은 한인공산당)으로 개칭하고 당 조직도 확장했는데, 임시정부 관계자로 조완구, 신채호, 안병찬, 이춘숙(李春塾), 조동호, 최창식, 양헌(梁瀗), 선우혁(鮮于爀), 윤기섭(尹琦燮), 김두봉(金枓奉)이 함께 당원으로 참가했다고 진술했다. 중앙위원으로 책임(비서)인 이동휘를 비롯해 김립, 이한영, 김만겸, 안병찬이, 그리고 번역부 위원 여운형, 출판부 위원 조동호가 선정되었는데 모플(국제혁명자후원회), 검사위원 등의 기관은 없었다.[84] 여운형이 중앙위원과 별도로 번역부 위원, 출판부 위원을 구분해서 진술한 것은 의도적인 것으로 보인다. 여운형, 조동호 역시 중앙위원의 자격으로 번역과 출판을 책임졌다고 보는 것이 타당할 것이다. 여하튼 재상하이 한인공산당은 기존의 한인사회당 계열(이동휘, 김립, 이한영)과 이들과 공산주의자그룹을 구성하고 있던 김만겸에 여운형, 안병찬, 조동호 등 상하이의 유력 인사들이 가세했던 것이다.

한인사회당 중앙위원회 책임(비서, 또는 중앙위원장)으로 선출된 이동휘는 1918년 5월 초 하바롭스크에서 조직된 한인사회당의 위원장이었다. 이동휘는 1920년 5월 이후 이승만 불신임 운동을 전개했고 그 와중에 국무총리 사직서를 각 총장에게 송부하고 1920년 6월 22일 북중국 웨이하이웨이(威海衛)로 떠났다가 상하이로 귀환하게 되는데, 1920년 8월 11일의 일이다. 이에 앞서 이동휘는 7월 31일 외무차장 정인과가 대리로서 겸임하고 있던 외무총장직을 겸임하게 되었다.[85]

---

84) 「呂運亨調書(I)」, 248~249쪽.
85) 「朝鮮民族運動年鑑」, 240쪽.

다음으로 중앙위원에 선임된 이한영의 행적을 살펴보자. 1919년 4월 한인사회당대회에서 박진순, 박애(朴愛)와 함께 국제공산당 파견 대표로 모스크바에 갔던 이한영이 모스크바 자금을 갖고 상하이에 도착한 것은 1920년 9월 상순의 일이다.[86] 이한영이 가져온 자금이 한인사회당이 받은 제1차 자금이다.[87] 이 자금은 공산주의자그룹을 한인공산당으로 확대·개편할 수 있는 최소한의 재정적 여건이 마련되었음은 물론 향후 국제공산당의 재정 지원 가능성을 현실로 보여준 것이다. 임시정부 인사들의 대거 가입도 러시아 원동 지역에서의 볼셰비키 세력의 승승장구라는 국제 정세의 변화와 함께 소비에트 러시아 정부에 대한 기대감이 확산되는 상황과 맞물려 한인공산당의 세력 확대가 가능한 여건으로 작용했다.

이한영은 국제공산당 제2회 대회가 개최되기 전에 모스크바를 떠난 것으로 보이며, 박애와 함께 이르쿠츠크에서 '러시아공산당 내 고려공산단체 제1차 대표회'에 참여하고,[88] 대회의 결과로 조직된 고려공산단체 중앙간부의 중심인물들과 만나서 양측(한인사회당과 이르쿠츠크의 고려공산단체 중앙

---

86) 이한영의 상하이 도착을 9월 상순으로 보는 근거는 다음과 같다. 한인사회당 대표 이한영이 이르쿠츠크의 '고려공산단체 중앙간부'에서 상하이로 파견한 이괄과 함께 이르쿠츠크를 떠난 것이 1920년 8월 1일이다. 그 후 이들은 몽골의 우르가(庫倫: 현재의 울란바토르)에서 교통 두절로 2주일을 기다렸고 이한영이 먼저 떠났다. 그 후 이괄이 우르가를 떠나 상하이에 도착한 것은 9월 21일이다. 우르가에서 베이징까지 보통 2주일이 소요된 점을 고려하면, 이한영이 상하이에 도착한 것은 빨라야 9월 상순이었을 것이다. 리괄, 「報告三號-이르꾸쓰크공산당 高麗中央執行部」, 1~4쪽 참조.

87) Li-Dongkhi(이동휘)·Pakdinshun(박진순), 「Nardnomu Kommissaru Inostrannykh Del.: Uvazhaemii Tovaritch Chicherin」(1921년 10월 16일 자), 러시아현대사문서보관 및 연구센터 분류 번호 f.495, op.135, del.49, 13쪽. 이한영이 상하이로 가져온 금액은 100만 루블(7500멕시코달러)이었다.

88) "Doklad Koreiskoi Kommunisticheskoi Partii III-mu Kongressu Kominterna," *Narody Dal'nego Vostoka*, No.2(Irkutsk, 1921), pp.249~260(『역사비평』 1989년 가을호에 게재된 번역문 참조).

간부)의 합동 문제를 논의했다. 그리하여 이한영은 상하이의 한인공산당 간부들과 상의하여 이르쿠츠크에 대표를 파견토록 하고, 양측의 합동에 의한 전한공산당(全韓共産黨, 또는 고려공산당)의 건설을 도모할 것에 합의했다. 그리하여 이르쿠츠크 측에서는 상하이 측과의 연락 임무를 띤 이괄을 이한영과 동행시켜 상하이로 파견했다.[89]

상하이의 한인사회당 간부들을 비롯한 공산주의자그룹 구성원들은 이한영을 통하여 이르쿠츠크에서 개최된 고려공산단체 대표자 대회, 그리고 이 대회에 또 하나의 새로운 한인(고려)공산당의 중심, 즉 잠재적인 경쟁적 중심이 등장한 사실을 알았다. 김만겸은 후일 자신의 보고서에서 "1920년 8월 상하이에서 우리는 처음으로 소비에트 러시아와 러시아 원동 지역의 공산주의 단체 대회에 관한 정보를 얻었다"라고 보고했다.[90]

다음으로 비한인사회당 계열로 중앙위원에 선임된 안병찬의 행적을 살펴보자. 안중근(安重根)의 하얼빈 의거 당시 변호를 자원했던 안병찬은 3·1운동 이후 1919년 12월에 창립되어 서간도와 평북 지방을 거점으로 한 대한청년단연합회의 초대 총재로 선출되었고 1920년 4월 19일에 개최된 제2회 총회에서 재차 총재로 선출되었다. 같은 날 임시정부는 그를 연통제하의 평북독판부 독판으로 임명했다.[91] 얼마 후인 5월 3일 안병찬은 오능조(吳能祚), 박도명(朴道明), 김인홍(金仁弘), 양원모(梁原模) 등과 함께 일본 당국에 검거되었다.[92] 석방된 후 안병찬은 7월 초 상하이에 도착했고,[93] 9월

<hr>

89) 「在魯高麗革命軍隊沿革」,『韓國共産主義運動史 資料篇』2(고려대학교 아세아문제연구소, 1980), 9쪽.
90) 「한국의 공산주의운동에 대한 개요(이르쿠츠크파와 상해파 형성사)」, 134쪽.
91) 「朝鮮民族運動年鑑」, 235쪽, 250쪽. 한편, 「朝鮮民族運動年鑑」의 1920년 4월 2일 조에는 안병찬이 이날 평북독판에 선출된 것으로 기록되어 있다.
92) 「朝鮮民族運動年鑑」, 238쪽.
93) 「안창호 일기」, 1920년 7월 2일·5일·6일 자 참조. 안창호는 7월 2일 안동(安東: 현재의

10일 법무차장에 임명되었는데,[94] 여운형은 이것이 국무총리 '이동휘의 소개'에 의한 것이라고 회상했다.[95] 안병찬은 이어 9월 20일 임시법률기초위원회 위원장에 임명되었다.[96] 다음 날(9월 21일) 안병찬은 평북독판직을 사임했다.[97]

안병찬이 이동휘의 주선으로 임정에 참여했다는 여운형의 진술은 사실이라고 판단된다. 임정에 참여한 후 안병찬은 1921년 1월 이동휘가 국무총리직을 사임할 때 법무차장직을 동반 사퇴하는 등 임정 내에서 이동휘와 정치적 노선을 함께했다.[98] 이동휘와 안병찬의 동지 관계는 후술하게 되는바 여러 가지 대내외 요인으로 한인공산당이 분열되는 1921년 3월 말까지 유지되었다. 안병찬이 1921년 5월 이르쿠츠크파 고려공산당 창당과 함께 중앙위원으로 선임되고 이동휘가 5월 말 상하이파 고려공산당을 창당하면서 두 사람은 양 파의 지도자로 대립적인 노선을 걷게 되는 것이다. 이러한 사정을 고려할 때, 안병찬은 법무차장 취임 전후 시기에 이동휘의 권유에 따라 한인공산당에 입당했을 것으로 보인다.

마지막으로 공산주의자그룹(또는 공산주의 조직)이 한인공산당으로 개칭된 문제를 검토하기로 한다. 당명의 개칭은 국제공산당 파견원 보이틴스키의 제의에 따른 것이지만,[99] 얼마 전에 모스크바에서 개최된 제2회 국제공

丹東)에서 온 안병찬, 김승만(金承萬), 김승학(金承學) 등을 방문할 일정을 잡아놓았지만, 3일 후인 7월 5일 옥성빈(玉成彬) 집에서 안병찬 등을 만났다.
94)「朝鮮民族運動年鑑」, 243쪽.
95)「呂運亨訊問調書(第6回)」, 50쪽.
96)「朝鮮民族運動年鑑」, 244쪽.
97) 같은 글, 235쪽, 250쪽.
98) 같은 글, 266~267쪽.
99) 리영일, 「리동휘 성재 선생」(수고본), 89쪽;「이인섭이 김세일에게 보낸 편지」(1968.3.7). 보이틴스키는 러시아 사회민주노동당이 공산당으로 명칭을 고쳤으니 한인사회당 역시 한인공산당으로 고치면 좋겠다고 제안했다고 한다.

산당대회에서 채택한 제3국제공산당의 가입 규약에 따른 것이다. 당시 모스크바에 머물고 있던 박진순 역시 대회에서 행한 자신의 연설에서, 한인사회당을 '조선(또는 고려, 한인)공산당'이라고 했으며,[100] 소비에트 회의에서는 '공산혁명당'이란 명칭을 쓰고 있었다.[101] 특히 한인사회당은 제2회 국제공산당대회의 참가자 명단에도 '공산당'으로 등록되어 있다.[102]

1922년 자유시참변 1주기에 즈음하여 이르쿠츠크파 고려공산당 측에서 작성한 '고려혁명군대연혁(高麗革命軍隊沿革)'에서도 "이때에 박진순, 이한영, 박애 등이 제3국제공산당 제2차 대회에 사회당으로 참가하고 국제공산당에서 위선 다소 금전을 얻어서 파견된 이한영은 상하이에 도착하여 이동휘, 김립 등으로부터 전(前) **사회당을 공산당으로 변경하고**"(고딕체는 필자 강조)[103]라고 기록했던 것이다.

한편, 1921년 5월 이르쿠츠크에서 개최된 고려공산당 창립대회에서 행한 상하이 지역 공산당 대표 A 동지(안병찬으로 추정)가 한인공산당 "조직이 1920년 9월 N. T. S와 K 동지에 의하여 조직되었다"라고 보고했다.[104] 이는 바로 공산주의자그룹이 (한인)공산당으로 확대된 회의를 지칭하는 것으로 보이며, 이르쿠츠크 고려공산단체 중앙간부에서 상하이로 파견된 이괄은 9월 15일에 혁명간부회의가 개최되었다고 보고한바, A 동지의 보고와

---

100) Government Printing Office, *The 2nd Congress of the Communist International: As Reported and Interpreted by the Official Newspapers of Soviet Russia*, Washingtong D.C., 1920, p.46.

101) 姜德相, 「莫斯科 '소비에트'회의에서 朝鮮人 朴謀의 演說」, 『現代史資料』 25(みすず書房, 1977), pp.183~184쪽.

102) 「コミンテルン大會史」, 朝鮮總督府警務局保安課, 『高等警察報』 第1號(1933년 11월), 273쪽. 박진순은 '(한인)사회당'이 아닌 '공산당' 대표로 등록되었다.

103) 「在魯高麗革命軍隊沿革」, 9쪽.

104) *Narody Dal'nego Vostoka*, No.2, 1921.6.23, p.214.

마찬가지로 이때 한인공산당을 창립했을 것으로 판단된다.[105]

이상에서 검토한 내용을 여운형의 진술을 중심으로 정리하면 다음과 같다. 1920년 5월 초 상하이로 온 김만겸의 제안으로 이동휘, 김립, 이한영의 한인사회당 당원과 김만겸이 상하이에서 한인공산주의자그룹을 형성했다. 이후 9월 15일 국제공산당 파견원 보이틴스키가 김만겸을 통해 여운형의 공산주의자그룹 참여를 제안했고, 여운형이 공산주의자그룹에 가입했다. 가입과 동시에 공산주의자그룹(김만겸의 표현으로는 '공산주의 조직')을 한인공산당으로 개칭하고 당을 확장했으며, 안병찬, 조동호, 최창식, 양헌 등이 당원으로 참여했다. 당시 선출된 한인공산당 간부진은 이동휘가 '책임'(중앙위원장)으로, 김립, 이한영, 김만겸, 안병찬이 중앙위원으로, 여운형이 번역부 위원으로, 그리고 조동호가 출판부 위원으로 각각 선출되었다.[106] 한편, 1921년 5월 이르쿠츠크 고려공산당 창립대회에서 안병찬으로 추정되는 재상하이 한국공산당 대표가 행한 보고에 따르면, 한인공산당은 중앙위원회에 출판부, 문화계몽부, 노동부의 세 부서를 두고 있었다.[107]

재상하이 한인공산당 중앙위원회는 한인사회당 계열의 이동휘, 김립, 이한영 3명을 주축으로 하여 김만겸, 안병찬, 여운형, 조동호 등 상하이의

---

105) 리꽐, 「報告三號-이르꾸쓰크공산당 高麗中央執行部」, 1쪽.

106) 「呂運亨調書(I)」, 248~249쪽. 일본 첩보보고서에는 다음과 같이 기록되어 있다. 김만겸이 1920년 "8월경 상하이에 와서 이동휘, 김립 등과 모의하고 ≪신대한독립보(新大韓獨立報)≫, 사회주의연구회(社會主義硏究會), 대한공산당(大韓共産黨)의 제(諸) 기관(機關)을 설치하고 장래에 대대적인 활동을 진행하려고 했으나 최창식의 이기적 음모에 의해서 이에 분쟁이 생겼다. 원래 최창식과는 약 6년 전 경성(京城)에서 특별한 교제를 맺어 서로 깊이 신임했지만 이동휘, 김립은 원래 김만겸과 동향(同鄕)으로 자파의 유력자이기 때문에 일단 분립하였고 그 후 다시 결합하였다." 김만겸이 1920년 5월 상하이에 와서 한인 '공산주의 조직'을 만들 때, 오랜 친분이 있는 최창식과 손잡는 대신 이동휘, 김립의 한인사회당과 결합했고, 이후 최창식을 끌어들이게 된 사정을 말해준다. 「上海에서의 共産黨의 狀況」(1920.7.26), 『不逞團關係雜件-朝鮮人의 部-鮮人과 過激派(1)』(日本外務省史料館 所藏)(국사편찬위원회 소장본 참조).

107) Narody Dal'nego Vostoka, No.2, p.214.

유력 인사들로 구성되었다. 이괄이 '상하이공산단'이 "자칭 한국공산당중앙총회니 혹(或) 사회계통적으로 공산당 중앙부니 하는 부적당한 언론"을 했다고 한바, 이는 한인 공산주의자그룹이 여운형, 조동호, 안병찬 등 상하이 유력 인사들의 대거 참여와 함께 한인(한국)공산당으로 확대·강화된 위상을 자부한 것으로 보아야 할 것이다.[108] 한인공산당 간부들이 '한국공산당 중앙총회'라 자임했다고 한 것이나, 일제 첩보 보고서에 '대한공산당(大韓共産黨)'이라 기록한 것('한국' 또는 '대한'이 '공산당' 앞에 붙은 것) 역시 '한인공산당'에 임시정부 관련자들이 대거 참여하고 있었던 사정을 반영한 것이라 할 것이다.[109]

1920년 4월 한인사회당에 가입하고 그 기관지인 '자유종'의 주필로 활약하던 계봉우 역시 당시의 상황을 다음과 같이 회상했다.

> 1920년 봄에 그들(국무총리 이동휘와 국무원비서장 김립)은 그 직임을 다 사면하고 오로지 당사업에만 주력하엿다. 그때는 맞츰 국제당 대표 우이쩐스끼가 상해에 와서 동양 삼국—조선, 일본, 중국의 당을 지도하는 때이엇다. **한인사회당이 공산당으로 그 일홈을 고친 것도 그 때이며**, 내가 당원으로 되어 당의 긔관잡지 自由鐘의 주필로 된 것도 그때이며, 리한영이 국제당의 파견을 받아 선전비를 가지고 온 것도 또한 그 때이엇다. 그러므로 우리당의 사업은 진흥의 길에 들어섯다(고딕체는 필자 강조).[110]

'혁명간부회의' 3일 후인 9월 18일, 이동휘는 상하이 한인(民團) 민단 사

108) 리괄, 「報告三號-이르꾸쓰크공산당 高麗中央執行部」, 1쪽.
109) 「上海에서의 共産黨의 狀況」(1921.7.26).
110) 계봉우, 「꿈속의 꿈」 하권, 『북우(北愚) 계봉우자료집(桂奉瑀資料集)』 I(독립기념관 한국독립운동사연구소, 1996), 252쪽.

무실에서 임시정부, 임시의정원, 민단 관련 한인 유력자 약 80명을 초청한 집회에서 '한국독립운동의 현상'이라는 제목으로 강연을 했다. 이동휘는 임시정부 국무총리로서 과거 상호 소통 부족과 자신의 언행으로 인한 분란에 대해 사과하고 동정과 찬조를 요청했다. 이동휘가 이 같은 대집회를 주도한 것은 임정 내에서 이동휘를 비롯한 한인공산당 간부들의 위상이 강화된 사정과 그에 따른 자신감을 반영한 것으로 보인다.111)

이괄에 따르면, 한인공산당은 '한국공산당중앙총회' 또는 '공산당중앙부'라 자칭했으나, 그 후 당원회에서 '상하이 임시 지방간부'로 조직되어 '임시 진행 규칙까지 제정·반포'했다. 또한 한인공산당 간부회의에서는 이한영과 이괄이 지참하고 온 국제공산당 자금으로 인쇄소를 설치하고 신문과 잡지를 발간하되, 신문은 "혁명고취에 적합하도록 잡지는 주의적(主義的)으로 하기로 하고" 러시아 사회주의 문헌을 번역하기로 했다. 한인공산당은 상하이가 "원동 교통의 중앙지점"이므로 "원동 각처에 단체와 연락하여 장래 완전한 전한공산당 대표회를 예비하기로" 결정하고 국내, 일본, 북간도, 연해주에 각 1명의 대표를 파송하기로 결정했다. 재상하이 한인공산당이 전국을 대표하는 '한국공산당 중앙총회'나 '공산당 중앙부'의 대표성이나 권위를 확보하는 데는 이르지 못했지만, 전한공산당 창립대회를 준비할 임시 중앙기관의 지위를 자임했고 이르쿠츠크 측에서 파견된 이괄 역시 이를 인정하고 있었음을 짐작할 수 있다.112) 한인 공산주의자그룹이 '당'적 수준으로 한층 강화되어 '당원회'도 개최할 정도가 되어, '당 조직' 사실을 국제공산당에 보고하기 위한 대표를 파견할 정도로 조직이 확대·강화되었음을

---

111) 「不逞鮮人의 動靜에 관한 件 2」(1920.9.19), 『不逞團關係雜件-朝鮮人의 部-在支那各地(1)』 (日本外務省史料館 所藏)(국사편찬위원회 소장본).

112) 리괄, 「報告三號-이르꾸쓰크공산당 高麗中央執行部」, 1~2쪽.

의미한다.

3) 한인(한국)공산당의 대소 외교 추진과 모스크바 자금

이괄의 보고에 의하면 1920년 9월 15일 개최된 '혁명간부회의'에서 모스크바 제3국제공산당에 자세한 보고를 하기 위하여 3명의 위원을 파견하기로 결정하고 김립, 계봉우, 이한영을 선정했다.[113] 재상하이 한인공산당의 위상을 폄훼하고자 하는 이르쿠츠크 측의 이괄에 비하여, 여운형은 좀더 객관적이며 구체적으로 "당 조직 후 (중앙)위원회의 결의에 의하여 당대표로서 김립을 국제공산당에 파송했"고, "그 목적은 고려공산당(한인공산당) 조직의 보고를 위한 것"이라고 회상했다.[114] 혁명간부회의 이후인 9월 21일에 상하이에 도착한 이괄은 이 회의에서 이들 대표에게 이르쿠츠크에 원동의 상황을 보고하는 한편, 그곳의 고려공산단체 중앙간부(1920년 7월 성립)와 협의하여 장차 전한공산당 조직 문제를 협의할 임무가 부과되었다고 했다.[115] 이르쿠츠크 측의 또 다른 기록에 의하면, 이들은 이르쿠츠크 고려공산당과 협의하여 전(全) 고려공산당을 완전히 조직하도록 도모한 후 모스크바에 들어가 제3국제공산당과의 완전한 연락을 확보하는 임무를 띠고 있었다고 했다.[116]

계봉우는 파견 목적이 김립과 계봉우로 하여금 "공산주의적 진리를 연구"하기 위한 데 있었다고 회상했다.[117] 한편, 한형권은 이들이 임정 특사

---

113) 리괄, 같은 글, 2쪽; 「在魯高麗革命軍隊沿革」, 9쪽.

114) 「呂運亨調書(I)」, 249쪽.

115) 리괄, 「報告三號-이르꾸쓰크공산당 高麗中央執行部」, 2쪽.

116) 「在魯高麗革命軍隊沿革」, 9쪽.

117) 계봉우, 「꿈속의 꿈」 하권, 253쪽, 263~264쪽.

인 자신과 당대표 박진순의 교섭 내용을 확인하기 위한 임무도 띠고 있었다고 했다.[118] 일본 첩보자료에 의하면, 이들은 원동공화국의 크라스노쇼코프와 연락하여 일본군의 '자바이칼 선언'에 따른 시베리아의 새로운 상황을 파악하는 등 여러 가지 복합적인 목적이 있었다.[119]

김립은 자신의 모스크바 파견 결정을 내린 혁명간부회의가 개최된 9월 15일 자로 국무원 비서장직을 사임했는데, 이는 당의 결정에 따른 것이다. 그의 후임으로 9월 20일 이동휘의 사위인 오영선이 선임되었다.[120] 김립과 이한영은 9월 22일에, 그리고 계봉우는 9월 23일에 상하이를 출발하여 베이징으로 향했다.[121] 계봉우는 하루 늦게 출발했는데 보이틴스키가 이르쿠츠크로 보내는 서류를 휴대하기 위해서였다. 이한영도 당초 김립과 계봉우의 러시아행에 동행할 예정이었으나 상하이 한국공산당 간부의 새로운 지시에 따라 베이징에서 상하이로 귀환했다.[122]

여기에서 주목해야 할 것은 한인공산당의 모스크바 특사 파견 결정을 전후로 하여 임시정부가 대소 외교와 관련된 특별한 조치들을 취했다는 점이다. 임시정부는 9월 2일 교령 10호로 「임시주외외교위원부규정(臨時駐外外交委員部規程)」을 공포했다. 9월 20일 외무차장에 선임되고 9월 27일 이동휘가 겸임하던 외무총장 대리로 임명된 신익희(申翼熙)가 10월 6일, 1920년 1월 22일에 국무원에서 모스크바 밀파 외교원으로 선정된 바 있는 안공

---

118) 한형권, 「혁명가의 회상록: 레닌과 담판, 독립자금 20억원 획득」.

119) 金正柱, 「朝鮮獨立運動問題」, 『朝鮮統治史料』 7, 403쪽.

120) 「大韓民國元年二年兩年度國務院職員移動表」, 『우남문서』, 제6권, 303쪽; 金正明, 『朝鮮獨立運動』 2, 243~244쪽.

121) 계봉우, 「꿈속의 꿈」 하권, 254쪽, 263쪽.

122) 계봉우, 같은 책, 263~264쪽. 당시 상하이에 있던 이괄 역시 "김립, 계봉우, 이한영을 파송하엿는데 2인이라도 能足하다는 更議가 有함으로 이한영은 中路에 상해로 反回하다"라고 기록했다. 리괄, 「報告三號-이르꾸쓰크공산당 高麗中央執行部」, 1쪽 참조.

근, 여운형, 한형권을 임시파로외교위원(臨時派露外交委員)에 임명하고 유동
열(柳東說)을 임시 파로 외교위원장에 임명할 것을 국무회의에 제의한 것이
다. 이 안건은 통과되었을 것으로 짐작되는데, 비밀리에 선정했던 여운형,
안공근, 한형권을 밀사로서 공식화한 데 그 의미가 있다.[123] 한인공산당의
조직 강화, 모스크바 특사 파견 등과 함께 이동휘 등 한인공산당 인사들이
임시정부의 대소 외교에서 차지하는 비중이 커졌음을 말해준다.

한편, 한인공산당의 대소 외교 강화와 함께 여운형 역시 9월 또는 10월
경 원동공화국 중국 주재 대사 유린을 베이징에서 만났다. 여운형은 유린
에게 러시아혁명의 진행 상황에 대하여 묻고, 러시아도 원동의 일부로서
대사를 파견해야 한다고 제안했고 유린도 이에 동의했다고 한다.[124]

1920년 10월 말(또는 11월 초) 베르흐네우딘스크에서 김립과 계봉우가
모스크바에서 온 박진순과 한형권을 만났다.[125] 이들은 레닌정부로부터
박진순과 한형권이 확보한 이른바 2차 자금 40만 금루블을 상하이의 한국
공산당이 중심이 되어 사용하기로 했다. 이것은 박진순이 회고한 대로, 40
만 금루블이 자신의 책임하에 국제공산당에 가입한 한인사회당에 지급된
것인 만큼[126] 이들로서는 당연한 결정이었다.

그리하여 40만 금루블 가운데 6만 금루블은 활동비로 한형권에게 지
급되었고, 나머지는 박진순이 22만 금루블, 김립이 12만 금루블로 나누
어 상하이로 운반하기로 했다. 박진순은 만주를 통하여, 김립은 몽골을
경유하기로 했다. 김립은 1920년 말에, 그리고 박진순은 1921년 3월 상
하이에 도착했다.[127] 모스크바 제2차 자금 40만 금루블 가운데 김립과

---

123) 「朝鮮民族運動年鑑」, 244쪽.
124) 「呂運亨訊問調書(第6回)」, 68쪽.
125) 「在魯高麗革命軍隊沿革」, 9~10쪽.
126) Pak Dinshun', 「V Prezidium Krestinterna: Dokladnaia zapiska」(1926.1.11), 1쪽.

박진순이 상하이로 운반한 자금은 31만 금루블을 환전한 25만 4300멕시코달러였다.[128]

이 무렵 김립은 중국의 공산주의자들에게 자신이 "40만 금루블과 원동 각국에 공산당을 조직하라는 지시를 갖고 왔다"라고 말했다고 한다. 중국 공산당 창당 멤버인 장궈타오(張國燾)는 자신의 회고록에서 "내가 아는 한 '조선인 김'(김립―필자)의 이러한 제반 활동은 상하이에 있는 조선인 혁명가들과의 연락 관계를 확립하는 위임은 받았는지 몰라도, 코민테른에 의하여 권한을 위임받은 것이 아님은 확실하다"라고 단정했다.[129]

당초 소비에트 정부가 차관을 약속했을 때, 자금은 한국의 독립운동을 위해 쓰는 것이고 그 자금 활용의 책임은 한인사회당이 참여하고 있던 임시정부였다. 그러나 문제를 더욱 복잡하게 만든 것은 자금이 도착할 무렵 김립은 이미 임정을 떠나 있었고, 이동휘는 임정과 결별하기 직전이었다는

---

127) Pak Dinshun', 「V Prezidium Krestinterna: Dokladnaia zapiska」.

128) 한인사회당 측이 3차례에 걸쳐 모스크바로부터 받은 자금의 액수, 최초 수령자, 운송자, 최종 수령자 등 모스크바의 전달 과정에 대하여는 반병률, 「대한민국임시정부와 노령지역 독립운동」, 한국근현대사학회 엮음, 『대한민국임시정부수립80주년기념논문집』 상권(국가보훈처, 1999), 476~482쪽을 참조.

129) Chang Kuo-t'ao, *The Rise of the Chinese Communist Party, 1921~1927*, Vol.1, Lawrence, Manhattan and Wichita, The University Press of Kansas, 1971, 123쪽. 이정식은 장궈타오가 말한 '조선인 김'이 김만겸이라고 단정하면서 필자가 김립으로 추정한 것은 잘못이라고 지적했다(이정식, 『시대와 사상을 초월한 융화주의자 몽양 여운형』, 296쪽 참조). 장궈타오의 글을 인용하면서 필자가 '조선인 김'을 '김립'으로 표기한 것은 인용 과정에서의 명백한 실수이다. 그러나 더 중요한 문제, 즉 '조선인 김'을 김만겸으로 단정하는 데는 동의할 수 없다. 특히 장궈타오의 회상 가운데 "그는 보이틴스키와 관계가 없는 듯했다"라든가, "그가 황개민과 다른 중국인들과 함께 상하이에 있는 한국임시정부와 접촉을 했다"라는 표현, '김'이 황개민 등과 1920년 12월에 '동방사회주의자들의 공동회의'로 추정되는 큰 모임을 가졌다는 진술, 그리고 "김씨가 40만 금화루블을 가지고 왔다고 했다"라는 표현은 김만겸보다는 김립에 걸맞은 내용들이라고 판단한다. 장궈타오의 서술 내용은 맥락상 1920년 말의 상황이므로, 김립이 모스크바 자금을 휴대하고 상하이에 도착한 시기에 관한 것이다. 특히 김만겸은 러시아어와 한국어에 정통했지만 한문에 능통하지 못했고, 김립은 중국어에 능통했다.

점이다. 1920년 말 자금이 도착한 후 이동휘와 김립은 모스크바 자금을 배경으로 상하이임시정부의 개혁을 위해 진력했다. 그러나 이들이 뜻한바 임정 개혁은 이승만을 비롯한 다른 임정 간부들의 반대로 좌절되었다. 이동휘는 1921년 1월 초 미주에서 온 대통령 이승만이 참석한 국무회의에서 임정 개혁을 강력히 주장했으나, 기호 출신 총장들과 안창호 등 임정 다수파의 반대로 실패하자 마침내 1월 24일 국무총리직을 사퇴했다(1921년 2월 4일 최종 수리).

모스크바 자금은 상하이 한인공산당이 한인사회당 계열과 비한인사회당 계열로 분열되는 원인이 되었다. 상하이 한인공산당 내의 한인사회당 계열 인사들은 새로운 임시정부의 창설을 위해 국민대표회의를 통한 최고 혁명기관의 재조직에 나서기로 했다.[130] 그를 위한 전 단계로서 모스크바 자금을 고려공산당의 조직과 활동에 쓰기로 결정하게 된 것이다.[131]

김립 등 한인사회당 간부들은 여운형, 안병찬, 김만겸 등 비한인사회당 계열의 한인공산당 간부들에게는 자금에 관해 비밀에 부쳤다고 한다. 즉, 여운형에 따르면 김립은 "원동공화국 총리 크라스노쇼코프와 회견했으므로 모스크바에 갈 필요가 없었다고 하면서, 1만 원을 교부받아 3000원은 여비로 쓰고, 7000원은 소지하고 있지만 임시정부에 교부할 필요가 없고 고려공산당에서 사용하여야 한다"라고 '허위 보고'를 했다고 한다.[132]

130) Li-Dongkhi(이동휘)·Pakdinshun(박진순), "Nardnomu Kommissaru Inostrannykh Del.: Uvazhaemii Tovaritch Chicherin."
131) 韓馨權, 「臨時政府의 對俄外交와 國民代表會議의 顚末」, 71쪽.
132) 「呂運亨調書(I)」, 249쪽.

4) 러시아공산당 원동부(달리뷰로) 산하 한인부(치타)와 국제공산당 동양비서부 산하 고려부(이르쿠츠크) 간의 각축·대립

1920년 12월 2일 치타에서 원동공화국 내의 한인 공산주의 단체들의 주요 간부인 장도정(張道定), 김진(金震), 박창은(朴昌殷), 권화순(權化純), 계봉우, 박애, 조응순(趙應順) 등 7명이 회집하여 원동공화국 내의 원동부(달리뷰로, 원동공화국 수도 치타 소재) 산하에 한인부를 조직하기로 했다. 한인부는 오두제(五頭制)로서 박애, 계봉우, 김진, 장도정, 박창은이 위원으로 되었고, 조응순과 권화순은 후보위원으로 선출되었다.133) 한인부 조직은 러시아공산당 중앙위원회 원동부가 인정한 바였다.

원동부 한인부는 "임시로 한인 각 공산당을 운전함에 통일적으로 정신 및 물질을 지배하기 위"한 목적으로 설립되었으며,134) 또한 한인부는 "전한공산당 창립대회가 정식으로 소집될 때까지 조직 사업의 권한을 떠맡"기로 했다.135) 한인부의 조직적 위상은 "전한공산당 중앙총회가 성립되기까지 상해 방면(국내, 일본, 서북간도 및 기타 중령), 연해주, 흑룡주, 자바이칼주의 한인공산당에 대한 중앙기관으로" 하기로 결정했다.136)

한인부가 속하게 된 원동부는 원동공화국에서의 최고 당 조직으로서 러시아공산당이 원동공화국 내의 공산당 조직을 지도·후원하기 위하여 1920년 3월 3일 조직했는데, 1920년 8월 13일 러시아공산당 중앙위에 직속된 기관이었다. 원동부는 6인의 위원으로 구성되었는데 당시 원동공화

---

133) 「러시아공산당중앙위원회 극동국 한인부 회의록」, 국사편찬위원회 엮음, 『한국독립운동사 자료』 34(러시아 편 I)(1997), 136쪽.

134) 『동아국한인부 일지』 제1권.

135) 임경석, 「고려공산당연구」(성균관대학교 사학과 박사학위 논문, 1993), 187쪽.

136) 「東亞局韓人部組織部日誌」(1921년 1월 날짜 미상).

국의 대통령이자 외무장관인 크라스노쇼코프가 큰 영향력을 행사하고 있었다. 주지하다시피 그는 시베리아와 원동 러시아 지역의 대표적인 온건파 볼셰비키로서 원동공화국 창설안을 적극적으로 추진했으며 레닌의 신임이 두터웠다.[137) 또한 그는 한인사회당의 오랜 후원자일 뿐만 아니라 한인부의 리더 격인 박애와는 러시아 내전 시기의 빨치산 시절 이래 매우 가까운 사이였다.[138)

한인사회당 간부들이 주축을 이룬 한인부는 1920년 7, 8월에 개최된 제2차 국제공산당 대회에서 당대표 박진순이 국제공산당 원동담당 집행위원으로 선임되어 원동지역 공산주의 운동을 지도하는 막중한 책임을 떠맡고 있었고, 40만 원이라는 모스크바 자금을 확보해 둔 상태였다.

한인사회당 계열 중요 간부들이 치타에서 원동부 산하에 한인부를 결성하여 '전한공산당' 창당에 나서고 있을 때, 이르쿠츠크 공산당 고려부를 핵으로 하는 '고려공산단체간부'는 새로이 신설되는 국제공산당 동양비서부[139)를 배경으로 별도의 '전한공산당' 창립에 나섰다. 동양비서부는 1920년 7월 하순에 조직된 동양제민족부(러시아공산당 시베리아부 소속)의 스태프를 근간으로 국제공산당이 1921년 1월 12일 이르쿠츠크에 설립한 기관이며 동양 혁명의 지도를 목적으로 했다.[140) 고려부가 속해 있는 이르쿠츠크

---

137) Joseph L. Wieczynski(ed.), *The Modern Encyclopedia of Russian and Soviet History*, Vol.18(1984), p.42.

138) 璟載, 「黑河事變의 眞相」, ≪獨立新聞≫, 1922년 5월 6일 자.

139) 당시 제3국제공산당의 산하 부서로서 영어로 표현하면 'Far Eastern Secretariat' 즉, 원동비서부(遠東祕書部, 또는 원동비서국)가 적합한 표현이다. 그러나 혼란의 여지가 있지만, 당시 한인들이 "동양비서부"라고 불렀던 것을 고려하여 그렇게 쓰기로 한다.

140) M. A. Persits, "Eastern Internationalists in Russia and Some Questions of the National Liberation Movement(1918~July 1920)," in R. A. Ulyanovsky(ed.), *The Comintern and the East*(Moscow: Progress Press, 1979), p.87.

의 동양비서부 책임자인 슈미아츠키(Boris Shumiatskii)는 브레스트리토프스크(Brest–Litovsk)조약의 체결을 반대한 좌파 공산주의자 출신으로서, 크라스노쇼코프의 원동공화국 안에 반대한 강경파 시베리아 볼셰비키의 대표적 인물이다.[141] 상하이파와 이르쿠츠크파의 군(軍)·정(政) 쟁탈전이 격화되기 시작하는 1921년 상반기에 이르쿠츠크파의 절대적인 후원자, 상하이파에 대한 혹독한 탄압자로 등장하게 되는 슈미아츠키는 군·당·정의 요직을 독점한 '우랄 이동의 왕'으로서 막강한 권한을 휘두르게 될 것이다.[142]

양측의 각축전은 이르쿠츠크파를 일방적으로 후원하는 슈미아츠키가 동양비서부장의 자리에 앉게 되면서 그 승부가 이미 결정 났다고 할 수 있다. 슈미아츠키는 동양비서부의 권력을 집행할 수 있는 당·군·정의 최고 실권을 쥐고 있었던 것이다. 그는 동양비서부장 취임 얼마 후인 1921년 2월 8일, 치타의 한인부 간부들을 만나 "절대로 공산당이나 군인이나 물론하고 대의회난 이르쿠츠크에서 할" 것이며, "한인부도 이르쿠츠크로 이전할 것"을 일방적으로 명령했다.[143]

1921년 상반기에 슈미아츠키가 승승장구하고 있었던 데 반하여, 한인부의 절대적 지지자인 크라스노쇼코프의 영향력은 크게 약화되는 상황 역시 한인부의 운명을 결정지은 요인으로 작용했다.

---

141) Joseph L. Wieczynski(ed.), *The Modern Encyclopedia of Russian and Soviet History*, Vol.18(1980), p.44.
142) 김단야, 「레닌 會見印象記」, ≪朝鮮日報≫, 1925년 1월 30일 자.
143) 「동아국한인부일지」, 1921년 2월 8일 자.

4. 상하이 한인공산당(한국공산당)의 분열과
   이르쿠츠크파 고려공산당 상하이지부 간부

1) 상하이 한인공산당(한국공산당)의 분열

　　상하이의 한인공산당과 이르쿠츠크의 '고려공산단체 간부'[144]가 처음부터 갈등 관계였던 것은 아니다. 이한영과 이괄이 상하이와 이르쿠츠크에 설립한 한인공산당의 잠재적인 두 중심 세력을 통합하기 위해 1920년 8월 1일 상하이를 향해 떠났고, 9월 15일의 혁명간부회의의 결정으로 국제공산당에 파견된 김립, 계봉우, 이한영 등 한인공산당원들은 이르쿠츠크로 보내는 보이틴스키의 문서를 휴대할 정도였다.

　　앞에서 언급한바, 이르쿠츠크 측에서 파견하여 9월 21일 상하이에 도착한 뒤 10월 말 블라디보스토크로 떠나기까지 상하이에 머물고 있던 이괄에 의하면 재상하이 한인공산당이 "원동 각처에 단체와 연락하여 장래 완전한 전한공산당 대표회를 예비"할 책임을 맡기로 하고 국내, 일본, 북간도, 연해주에 각 1명의 대표를 파송하기로 결정했다. 이르쿠츠크 측을 대변한 이괄 역시 이에 동의했음에 틀림없다.[145]

　　한편, 김만겸에 따르면 재상하이 한인공산당은 이르쿠츠크에서 소비에트 러시아와 원동 러시아 내의 러시아공산당 단체 대표들이 '고려공산단체 중앙간부'가 조직된 소식을 접한 후 조직국을 설치하고 치타에서 전한공산당 창립을 위한 당대회를 1921년 5월 1일 개최하기로 계획했다고 한다.

---

144) 이 단체는 1920년 가을부터 재상하이 한인공산당과의 경쟁 관계를 의식하게 되면서 '고려(한인)공산당 중앙총회'로 명칭을 바꾸었다.
145) 리괄, 「報告三號-이르꾸쓰크공산당 高麗中央執行部」, 1~2쪽. 이괄은 연해주 지역 파견 대표로 선임되어 상하이를 떠나 10월 26일 블라디보스토크에 도착했다.

1921년 2월 이르쿠츠크에서 상하이로 파견된 조훈(趙勳)에게서 이르쿠츠크의 '고려공산단체 중앙간부(고려공산당 중앙총회)가 1921년 3월 1일 이르쿠츠크에서 전한공산당 창립대회를 개최하기로 했다는 소식을 접하자 당초의 치타 당대회(5월 1일 개최 예정)를 취소했다고 한다.[146] 이때까지만 해도 재상하이 한인공산당은 분열할 이유가 없었던 것이다.

재상하이 한인공산당을 지도하고 있던 보이틴스키는 시베리아부 및 그 산하의 '고려공산단체 중앙간부'와 가까운 관계였다. 보이틴스키는 1920년 5월부터 12월까지 상하이에 머무는 동안 처음에는 러시아공산당 원동부(블라디보스토크 분회)에서, 그리고 8월 러시아공산당 시베리아국 동방제민족부가 설립되면서 이 조직 휘하에서 활동했다. 1921년 1월에는 국제공산당에서 동아시아 공산주의 운동을 총괄하는 동양비서부(원동비서부)의 최종 결정에 따라 러시아공산당 시베리아국에 소환되었고, 1922년까지 동양비서부의 책임비서로 활동하게 되었다.[147] 보이틴스키는 이르쿠츠크파의 절대 후원자인 슈미아츠키의 측근으로 활약하게 된 것이다.

슈미아츠키의 지도하에 이르쿠츠크에서는 1921년 5월 4일부터 17일까지 제1차 고려공산당 대표 대회가 개최되었다.[148] 상하이로부터는 김만겸, 안병찬이 참석했는데, 이들은 40만 원 자금 문제로 이동휘, 김립 등과 대립하고 있었다.[149] 또한 대회에서는 6월 22일부터 7월 12일에 걸쳐 개최될 국제공산당 제3차 대회에 참가할 대표로 남만춘(南萬春), 한명세(韓明世), 서초(徐楚), 장건상, 안병찬 5인을 선출했다.[150] 한편, 대회에서 선출된 중앙

---

146) 「한국의 공산주의운동에 대한 개요(이르쿠츠크파와 상해파 형성사)」, 98쪽. 김만겸의 보고는 상하이파를 비판하기 위해 작성한 문건으로 이르쿠츠크파의 주장이 반영된 것이다.
147) 김수영, 「보이틴스키와 초기 동아시아 공산주의운동」, 40쪽.
148) 「在魯高麗革命軍隊沿革」, 27쪽.
149) 「呂運亨調書(I)」, 249쪽.

위원들은 동양비서부와 협의하여 고려군정의회(高麗軍政議會)의 총사령관에 칼란다리시빌리를, 군정의원에 유동열과 최고려(崔高麗)를 각각 추천하여 국제공산당 동양비서부에서 승인을 받았다.[151] 이와 함께 최고려는 합동민족부대의 정치부원으로, 채동순(蔡東順)은 고려군정의회의 비상위원회(체카) 위원으로 선출되었다.[152] 이렇게 구성된 정식의 고려군정의회는 대회 다음 날인 5월 18일 동양비서부와 협의하여 후에 상하이파 인사들을 재판하게 될 임시고려혁명법원을 조직했다.[153]

한편, 박진순이 상하이에 도착한 직후인 1921년 3월 20일, 이동휘는 상하이 지역 한인공산당 회석에서 "나와 김립, 리한영은 한인사회당 간부요 공산당원이 안이라"라고 선언하기에 이르렀다. 후에 이 회의에 참석했던 원세훈이 "단순한 이동휘 씨의 선언으로난 자기 개인 탈당할 수도 잇지만은 이한영 동무까지 함께 탈당 선언을 행함은 완전한 증거가 있기 전에는 불가하다"라고 문제를 제기하여 이한영의 경우는 유보하기로 했다.[154]

여운형은 자신이 이동휘에게 임시정부와 고려공산당(한인공산당)이 자금 부정 소비에 대하여 그 보고를 강요하자 이동휘가 분리를 선언한 후 고려공산당(한인공산당)을 조직했다고 진술했다.[155] 김만겸에 따르면, 이르쿠츠크의 국제공산당 동양비서부장 슈미아츠키가 상하이의 박진순에게 동양

---

150) 李錫台 編,『社會科學大辭典』(文友印書館, 1948), 600쪽.
151) 「在魯高麗革命軍隊沿革」, 28쪽.
152) 「이인섭이 김세일에게 보낸 편지」(1968.2.5). 그리하여 최고려와 채동순은 이후 자유시 참변 후 상하이파에 대한 처벌 과정에서 막강한 힘을 행사하게 된다.
153) 「在魯高麗革命軍隊沿革」, 54쪽.
154) 국사편찬위원회,『한국독립운동사자료』35권, 98, 335쪽;「春谷이 東海에게 보낸 편지」(1921년 3월 26일 자), 구 코민테른 문서보관소(현 러시아국립사회정치사문서보관소) 소장 문서 분류 번호 f.495, op.135, del.47, 1 l. 137.
155) 「呂運亨訊問調書(第6回)」, 50쪽.

비서부에 복종하고 전한공산당 창립대회 소집에 관한 문제 역시 동양비서부로 집중시키라고 명령했다고 한다. 그러나 박진순은 슈미아츠키의 명령을 무시하고 자신의 주관하에 상하이에서 고려공산당 창당에 착수했다고 한다.[156]

국제공산당 동양비서부의 탄압이 심화되는 상황에서 이를 극복하고자 한인사회당은 별도의 고려공산당을 창립하기로 결정했다. 한인사회당은 '한인사회당 총간부 대표(제3국제공산당 한인부)' 이동휘, 김립, 김규면(金奎冕), 박진순 4명의 명의로 된 4월 1일 자 '제3회 한인사회당 대표회 소집 통지서'를 발송했는데, 소집 장소는 상하이, 개회 날짜는 5월 15일이었다.[157] 러시아 지역의 당원들이 '출석 불가능'을 통보하고 대표권을 위임한 상태에서 한인사회당은 5월 20일부터 23일까지 4일간 상하이 지방공산당 사무소에서 고려공산당 대표회를 개최하고 별도의 고려공산당을 창당했다. 여기에는 한인사회당 세력과 국내의 사회혁명당 세력을 중심으로 기타의 공산당과 노동자 단체 대표들이 참여했다.[158]

대회는 선언서, 강령, 규약을 채택하고, 고려공산당 중앙총간부를 조직하고 간부를 선출했다. 위원장에 이동휘, 부위원장에 김규면, 당총서기(비서부장)에 김립, 재무부장에 박진순, 연락부장에 김하구를 선출했다. 아울러 사회혁명당의 김철수(金綴洙), 이봉수(李鳳洙), 장덕수(張德秀) 등 17명의 중앙위원을 선출했다. 대회는 또한 국제공산당 파견 대표로 이동휘, 박진순, 홍도(洪濤) 등 3명을 선정했다.[159]

---

156) 「한국의 공산주의운동에 대한 개요(이르쿠츠크파와 상해파 형성사)」, 95쪽.
157) 「第三回 韓人사회당代表會召集通知書」, 구 코민테른문서보관소(현 러시아국립사회정치사문서보관소) 소장 문서 분류 번호 f.495, op.135, del.47, l l. 97.
158) 金正柱, 『朝鮮統治史料』 7, 171쪽.
159) 김철수, 「김철수 친필유고」, ≪역사비평≫, 5호(1989), 350~351쪽.

2) 이르쿠츠크 고려공산당 상하이지부 간부

1921년 5월 각축하던 두 그룹이 이르쿠츠크와 상하이에 두 개의 고려공산당을 조직했다. 여운형은 이르쿠츠크에서 개최된 이르쿠츠크파 고려공산당 창립대회에 참석하지 않았다. 그 대회에는 한인공산당 당원 가운데 안병찬과 김만겸이 참가했다. 여운형은 (이르쿠츠크파) 고려공산당이 "이동휘를 반대하는 당원은 소수이고 자금이 없어서 이르쿠츠크에 있는 자가 불러서 이르쿠츠크에 가서 조직하게 되었다"라고 회상했다. 안병찬이 대회에 참가하고 돌아와서 여운형에게 "이시(伊市: 이르쿠츠크)파는 사람 수가 적기 때문에 그대들도 이시파에 들어가는 것으로 했다고 보고하는 바람에 승인하여 주었"다고 했다.[160] 여운형이 이르쿠츠크파 고려공산당 당원이 된 것이다.

1921년 5월 이르쿠츠크 대회는 한인공산당의 안병찬과 김만겸을 중앙위원으로 선출했다. 안병찬은 상하이로 돌아온 후에 고려공산당 상하이지부를 조직했다. 김만겸을 책임비서로 하고 여운형과 조동호를 위원으로 선출했으며, 김단야(金丹冶), 임원근(林元根), 박헌영, 최창식, 김원경(金元慶), 양헌, 안공근 등이 당원이었다. 상하이지부 조직과 동시에 고려공산청년회도 조직했는데 박헌영을 중앙위원회의 책임비서로, 김단야와 임원근을 위원으로 선출했다. 상하이지부 당원들은 책임비서인 김만겸의 집에서 매주 1회 회합을 했다.[161]

여운형이 이르쿠츠크 고려공산당 창립대회에 참가하지 못한 것은 1921년 2월 이후 제기된 국민대표회의 소집운동에 깊이 관여했기 때문이다. 여

---

160) 「呂運亨訊問調書(第6回)」, 49~50쪽.
161) 「呂運亨調書(I)」, 250쪽.

운형은 이르쿠츠크 고려공산당 창립대회가 개최된 시기에 국민대표회의의 소집운동을 대중적으로 확산하는 데 힘을 기울이고 있었다. 여운형은 5월 12일 재상하이 동포 400여 명이 참가한 가운데 개최된 첫 연설회에 안창호와 함께 연사로 나서서 국민대표회의 소집 필요성을 제창했다. 특히 안창호는 이 집회에서 연설회를 마치며 국민대표회 찬성 여부를 묻고 절대다수의 동의를 얻어냈다.[162]

5월 19일 두 번째로 개최된 대연설회에서는 국민대표회 기성회가 조직되었는데, 국민대표회 기성회 조직을 촉진하기 위한 조직위원 20명을 선출했다. 기성회 조직위원 선출을 위한 회의에서 여운형은 '임시 석장(席長)'으로서 사무진행을 주도했다. 여운형은 김규식, 안창호, 남형우(南亨祐), 윤현진(尹顯振), 김만겸, 원세훈 등과 함께 조직위원으로 선출되었다.[163]

이어 1921년 6월 6일 상하이 국민대표회 기성회 제1총회에서 안창호의 사회로 '국민대표회 기성회 간장(簡章)'을 결의하고, '간장'에 따라 기성회의 사무 일체를 진행할 전권위원 30명을 선출했다. 전권위원으로는 기존의 조직위원 20명에 박은식 등 10명을 추가로 선출했다.[164]

이르쿠츠크 고려공산당 상하이지부의 활동은 그다지 활발하지 않았던 것으로 보인다. 그것은 여운형이 국민대표회 기성회 위원과 전권위원으로 활동하면서 국민대표회의 소집운동을 주도하고 있었을 뿐만 아니라 곧이어 소집된 '원동민족혁명단체대표회'('원동민족대회' 또는 '원동민족대표대회')에 참가하기 위한 준비 작업을 책임지고 있었기 때문이다. 여운형은 후일 상하이지부 위원으로 자신과 조동호, 김만겸 3명이 선발되었지만, 당시 다

162) ≪獨立新聞≫, 1921년 5월 14일, 「留滬同胞의 大演說會」.
163) ≪獨立新聞≫, 1921년 5월 21일, 「國民代表會 促進의 第二回 大演說會」.
164) ≪獨立新聞≫, 1921년 8월 15일, 「國民代表會期成會第一總會, 簡章通過 委員選擧」.

른 두 사람은 상하이를 떠나고 자신만 있었기 때문에 위원이라는 이름만 지니고 있었다고 회상했다.[165]

5. 맺음말

여운형은 1919년 3·1운동 전후 시기에 미국을 비롯한 구미 열강에 호소하는 친서방 외교 활동에 주력했으나, 1920년 8월 동아시아를 방문한 미국 의원단을 상대로 한 외교를 끝으로 미국을 상대로 한 외교에서 벗어나 소비에트 러시아의 지원과 협력을 얻고자 전력을 기울였다. 한국의 독립과 항일 혁명 운동에서 소비에트 러시아와 제3국제공산당의 도움에 큰 기대를 걸었던 것이다. 1919~1923년의 시기는 여운형이 미국, 일본, 중국, 러시아, 미국 등 강대국들을 상대로 외교 활동을 전개했는데 그 후 그의 외교 활동, 혁명 운동, 그리고 정치활동의 기본 방향이 형성된 시기다.

이 글에서는 1919년부터 1921년까지 약 2년간의 여운형의 활동을 초기 해외 공산주의 운동선상에서 그의 대소 외교 중심으로 살펴보았다. 이 시기에 관하여 여운형의 회고록이나 일본 경찰·검찰의 신문조서는 서로 엇갈리는 내용을 담고 있는데 실증이나 해석에서 연구자들 간에 치밀하게 검토되어 있지 않다. 일본 당국에 검거된 상태에서의 진술 조서는 탄압자와 피의자 간에 이루어진 한계가 있으나, 다른 자료들과 크로스체크하면 의미 있는 기록이 될 수 있다고 믿는다.

이 글에서는 소비에트 정부 밀파 외교원으로 선정되었으나 모스크바로 파견되지 못한 사정을 밝혔는데, 3·1운동 전후 시기 여운형의 러시아 연해

---

165) 「呂運亨訊問調書(第6回)」, 57쪽.

주 방문과 1919년 말 도일 외교 활동과 관련하여 설명했고, 특히 이동휘와의 관계에 초점을 맞추었다. 아울러 선행 연구에서 다룬바, 포타포프 장군을 매개로 하여 중국의 천중밍 장군을 만나 추진한 한-중-러 제휴 계획의 시점과 성격을 재검토했는데, 선행 연구에서 그가 모스크바 파견 밀사에서 배제된 것에 대한 반발 또는 대안적 활동이라 해석한 데 대해 소비에트 밀사 자격으로서 추진한 활동의 일환이라는 새로운 해석을 제시했다. 소비에트 정부 파견 밀사 자격으로 여운형이 추진한 대소 외교 활동은 그가 소비에트(소련) 정부와의 관계를 중시하고 공산주의 운동에 관여하게 되는 계기가 되었음에 틀림없다.

초기 해외 한인공산주의운동사에서 여운형이 관계했던 상하이 한인 '공산주의자그룹'과 '한인공산당'의 성립 시기와 여운형의 가입 시점은 여전히 해명되지 않고 연구자들 간에 이견으로 남아 있는 주제이다. 이 글에서는 이 조직들과 관련된 이동휘, 김만겸, 안병찬, 이한영 등 관련 인물들의 행적에 주목함으로써, 이 쟁점들에 대한 새로운 해석을 제시했다. 초기 한인 공산주의 운동사에서 정리되지 않고 있는 쟁점인 한인공산당의 분열 배경과 과정, 그리고 상하이파, 이르쿠츠크파 고려공산당의 대립·각축 과정에서의 여운형 행적을 짚어보았다.

이 글에서는 한인 공산주의자그룹 또는 한인 '공산주의 조직'이 1920년 5월 상하이임시정부에 가담하고 있던 한인사회당의 이동휘, 김립과 블라디보스토크에서 보이틴스키와 함께 파견되어 온 김만겸에 의해서 형성되었음을 밝혔다. 그 후 여운형이 이 공산주의자그룹에 가입함과 동시에 한인공산당으로 확대·개편되었는데 그 시점은 1920년 9월 15일에 개최된 혁명간부회의 전후 시기임을 밝혔고, 이를 전후로 하여 여운형, 안병찬, 조동호 등 상하이 유력 인사들이 한인공산당에 대거 참여한 것으로 파악했다.

이러한 해석은 공산주의자그룹을 언급하지 않고 한인사회당이 한인공산당으로 개칭되었다는 필자의 종래 주장을 발전시킨 것이다. 한인공산당으로의 개칭에 앞서 한인 공산주의자그룹이 먼저 조직되고 그 후 여운형, 조동호, 안병찬 등이 가담하면서 명칭도 한인공산당으로 바뀌고 조직이 확대 발전되었다고 해석했다. 즉, 1920년 5월 한인 공산주의자그룹(공산주의 조직) 형성, 1920년 9월 15일 한인공산당(또는 한국공산당)으로의 확대·개편이라는 2단계로 정리했다. 그 후 모스크바 자금의 도래와 전한공산당의 창당을 둘러싸고 국제공산당 동양비서부 산하 고려부(이르쿠츠크)와 러시아공산당 원동부(달리뷰로) 산하 한인부(원동공화국 수도 치타) 간에 경쟁 대립 관계가 발전하면서 1921년 3월 말 한인공산당이 분열되었다. 그리하여 이동휘, 김립 등 한인사회당 계열은 상하이파 고려공산당으로, 여운형, 안병찬, 김만겸 등 비한인사회당 계열은 이르쿠츠크파 고려공산당으로 재편되어 갔다.

참고문헌

「不逞團關係雜件 朝鮮人의 部-在西比利亞(12)」, 日本外務省史料館 所藏, 국사편찬위원회 소장본.

「不逞團關係雜件-朝鮮人의 部-鮮人과 過激派(1)」, 日本外務省史料館 所藏, 국사편찬위원회 소장본.

「不逞團關係雜件-朝鮮人의 部-在支那各地(1)」, 日本外務省史料館 所藏, 국사편찬위원회 소장본.

「이인섭이 김세일에게 보낸 편지」. 1968.3.7.

「第三回韓人社會당代表會召集通知書」. 구 코민테른문서보관소(현 러시아국립사회정치사문서보관소), 소장 문서(분류 번호 fond 495, op.135, del.47, l.97).

「春谷이 東海에게 보낸 편지」. 1921.3.26. 구 코민테른 문서보관소(현 러시아국립사회정치사문서보관소), 소장 문서(분류 번호: fond 495, op.135, del.47, ll.137).

≪獨立新聞≫

姜德相. 1977.『現代史資料』26, みすず書房.

_____. 2005.『呂運亨評傳 2: 上海臨時政府』. 東京 新幹社.

京城地方法院檢事局, 1929.8.5.「呂運亨訊問調書」.

高等法院檢事局 編. 1993.『朝鮮思想運動調查資料』(1933), 第2輯.

金正明. 1967.『朝鮮獨立運動』2, 東京: 原書房.

金正柱. 1980.『朝鮮統治史料』8, 東京: 韓國史料硏究所.

朝鮮總督府警務局保安課. 1933.11.「コミンテルン大會史」,『高等警察報』第1號.

계봉우. 1996.「꿈속의 꿈」하권.『북우(北愚) 계봉우자료집(桂奉瑀資料集) I』. 독립기념관 한국독립운동사연구소.

고려대학교 아세아문제연구소. 1980.「여운형조서」,『한국공산주의운동사 자료편』, 1.

_____. 1980.「재로고려혁명군대연혁(在魯高麗革命軍隊沿革)」,『한국공산주의운동사 자료편』, 2.

국사편찬위원회. 1997.「한국독립운동사자료」, 34~35.

_____. 2011.「대한민국임시정부 자료집」별책 5(국민대표회의 I).

국학자료원. 1998.『이화장소장(梨花莊所藏) 우남 이승만문서 동문편』.

김준엽·김창순. 1967.『한국공산주의운동사』1. 고려대학교 아세아문제연구소.

김병기·반병률. 2009.『국외3·1운동』. 한국독립운동사편찬위원회·독립기념관 한국독립운동사연구소.

김수영. 2007.「보이틴스키와 초기 동아시아 공산주의운동」. ≪중국근현대사연구≫, 36집.

김철수. 1989.「김철수 친필유고」, ≪역사비평≫, 5호.

로버트 A·스칼라피노·이정식. 1961.『한국공산주의운동의 기원』. 한국연구도서관.

리괄. 1921.4.19.「보고삼호(報告三號)-이르꾸쓰크공산당 고려중앙집행부」. 구 코민테른 문서보관소(현 러시아국립사회정치사문서보관소) 소장 문서(분류 번호: fond 495, op.135, delo 91, ll. 2).

리영일.「리동휘 성재 선생」(수고본).

반병률. 1998.『성재 이동휘 일대기』. 범우사.

_____. 1999.「대한민국임시정부와 노령지역 독립운동」. 한국근현대학회 엮음.『대한민국임시정부 수립80주년기념논문집』, 상권. 국가보훈처.

서대숙. 1985.『한국공산주의운동사연구』. 화다.

스칼라피노·이정식. 1986.『한국공산주의운동사』1. 돌베개.

윤상원. 2005.「1920년대 초반 러시아한인사회주의자들과 코민테른: 김만겸의 활동을 중심으로」, ≪역사연구≫, 16. 역사연구소.

이만규. 1946.『여운형투쟁사』. 민주문화사.

이애숙. 1996.「상해임시정부 참여세력의 대소(對蘇)교섭」, ≪역사와 현실≫, 32, 한국역사연구회.

이정식. 2008.『시대와 사상을 초월한 융화주의자 몽양 여운형』. 서울대학교 출판부.

임경석. 1993.「고려공산당연구」. 성균관대학교 사학과 박사학위논문.

_____. 2003.『한국사회주의의 기원』. 역사비평사.

조세현. 2010.『동아시아 아나키스트의 국제교류와 연대: 적자생존에서 상호부조로』. 창비.

주요한. 1963.「일기」,『안도산전서(安島山全書)』, 삼중당.

한형권. 1948.「임시정부의 대아외교(對俄外交)와 국민대표회의의 전말」, ≪카톨릭청년≫, 1948년 8월·9월 합병호.

_____. 1948.10.「혁명가의 회상록: 레닌과 담판, 독립자금 20억원 획득」, ≪삼천리≫, 6.

Bronshtein, M.(동양제민족부 부부장) and M. Abramson(동양제민족부 중국과 부과장).「러시아 볼셰비키 공산당 시베리아뷰로 산 동양민족분과 활동에 대해 분과가 코민테른 집행위원회에 보내는 보고서 발췌문」(러시아문: 1921.12.21), RGASPI(분류번호: fond 495, op.154, del.24, ll.39).

Chang, Kuo-t'ao. 1971. *The Rise of the Chinese Communist Party, 1921~1927*, Vol.1. Lawrence: The University Press of Kansas.

Dinshun, Pak. 1926.1.11. "V Prezidium Krestinterna: Dokladnaia zapiska".

Government Printing Office. 1920. *The 2nd Congress of the Communist International: As*

Reported and Interpreted by the Official Newspapers of Soviet Russia, Washington D.C.

Li-Dongkhi(이동휘) and Pakdinshun(박진순). 1921.10.16. "Nardnomu Kommissaru Inostrannykh Del.: Uvazhaemii Tovaritch Chicherin." 러시아현대사문서보관 및 연구센터(분류번호: fond 495, op.135, del.49.

Persits, M. A. 1979. "Eastern Internationalists in Russia and Some Questions of the National Liberation Movement(1918~July 1920)." in Ulyanovsky R. A.(ed.), *The Comintern and the East*, Moscow: Progress Press.

Wieczynski, Joseph L.(ed.). *The Modern Encyclopedia of Russian and Soviet History*, Vol.8(1978), p.169, Vol.42(1986).

"Doklad Koreiskoi Kommunisticheskoi Partii III-mu Kongressu Kominterna." 1921. *Narody Dal'nego Vostoka*, No.2. Irkutsk.

3장

10월혁명과 마르크스·레닌주의의 중국 특색 사회주의화

마르크스·레닌주의의 중국적 적용을 중심으로

강준영(한국외국어대학교 국제지역대학원)
공유식(평택대학교 코리아실크로드연구소)

1. 머리말

중국이 시진핑(習近平) 집권 2기를 맞아 최근 강조하고 있는 것이 2개의 100년이다. 중국 공산당 창당 100주년과 중국 건국 100주년을 의미한다. 중국 공산당이 1921년에 창당되었고, 중화인민공화국은 1949년에 건국되었다. 전자는 이제 4년밖에 안 남았고, 후자는 아직 20여 년 남았다. 하지만 이 100년에 결정적인 영향을 미친 사건이 100주년을 맞은 러시아 10월혁명이다. 중국 공산당의 제19대 당대회 때문에 러시아 100주년이 그리 크게 주목받지는 못했지만, 현재 중화인민공화국을 있게 하는 결정적인 세계사적 사건이 러시아 10월혁명이다. 러시아혁명의 성공과 코민테른의 구성으로 사회주의의 세계 전파에 전기가 마련되었고, 20세기 시작 무렵에 중국에 소개된 마르크스주의가 이 사건을 계기로 혁명 사상으로서 중국에 뿌리내리게 되었다.

마오쩌둥(毛澤東)은 "10월의 혁명의 포성이 우리에게 마르크스·레닌주의를 가져다주었다"[1]라고 했다. 물론 실제 마르크스주의는 러시아혁명보다는 좀 더 먼저 중국에 소개되었지만, 러시아혁명이 마르크스주의의 중국 전파에 결정적인 전기가 되었기 때문에 마오쩌둥의 이러한 말이 과장된 것은 아니다. 그리고 러시아혁명의 모태가 된 마르크스·레닌주의는 공산당 혁명의 이념적 기초가 되었고, 그 후 중국의 현실에 맞는 혁명 사상으로 진화하여 마오쩌둥 사상(마오이즘)이 되었고, 덩샤오핑(鄧小平)을 거치면서 중국 특색의 사회주의로 발전했지만 기본 지도 이념으로서 여전히 중국의 당

---

1) 毛澤東, 「論人民民主專政」, 『毛澤東選集』(北京: 人民出版社, 1991), p.1471.

헌장 속에 규정되어 있다.

이 장에서는 마르크스·레닌주의가 어떻게 중국에 전파되어 중국의 현실과 결합하여 중국의 이데올로기로 변천했는지에 대해 역사적으로 고찰해 보겠다.

2. 10월 혁명과 마르크스주의의 중국 전파

1) 마르크스주의 전파 초기

중국 스스로 규정지었듯이 19세기 아편전쟁을 기점으로 서양 제국주의의 침입에 의해 반봉건·반식민 사회로 접어든 중국에서는 서양 유학을 다녀온 지식인들이 서양의 여러 사상을 소개했다. 지식인들을 중심으로 중국 사회의 성격과 향후 발전 방향에 대한 여러 가지 논쟁이 벌어졌으며 무정부주의, 사회주의, 마르크스주의 등 여러 가지 서양 사상도 소개되고 논의되었다. 이러한 사상들은 철학적인 논쟁보다도 중국 사회의 발전에 어떻게 도움이 되느냐는 실천 면에서의 논쟁이 이루어졌다.

마르크스주의도 19세기 끝 무렵에 중국에 소개되었다. 그 시기의 지식인들은 중국에 마르크스주의를 소개했지만, 그에 대한 이해도는 그리 깊지 않았고 무정부주의 등의 사회주의 사상과 혼용하거나 통합하여 소개하기도 했다. 처음에는 오히려 국민당의 쑹자오런(宋敎人) 등 몇몇 지식인이 소개하기 시작했다. 편면적이고, 추상적으로 받아들여지고 있던 마르크스주의가 혁명 운동으로 전환하게 된 것은 결정적으로 러시아혁명의 성공과 코민테른의 사회주의 전파 덕분이다.

2) 10월혁명의 성공과 마르크스주의의 전파

≪신청년(新青年)≫이라는 잡지를 통하여 마르크스주의를 소개하던 리다자오(李大釗)와 천두슈(陳獨秀) 등은 러시아혁명의 성공 소식을 접한 후 마르크스주의가 중국의 어려운 상황을 해결할 수 있는 사상으로 여기고 이를 환영했다. 특히 10월혁명 이후인 1919년과 1920년 두 차례에 걸쳐 반포한 "레닌이 이끄는 소비에트 정부는 모든 불평등조약을 폐지하고 제정러시아가 그동안 국외에서 탈취한 모든 특권을 포기한다"라는 '카라한 선언'이 중국에 보도되면서 중국의 지식인들은 이를 대대적으로 지지하고 환영했다.[2]

하지만 이 시기에도 리다자오, 천두슈 등의 지식인들은 10월혁명이 중국의 문제를 해결할 수 있는 새로운 대안을 제시해 줄 수 있다고 믿었지만 구체적인 사상적·혁명적 접근을 하지는 못했고, 초보적인 연구 단계에 머물러 있었다.

1919년 코민테른의 성립과 5·4운동은 중국에서의 마르크스주의 전파와 공산당의 창당에 결정적인 계기가 되었다. 신해혁명이 지식인들만의 현대화 운동이었다면 5·4운동은 현대화 운동의 대중화라고 할 수 있다. 5·4운동을 통한 반제국주의 운동이 전국적으로 확산되어 마르크스주의가 뿌리내릴 수 있는 토양이 형성되었다. 하지만 중국의 마르크스 연구의 발전에 직접 영향을 미친 것은 코민테른의 결성이다. 레닌이 주도하여 결성한 코민테른은 국제프롤레타리아혁명 운동을 추진함과 동시에 식민지 지역에서의 민족운동을 지원하여 세계 제국주의 체제를 전복시키는 것을 전략으로 삼았다. 이 전략의 일환으로 보이틴스키를 파견해 중국의 마르크스 연구자인 베이징대학의 리다자오를 만나 중국에서의 공산당 창당과 혁명

---

2) 黃天中 編, 『中國大陸硏究』(臺北: 五南出版社, 1993), pp.33~36.

에 관해 논의했다. 이 무렵부터 천두슈, 리다자오 등은 각각 상하이와 베이징에서 마르크스주의연구회를 조직했다. 그 후 전국 각지에서 공산당 조직이 결성되기 시작하여 공산당의 창당 준비 작업이 본격적으로 구체화되기 시작했다.[3)]

코민테른은 보이틴스키에 이어 마린을 파견하여 공산당 창당 작업을 직접 지도하게 했고, 1921년 7월 1일 각 지역에서 추천된 12명의 대표가 그 당시 전국에 50여 명이던 공산당원을 대표하여 상하이 프랑스 조계에서 중국 공산당 제1차 대표대회를 거행했다.[4)]

마르크스주의가 중국에 유입된 초기에는 서양의 다른 사상들과 함께 논의된 사상 중 하나였을 뿐이지만, 10월혁명의 성공, 코민테른의 국제공산주의 운동의 전파 등을 통하여 중국에서 혁명을 위한 당을 조직하는 데 성공하게 되었다. 그리고 이 당시 마르크스주의는 사상적인 검토가 이루어졌다기보다는 난국의 타개를 위한 모델로서, 철학적 이데올로기라기보다는 실천에 의미를 더 두는 이데올로기로서 중국에 받아들여졌다.

3. 중국 혁명 과정에서의 마르크스·레닌주의의 변용

코민테른은 국제공산주의 운동을 통하여 반제국주의 혁명을 전파함과 동시에 아시아 각국 민족주의 세력과도 연대를 꾀하여 반제국주의 전선을 형성하려 했다. 러시아혁명에 어느 정도 호감을 가진 쑨원(孫文)은 1924년 소련의 도움으로 국민당을 재건하고 소련의 제안을 받아들여 창당한 지 얼

---

3) 黃天中 編, 같은 책, pp.33~36.
4) 黃天中 編, 같은 책, pp.33~36.

마 안 된 중국 공산당과 협력하기로 결정한다. 이것이 제1차 국공합작이다. 하지만 이듬해 쑨원이 죽고 나서 공산당에 반대하던 장제스(蔣介石)가 국민당 당권을 장악하고 공산당 소탕에 나서면서 국공합작은 결렬되었다.[5]

공산당은 1927년 난창(南昌)봉기를 시작으로 국민당과의 투쟁에 나섰다. 공산당 지도자들은 창당 후 소련에 유학하여 소련 공산당의 교육을 받고 돌아온 엘리트로서 공산당의 이론을 충실하게 수행했다. 취추바이(瞿秋白), 리리산(李立山), 장궈타오(張國燾) 등이 공산당의 이론대로 도시에서 노동자들의 폭동에 주력했다. 하지만 그러한 노선은 결과적으로 실패로 나타났다. 반면, 공산당 창당 당시 후난(湖南)성 대표였던 마오쩌둥은 혁명 초기부터 중국의 혁명은 반봉건 사회에서 농촌에 중심을 두어야 한다고 주장하면서 농촌 위주의 혁명 운동을 전개했다.

공산당은 국민당의 끈질긴 소탕 작전 끝에 1934년 장시(江西)성 루이진(瑞金)에서 국민당의 포위망을 뚫고 이른바 대장정을 시작한다. 1935년 쭌이(遵義)라는 곳에서 정치국 회의를 열고 노선 투쟁 끝에 마오쩌둥이 당권을 잡게 되어 공산당을 이끌었고, 대장정 끝에 산시(陝西)산 옌안(延安)에 도착하여 혁명 근거지를 건설했다.

마오쩌둥은 옌안에서 공산당 지도자의 위치를 더욱 공고히 했고, 자신의 혁명 방략을 바탕으로 마오쩌둥 사상을 정립했다. 마오쩌둥 사상의 핵심은 마르크스·레닌주의의 중국화라는 말에 있다. 중국 공산당은 궁극적인 진리로서 마르크스·레닌주의를 추앙하지만, 이는 이론적인 위상에만 국한시킨다. 공산당의 주장은 마르크스·레닌주의는 이론으로서는 중요하지만, 그것을 중국에 적용하려면 중국의 현실에 맞게 변형하여야 한다는 것이다. 그것이 바로 마르크스·레닌주의의 중국화이다. 이것은 신민주주

---

5) 김하룡·장현표,『신중국정치론』(나무의 숲, 2000), 28~37쪽.

의론에 잘 나타나 있다. 1940년 발표한 신민주주의론이라는 논문에서 마오쩌둥은 "중국 혁명의 역사적 과정은 민주주의 혁명과 사회주의 혁명의 두 단계로 나누어야 한다"라고 밝혔다. 이는 민주주의 혁명은 부르주아의 주도가 아닌 새로운 프롤레타리아 계층의 주도로 이루어지는 혁명이라는 것이다. 마오쩌둥은 중국은 현재 부르주아 주도의 혁명 단계에 있다고 분석했다. 하지만 국민당은 제국주의 세력과 결탁했기 때문에 부르주아혁명의 자격이 없다고 규정했다. 또한 현재 중국은 산업 부르주아가 형성되지 않았기 때문에 부르주아혁명의 조건도 맞지 않는다고 했다. 농업의 비중이 훨씬 더 큰 중국에서 농민을 노동자·농민, 소자산 계급, 민족자산 계급 등과 연합해 부르주아혁명을 완수할 수 있다고 주장했다. 또한 이러한 부르주아혁명 시기를 거치지 않고 곧장 프롤레타리아 사회주의혁명을 주장하는 것은 중국의 현실을 무시하고 비약하려는 공상가의 행위이고, 서둘러 일을 그르치기 때문에 단호히 배격해야 한다고 주장한다. 이를 신민주주의 혁명이라고 하며, 이는 마오쩌둥이 마르크스·레닌주의의 기본 원리를 따르려는 공산당의 다른 라이벌들을 공격하는 무기가 되었고 마오쩌둥 사상의 기본이 되었다. 신민주주의는 항일전쟁 시기, 많은 지식인의 지지를 얻게 되었고, 이는 공산당의 당세를 확장하는 데 큰 도움이 되었다.[6]

마오쩌둥은 마르크스·레닌주의의 중국화는 결국 중국 혁명의 특수성이라고 강조하면서 마르크스·레닌주의는 핵심 이데올로기로서 보편적 진리이지만, 마오쩌둥 사상이 실천 이데올로기로서 중국의 현실에 적합한 이데올로기라고 주장했다.

마오쩌둥은 실천론을 통해 먼저 실천하고 그것을 이론화한 후 다시 재

6) 이희옥, 「중국의 이데올로기: 이념과 현실」, 유세희 엮음, 『현대중국정치론』(박영사, 2005), 70~73쪽

실천하는 변증법적인 관계와 모순의 특수성과 보편성의 관계를 정확히 설정해야 한다고 강조했고, 이를 통해 모순의 특수성과 이론 없는 실천을 강조하는 경험주의와 모순의 보편성과 실천 없는 이론만을 강조하는 교조주의를 비판했다. 그리고 중국혁명 과정에서 내부의 계급 모순과 외부의 제국주의와 중국 민족 간 모순을 조화롭게 처리해야 한다고 인식했다. 이를 바탕으로 민족 모순과 계급 모순을 주요 모순과 부차 모순으로 구분한 뒤 이를 해결할 방법으로 통일전선론을 제창했다. 통일전선론의 핵심은 모순을 이용하여 다수를 쟁취하고 소수를 반대하며 각개격파 함으로써 주요 모순을 해결한다는 것이다.[7]

또한 마오쩌둥은 전쟁론에서 지구전론과 유격전론을 개발하여 중국혁명과 중일전쟁의 이론적 기초로 삼았다. 지구전론은 강력한 군사력을 지닌 상대의 공세 시기에는 수비에 치중하다가 상대방이 한계를 드러내기를 기다려 반격한다는 것이고, 유격전론은 "적이 진격하면 후퇴하고, 적이 후퇴하면 진격하며, 적이 주둔하면 소요를 일으키고, 적이 지치면 친다"라는 전술을 핵심으로 하고 있다.

하지만 마오쩌둥은 대약진, 문화대혁명을 거치면서 경제정책에 실패했고, 결국은 사회주의 건설에 필요한 생산력 발전에 실패하게 되었고, 뒤를 이은 덩샤오핑은 개혁·개방 정책을 통하여 사회주의 현대화를 실현하려고 했다.

마오쩌둥이 마르크스·레닌주의를 중국의 사상으로 재해석한 내용을 정리하면 〈표 3-1〉와 같다.

---

7) 김하룡·장현표, 『신중국정치론』, 74~94쪽.

〈표 3-1〉 마르크스주의, 레닌주의, 마오쩌둥 사상

	마르크스주의	레닌주의	마오쩌둥 사상
혁명 세력	무산계급 노동자	노동자+농민 동맹	노동자+농민+민족자산 계급+도시 소자산 계급
지도 세력	소비에트	직업 혁명가당	당의 건설(黨的建設)
정치 체제		무산계급 독재	인민 민주 독재
혁명 방식	폭력혁명	선전 선동 봉기	전략과 책략 신민주주의론.
시대 인식	자본주의 필망론 국가소멸론	제국주의(죽어가는 자본주의)론	반봉건, 반식민 사회론 자본주의 맹아론
경제정책	계획경제	혁명 정권 수립 후 3년간 신경제정책(NEP) 시행 -전시 공산주의	제1차 경제 조정기 (1949~52)
		계획경제	계획경제
혁명 이론 준비	'공산당선언', 「독일 이데올로기」, 「자본론」, 「가족국가 사유재산의 기원」 등	「1보 전진, 2보 후퇴」 「어떻게 할 것인가」 「국가론」 등	「모순론」 「실천론」 등
평가	혁명 이론	마르크스주의 러시아화	마르크스·레닌주의 중국화

4. 중국 개혁·개방 시기의 중국 특색 사회주의화

덩샤오핑은 문화혁명 세력을 축출하고 정권을 잡은 화궈펑(華國鋒) 세력과의 당내 이론 논쟁에서 승리하여 정권을 잡고 개혁·개방 정책을 펼쳤다. 개혁·개방 정책의 이념적인 바탕은 중국식 사회주의, 혹은 중국 특색을 지닌 사회주의이고 이의 핵심 이론은 사회주의 초급 단계론이다.

사회주의 초급 단계론이란 기존의 마르크스주의의 역사 발전 5단계에서 자본주의 단계를 이행하지 않고 곧장 사회주의 혁명에 성공한 중국은 현재 사회주의 초급 단계에 처해 있고 자본주의 단계 대신 사회주의 초급 단계를 거쳐서 잘사는 사회주의, 즉 사회주의의 현대화를 이룩한다는 논리다.

마오쩌둥의 신민주주의론은 혁명의 성공을 위하여 부르주아혁명 대신 중국의 농민과 공산당에 우호적인 여러 계급이 힘을 합쳐서 혁명에 성공한다는 뜻이라면 덩샤오핑의 사회주의 초급 단계론은 사회주의혁명에 성공하여 사회주의 시기에 진입한 중국이 현대화된 사회주의 국가를 건설하려면 사회주의 초급 단계를 거쳐야 한다는 뜻이다.

　　덩샤오핑은 사회주의 현대화를 위하여 사상에서 해방되어 생산력을 발전시켜야 한다고 주장한다. 여기서 사상 해방이라는 것은 생산력 발전을 위하여 사회주의 의식을 강화해야 한다는 마오쩌둥의 사상에 상대되는 개념으로 생산력 발전을 위하여 사회주의 건설에는 꼭 계획경제만 시행하여야 한다는 교조적인 사고방식을 버리고 좀 더 유연한 사고를 해야 한다는 뜻이다. 덩샤오핑 이후 중국은 세 차례의 사상 해방이 이루어졌다. 첫 번째 사상 해방은 마오쩌둥이 죽고 덩샤오핑이 정권을 잡은 1978년 이후이다. 이 시기의 사상 해방은 마오쩌둥의 개인숭배에서의 해방이다. 실천론으로 정권을 잡은 덩샤오핑은 마오쩌둥 시기의 계급 간의 모순은 이제 중국의 모순이 아니라며 현재 중국의 모순은 낙후한 생산력과 물질문화에 대한 인민의 요구 사이의 모순이므로 중국 사회에 필요한 것은 계급투쟁이 아니라 생산력 해방이라는 논의로 귀결시켰다.

　　두 번째 사상 해방은 1988년부터 이뤄진 사회주의와 자본주의에 대한 재인식이다. 자본주의는 멸망한다는 결정론을 수정하여 자본주의의 생명력을 인정했고, 이를 바탕으로 사회주의에 대한 수정에 들어갔다. 가장 중심이 되는 것은 계획과 시장의 관계이다. 계획과 시장이 더는 대립 관계가 아니며, 자본주의에도 계획이 필요하고 사회주의도 시장이라는 도구를 가지고 생산력을 발전시킬 필요가 있다는 것이다. 세 번째 사상 해방은 1997년에 이루어진 소유제 논쟁이다. 국유기업 개혁에서 비롯된 이 논쟁은 결국 사회주의에도 비국유 부문의 경제가 존재한다는 것에 귀결됨으로써 사유 경제를 인정하게 되었다.

　이러한 사상 해방을 거치면서도 중국은 1개의 중심, 2개의 기본점이라는 국정 방침을 정하면서 사회주의 국가를 유지하면서도 개혁·개방을 거쳐서 경제 건설을 이룩하여 사회주의 현대화를 완성하는 것이 중국식 사회주의의 기본 틀이다. 이의 완성을 위하여 사회주의 상품경제론, 사회주의 시장경제론 등을 발전시키면서 사회주의의 이론적 틀을 제공했다.

　중국식 사회주의도 마르크스주의의 중국화와 같이 마르크스·레닌주의를 기본 이데올로기로 하지만 이는 이념 영역으로 삼고, 중국식 사회주의를 실천 영역으로 삼은 것은 같다. 다만, 생산력 발전 부문에서 사상 해방을 통한 생산력 해방을 꾀한 것이 다른 점이다.

5. 시진핑 시기의 당대 '중국 사회주의'

　1997년 장쩌민(江澤民)은 삼개대표론(三個代表論)이라는 자신의 사상을 공표했고 2002년 후진타오(胡錦濤)에게 정권을 이양하면서 당 헌장에 마르크스·레닌주의, 마오쩌둥 사상, 덩샤오핑 이론과 함께 삼개대표론을 당의 지도 이념으로 삽입했다. 삼개대표론은 중국 공산당은 선진 사회의 생산력 발전 요구를 대표하고, 선진 문화의 발전 요구를 대표하며, 광대한 인민의 이익을 대표한다는 것을 주요 내용으로 한다. 이는 1990년대 전면적인 개혁·개방의 결과 엄청난 경제 발전 속도와 다양한 문화적 욕구를 공산당이 충분이 충족시킬 수 있다는 내용이다. 특히 세 번째 항목인 광대한 인민의 이익이라는 것이 중요한데 광대한 인민의 이익이란 1990년대 이후 급속한 경제 발전에 따라 사회 계층도 급속히 분화되었고, 이 중 사영 기업주의 비중이 급격히 높아진다. 그래서 공산당은 사영 기업주를 사회주의 건설의 조력자라고 칭하며 공산당에 입당 가능하게 했다. 그러면서 인민의 개념을 좀 더 넓게 정의하여 광대한 인민의 이익이라고 표현한 것이다.

2002년 집권한 후진타오는 2012년 물러나면서 자신의 이론인 과학발전관(科學發展觀)과 조화로운 사회(和諧社會) 건설을 당 헌장에 삽입했다. 과학발전관은 인간을 근본으로 하여 사회와 조화를 이루면서 지속 가능한 발전을 추구할 수 있는 과학적 통치 체계를 말하며 이는 과학사회주의에 바탕을 둔다. 과학적 발전관이 제기된 배경은 개혁·개방 이전의 정치와 경제, 국제 관계를 비판하고 개혁·개방 이후의 국가 발전의 동력을 과학기술 및 사회의 안정에 둔 것이다. 과학발전관은 후진타오 지도부가 일관되게 진행한 중요한 전략 사상으로서 후진타오 및 그의 싱크탱크가 집권 초기인 2004년에 공개했다. 21세기 들어 중국의 발전은 지속되었지만 개혁·개방 이래 빈부 격차, 지역 간 발전 격차, 도농 간 격차, 환경오염 등의 문제는 더욱 심화되었다. 과학발전관은 이러한 문제를 공산당이 총괄적으로 해결할 수 있을 뿐 아니라 지속적으로 성장할 수 있다는 논리다.

2018년 10월에 열린 중국 공산당 전국대표대회에서 시진핑 총서기는 '시진핑 신시대 중국 특색의 사회주의 사상(習近平新時代中國特色社會主義思想)'을 천명하고 이를 당 헌장에 마르크스·레닌주의, 마오쩌둥 사상, 덩샤오핑 이론, 삼개대표론, 과학발전관과 함께 당의 지도 이념으로 삽입했다. '시진핑 신시대 중국 특색의 사회주의 사상'의 총임무는 "사회주의 현대화와 중화 민족 대부흥을 실현하는 것으로 전면 샤오캉(小康: 모든 국민이 편안하고 풍족한 생활을 누림) 사회 건설의 기반에서 21세기 중엽에 부강하고 민주 문명적이며 조화롭고 아름다운 사회주의 현대화 강국을 동시에 추진하는 것"이라고 표명했다.[8]

---

8) 張執中, 「黨國意識形態的權力與制度」, 『展望與探索』(臺北: 法務部調査局: 2018年 4月, 第16圈

또한 "중국 특색 사회주의 사업의 전체 구도는 5위 일체(경제·정치·문화·사회·생태 문명 건설)이고 전략 구도는 4개 전면(샤오캉 사회 건설·개혁 심화·의법치국·종엄치당)"이라고 말했다. 그러면서 개혁 심화 목표는 국가 운영 체계와 능력의 현대화, 의법치국의 목표는 사회주의 법치국가 건설, 신시대 강군(强軍)의 목표는 당의 지휘를 받아 싸워 이길 수 있는 세계 일류 군대의 건설, 신시대 외교의 목표는 신형 국제 관계 구축이라고 설명했다.

시진핑 사상은 철학적인 면이나 사상적인 부분이 그리 돌출되지는 않으나 신시대라는 말에 좀 더 주목할 필요가 있다. 신시대라는 말 자체가 시진핑 시대는 이제 모든 방면에서 과거와는 다르다는 뜻이다. 모든 분야에서 강대국으로서의 면모를 갖추겠다는 의지의 표현이라고 볼 수 있다.

덩샤오핑 이후, 장쩌민, 후진타오, 시진핑까지 각각 자신의 이론 혹은 사상을 당 헌장에 삽입했지만 이데올로기의 요소는 약하다. 사실 지금까지 중국 특색 사회주의의 틀에서 벗어난 사상은 없기 때문이다. 그러므로 이 세 사상은 덩샤오핑 이론의 연속이라고도 볼 수 있다. 다만, 시진핑이 이번에 발표한 시진핑 신시대 중국 특색의 사회주의 사상은 스스로 사상이라고 붙인 만큼 향후 시진핑의 행보를 살펴볼 필요가 있다.

6. 맺음말

10월혁명이 중국에 남긴 것은 이데올로기이다. 하지만 중국은 이를 철학적으로 수용하지 않고 국가 발전의 청사진으로 수용했다. 이때부터 중국은 이미 마르크스주의는 교조적으로 적용되기보다는 마르크스주의의 중국

第4期), pp.72~73.

화라는 이름의 실천 이데올로기로서 적용했다. 마오쩌둥은 마르크스·레닌주의의 혁명 이데올로기를 중국의 현실에 맞는 실천 이데올로기로 변용하여 사상을 체계화했다.

마오를 이은 덩샤오핑의 중국식 사회주의도 마르크스·레닌주의의 실천 이데올로기라고 볼 수 있다. 그리고 사상 해방을 통하여 생산력 발전을 이루어냈다. 마오이즘과 덩샤오핑 이론으로 미루어 볼 때 마르크스·레닌주의는 중국에 전파된 후 중국의 특수성과 결합하여 실천 이데올로기로 변형된다.

덩의 뒤를 이은 장쩌민, 후진타오의 삼개대표론과 과학발전관은 덩샤오핑 이론에서 크게 벗어나지 않고 현실에 맞는 정책 전환 정도의 역할을 했으며 실천 이데올로기 영역에서 크게 벗어나지 않았다. 시진핑 시대에 들어서서 비록 사상 앞에 중국 특색 사회주의라는 수식어를 붙였지만 마오쩌둥 이래 처음으로 지도자 이름에 사상을 붙였다. 그와 함께 당의 영도를 그 어느 때보다 강조하고 있어 오히려 레닌주의로 회귀하는 길로 들어서지 않나 하는 의심까지 받을 정도이다.

러시아 10월혁명 이후 소련 공산당의 도움으로 중국 공산당이 창당되었고, 마오쩌둥 사상은 마르크스·레닌주의, 특히 레닌주의의 영향을 크게 받았다. 1949년 건국 초기, 국가 건설에 관련된 여러 정책도 기본적으로 소련의 제도를 바탕으로 했다. 덩샤오핑 이후 개혁·개방의 길로 들어선 중국은 장쩌민, 후진타오를 거치면서 개혁·개방의 이론을 공고히 했다. 하지만 시진핑 시대에 접어들면서 중국의 꿈(中國夢)을 내세우면서, 시진핑 사상의 영역을 강조하고 있다. 덩샤오핑 시대에 잠시 레닌주의의 영향력에서 멀어지던 중국이 시진핑 시대가 시작되며 다시 당의 영향력 강화 등 레닌주의로 회귀하는 조짐이 보이고 있다. 마침 러시아혁명 100주년이 되는 해에 시진핑 사상이 제시된 것에 역사적인 의미를 부여하는 것이 너무 무리일까?

참고문헌

김춘남. 1992. 「마르크시즘의 중국전래」. 『용인대학교논문집』, Vol.8.

김하룡·장현표. 2000. 『신중국정치론』. 나무의 숲.

리버샬, 케네스(Kenneth Lieberthal). 2013. 『거버닝차이나』. 김재관·차창훈 옮김. 심산출판사.

유세희 엮음. 2005. 『현대중국정치론』. 박영사.

郭恒鈺. 1988. 『共產國際與中國革命』. 臺北: 東大出版社.

廖蓋隆. 1994. 『毛澤東思想史』. 臺北: 紅葉文化.

李亞明 主編. 2014 『共黨理論與中國大陸研究』. 臺北: 黎明文化.

李英明. 1996. 『中共研究方法論』. 臺北: 揚智文化.

李玉貞 譯. 1997. 『聯共, 共產國際與中國: 1920-1925. 第一卷』. 臺北: 東大圖書發行.

吳安家, 1987. 『中共史學新探』. 臺北: 幼獅文化.

人民出版社 編輯. 1988. 『共产国际与中国革命资料选辑(一九二八~一九四二)』. 北京: 人民出版社.

張執中. 2018.4. 「黨國意識形態的權力與制度」. ≪展望與探索≫, 16(4).

张海鹏 主编. 2009. 『中国近代通史』. 南京: 江蘇人民出版社.

郑德荣. 1997. 『毛泽东与马克思主义中国化』. 長春: 東北師範大學出版社.

周尙文 主編. 1991. 『中国共产党创建史』. 上海: 上海人民出版社.

陳亞杰. 2009. 『当代中国意识形态的起源: 新启蒙运动与"马克思主义中国化"的生成语境』, 北京: 新星出版社.

蔡國裕. 1987. 『1920年代初期中國社會主義論戰』. 臺北: 臺灣商務印書館.

何云庵 等. 2009. 『苏俄.共产国际与中国革命1919-1923』. 北京: 社會科學文獻出版社.

黃修荣·黃黎. 2016. 『共产国际与中国共产党关系探源』. 北京: 人民出版社.

黃天中 編. 1993. 『中國大陸研究』. 臺北: 五南出版社.

4장

쑨원의 러시아 10월혁명 인식과
국민당 개조

이용운(서울대학교 동양사학과)

이 장은 2017년 12월 1일 개최된 '러시아혁명 100주년 기념 전국서양사연합학술대회'에서 「쑨원의 러시아혁명관」이라는 제목으로 발표되었고, 수정과 보완을 거쳐 ≪중국근현대사 연구≫, 80집(2018)에 게재된 것이다.

1. 머리말

1917년 러시아 10월혁명을 "세계를 뒤흔든 사건"이자 "20세기 세계사에서 가장 중요한 사건 중 하나"요, "한 세기를 이념 대립의 세기로 만드는 결정적 계기"로 보는 평가[1]는 이제 너무 당연한 나머지 진부하게까지 느껴진다. 제1차 세계대전에서 소련의 붕괴에 이르는 시기를 '단기 20세기'로 분류한 홉스봄(Eric Hobsbawm)의 유명한 견해를 빌리지 않더라도 소련이라는 존재가 지난 세기를 규정하는 핵심적인 요소였음은 결코 부정할 수 없을 것이다. 10월혁명의 영향과 소련의 영향, 그리고 냉전의 영향은 전 세계적이었고, 그 흔적은 이른바 냉전의 종식 후에도 '북한 문제'가 상존해 있으며, '한반도 평화 체제 구축'이 시대적 과제로 제기되고 있는 한반도에 선명하게 남아 있다. 그러나 동아시아에서(어쩌면 세계에서) 10월혁명의 영향을 '가장 크고 깊게' 받은 나라를 하나만 고르라면 중국을 선택할 수 있을 것이다.

"10월혁명의 대포 소리가 우리에게 마르크스·레닌주의를 가져왔다"라는 마오쩌둥(毛澤東)의 유명한 언설이 상징하듯, 러시아혁명은 신해혁명(辛亥革命)에도 불구하고 구체제의 잔재 속에서 허우적거리던, 거대하고 낙후된 반식민지(半植民地) 국가를 세계에서 인구가 가장 많은, 그리고 소련의 붕괴 후에도 성공적으로 살아남은 사회주의국가로 바꾸는 계기가 되었기 때문이다. 2017년과 2018년은 각각 10월혁명 100주년과 마르크스 탄생 200주년이지만, 정작 러시아혁명의 본고장인 러시아에서 '혁명과 사회주

---

1) 한정숙, 「'세계를 뒤흔든 혁명'에 대한 열광, 증오, 성찰: 러시아혁명 90년: 해석의 역사」, ≪서양사론≫, 98호(2008), 181쪽. 이 논문은 노경덕 외, 『다시 돌아보는 러시아혁명 100년』 I(문학과 지성사, 2017)에 재차 수록되었다.

의'의 역사적 의미는 크게 퇴색된 것으로 보인다.[2] 일례로 퓨 연구센터 (Pew Research Center)는 러시아혁명, 제2차 세계대전, 소련의 해체, 1998년의 금융위기 가운데 러시아혁명을 가장 중요한 역사적 사건으로 보는 러시아인의 비율이 겨우 8%에 불과하다는 조사 결과를 발표하기도 했다.[3] 마찬가지로 아직 마르크스의 이름이 남아 있는 도로가 곳곳에 있는데도 다수의 러시아인들은 그의 사상에 무관심하다.[4]

그러나 중국에서는 "올해(2017)는 위대한 러시아 10월 사회주의혁명 승리 100주년이며, 10월혁명은 세계 역사의 시대를 나누는 중대한 사건입니다. …… 10월혁명은 인류 역사 발전 과정을 깊이 바꾸었으며, 하나의 등대와 같이 세계 무산계급 혁명이 파란만장하고 웅장하게 새로운 시대로 나아감을 고무했습니다"[5]와 같은 평가가 여전히 공식적으로 통용되고 있으며, '10월혁명과 중국 특색의 사회주의(十月革命與中國特色社會主義)'에 대한 토론회 내용이 ≪인민일보(人民日報)≫에 보도되는가 하면 혁명 100주년을 맞아 신편 '레닌전집' 출판이 계획되는 등 어쩌면 러시아 이상으로 10월혁명을 중요하게 기념하고 있다. 또한 마르크스 탄생 200주년을 맞이하여 중국 최고 지도부가 개최한 기념행사(紀念馬克思誕辰200周年大會)에서 국가주석이자 공산당 총서기인 시진핑(習近平)이 직접 "마르크스는 전 세계 무산계급과 노동 인민의 혁명 스승이자, 마르크스주의의 주요 창시자이고, 마르

2) 현대 러시아의 1917년 10월혁명 인식에 대해서는 송준서, 「기억과 망각 사이에서: 현대 러시아의 1917년 10월 혁명 기억」, ≪서양사론≫, 137호(2018).

3) Pew Research Center, "Russians see World War II, not 1917 revolution, as nation's most important historical event"(2017.11.7).

4) Russia Beyond, "200 years since Karl Marx's birthday: Do Russians care?"(2018.5.5); The Moscow Times, "Karl Marx, the Soviet Union's Godfather, Is 'All But Forgotten' in Russia"(2018.5.5)

5) 劉奇葆, 「在"十月革命與中國特色社會主義"理論研討會上的講話」, ≪人民日報≫(2017.9.27).

크스주의 정당의 창건자이며, 국제 공산주의의 개창자로 근대 이후 가장 위대한 사상가입니다"6)라는 평가를 내리기도 했다. 레닌이 지도한 10월혁명의 승리를 통하여 사회주의는 이론에서 현실이 되었으며, 특히 중화인민공화국의 성립은 세계 사회주의 세력을 크게 확대했기에, 마르크스주의는 곧 중국공산당의 이념적 영혼이고 마르크스주의를 발전시키는 것이 중국공산당의 신성한 책무라는 것이다. 21세기 초엽 러시아혁명과 사회주의에 대하여 "1917년 레닌이 지도한 러시아 10월혁명은 위대한 승리를 쟁취했고 세계 제일의 사회주의 국가를 건설하며 인류 사회 발전의 신기원을 열었으니 세계에 혁명적인 변화를 불러왔다. 제2차 세계대전 이후 유럽·아시아·라틴아메리카의 많은 국가가 사회주의의 길을 걸었고 세계 사회주의 진영을 형성했다. 각 사회주의국가는 마르크스·레닌주의의 지도하에 휘황찬란한 업적을 성취했으며 사회주의 제도의 거대한 생명력을 보여주었다"7)와 같이 적극적으로 의미를 부여하는 나라는 거의 없어 보인다.

따라서 20세기 사회주의의 역사와 러시아혁명의 영향력을 온전히 이해하기 위해서는 그것이 중국에 미친 영향에 특히 주목할 필요가 있다. 당연하겠지만 중국의 사회주의 수용에 대해서는 중국·중화권·서구·러시아·일본·한국에 이르기까지 셀 수도 없을 만큼 방대한 연구가 존재하며 소련과 중국(중화인민공화국)을 비교한 문헌 또한 결코 적지 않은 만큼, 이를 모두 살펴보는 것은 사실상 불가능에 가까운 일이다. 다만 이 글에서는 중국국민당(中國國民黨)의 지도자이자 중국 민주혁명의 선구자, 혹은 중화민국의 국부로 불리는 쑨원(孫文, 孫中山, Sun Yat-Sen)을 중심으로 하여 그의 10월혁

---

6) 習近平, 「在紀念馬克思誕辰200周年大會上的講話」, 『新華網』(2018.5.4).

7) 張全景, 「蘇聯亡黨亡國的慘痛敎訓」, 『十月革命與當代社會主義』(社會科學文獻出版社, 2008), p.1.

명 인식과 국민당 개조의 성격을 대략적이나마 고찰해 보고자 한다. 쑨원은 근대 중국의 혁명운동과 국가 건설에 지대한 영향을 미쳤을 뿐 아니라, 중국의 사회주의 및 당-국가 체제(黨國體制) 수용에도 중요한 기여를 한 인물이기 때문이다. 물론 쑨원과 소련의 관계나 그의 러시아 연대정책(聯俄容共) 및 국민당-공산당의 합작(國共合作)에 대해서도 이미 상당한 선행 연구가 축적되어 있다.8) 마찬가지로 쑨원이라는 인물에 관해서도 문헌 목록 작성이 어려울 정도로 많은 연구가 이루어진 상태이다.

그러나 쑨원의 러시아혁명관 특히 10월혁명 인식에 대해서는 충분한 검토가 이루어지지 않았고 대부분 중소 외교사나 국공 관계사를 설명하기 위해 언급하거나, 사상사 혹은 이론 연구의 측면에서 부분적으로 다루었을 뿐이다. 즉, '쑨원과 소련의 관계'를 다룬 저서나 '쑨원의 사회주의 인식'을 고찰한 논문은 많지만 '쑨원의 러시아 10월혁명관'을 구체적으로 살펴본 전문적 연구는 부족했다. 또한 국민당 개조와 이른바 '소련 모델의 수용'에 대해서도, 일찍이 리젠눙(李劍農)이 "중국의 정치 문제를 법의 문제에서 당의 문제로, 호법(護法)과 법통(法統)의 문제에서 호당(護黨)과 당통(黨統)의 문제로 바꾸는 계기"9)였음을 지적한 이래 다수 연구자가 그 역사적 의미를 강조했지만, 정작 무엇을 어떻게 수용했는지는 다소 불분명하게 남아 있다. 하지만 10월혁명에 대한 인식은 이후 소련 체제에 대한 관점과 좌우를 나누는 중요한 판단 기준이 됐을 뿐 아니라 연구사(혹은 사학사) 측면에서도

---

8) 중국어로 된 연구로는 李雲漢, 『從容共到淸黨』(中國學術著作獎助委員會, 1966); 李玉貞, 『孫中山與共産國際』(中央研究院近代史硏究所, 1996); 姚金果 外, 『共産國際, 蘇共(布)與中國大革命』(福建人民出版社, 2002); 黃修榮, 『國共關係史』(廣東敎育出版社, 2002); 楊奎松, 『國民黨的聯共與反共』(社會科學文獻出版社, 2008) 등이 대표적이다. 쑨원의 혁명운동을 집대성했다고 할 수 있는 방대한 연구인 이승휘, 『손문의 혁명』(한울, 2018) 역시 3분의 1 이상을 관련 주제에 할애하고 있다.

9) 李劍農, 『最近三十年中國政治史』(臺灣學生書店, 1976), p.531.

중요한 주제라 할 수 있다.[10] 마찬가지로 소련과 러시아혁명이 중국에 미친 영향을 파악할 때 그것이 국민당 개조에 준 파급 효과는 결코 간과하기 어렵다. 그러므로 10월혁명에 대한 쑨원의 인식과 국민당 개조를 검토하는 것은 쑨원 개인은 물론, 중국의 사회주의 수용, 나아가 중소 관계와 동아시아 지역에 대한 소련의 영향력을 연구하는 데도 일정 부분 기여할 수 있으리라 생각한다.

이 글은 크게 네 부분으로 이루어져 있다. 우선 첫째 장에서는 1917년 러시아혁명 이전 쑨원이 사회주의를 어떻게 이해했는지 알아보고, 아울러 혁명 엘리트의 주도적인 역할을 강조한 그의 당치(黨治) 이론이 레닌의 전위 정당론과 어떤 관계가 있는지 검토할 것이다. 이어서 1917년 10월의 혁명이 중국 사회에 미친 충격과 코민테른(Comintern, 共産國際)의 활동을 간략하게 정리한 다음 이에 대한 쑨원의 반응을 확인해 보고자 한다. 그리고 다음 장에서 국공합작 시기 쑨원이 어떻게 10월혁명을 이해했으며 그러한 인식의 배경이 무엇인지를 대강이나마 살펴볼 계획이다. 마지막으로 그러한 10월혁명 인식 위에서 이루어진 국민당 개조의 구체적인 내용과 성격을 살펴보고자 한다.

정리하자면 쑨원은 시종일관 사회주의를 자신의 독특한 삼민주의(민생주의)의 틀 안에서 수용했으며, 처음부터 10월혁명에 긍정적인 반응을 보이거나 소련과의 연대를 강력하게 추진하지는 않았다. 1922년의 정치적 위기 이후 좀 더 적극적으로 소련과의 동맹 및 중공과의 연대를 추진하며 러시아혁명에 관심을 기울이게 되지만, 그의 10월혁명 인식은 사실에 근거한 객관적인 판단이라기보다 자신의 기존 혁명 이론(혹은 신념)을 토대로 혁명

---

10) 러시아혁명 연구사를 다룬 최근의 문헌으로는 S. A. Smith, "The Historiography of the Russian Revolution 100 Years On," *Kritika*, Vol.4(2015).

당의 강화라는 정치적 목표를 위한 것이었다. 그리고 마침내 그러한 10월 혁명 인식을 바탕으로 '볼셰비키 조직 모델'을 혁명의 방법으로 수용하여 국민당 개조를 시행하기에 이른다.

2. 1917년 이전 쑨원의 사회주의 이해와 당치 이론

아편전쟁 이후 중국에 대한 서구 열강과 일본의 압력이 증가했고, 특히 청일전쟁에서의 패배는 중국 식자층에 큰 충격을 주었다. 이에 정치적으로는 입헌 운동과 혁명운동이 활성화되었고 아울러 다양한 외래 사상이 확산하게 된다. 1899년 2월 만국공보(萬國公報)는 영국 사회학자 벤저민 키드 (Benjamin Kidd)의 책을 소개하며 '마르크스(Karl Marx)'라는 이름을 언급했는데, 이는 중국 신문이 마르크스를 다룬 첫 사례다.[11] 1903년 「공산당선언 (Manifesto of the Communist Party)」의 일부가 일본을 통해 중국에 소개되었고, 《민보(民報)》, 《천의보(天義報)》, 《절강조(浙江潮)》 등도 사회주의를 다루었다. 당시 혁명파 인사인 주즈신(朱執信), 마쥔우(馬君武), 쑹자오런 (宋敎仁), 랴오중카이(廖仲愷) 등은 「독일 사회혁명가 소전(德意志社會革命家小傳)」, 「사회주의와 진화론 비교(社會主義與進化論比較)」, 「만국 사회당 약사(萬國社會黨略史)」, 「사회주의 사강(社會主義史綱)」 같은 글을 발표하며 사회주의를 알렸으며, 개량파의 대표 주자인 량치차오(梁啓超) 역시 마르크스를 '사회주의의 태두'로 소개했다.[12] 신해혁명 이전 사회주의와 마르크스

11) Alexander Pantsov, *The Bolsheviks and the Chinese Revolution 1919-1927*(University of Hawaii Press, 2000), p.25.

12) 程偉禮 外, 『先知的足跡』(河南人民出版社, 1996), pp.8~18.

주의의 주된 전파 경로는 일본이었는데, 일찍이 19세기 말 가토 히로유키 (加藤弘之), 고자키 히로미치(小崎弘道) 등이 사회주의를 소개했으며 1901년 에는 일본 최초의 사회주의 정당인 사회민주당이 결성되기도 했다.[13] 19 세기 말부터 20세기 초까지 다수의 중국인이 일본에서 유학했으며 정치 망 명자들 역시 일본에서 도피처를 찾았다. 일본이 중국의 혁명 근거지이자 신사상의 유통로가 된 것이다.

그러나 신해혁명 전후 일반적인 중국 식자층의 사회주의 이해는 피상 적이고도 혼란스러운 부분이 많았다. 1911년 8월 쑹자오런은 "근래 우리나 라 사람들은 왕왕 사회주의를 제창하는데, 공리와 훌륭한 인도를 말하며 그것이 세계를 태평하게 만들고 군생을 안락하게 하니 모두 그에 의존해야 한다고 여긴다"[14]라며 사회주의 사조의 유행을 지적하는 동시에 사회주의 를 무치주의(無治主義: 사회주의 가운데 가장 급진적인 무정부주의), 공산주의(共 産主義: 공산당과 과학적 사회주의), 사회민주주의(社會民主主義: 사회민주당, 노 동당, 사회민주주의 수정주의), 국가사회주의(國家社會主義: 정부가 주도하는 사회 정책)로 분류했다. 그러나 중국 식자층 대다수는 사회주의에 대해 쑹자오런 수준의 체계적인 인식을 하지 못했고, 대동주의(大同主義), 삼무주의(三無主 義), 광의(廣義)·협의(俠義) 사회주의, 무치주의, 무강권주의(無强權主義), 세 계사회주의, 국가사회주의, 무정부주의, 민주사회주의, 무세계주의, 사회 혁명주의 등 다양한 용어를 분별없이 사용했다.[15] 그들에게 사회주의란 구체적인 사상이나 정치 운동이라기보다 막연히 좋은, 서구의 최신 사조

13) 候智·吳敏, 「論20世紀早期中國社會對馬克思主義的選擇」, 『天水師範學院學報』 30-4(2010), p.63.
14) 宋教仁·郭漢民 編, 「社會主義商榷」(1911.8.13~14), 『宋教仁集』 第一卷(湖南人民出版社, 2008), p.342.
15) 조세현, 「민국초 중국사회당의 정치사상」, ≪역사와 경계≫, 49권(2003), 30쪽.

그 이상은 아니었던 것이다. 더구나 초창기 사회주의를 받아들인 이들(중국 학계에서는 '자산계급 개량파'나 '자산계급 혁명파'라는 용어를 사용하기도 한다)은 마르크스주의를 서양 사상 중 하나로 받아들였을 뿐 그를 통해 사회를 변혁하려는 의지는 약했다.16) 당시 중국의 자본주의 발전 수준이 낮았고 부르주아나 프롤레타리아트의 존재 역시 미미했음을 감안하면 이는 당연한 일이라 할 수 있다.

그렇다면 이 시기 쑨원의 사회주의 인식은 어떠했을까? 오늘날 중국에서는 쑨원을 "위대한 민족 영웅이자 애국주의자, 그리고 중국 민주혁명의 위대한 선구자이며, 동시에 근대 중국 사회주의의 위대한 선구자"17)라는 식으로 높게 평가하는 경향이 있다. 즉, 쑨원이 중국에 사회주의를 선구적으로 전파했으며 사회주의의 실현을 위해 전념했다는 것이다. 물론 이러한 주장을 근거가 전혀 없는 정치 선전으로 보기는 어렵다. 일찍이 유럽 망명 시절 쑨원은 '공산당선언', '자본론'과 같은 마르크스의 저작을 접했으며 유럽의 사회주의 운동에도 관심을 기울였기 때문이다.18) 쑨원 자신의 표현에 따르면 "국가는 부강하고 민권은 발달한 유럽 열강에서도 그 인민이 극락의 생활을 누리는 데에는 이르지 못했음을, 그리하여 유럽의 뜻 있는 자들이 사회혁명운동을 벌이고 있음을 처음으로 알게 되었다"19)라는 것이다. 그리하여 그는 1920년 중국공산당의 초기 지도자 중 한 명인 장궈타오(張國燾)와의 담화에서 "내가 유럽에 있을 때 사회주의 각파의 지도자들과 접촉했으며, 각파의 이론을 모두 연구했다"20)라고 자부할 수 있었다. 그뿐

---

16) 候智·吳敏, 「論20世紀早期中國社會對馬克思主義的選擇」, p.62.

17) 尙明軒, 「孫中山與社會主義述論-紀念孫中山誕辰150周年」, ≪河北學刊≫, 36-5(2016), p.37.

18) 王業興, 『孫中山與中國近代化硏究』(人民出版社, 2005), p.65.

19) 孫中山, 廣東省社會科學院歷史硏究室 外編, 「建國方略」(1917~1919), 『孫中山全集』第六卷 (中華書局, 1986), p.232(이하 『全集』).

만 아니라 쑨원은 일본에 체류할 때도 사회민주당 지도자인 고토쿠 슈스이 (幸德秋水) 같은 사회주의 성향 인물들과 교류했으며, 1905년에는 스스로를 중국사회당의 영수이자 사회주의자로 자칭하며 제2인터내셔널 가입 의사를 표명하기도 했다.[21] 상하이에 있는 쑨원의 저택(孫中山故居)은 그가 생전에 소장했던 서적들을 보존하고 있는데, 그 가운데에서도 수많은 사회주의 관련 문헌을 확인할 수 있다.[22] 한편 유럽 망명 당시 쑨원은 사회주의에 관심을 가지는 동시에 인민주의 계열의 러시아혁명파 인사들과 의견을 나누었으며, 일본 체류 시절에도 일본에서 활동하던 러시아인들과 교류했다.[23] 쑨원은 "제가 이전에 영국에 있을 때, 한번은 도서관에서 책을 보다 러시아 사람 몇 명을 만났는데, 대화를 나눈 뒤 서로가 모두 혁명 동지임을 알았습니다"[24]라고 회상하기도 했다. 따라서 적어도 쑨원이 직접 간접으로 사회주의 운동을 접했고, 사회주의 이론을 자기 나름으로 연구했으며, 러시아의 혁명 문제에도 관심을 기울였던 것은 사실이라 할 수 있다.

문제는 그가 '사회주의'를 구체적으로 어떻게 인식하고 있었는지인데, 신해혁명 이후 쑨원은 수차례 강연과 좌담회를 열었으며 그런 자리에서 종종 사회주의를 언급했다. 이를테면 1912년 4월 1일의 '난징 동맹회 회원 전별회 연설'에서 토지의 공평한 분배를 강조하며 "토지는 생산의 근본 요소이니 토지에 대한 권리를 평등하게 나눈(平均地權) 후에 사회주의가 곧 쉽게 실현될 것이다"[25]라고 보았다. 이어 "(노동자의 열악한 생활과 자본가의 농

20) 孫中山·陳旭麓·郝盛潮 主編, 「與張國燾的談話」(1920.1), 『孫中山集外集』(上海人民出版社, 1990), p.245.
21) 尙明軒, 「孫中山與社會主義述論-紀念孫中山誕辰150周年」, p.39.
22) 그 대략적인 목록은 姜義華, 『天下爲公: 孫中山思想家剪影』(江蘇人民出版社, 2011), pp.116~120.
23) 李玉剛, 「孫中山對俄國二月革命和十月革命的反應」, 『歷史研究』(1994), pp.101~102.
24) 孫中山, 「歡宴國民黨各省代表及蒙古代表的演說」(1924.1.20), 『全集』第九卷, p.105.
25) 孫中山, 「在南京同盟會會員餞別會的演說」(1912.4.1), 『全集』第二卷, p.321.

단이라는) 이러한 병폐를 막는 정책은 사회주의 외에 없다. 본회 정강 가운데 국가사회주의 정책을 채용한 것은 이 때문이다"[26]라고 주장했으니, 곧 토지 분배와 사회주의 정책을 통해 국가의 이익과 인민의 복지를 실천할 수 있다고 본 것이다. 또 다른 연설에서는 자신이 주창한 삼민주의(三民主義)를 "본회의 민족주의는 외국인에 대해 우리 국민의 독립을 지키는 것이다. 민권주의는 소수가 정치를 농단하는 폐해를 배척하는 것이다. 민생주의는 소수 자본가를 배척하고 인민이 생산에서의 자유를 함께 누리도록 하는 것이다. 그러므로 민생주의는 곧 국가사회주의이다"[27]라고 설명하기도 했다.

1912년 10월 쑨원은 중국사회당 당원들에게 사회주의에 대해 장문의 연설을 하는데 이 연설문은 그의 초기 사회주의관을 보여주는 대표적인 자료라고 할 수 있다.[28] 우선 그는 서구 사회주의가 처음에는 빈부 격차를 균등하게 할 것을 주장한 '균산파(均産派)'에서 유래했으며, 정부의 탄압에 맞서 무정부주의와 같은 과격한 사조가 나오게 되었다고 설명했다. 이어 독일인 마르크스(麥克司)가 자본 문제를 연구하여 '자본론'을 지었고, 이로써 조리가 없던 사회주의 학설이 체계적인 학술 이론으로 정립되었다고 보았다. 그리고 사회주의를 공산사회주의, 집산사회주의, 국가사회주의, 무정부사회주의로 나누어 파악했고 그 외에 종교사회주의와 세계사회주의를 추가했다. 쑨원의 견해에 따르면 국가사회주의는 본래 집산사회주의에 속하고, 무정부주의는 공산사회주의에 속하므로 결국 사회주의는 두 종류인데 전자가 토지를 포함한 산업의 국유화를 주장하는 것이라면 후자는 사회

---

26) 孫中山, 같은 글, p.323.

27) 孫中山, 같은 글(1912.4.16), 『全集』 第二卷, p.339.

28) 孫中山, 「在上海中國社會黨的演說」(1912.10), 『全集』 第二卷, pp.506~523.

전체가 능력에 따라 생산하고 필요에 따라 취하는 것이라 여겼다. 이 같은 사회주의 분류는 앞서 언급한 쑹자오런의 분류와도 상당한 유사성을 보인다. 나아가 그는 헨리 조지(Henry George)와 마르크스의 사상을 각각 토지 공유와 자본 공유로 정리하며 양자가 표면상 다르지만 실제로 상통하는 것이라고 주장했다.

　이상의 내용을 보면 쑨원은 사회주의의 대략적인 역사와 계통, 그리고 마르크스주의에 대해서도 비교적 정확한 지식이 있었던 것으로 보인다. 그러나 동시에 같은 연설에서 중국에 본래 사회주의 주장이 있었다고 주장하며 균전제 혹은 정전제를 균산주의의 근원으로, 여러 세대가 함께 사는 것(累世同居)을 공산주의의 효시로 들었다.[29] 또한 사회주의가 곧 자유·평등·박애를 주장하는 인도주의이며, 특히 인류 전체의 행복을 추구하는 '광의의 박애'임을 강조했다. 그가 국가정책으로 추진하고자 한 '사회주의' 역시 토지의 공유와 균부 지향 정책 정도이며, 그나마 토지의 직접 분배가 아닌 토지 가격과 조세의 조정 수준에 그치는 것이었다. 나아가 쑨원은 진정한 자유·평등·박애가 구현되는 곳이자 교육 평등, 노인 부양, 의료 복지가 이루어지는 곳을 사회주의 국가의 모습으로 제시했다. 물론 사회주의가 인도주의라는 주장이나, 교육 및 의료 서비스의 평등한 제공이라는 목표를 폄훼할 필요는 없을 것이다. 그러나 쑨원이 주장한 '사회주의'에는 유물론적인 사고나 계급투쟁이라는 관념이 거의 없으며, 그 지향점 또한 막연히 이상적인 복지국가, 혹은 중국의 전통적인 대동사상(大同思想)을 근대적으로

---

29) 중국 전통 사상 혹은 제도에서 '사회주의'의 원류를 찾으려는 경향은 말년까지 지속되었는데, 이에 대하여 코민테른의 마링(Maring, 본명은 Henk Sneevliet이며 중국어 이름은 馬林)은 쑨원을 비롯한 국민당 지도자들이 사회주의를 중국 고대 철학과 조화시키려 했다는 평가를 남겼다. 馬林, 「在中國南方的革命者那里」(1922.9.7), 『1919~1927 蘇聯 <眞理報> 有關中國革命的文獻資料選編』(四川省社會科學院出版社, 1985), p.25(이하『眞理報』).

재해석한 정도에 그치는 것이 아닌가 하는 느낌을 지우기 어렵다. 적어도 유물론적 역사관과 계급투쟁이 사회 진보의 원동력이라는 주장을 수용하지 않았다는 점에서 마르크스주의와는 구별된다고 할 수 있을 것이다.[30]

흥미로운 부분은 그가 다른 연설에서 "민생주의가 빈부를 균등히 하는 주의가 아니고, 국가의 힘으로 천연의 실리를 발전시키며 자본가의 전제를 막는 것임을 알지 못한다. 독일의 비스마르크(俾土麥)는 사회주의에 반대하여 국가사회주의를 제창했는데 10년 이래로 세상을 풍미했다"[31]라고 언급했다는 점이다. 앞의 인용문에서 확인할 수 있듯이 쑨원은 국가사회주의를 역설하며 그것이 곧 민생주의라 했는데, 그렇다면 그의 국가사회주의란 '사회주의'가 아니라 오히려 비스마르크의 보수적인 사회복지 정책에 가까운 것으로 이해해야 하는 것이 아닐까?

이에 대한 한 가지 추론은 쑨원이 연설을 듣는 대상에 따라 사회주의와 민생주의를 각각 다르게 설명했다는 것이다. 즉, 민생주의가 곧 국가사회주의라는 주장은 진보적인 혁명당원들을 대상으로 한 것이고, 비스마르크 운운은 보수적인 공화당원들을 설득하려고 한 것으로 이해할 수 있을 것이다. 그러나 그렇다 할지라도 쑨원이 사회주의를 상당히 추상적으로 이해하고 있었으며, 그를 레닌과 같은 사회주의자 혹은 공산주의자로 보기 어렵다는 점은 분명해 보인다. 서구 사회주의에 대한 지식과는 별도로 쑨원은 어디까지나 삼민주의자이고, 자신이 주창한 민생주의의 일환으로 사회주의를 수용했기 때문이다. 다른 한편으로 쑨원의 사회주의관은 중국 고대의 정전제도와 사회주의의 공통점을 지적하고, 사회주의를 자유·평등·박애의 실천이자 기독교의 교의와 다르지 않다고 평가한 량치차오의 그것과도

---

30) 尙明軒, 「孫中山與社會主義述論-紀念孫中山誕辰150周年」, p.40.

31) 孫中山, 「在北京共和黨本部歡迎會的演說」(1912.9.4), 『全集』 第二卷, p.44.

일정 부분 유사성이 있다.[32] 즉, 쑨원 역시 사회주의에 대한 피상적이고 혼란스러운 이해라는 당시 식자층의 문제에서 완전히 자유롭기는 어려웠던 것이다. 따라서 쑨원을 중국 사회주의의 선구자로 평가하는 견해는 거짓말은 아닐지라도 '절반의 진실'에 지나지 않는다.

레닌은 신해혁명 이전부터 중국과 중국혁명에 관심을 가지고 있었는데, 1900년 12월 러시아 제국의 중국 간섭 정책을 비판한 "The War in China"를 통해 본격적으로 중국 문제를 다루었다.[33] 신해혁명 이후인 1912년 11월의 "Regenerated China"라는 글에서는 "4억의 후진적인 아시아인들이 자유를 얻었으며 정치적 생활에 눈을 떴다. 세계 인구의 4분의 1이 무기력에서 계몽과 운동, 그리고 투쟁으로 나아갔다"[34]라고 주장했다. 레닌은 당시 중국의 주요 당파를 ① 실제로는 사회주의자라기보다 인민주의자(popular socialists)인 급진 사회주의 당파, ② 쑨원이 이끌고 급진 사회주의 세력과 손잡은 자유주의자(liberal), ③ 정부 관료와 지주, 부르주아 등으로 이루어진 보수 공화당파로 분류했는데 농민 민주파와 자유주의적 부르주아의 연대가 혁명의 성공을 이끌었다고 보았다. 이에 앞선 1912년 7월에는 벨기에의 사회주의 신문 ≪창생(Le Peuple)≫에 실린 쑨원의 글을 읽고 그가 러시아의 인민주의자와 유사하다는 감상을 남기기도 했다.[35] 1913년 4월에는 쑨원의 국민당에 대해 러시아 상황에서는 급진 인민주의파 공화주의자(radical-Narodnik republican party)에 해당한다고 평가했으며, 비록 그가 결단력이 없고 프롤레타리아트의 지지를 받지 못한다는 단점이 있으나 어

---

32) 程偉禮 外, 『先知的足跡』, pp.8~11.

33) 李士峰, 「列寧俄中關係思想與實踐研究述評」, ≪當代世界與社會主義≫, 2014-04(『外交觀察』板).

34) V. I. Lenin, Stepan Apresyan trans, "Regenerated China," *Lenin Collected Works*, Vol.18 (Marxist Internet Archive).

35) V. I. Lenin, 같은 글.

쨌든 혁명적 민주주의가 중국인들을 각성시켰다는 결론을 내렸다.[36] 이러한 레닌의 주장을 전적으로 받아들일 필요는 없겠지만 그가 쑨원을 인민주의자로 생각했다는 점에는 주목할 필요가 있다. 외부 마르크스주의자의 인식은 쑨원의 사회주의 인식 정도를 이해하는 하나의 기준이 될 수 있기 때문이다. 마찬가지로 이후 국민당 개조에 중요한 역할을 맡게 되는 보로딘(Mikhail Borodin, 중국어 이름은 鮑羅廷)은 1924년 시점에서 쑨원이 받아들인 사회주의는 주로 공상적 사회주의이지 과학적 사회주의가 아니고, 마르크스주의 문헌을 이해하지 못하고 있으며, 토지 문제 해결 방식 또한 헨리 조지의 사상이라는 평가를 내린 바 있다.[37]

10월혁명 이전 쑨원과 레닌의 관계를 논할 때 반드시 검토해야 할 사항은 1914년 중화혁명당(中華革命黨)의 창당과 함께 등장한 쑨원의 당치 이론이다. 쑨원의 국민당(실질적인 정치적 지도자는 쑹자오런)은 1912년 12월부터 이듬해 2월에 걸쳐 이루어진 선거에서 중의원 596석 가운데 269석, 참의원 274석 가운데 123석을 차지하는 성과를 거둔다.[38] 그러나 3월 20일의 쑹자오런 암살 사건 이후 위안스카이(袁世凱)는 독재 권력 강화 시도를 노골화했고 이에 대항한 2차 혁명이 좌절되며 의회민주주의 실험은 실패로 끝나게 된다. 일본으로 망명한 쑨원은 자신을 따르는 일군의 혁명가들을 중심으로 1914년 여름 중화혁명당이라는 새로운 혁명 조직을 창설했는데, 그 과정에서 혁명 엘리트의 선구적 역할과 일당독재의 불가피성을 주장했다. 이를테면 1914년 7월 8일 발표한 「중화혁명당 총장(中華革命黨總章)」에서 "혁명군이 일어난 날부터 헌법 반포까지를 '혁명 시기'라 부른다. 이 시기의

---

36) V. I. Lenin, 같은 글.

37) 中共中央黨史研究室第一研究部 譯, 「鮑羅廷的札記和通報」(1924.2.16), 『聯共(布), 共産國際與中國國民革命運動(1920~1925)』(北京圖書館出版社, 1997), p.424(이하 『聯共』).

38) 謝彬, 『民國政黨史』(中華書局, 2007), p.53.

군국 서무 일체에 대해서는 본당이 완전한 책임을 지며, 전력으로 어려움을 극복하고 동포를 위하여 무궁한 행복을 만든다"[39]라고 했다. 당시 쑨원은 혁명의 진행 순서를 군정(軍政)-훈정(訓政)-헌정(憲政)의 세 단계로 나누었는데, 이 가운데 앞의 두 시기 동안 혁명당이 정권을 장악하고 당원들이 일반 국민 이상의 정치적 권리를 누려야 한다고 보았다. 또한 「중화혁명당 혁명 방략(中華革命黨革命方略)」에서도 혁명당의 총수가 혁명군의 대원수이자 혁명정부의 대총통을 맡는다고 규정하며 당-군-정의 일치를 지향했다.[40] 즉, 혁명 엘리트가 중심이 된 혁명당이 혁명을 선도하고 혁명정부의 통치를 담당한다는 것이다.

이는 얼핏 보기에 직업적 혁명가들로 이루어진, 강력한 규율을 갖춘 중앙집권적 혁명 조직인 전위 정당을 강조한 레닌의 혁명론과도 유사해 보인다.[41] "전위적 전사들의 역할은 오직 가장 선진적인 이론에 따라 지도되는 당에 의해서만 성취될 수 있다"[42]라거나 "당은 계급의 전위이며, 그 임무는 군중을 이끄는 것으로 군중의 일반적인 정치 수준을 단순히 반영해서는 안 된다"[43]라는 등의 발언은 그의 혁명정당론을 단적으로 보여주고 있다. 따라서 1914년의 중화혁명당, 1919년의 중국국민당, 그리고 1920년대의 국공합작으로 이어지는 쑨원의 당치 이론(즉 국민당의 일당독재 이론) 발전의 주

---

39) 孫中山, 「中華革命黨總章」(1914.7.8), 『孫中山全集』 第三卷, p.97.

40) 鄒魯, 『中國國民黨史稿』 上卷(東方出版中心, 2011), pp.164~165.

41) 張朋園, 『從民權到威權』(中央研究院近代史研究所, 2015), pp.41~43; 이완종, 『이념의 제국』(삼인, 2014), 44~45쪽.

42) V. I. Lenin, Joe Fineberg and George Hanna trans, "What Is To Be Done," *Lenin Collected Works*, Vol.5(Marxist Internet Archive).

43) V. I. Lenin, Yuri Sdobnikov and George Hanna trans, "The Extraordinary All-Russia Congress Of Soviets Of Peasants' Deputies-Speech On The Agrarian Question November 14," *Lenin Collected Works*, Vol.26(Marxist Internet Archive).

요 동인을 소련의 영향에서 찾는 학자들이 있는 것은 어쩌면 당연해 보인다. 혁명당 중심의 당치 이론을 쑨원 정치사상의 일대 비약으로 평가하며 그 원인을 볼셰비키의 일당독재 모델에서 찾은 쉬완민(徐萬民)이나, 쑨원이 소련에서 혁명당의 독재(以黨專政) 및 혁명당의 통치(以黨治國)를 학습했으며, 그 결과 국민당이 권위주의적인 레닌주의 정당이 되었다고 주장한 장펑위안(張朋園)이 대표적인 예이다.[44]

하지만 10월혁명은 1917년에 일어난 사건인 만큼 1914년의 쑨원이 그 영향을 받았을 리 만무할 뿐 아니라, 그가 사회주의 일반이 아닌 레닌주의나 볼셰비즘에 주목했다는 직접적인 증거도 찾기 어렵다. 중화혁명당 창당 시기 사회주의에 대한 쑨원의 태도를 보여주는 대표적인 자료로는 제2인터내셔널에 보낸 서신을 들 수 있는데, 그 핵심은 지원의 요청이지 이념적 관심이 아니다.[45] 무엇보다도 쑨원 자신이 일당독재 주장을 펴게 된 이유로 다음 세 가지 요인을 제시했다. 첫째는 이전 국민당의 조직이 산만하여 통일성이 없었다는 점에 대한 반성이고, 둘째는 중국 국민의 민도가 낮으므로 혁명파가 이를 지도해야 한다는 인식이며, 셋째는 로베르트 미헬스(Robert Michels)가 주장한 '과두제의 철칙'을 수용한 것이다.[46] 즉, 쑨원의 당치 이론은 혁명의 경험과 중국의 현실에 대한 분석, 그리고 미헬스 이론의 영향이 결합된 것으로, 레닌의 전위 정당론과는 별개의 것이라 할 수 있다.

후술하겠지만 10월혁명 이후 레닌의 사상이 중국에 유입되던 1919~

---

44) 徐萬民,「俄國10月革命後孫中山對辛亥革命的反思」,『孫中山與辛亥革命』(北京圖書館出版社, 2002), pp.54~55; 張朋園,『從民權到威權』, pp.47~77.

45) 孫中山,「致社會黨國際局函」(1914.6),『孫中山集外集』, pp.364~365.

46) 孫中山,「致南洋革命黨人函」(1914.4.18),『全集』第三卷, p.81; 孫中山,「致吳敬恒」(1914),『全集』第三卷, pp.151~152; 孫中山,「致南洋各埠洪門同志函」(1914.8.29),『全集』第三卷, p.105.

1920년 무렵에도 쑨원은 볼셰비즘 자체에는 그다지 관심을 보이지 않았다. 다만, 쑨원과 레닌 모두 자신의 혁명당을 조직하는 과정에서 각각 독일 사회민주당의 영향을 받았다는 지적은 흥미로운 부분이다.[47] 두 혁명가의 혁명 이론이 유사해 보이는 것은 상호 영향의 결과가 아니라 독일 사회민주당을 공통의 모델로 삼고 있었기 때문이라는 추측이 가능하기 때문이다. 쑨원과 레닌 사상의 외견상 유사성은 일차적으로는 두 인물 모두 농민이 다수인 낙후된 국가에서 소수의 급진파에 의존해 혁명을 성공시켜야 하는 동일한 문제를 안고 있었기 때문인 것으로 보인다. 안으로는 혁명 세력 내부의 주도권을 장악하며 밖으로는 반동 세력과 맞서는 과정에서 강력한 조직력으로 무장한 전위적 혁명 정당이라는 공통적인 해답을 각각 도출해 낸 것이다. 결국 10월혁명 이전 쑨원이 주장한 사회주의는 민주적 복지국가에 대한 지향, 혹은 인민주의에 가까운 것이고, 1914년 이후의 당치 이론 역시 레닌의 영향을 받은 것이 아니다. 그러나 사회주의에 대한 관심이 이후 러시아 혁명을 긍정적으로 받아들이는 데 일정한 역할을 했음은 분명해 보인다.

3. 10월혁명의 충격과 쑨원의 반응

1917년 러시아 10월혁명의 성공은 중국인들, 특히 지식인들에게 큰 충격을 주었다. 이에 대해 중국공산당의 공식적인 역사 서술은 10월혁명의 승리가 중국 인민과 선각자들을 크게 고무했는데, 중국 인민은 자신들의 반제국주의 투쟁에서 용기와 신념을 얻었으며, 선각자들 또한 중국 혁명운동에 대한 마르크스주의의 지도적 역할을 인식하게 되었다고 주장했다.[48]

---

47) 張朋園, 『從民權到威權』, pp.28~29, 42~43.
48) 중국공산당중앙당사연구실, 『중국공산당역사』 제1권 상편(서교출판사, 2006), 79쪽.

물론 이 같은 평가에는 현재 중국공산당의 정치적 관점이 강하게 반영되었을 뿐 아니라 과장된 것이지만, 10월혁명이 중국의 사회주의 수용의 중요한 분기점이 된 것만은 부정할 수 없다. 10월혁명과 제1차 세계대전의 종결, 그리고 5·4운동을 계기로 마르크스주의가 급속하게 확산되었기 때문이다.[49] 이에 대해 중국이 처음에는 일본을 통해 마르크스주의를 수용했고, 다음으로는 유럽(특히 프랑스)에서 수용했으며, 10월혁명 이후 마침내 러시아에서 마르크스·레닌주의를 받아들이게 되었다는 지적 역시 참고할 만하다.[50]

러시아의 정치적 혼란을 다룬 1917년 5월 19일의 ≪민국일보(民國日報)≫ 기사는 레닌을 비타협적 반전주의자이자 급진 혁명주의자로 묘사했는데, 이는 레닌의 이름이 중국 신문에 최초로 소개된 사례이다.[51] 1917년 11월에는 ≪중화신보(中華新報)≫, ≪민국시보(民國時報)≫, ≪사실신보(事實新報)≫ 등이 10월혁명(페트로그라드 무장봉기)과 소비에트 정권의 수립을 알리며, 전쟁의 즉각적인 중지, 토지의 농민 분배, 경제 위기 극복을 레닌의 주요 정책으로 보도하기도 했다. 이후 레닌과 트로츠키 등 볼셰비키 지도자들의 영문 저술이 유입되었고 1919년부터는 이에 대한 중문 번역이 이루어졌다. 그 결과 1927년까지 30종 이상의 레닌주의 및 볼셰비즘 관련 서적이 중국어로 번역되어 유통되었는데, 그 기간에 중국에서 출간된 마르크스의 저작은 채 10종에 지나지 않았다.[52] 원조 마르크스주의보다 볼셰비즘

49) Alexander Pantsov, *The Bolsheviks and the Chinese Revolution 1919-1927*, p.27.

50) 候智·吳敏, 「論20世紀早期中國社會對馬克思主義的選擇」, pp.63~64.

51) Alexander Pantsov, *The Bolsheviks and the Chinese Revolution 1919-1927*, p.28.

52) Alexander Pantsov, 같은 책, pp.30~31. 당시 중국에 소개된 대표적인 저작은 다음과 같다 Lenin, *Immediate Tasks of the Soviet Government; State and Revolution; Left-Wing Communism-An Infantile Disorder; Imperialism, the Highest Stage of Capitalism*; Trotsky, *October Revolution; Manifesto of the Communist International to the Proletariat of the Entire*

이 더욱 각광받은 것이다.

그러나 10월혁명이 처음부터 긍정적으로 받아들여진 것만은 아니다. 쑨원을 비롯한 상당수의 중국인은 2월혁명을 신해혁명과 유사한 반(反)전제왕조 혁명으로 인식했고, 10월혁명에 대해서는 오히려 신해혁명 이후의 중국과 같은 정치적 혼란이나 과격 세력의 득세로 이어질까 우려했다. 즉, 10월혁명을 '러시아 쿠데타(俄亂)'로, 볼셰비키를 '과격파' 혹은 '친독급진당'으로 칭하는 보도가 적지 않았다.[53] 이후 몇 달이 지나서야 무정부주의자들을 시작으로 점차 10월혁명에 대한 긍정적 평가가 확산되었고, 10월혁명을 무정부 상태와 유혈 참극으로 묘사한 쑨원 계열의 ≪민국일보≫ 역시 1918년 여름이 되면 볼셰비키를 '신파(新派)'로, 신생 소련을 '민주 우방(民主友邦)'으로 인식하게 되었다.[54] 양쿠이쑹(楊奎松)에 따르면 1919년 무렵 진보적인 지식인과 청년 학생들이 사회주의를 수용했으나 초기에는 혁명보다는 개량을 선호하는 시각이 우세했고, 노동운동에 대한 관심이 고조되며 비로소 사회주의와 노동문제가 결합하는 한편 러시아혁명을 무산계급의 혁명으로 긍정하게 되었다고 한다.[55] 마침내 1920년이 되면 리다자오(李大釗), 천두슈(陳獨秀) 등 사회주의를 본격적으로 수용하고 10월혁명을 긍정한 지식인들을 중심으로 초보적인 공산주의 조직이 만들어지기에 이른다.

소련에서는 일찍이 레닌이 1917년 4월의 '4월 테제'에서 새로운 인터내셔널을 강조하며 "우리는 사회적 애국주의와 기성 인터내셔널 주류에 맞서

World; War and the International; Terrorism and Communism; Bukharin and Preobrazhensky. The ABC of Communism.

53) 王雪楠, 「從"俄亂"到"俄式革命"」, 『中共黨史研究』(2014), pp.52~53.

54) 沈志華 主編, 『中蘇關係史綱』(社會科學文獻出版社, 2016), pp.4~5.

55) 楊奎松, 「社會主義從改良到革命: 十月革命對中國社會思想的影響」(中國社會科學院近代史研究所, 2005).

는 혁명적 인터내셔널을 만드는 데 앞장서야 한다"[56]라고 주장한 바 있다. 또한 10월혁명 후 1년이 지난 1918년 가을, 그리고리 지노비예프(Grigory Zinoviev)는 제국주의 전쟁을 내전으로 바꾸는 혁명적 프롤레타리아트의 전쟁에 러시아뿐 아니라 다른 나라들도 동참하고 있기에 "세계 프롤레타리아트 혁명이 목전에 있다"[57]라고 선언했다.

당시 레닌은 러시아와 같은 후진적 국가의 사회주의혁명이 지속되기 위해서는 선진 산업국들에 혁명을 전파할 필요가 있고, 자본주의의 세계화에 맞서기 위해 국경을 초월하는 계급투쟁이 이루어져야 한다고 보았다.[58] 이러한 분위기에서 신생 볼셰비키 정부는 유럽의 혁명운동을 지원하는 한편 공산주의 인터내셔널, 즉 코민테른 조직에 착수했다. 그리하여 1919년 1월 24일 "현재의 세계 형세는 각국의 혁명적 무산계급 사이의 최대한의 연대를 요구하고, 사회주의혁명이 이미 승리한 나라 사이의 전면적인 연합을 요구한다"[59]라고 밝힌 '코민테른 제1차 대표대회 초청서'가 공표되었으며, 그해 3월 1차 대표자대회를 통해 코민테른이 공식으로 출범하게 된다. 그 당시 중국에는 공산당이나 사회주의혁명 조직이 없었기에 중국화교공회(中國華僑工會)의 대표인 류사오저우(劉紹周)와 장융쿠이(張永奎)가 중국사회주의공인당(中國社會主義工人黨) 명의로 참가했고, 중국 프롤레타리아트

56) V. I. Lenin, Isaacs Bernard trans, "The Tasks of the Proletariat in the Present Revolution(The April Theses)," *Lenin Collected Works*, Vol.24(Marxist Internet Archive).

57) Grigory Zinoviev, Al Richardson ed, "International Socialism and the Proletarian Revolution in Russia," in *Defence of the Russian Revolution: A Selection of Bolshevik Writings, 1917-1923*(Porcupine Press, 1995), p.130.

58) Orlando Figes, *Revolutionary Russia: 1891-1991*(Metropolitan Books, 2014), pp.204~205.

59) 中國社會科學院近代史硏究所飜譯室 編譯, 「共産國際第一次代表大會邀請書」, 『共産國際有關中國革命的文獻資料(1919-1928)』第一輯(中國社會科學出版社, 1981), p.5(이하 『共産國際』로 표기).

와 인민을 대표하여 코민테른에 대한 축사를 남겼다.[60] 나아가 1920년 여름에 열린 2차 대표자대회에서는 "코민테른 제2차 대표자대회가 직면한 가장 중요한 문제 중 하나는 바로 코민테른과 자본제국주의의 통치를 받는 국가(이를테면 중국과 인도) 내 혁명운동 사이의 관계를 구체적으로 확정하는 것이다"[61]라고 하며 식민지의 민족 해방 문제를 제법 비중 있게 다루었다.

하지만 이 같은 식민지 민족문제에 대한 관심에도 불구하고 볼셰비키들의 일차 목표는 유럽에 혁명을 전파하는 것이었고 독일, 헝가리, 슬로바키아, 세르비아 등에서의 혁명정권 수립을 기대했다. 심지어 1919~1921년 벌어진 폴란드와의 전쟁에 대해서도 "세계 제국주의와의 전쟁에서 수세는 끝났고, 우리는 군사력을 이용하여 공세를 벌여야 한다. 우리는 그들이 우리를 공격했던 만큼 그들을 물리쳐야 한다. 이제 우리는 그들을 공격할 것이고, 폴란드를 소비에트화하도록 도와줄 것이다. 우리는 리투아니아와 폴란드의 소비에트화를 도울 것인데, 이것이 우리의 해결책이다"[62]라는 식으로 전쟁을 통한 혁명 확산에 기대를 걸었다. 1차 대표자대회에서 식민지 해방에 대한 트로츠키의 발언은 당시 볼셰비키의 유럽 중심주의를 단적으로 보여주는데, 그는 "사회주의 유럽이 그의 기술과 조직, 그리고 이념을 가지고 식민지의 해방을 도울 것이다"[63]라며 아시아·아프리카의 민족운동을 유럽 사회주의 이후의 부차적인 과제로 여기는 것 같은 모습을 보였다.

60) 상청(尙靑), 『코민테른과 중국혁명 관계사』, 임상범 옮김(고려원, 1992), 15쪽.

61) 中國社會科學院近代史硏究所飜譯室 編譯, 「共産國際第二次代表大會: 第四次會議(7.26) 關于民族和植民地問題的補充綱提」, 『共産國際』, p.24.

62) V. I. Lenin and Al Richardson(ed.), "Political Report of the Central Committee of the Russian Communist Party to the Ninth Conference of the RCP," in *Defence of the Russian Revolution: A Selection of Bolshevik Writings, 1917-1923*(Porcupine Press, 1995), p.140.

63) Leon Trotsky, "Manifesto of the Communist International to the Workers of the World," *The First Five Years of the Communist International*, Vol.1(Marxist Internet Archive).

이에 대해 상칭(尙靑)은 5·4운동 이전까지 레닌과 코민테른은 유럽 혁명을 지도하는 데 집중했고, 5·4운동을 계기로 동방의 혁명에 관심을 가지고 중국혁명과 직접적인 관계를 맺었다고 서술했다.[64] 확실히 5·4운동 이후인 1919년 7월 25일 소련 정부는 이른바 '1차 카라한 선언'(러시아 소비에트 연방 사회주의 공화국 정부의 중국 인민과 중국 남북 정부에 대한 선언)을 발표하여 옛 러시아 제국의 중국에 대한 이권을 포기한다고 선언했고, 1920년 3월에는 그리고리 보이틴스키(Grigori Voitinsky)를 대표로 한 사절단을 중국에 파견하여 본격적인 혁명 전파에 나섰다. 파리강화회의 결과를 보며 구미 민주국가들에 실망한 중국인들은 이러한 소련의 태도를 우호적으로 받아들였다.

그렇다면 쑨원은 러시아혁명을 어떻게 받아들였고 소비에트 정부와 어떤 관계를 맺고자 했는가. 우선 1917년 2월혁명에 대해 "러시아의 정변은 세계의 일대 사건으로 사람들이 아는 바이다. 러시아의 전제정이 공화정으로 변화한 것은 중국의 영향을 받았기 때문이다"[65]라고 평가했다. 유럽 문화로도 바꾸지 못했고, 지사들의 투쟁으로도 쉽사리 바꾸지 못했던 러시아의 부패한 보수파가 무너진 결정적인 이유를 중국혁명(신해혁명)의 성공에서 찾았던 것이다. 물론 이러한 발언은 당시 북방의 군벌 세력에 맞선 호법운동(護法運動)을 주도하는 관점에서, 자파 세력의 사기를 높이기 위해 한 과장된 표현으로 이해하는 편이 적절해 보인다.[66] 얼마 후에는 황제 체제

---

64) 상칭(尙靑), 『코민테른과 중국혁명 관계사』, 20~21쪽.
65) 孫中山, 「在廣州黃浦歡迎會上的演說」(1917.7.17), 『全集』 第四卷, p.114.
66) 호법운동은 군벌 할거에 맞서 신해혁명 이후 만들어진 임시약법과 1대 국회를 수호하려는 정치 운동으로 쑨원은 2차례(1차: 1917.7~1918.5, 2차: 1920.11~1922.6)에 걸친 호법운동을 주도했다. 호법운동의 근거지가 광둥성 광저우였기에 호법 정부는 '광둥 정부' 혹은 '광저우 정부'로도 불렸다.

에 대한 공화제의 우월성을 강조하며 "곧 러시아는 이전의 전제국가에서 공화국으로 변화했다. 진화의 조류가 때를 만나면 곧 흥하니 황제 체제는 영원히 존속할 수 없음을 보여준 것이다"[67]라고 발언했다. 이 역시 2월혁명에 대한 심도 깊은 논평이라기보다 자신의 정치적 주장을 강화하기 위해 외국의 사례를 끌어들인 정도에 불과하다. 러시아의 정세에 큰 관심이 없으며 그나마 피상적인 인식에 그친 것이다.

10월혁명에 대한 가장 이른 시기의 반응은 1917년 11월 29일 탕지야오(唐繼堯)에게 보낸 전문에서 "러시아의 내란은 러시아의 독일 선동이 성공했기 때문으로, 중국에 선동이 들어와서 동아시아의 평화를 흔들고 일본의 대중국 정책을 변화시킬까 우려된다"[68] 운운하는 일본 의원의 말을 인용한 것으로 아직까지는 외부의 소식을 전하는 정도에 그치고 있었다. 1918년 1월 28일의 담화에서는 "이후 우리나라의 형세는 마땅히 서북 지역에 주의하여야 하는데, 만약 러시아에서 현재의 혁명정부가 안정을 찾을 수 있다면, 곧 우리는 그 방면에서 큰 발전이 있을 수 있다"[69]라고 발언했는데, 이를 통하여 쑨원이 10월혁명 사실을 파악했으며 막연하게나마 혁명정부와의 협력 가능성까지 고려하고 있었음을 확인할 수 있다.

일반적으로 1918년 여름의 '레닌과 소비에트 정부에 보내는 전보(致列寧和蘇維埃政府電)'를 쑨원이 볼셰비키와 직접 연락을 시도한 최초의 사례라고 본다. 해당 전보문에서 쑨원은 "중화혁명당은 귀국 혁명당이 진행한 고난의 투쟁에 대하여 십분 탄복하며, 아울러 중국과 러시아의 양당이 단결하여 공동 투쟁하기를 기원합니다"[70]라며 연대 의사를 표명했다. 그리고 이에 대

---

67) 孫中山, 「在廣東省學界歡迎會上的演說」(1917.7.21), 『全集』 第四卷, pp.121~122.

68) 孫中山, 「致唐繼堯電」(1917.11.29), 『全集』 第四卷, p.251.

69) 孫中山, 「在廣州警界宴會上與何某的談話」(1918.1.28), 『全集』 第四卷, p.320.

70) 孫中山, 「致列寧和蘇維埃政府電」(1918), 『全集』 第四卷, p.500.

해 1918년 8월 1일 소련의 외무인민위원 게오르기 치체린(Georgy Chicherin)
이 러시아 프롤레타리아트는 중국 형제들과 함께 투쟁할 것을 기대하며 투
쟁 과정에서 함께 단결해야 함을 주장한 서신을 준비했다고 한다.[71] 그러
나 쑨원이 보냈다는 전보문은 소련과 중국 양측에서 원문을 확인할 수 없으
며, 치체린의 서신 역시 쑨원에게 전달되지 못했다. 그러나 1919년 3월 코
민테른 1차 대표자대회에서 축사를 한 중국 대표가 치체린의 서신을 언급
했던 만큼 어쨌든 양측이 서로의 존재를 인식했으며 우호적인 태도를 가지
고 있었음은 분명해 보인다. 실제로 1년 뒤인 1920년 쑨원은 상하이에서 보
이틴스키를 비롯한 소련 측 인사들과 접촉하기도 했다.[72]

그러나 1920년 시점에 쑨원과 소련이 적극적으로 연대를 모색했다고
보기는 어렵다. 당시 소련의 대중국 정책에 대해서는 학자들마다 조금씩
견해차가 존재한다. 이를테면 궈한민(郭漢民)과 짜이란화(載蘭華)는 소련이
중국과의 우호 관계를 통해 제국주의 세력의 봉쇄를 돌파하는 한편 러시아
제국이 가지고 있던 이권을 계승하려는 현실적인 목적이 있었다고 보았
다.[73] 반면 리스펑(李士峰)은 소련이 외교적 고립을 타파하려는 현실적인
목적 외에도 중국혁명을 지원하고 세계혁명을 촉진하려는 이념적 목표를
함께 추구했다고 주장했다.[74] 선즈화(沈志華)를 비롯한 일군의 연구자는 열
강의 무장간섭과 경제봉쇄에 시달리던 소련은 공식 외교와 혁명 수출이라
는 두 가지 수단을 병행했고 중국에 대해서도 마찬가지였다는 견해를 밝혔
다.[75] 왕치성(王奇生) 또한 1923년 소련의 중국 정책을 세계혁명의 '동방 전

---

71) 상청(尙青), 『코민테른과 중국혁명 관계사』, 19쪽.

72) 李玉剛, 「孫中山接受俄國革命影響問題再硏究」, 『邏輯學硏究』 5(1992), pp.137~138.

73) 郭漢民·載蘭華, 「孫中山與蘇俄在中蘇建交問題上的分岐及其決擇」, 『紀念孫中山誕辰140周年
國際學術硏討會論文集』(社會科學文獻出版社, 2009), pp.242~243.

74) 李士峰, 「孫中山接受俄國革命影響問題再硏究」.

선'을 위해 중국의 파트너를 모색하는 한편, 국가 이익의 보장을 위해 베이징 정부와 외교를 시도하고 나아가 중국에 친소 정부를 세우는 데 관심이 있었다고 정리했다.[76]

이러한 선행 연구를 종합해 보면 소련의 공식적인 외교 부서는 현실적 목표를, 코민테른은 이념적 목표를 지향했고 소련 지도부는 양자를 함께 이용했다는 정도의 잠정적 결론을 내릴 수 있을 것이다. 하지만 어느 쪽의 의견을 따르더라도 소련에는 쑨원이 '다수의 교섭 상대 중 하나'에 불과했다. 무엇보다도 현실 외교의 측면에서 소련의 일차적인 교섭 대상은 쑨원이나 그가 주도한 남방 호법정부가 아닌 그와 대립한 베이징 정부이기 때문이다. 이를테면 치체린은 1921년 11월 6일 레닌에게 보낸 서신에서 "우리는 베이징에 대표 기구를 설립한 후에야 광저우 정권과 왕래할 수 있을 것입니다"[77]라고 상황을 보고하는 동시에 "우리는 다시 쑨원에게 서신을 보내서는 안 됩니다. 작년 우리가 그에게 서신을 보냈을 때와 상황이 같지 않은데, 왜냐하면 당시에는 베이징 정부와의 담판이 시작되지 않았기 때문입니다"[78]라는 의견을 전달했다. 그해 12월에도 중국 주재 특명전권대표(駐華特命全權代表) 측에 전보를 보내 "마찬가지로 광저우 정부(쑨원의 호법정부)와의 접촉은 마땅히 중국 민주 민족 해방운동에 대한 찬동을 바탕으로 하여, 신중하게 행해야 하는데 우리의 베이징에 대한 정책에 영향을 주어서는 안 된다"[79]라는 점을 분명히 밝혔다. 즉, 소련 정부 관점에서는 쑨원과의 연대가 어디까지나 부차적인 문제였고 중요한 것은 베이징 정부와의

75) 沈志華 主編, 『中蘇關係史綱』, pp.13~14.

76) 王奇生, 『黨員黨權與黨爭: 1924-1949年 中國國民黨的組織形態』(華文出版社, 2011), pp.7~8.

77) 中共中央黨史硏究室第一硏究部 譯, 「契切林給列寧的信」(1921.11.6), 『聯共』, p.66.

78) 中共中央黨史硏究室第一硏究部 譯, 같은 글.

79) 中共中央黨史硏究室第一硏究部 譯, 「契切林給派克斯的電報」(1921.12.7), 『聯共』, p.69.

협상이었던 것이다.

물론 쑨원 역시 2차 호법운동이 종결되는 1922년 여름 이전까지 소련과의 연합전선 형성에 그다지 적극적인 모습을 보이지 않았다. 무엇보다도 10월혁명에 대한 정보가 부족했고 그나마 일본이나 서구 열강의 소련에 대한 악선전이 그에게 영향을 미쳤다.[80] 외교 정책 측면에서도 2차 호법정부 수립 이후 소련과의 관계 확립보다는 서구 열강의 승인을 받는 데 주력했다. 소련에 대한 무관심을 보여주는 하나의 예로, 1차 카라한 선언 이후 전국보계(報界)연합회, 전국학생연합회, 전국각계(各界)연합회, 중화실업(實業)협회, 중화노동공회(公會), 중국공인(工人)연합회 등 다양한 단체가 소련을 환영한다는 의사를 표했으나 쑨원은 특별한 반응을 보이지 않았다. 소련의 공산주의에 대해서는 더욱 무관심하거나 심지어 불신하는 모습까지 보였는데, 일례로 1920년 12월 12일 쑨원과 회견한 포다포프(Podapov, 波達波夫)는 쑨원이 러시아에서의 공산주의 실현 가능성을 믿지 않았다는 내용이 담긴 보고서를 작성했다.[81] 1921년 8월 쑨원 자신이 치체린에게 보낸 서신에서도 "저는 당신들의 사업, 특히 당신들 소비에트 기초 조직과 군대, 그리고 교육의 기초 조직에 대하여 특별히 주의하고 있습니다"[82]라고 하며 조직 방법의 측면에서 관심을 표했을 뿐 10월혁명이나 사회주의 이념에 대해서는 그다지 주목하지 않았다. 마찬가지로 그해 여름 코민테른의 대표 마링(Maring, 馬林)이 구이린과 광저우를 방문하여 쑨원과 회견했음에도, 그는 중국공산당과의 협력은 물론 마르크스주의의 수용에도 회의적인 태도를 보였다.[83]

---

80) 郭漢民·載蘭華, 「孫中山與蘇俄在中蘇建交問題上的分岐及其決擇」, pp.241~242.

81) 中共中央黨史研究室第一研究部 譯, 「波達波夫給契切林的報告」(1920.12.12), 『聯共』, pp.47~49.

82) 孫中山, 「復蘇俄外交人民委員契切林書」(1921.8.28), 『全集』 第五卷, p.593.

4. 국공합작 노선과 쑨원의 10월혁명 인식

쑨원이 본격적으로 소련과 연대하고 중국공산당과 협력하는 국공합작 노선을 취하게 된 계기는 1922년 여름 천중밍(陳炯明)이 일으킨 반란이라고 할 수 있다.[84] 2차 호법운동 시기 쑨원은 양광(兩廣) 지역을 기반으로 북벌을 감행하여 베이징 정부를 무너뜨리고 중국을 통일하려 했다. 그러나 쑨원 휘하의 주요 군사 지도자인 천중밍은 그의 북벌에 줄곧 반대했으며 마침내 6월 15일 군대를 동원하여 쑨원의 관저를 공격하는 쿠데타를 일으켰다. 쑨원은 북벌군을 회군시켜 이에 맞서려 했으나 실패했고, 결국 호법 정부의 붕괴를 막지 못한 채 상하이로 퇴각할 수밖에 없었다. 혁명의 근거지와 군대를 상실했을 뿐 아니라 정치적으로도 고립되는 최악의 상황에 봉착하게 된 것이다. 이러한 위기 속에서 쑨원은 혁명 세력의 재정비와 지원 세력의 모색을 당면 과제로 삼았는데, 결과적으로 두 문제의 해답 모두 소련에서 나왔다. 즉, 소련 고문의 도움을 받아 혁명당을 개조(改進改組)하는 한편 소련 및 중공과 연합(聯俄容共)함으로써 위기를 극복할 수 있었기 때문이다.

---

83) 楊奎松, 『國民黨的聯共與反共』, pp.3~4.

84) 천중밍의 반란을 연아용공 및 국공합작의 중요한 계기로 보는 서술은 관련 연구 대부분에서 찾아볼 수 있는 '통설'에 가깝다. 다만, 최근의 한 연구는 이후 쑨원의 행보를 '사상적 변화에 따른 친소'라고 단정 지을 수 없음을 강조하며 국공합작에 이르기까지의 복잡한 국내외 정세 변화를 상세히 검토했다. 아울러 쑨원과 연대를 모색했던 '소련(러시아)'은 소비에트 정부와 코민테른으로 구분되며, '국공합작'은 어디까지나 코민테른이 아닌 쑨원과 소비에트 정부(소련)의 합작이라는 점을 지적하고 있다. 이승휘, 『손문의 혁명』, 354~454쪽, 11~14장. 이처럼 당시 쑨원이 외부 세력(소련)·내부세력(장쭤린)·혁명 세력(중공) 등 다양한 차원에서 연대를 모색했고 러시아 또한 다양한 채널을 통해 쑨원 측에 접근했던 만큼 천중밍의 반란에서 국공합작까지의 과정을 단선적 인과관계가 아닌 좀 더 다면적인 정치적 과정의 결과로 이해할 필요가 있을 것이다.

당시 쑨원과 소련, 그리고 중공의 관점 차이와 협상 과정은 별도의 연구를 필요로 하는 복잡한 주제인 만큼, 이 글에서 구체적으로 다루기는 어려울 것이다. 다만, 삼자의 연합이 이루어지는 과정에서 아돌프 요페(Adolph Joffe, 越飛)나 마링과 같은 소련 측 인사들이 적극적인 역할을 수행했다는 점은 지적할 필요가 있다. 어쨌든 쑨원은 1922년 9월 후한민(胡漢民), 왕징웨이(汪精衛), 장지(張繼) 등 측근은 물론 공산당원 천두슈를 포함한 개진국민당회의(改進國民黨會議)를 개최하여 혁명당의 정비를 논의했고, 이듬해 1월 1일 개진 선언을 발표했다. 이에 대해 민두기는 중공당원의 참여를 주요 특색 중하나로 보고 그 배경에 소련과의 연대 정책이 있음을 지적한 바 있다.[85]

한편으로는 1922년 8월 이후 소련과의 연대 방식을 놓고 다양한 논의가 이루어졌는데, 본래 요페는 쑨원과 우페이푸(吳佩孚) 양측의 연합 세력을 형성하고 이를 통해 베이징 정부를 압박한다는 구상을 세우고 있었으나, 우페이푸와의 갈등으로 인해 무산되었고 결국 쑨원을 지원하게 되었다.[86] 그리고 1923년 1월 26일 쑨원과 요페가 '쑨원-요페 선언'을 발표하여 중국의 통일과 완전한 독립을 일차 목표로 제시함으로써 이른바 연아용공노선이 본격화되기에 이른다.[87] 물론 이후에도 삼자의 협력은 순탄하게 진행되지 못했는데, 무엇보다도 우호적인 군벌 세력과의 동맹이나 군사작전에 몰두한 쑨원의 행동이 소련 및 중공의 반발을 샀으며, 국민당 내에서도 보수파는 소련과의 연대에 부정적이었다. 그러나 1923년 7월 마링이 중국을 떠나고 이후 보로딘이 새로운 고문으로 파견되는 와중에도 연아용공 자체는 크게 흔들리지 않았다. 오히려 보로딘의 개혁안을 높게 평가한 쑨

85) 민두기, 「중국국민당의 개진과 개조」, ≪동방학지≫, 33집(1982), 235~238쪽.
86) 姚金果 外, 『共産國際, 蘇共(布)與中國大革命』, pp.37~48.
87) 孫中山, 「孫文越飛宣言」(1923.1.26), 『全集』 第七卷, pp.51~52.

원은 소련과 볼셰비키를 모델로 하여 기존의 개진(改進)보다 나아간 개조(改組)를 추진했다. 보로딘이 제시한 소련의 혁명 경험과 방법은 당무와 군사 양면에서 어려움을 겪던 쑨원에게 돌파구를 제시했고, 그는 소련을 스승으로 삼아(以俄爲師, 상세한 내용은 후술) 자신의 혁명당을 강화할 수 있다고 믿었다. 그리고 마침내 1924년 1월 20일의 중국국민당 제1차 전국대표대회(中國國民黨第一次全國代表大會, 이하 '1전대')에서 개조의 일차 완성을 선언하게 된다.

그렇다면 이와 같은 연아용공 및 국공합작 정책의 추진 과정에서 쑨원은 10월혁명을 어떻게 이해했을까? 여기서 간과하지 말아야 할 점은 그가 체계적인 이론가나 학구적인 연구자라기보다는 어디까지나 혁명가이자 정치가였다는 사실이다. 물론 그는 삼민주의라는 독자적인 사상을 가지고 있었으며 혁명에 대한 자기 나름의 방법론(혁명 방략)도 갖추고 있었다. 그러나 그의 각종 발언에 앞뒤가 맞지 않거나, 외국의 사례 혹은 역사적 사실을 자의적으로 인용하는 경우가 적지 않은 것 또한 분명하다. 따라서 쑨원의 10월혁명관을 파악하기 위해서는 특정한 저술만을 분석 대상으로 삼는 대신, 그가 러시아혁명에 대해 남긴 다양한 발언과 그 배경을 종합하여 대략적인 그림을 확인하는 식으로 연구를 진행하는 편이 타당할 것이다. 10월혁명에 대하여 쑨원이 가장 주목했던 점은 볼셰비키의 혁명이 성공했다는 사실 그 자체이다. 반면, 당시 중국은 신해혁명으로 공화정이 일어난 지 10년 이상의 시간이 흘렀으나 아직 구체제의 잔재를 청산하지 못한 채 군벌할거의 혼란이 계속되는 상황이었다. 쑨원은 이를 "상술한 세 가지 원인으로 10년 동안 당무는 최대한 발전할 수 없었으니, 러시아를 보자면 우리는 부끄러울 뿐이다! 러시아혁명은 6년 동안 그 성취가 이렇게 위대한데, 우리나라는 혁명 후 12년 동안 성취가 말할 것조차 없다"[88]라고 날카롭게 비판했다.

따라서 그는 볼셰비키의 성공 요인에 지대한 관심을 가졌는데, 개진 선언을 발표한 이튿날인 1923년 1월 2일의 연설에서 "러시아는 5, 6년 동안 혁명에 성공했으니, 또한 이는 선전의 힘이다. 선전의 힘은 비단 국내에 그치는 것이 아니라 해외에까지 영향을 미쳤다"[89]라고 하여 선전을 혁명 승리의 비결로 보았다. 그해 겨울의 연설에서도 "러시아혁명의 성공 원인은 전적으로 그들 혁명당이 모두 독실하게 믿고 주의를 전국에 감화시켰기 때문이니, 그리하여 무언가를 때리지 않고서도 정부를 근본적으로 개조한 것이다. 이전에 공자가 만년에 열국을 돌아다닌 것은 무엇을 한 것인가? 완전히 그의 주의를 선전한 것이다. 만약 우리의 병사가 모두 혁명의 주의를 알게 된다면 혁명군이 되는 것이다. …… 러시아혁명의 병사들은 모두 혁명주의를 분명히 알았으니 그리하여 그들은 차르(俄皇)를 타도했고 아울러 영국, 미국, 프랑스, 일본의 연합국을 물리쳤다"[90]라며 주의의 선전, 그중에서도 혁명주의에 대한 혁명당의 믿음과 병사의 혁명군화를 강조하는 모습을 보였다. 흥미로운 부분은 공자뿐 아니라, 힘이 아닌 덕으로 타인을 따르게 해야 한다는 맹자의 말도 함께 인용하여 주의 선전의 중요성을 강조하고 있다는 점이다. 즉, 오래된 중국의 문화 전통을 새로운 볼셰비키혁명과 결합한 것이다. 또한 그는 여기에서 언급한 혁명당과 혁명군을 혁명의 주체로 보았는데, 특히 혁명당화한 당군(黨軍)에 대해 "당의 기초는 어디에 있는가? 군대에 있다. 러시아혁명당은 100리의 땅에서 18면의 적을 맞이했으나 3년 동안 내란과 외환을 차례로 안정시킬 수 있었으니 군대가 모두 당에 속했기 때문이다"[91]라고 높게 평가했다.

---

88) 孫中山, 「在廣州國民黨黨務會議的講話」(1923.10.10), 『全集』第八卷, p.268.
89) 孫中山, 「在上海中國國民黨改進大會的演說」(1923.1.2), 『全集』第七卷, p.7.
90) 孫中山, 「在廣州歡宴各軍將領會上的演說」(1923.12.2), 『全集』第八卷, pp.477~478.
91) 孫中山, 「在廣州國民黨黨務會議的講話」(1923.10.10), 『全集』第八卷, p.268.

이처럼 당과 군, 그리고 주의의 결합에서 10월혁명의 승리 요인을 찾는 모습은 다수의 연설이나 글에서 어렵지 않게 확인할 수 있다. 이를테면 "러시아가 이러한 열강의 침략에 저항할 수 있었기에 그때 러시아혁명이 비로소 성공할 수 있었으며, 러시아 당인이 마침내 전쟁에서 승리한 요인은 당원이 주의를 위해 분투했기 때문이다. …… 오늘날 러시아혁명의 성공을 관찰해 보면, 우리는 군대 혁명의 성공이 아닌 당인 혁명의 성공이 진정한 성공임을 알 수 있다. …… 건국의 방법은 둘인데 첫째가 군대의 역량이고, 둘째가 주의의 역량이다"[92]라거나, "러시아혁명의 발동은 우리나라보다 6년 늦었지만 러시아는 일단 혁명을 거치며 곧 그들의 주의를 관철할 수 있었고, 또한 혁명 이후에는 혁명정부가 날로 견고해졌다. 똑같이 혁명이 일어났으나 어째서 러시아는 성공했고 중국은 성공하지 못했는가? 러시아혁명이 성공할 수 있었던 것은 전적으로 당원의 분투 때문이다. 한편으로는 당원이 분투했고, 다른 한편으로는 군사력이 도와 성공한 것이다"[93]라고 한 것이 대표적인 예이다. 그러나 쑨원에게 러시아혁명당의 분투는 당원 개개인의 노력만으로 이루어진 것이 아니고, 볼셰비키의 승리를 이끈 가장 근본적인 요인은 역시 레닌이라는 위대한 지도자와 강력한 혁명당 조직이었다. 쑨원은 레닌을 '혁명의 성인(革命聖人)'으로 칭했는데, 레닌의 죽음에 대하여 "이러한 성공에 이를 수 있던 이유는 실은 전적으로 그 수령 레닌 개인의 분투와, 조리 및 조직의 완성에서 비롯된 것이다. 그러므로 그 사람의 됨됨이는 혁명이라는 관점에서 보자면, 혁명의 대(大)성공자이고 혁명 가운데 성인이며 혁명의 가장 훌륭한 모범이다"[94]라는 평가를 남겼

92) 孫中山, 「在廣州大本營對國民黨員的講話」(1923. 12. 09), 『全集』第八卷, pp.501~503.

93) 孫中山, 「在廣州大本營對國民黨員的演說」(1923.11.25), 『全集』第八卷, pp.436~437.

94) 孫中山, 「關于列寧逝世的演說」(1924.1.25), 『全集』第九卷, p.136.

그림 4-1 ▎ 러시아혁명에 대한 쑨원의 인식

다. 그 후에도 "그들이 이렇게 훌륭한 성과를 거둘 수 있었던 요인은 바로 러시아에 한 명의 혁명 성인이 나타났기 때문으로, 그 성인은 바로 모두가 알고 있는 레닌인데 그는 혁명당을 개조하여 혁명당은 자유로워야 하지만 혁명당원이 자유로워서는 안 됨을 주장했다. 각각의 혁명당원은 모두 그의 주장에 동의하며 각 개인의 자유를 당에 헌납했고 혁명당의 명령에 절대 복종했다"[95]라며 레닌의 지도력과 볼셰비키 조직을 찬양했다.

흥미로운 점은 이러한 레닌-혁명당 중심의 10월혁명 이해에서 민중의 역할을 거의 찾을 수 없다는 점이다. 물론 쑨원도 볼셰비키가 인민의 지지를 얻었다는 점을 언급했으며 혁명 후 소련의 체제를 '인민독재'라 칭하기도 했다. 그러나 그것은 어디까지나 선전의 결과이거나 수동적인 지지였을 뿐 인민의 적극적인 참여를 강조하지는 않았다. 이는 러시아혁명 당시 수많은 노동자·농민·병사들이 급속하게 정치화되었으며 자신들의 의견을 적극적으로 표출했다는 사실과는 배치되는 편향된 인식이라 할 수 있다.[96] 또한 10월혁명 과정에서 병사들의 볼셰비키 지지가 중요한 요소였던 것은 분명하지만 이를 당의 주의에 충실한 당군화(黨軍化)로 볼 수 있을지는 의문이 남는다. 물론 10월혁명의 주체 문제나 러시아혁명 당시 민중의 역할 등은 연구자들 사이에서도 다양한 견해가 존재하는 복잡한 주제이고, 이에

---

95) 孫中山, 「在黃浦軍官學校的告別演說」(1924.11.3), 『全集』第十一卷, p.271.

96) 이를테면 Mark D. Steinberg(ed.), *Voices of revolution, 1917*(Yale University Press, 2001)는 1917년 혁명 당시 러시아 민중의 다양한 반응과 정치 참여를 보여주고 있다.

대해 한정숙은 서방의 보수 논객들도 러시아혁명을 해석할 때는 볼셰비키를 폄훼하기 위해 민중의 자발성을 강조하는 아이러니컬한 모습을 찾아볼 수 있다는 점을 지적한 바 있다.[97] 어쨌든 쑨원이 혁명 엘리트, 혹은 혁명당을 중심으로 10월혁명을 이해한 것은 분명해 보인다.

한편 혁명 이후 소비에트 정부가 취한 정책 가운데 쑨원은 신경제정책(NEP)에 특히 주목했다. 일찍이 그는 1922년 8월 레닌의 혁명정부가 완비된 조직을 갖춘 정식 정부로 결코 '무정부'가 아님을 지적하며 "오늘날 러시아의 신경제정책은, 이미 그 공산주의를 변화시키고 국가자본주의를 채택했으니 사유재산에 대한 금지를 완화하기가 이미 1년 지났으나, 국내 사람들이 알지 못하고 지금도 그를 공산주의이자 과격파로 여긴다"[98]라는 발언을 남겼다. 개진개조를 거친 1924년 8월에는 러시아가 신경제정책을 취한 이유를 사회경제적 저발전으로 인하여 마르크스의 방법을 적용할 수 없기 때문이라고 설명하며, 마찬가지로 경제적으로 낙후된 중국 역시 계급혁명보다는 산업 진흥이 시급한 과제라고 주장했다.[99] 즉, 쑨원에게 신경제정책이야말로 절대적 평등보다는 경제 근대화가, 자본주의의 전면 부정보다는 부분적 개량이 중요하다는 자신의 주장을 확실히 입증해 준 사례였던 것이다.

동시에 그는 포드(Ford, 福特) 자동차 공장의 사례를 통하여 자본주의에 대한 마르크스의 예측이 틀렸음을 예리하게 지적했다. "마르크스는 자본가가 노동자들의 작업 시간을 늘릴 것이라 말했으나, 포드 자동차 공장은 실제 노동자들의 작업 시간을 줄였다. 마르크스는 자본가들이 노동자들의 임

97) 한정숙, 「'세계를 뒤흔든 혁명'에 대한 열광, 증오, 성찰: 러시아혁명 90년: 해석의 역사」, 225쪽.
98) 孫中山, 「在摩軒號船對幕僚的談話」(1922.8.9), 『全集』第六卷, p.17.
99) 孫中山, 「三民主義: 民生主義」(1924.8.3), 『全集』第九卷, pp.391~392.

금을 줄일 것이라 말했으나, 포드 자동차 공장은 실제 노동자들의 임금을 늘렸다. 마르크스는 자본가들이 상품의 가격을 올릴 것이라 말했으나, 포드 자동차 공장은 실제 상품의 가격을 낮추었다"[100]라는 것이다. 이처럼 마르크스의 무산계급 혁명론이 중국에 적합하지 않을 뿐 아니라, 그의 자본주의 예측마저 사실과 다르고, 마르크스주의를 가장 철저하게 신봉했던 러시아마저 경제정책을 수정했다면 '마르크스의 사회주의'가 아닌 '쑨원의 민생주의'야말로 진정한 '사회주의'가 아니겠는가? 적어도 쑨원 자신은 그렇게 생각했을 가능성이 적지 않다.

이보다 앞선 같은 해 3월에는 일본 기자에게 "당연히 러시아 정부가 2년 전 실행한 정책은 그 원칙과 방침에서 우리 정부와는 완전히 같지 않다. 다만, 러시아 정부의 현재 정책인 신경제정책은 그 요점이 마땅히 중국에서 실현되어야 할 나의 '건국방략(建國方略)'과 아주 유사하다"[101]라고 소련의 신경제정책과 쑨원 경제 구상의 유사성을 강조했다. 앞에서 살펴본 것처럼 쑨원은 신해혁명 전후 시기부터 사회주의를 자신이 구상한 민생주의의 일부로 수용했는데, 소련의 신경제정책에 대해서도 크게 다르지 않은 태도를 보인 것이다. 한편 당원들에게 민생주의를 설명하는 자리에서는 "본당이 따르는 민생주의는, 이른바 '사회주의', '공산주의', 그리고 '집산주의'를 그 안에 포괄하는 것이다. …… 그러므로 '민생' 두 글자는 실제 일체의 경제주의를 포괄한다. …… 본당 동지들은 이로써 공산주의와 민생주의 사이에 어떠한 충돌도 없으며 다만 범위의 대소가 있을 뿐임을 알게 되었다"[102]라고 주장했다. 그는 유명한 '삼민주의' 강연에서 "우리는 20년간 민생주의를

---

100) 孫中山, 「三民主義: 民生主義」(1924.8.3), 『全集』第九卷, p.374.
101) 孫中山, 「與日本廣州新聞社記者的談話」(1924.3), 『全集』第九卷, p.671.
102) 孫中山, 「關于民生主義之說明」(1924.1.21), 『全集』第九卷, pp.111~113.

그림 4-2 ▌ 쑨원의 민생주의, 사회주의 인식

제창했는데, 당초에 상세히 연구하고 반복하여 사유했으니, 결론적으로 '민생' 두 글자로 사회문제를 포괄할 수 있기에 '사회'나 '공산' 등의 명사로 바꾸어 말하여도 적합하고, 절실하며 또한 분명하니, 그러므로 그 용어를 채용했음을 알게 되었다"[103]라며 자신의 민생주의가 사회주의와 공산주의를 모두 포괄함을 역설했다. 즉, 쑨원은 일관되게 민생주의로 사회주의와 공산주의를 포용하려 했으며, 신경제정책을 소련과 자신의 경제정책을 이어주는 공통분모이자, 자신의 민생주의 노선이 마르크스의 사회주의보다 중국에 더 적합함을 증명해 주는 사례로 본 것이다.

　나아가 쑨원은 러시아혁명을 단순한 사회주의 혹은 공산주의 혁명이 아닌 삼민주의 혁명으로 해석했다. 그는 2월혁명에서 내전에 이르는 과정에 대해 다음과 같은 평가를 남겼는데, 이는 다소 길지만 인용할 필요가 있다.

　　공산당의 성공은 러시아 대다수의 인심에 부합할 수 있었기 때문인데, 러시아 인민은 그를 찬성하며 옹호했다. **지금 돌이켜 보면 러시아 인민의 마음에 가장 부합한 것으로 민족주의만 한 것이 없다.** 러시아 인민은 열강의 속박을 받아 고통이 컸으며, 러시아 인민은 유럽대전의 고통을 받으며 완전히 열강의 압박을 받고

---

103) 孫中山, 「三民主義: 民生主義」(1924.8.3), 『全集』 第九卷, p.365.

있었다. …… 그러나 혁명 후 민주혁명당이 집정했는데, 케렌스키 정부는 열강과 결탁하여 독일과의 전쟁을 지속했으나 공산당은 일찍부터 전쟁에 반대했고 일찍부터 독일과의 단독 강화를 제안하여 대다수 러시아인의 민심을 얻게 되었다. 러시아 인민은 모두가 열강의 노예가 되고 싶지 않았기에, 공산당과 러시아 인민의 주장이 일치했고, 그리하여 공산당이 성공을 거두었다.

공산당 혁명의 성공 후 외채를 취소했기 때문에 열강은 강력히 반발했고 미국, 영국, 프랑스, 일본 등이 함께 러시아를 공격했다. 당시 러시아는 적들에게 둘러싸였고 열강의 군대가 페트로그라드까지 왔으니 그 위험의 정도는 이전 천중밍의 반란만큼 심했다. 그럼에도 러시아가 강적들에게 저항할 수 있었던 것은 러시아 인민과 당원들이 분투했기 때문으로, 그리하여 외세를 몰아내고 독립적인 국가를 세웠으니 재차 열강의 노예가 되지 않았고 열강의 경제적 침략도 물리친 것이다. 지금 돌이켜 보면, 열강의 속박으로부터 벗어나기 위한 투쟁이 아님이 없고, 곧 민족주의 투쟁이 아님이 없다. **러시아혁명은 원래는 다만 민권주의와 민생주의이고 민족주의가 없었다. 그러나 6년간의 분투에서 모두 민족주의 투쟁을 했다. 그러므로 우리 당의 삼민주의와 실제로는 부합하는 것이다**(고딕체는 필자 강조).[104]

정리하자면 러시아 인민의 민족주의적 열망이 있었기에 볼세비키가 민심을 얻어 집권할 수 있었고, 열강의 간섭에 저항하는 과정에서 러시아혁명은 민족주의를 갖춘 삼민주의 혁명으로 발전했다는 주장이다. 그는 이후에도 "그러므로 러시아의 6년에 걸친 분투(열강의 간섭과 내전)는 모두 민족주의적 분투였다. …… 그 최초의 공산주의는 또한 6년의 경험을 거치며 점차 민생주의에 부합하게 되었다. 러시아혁명이 사실상 삼민주의의 실행임

---

104) 孫中山, 「在廣州大本營對國民黨員的演說」(1923.11.25), 『全集』 第八卷, pp.437~438.

을 확인할 수 있다"[105]라며 공산주의의 민생주의로의 변화와 민족주의 투쟁의 결과 러시아혁명이 삼민주의 혁명이 되었음을 강조했다. 이러한 논리는 "처음에 공산당원은 민족주의와 민권주의에 반대했으나, 러시아혁명의 경험이 우리에게 알려주듯 러시아혁명에 종사한 대부분의 공작은 민족주의 공작이었다. 그리하여 중국공산당은 코민테른의 결정에 근거하여 민족주의와 민권주의를 승인했고, 또한 우리 당에 가입하기를 결정했다. 또 다른 방면으로 민생주의와 공산주의는 기본적으로 같은 것이기에, 그리하여 우리는 공산당원이 우리 당에 가입하는 것을 받아주기로 결정했다"[106]라는 식으로 국공합작을 정당화하는 데도 이용했다.

러시아혁명이 곧 삼민주의 혁명이라는 인식은 1921년부터 기본적인 모습을 찾아볼 수 있는데 1921년 6월의 연설에서 쑨원은 "러시아는 사회혁명의 성공으로 이미 노동자, 농민, 병사의 국가가 되었다. 그 혁명은 민족에서 정치로, 정치에서 사회로 가는 순서였고, 매번 한 차례의 개혁을 거치며 필히 한 차례의 고통을 받았음은 널리 알려져 있다"[107]라는 발언을 남겼다. 쑨원에게 러시아혁명은 민족혁명, 정치혁명, 사회혁명이 결합된 혁명이었고, 이는 바로 삼민주의 혁명론과 상통하는 것이었다. 나아가 그는 소련식 혁명당 통치(以黨治國)를 영국이나 미국, 혹은 프랑스의 정당정치보다 진보한 것으로 평가하며 이를 따라야 한다고까지 주장했다.[108] 결국 쑨원에게 10월혁명은 '레닌을 중심으로 하는 강력한 혁명당이 당원과 혁명군을 동원하고 혁명주의의 실천 및 선전을 통해 성취한 삼민주의 혁명'인 것이다.

러시아혁명이 민족주의를 포함한 삼민주의 혁명이라는 쑨원의 주장은

105) 孫中山, 「關于組織國民政府案之說明」(1924.1.20), 『全集』 第九卷, pp.103~104.
106) 中共中央黨史硏究室第一硏究部 譯, 「孫逸仙在國民黨中央全會最後一次會議上的講話」(1924.8.30), 『聯共』, p.525.
107) 孫中山, 「在廣東省第五次敎育大會上的演說」(1921.6.30 前), 『全集』 第五卷, p.561.
108) 孫中山, 「關于組織國民政府案之說明」(1924.1.20), 『全集』 第九卷, pp.101~103.

일면 건강부회로 보이나 전혀 근거가 없는 것은 아니다. 이를테면 니콜라이 우스트럄로프(Nikolai Ustryalov), 알렉세이 톨스토이(Aleksey Tolstoy) 등으로 대표되는 이른바 '방향전환파'의 경우 러시아 국가주의자의 관점에서 볼셰비키 정권의 정당성을 인정했고, 동시에 신경제정책을 통해 급진 공산주의 정책이 완화될 것을 기대했다.[109] 쑨원이 방향전환파의 존재나 그들의 주장을 알고 있었을 가능성은 낮지만, 혁명과 내전에 대한 민족주의적 해석과 신경제정책에 대한 긍정적 평가가 쑨원 혼자만의 억측은 아니었던 셈이다. 심지어 소련 공산당의 공식 기관지에서조차 그의 강령을 "민족주의, 민주주의, 사회주의"라고 소개하며 민생주의와 사회주의를 혼동하는 모습을 보여주었다.[110] 그러나 쑨원의 10월혁명관이 자의적이며 정치적 의도가 깊이 반영되어 있음을 부정하기는 어렵다. 더구나 그는 사회주의의 실천을 홍수전(洪秀全)의 태평천국(太平天國) 운동에서 찾는 모습을 보이기까지 했는데, 설령 민생주의가 사회주의라는 주장을 인정하더라도 태평천국 운동을 사회주의로 이해하는 것은 과잉 해석일 것이다.

쌍빙(桑兵)은 쑨원의 이념과 그 실천을 '신념의 이상주의와 정책의 실용주의'[111]로 요약했는데, 쑨원의 10월혁명 인식도 어디까지나 러시아의 교훈을 통해 자신의 혁명 세력을 강화하려는 현실적인 고려에서 나온 것으로 보아야 한다. 그가 볼셰비키의 혁명당과 혁명군을 강조한 것은 자신의 혁명당과 혁명군을 고무하기 위해서였으며, 레닌을 혁명의 성인으로 예찬한 이유는 지도자인 자신의 권위를 강조하기 위해서였다. 또한 앞에서 언급한 바와 같이 쑨원은 1914년 시점에서 이미 과두제의 철칙과 일당독재의 당치

---

109) 한정숙, 「'세계를 뒤흔든 혁명'에 대한 열광, 증오, 성찰: 러시아혁명 90년: 해석의 역사」, pp.211~214.

110) 季諾維也夫, 「紀念孫中山逝世」(1925. 3. 14.), 『眞理報』, p.86.

111) 桑兵, 「信仰的理想主義與策略的實用主義: 論孫中山的政治性格特徵」, 『近代史研究』(1987).

이론을 옹호했으며, 신해혁명 직후부터 민생주의와 사회주의의 유사성을 설파하고 다녔다. 즉, 민생주의에 대한 강조와 권위주의적 혁명당 조직론, 그리고 엘리트주의 등은 1910년대부터 쑨원 혁명 사상의 중요한 부분이었고, 그는 이러한 자신의 혁명관을 바탕으로 러시아혁명을 재해석했다.

5. 국민당 개조와 '볼셰비키 조직 모델'의 수용

이처럼 러시아혁명이 '레닌을 중심으로 하는 강력한 혁명당이 당원과 혁명군을 동원하고 혁명주의의 실천 및 선전을 통해 성취한 삼민주의 혁명'이라면, 이를 중국에서 실천하기 위해 필요한 것은 무엇이었을까? 레닌과 같은 혁명 지도자는 당연히 쑨원 자신이고 혁명주의와 혁명 목표 역시 삼민주의라는 그의 사상이었기에 남은 과제는 당원과 혁명군을 동원할 주체인 '강력한 혁명당', 그리고 효과적인 '실천 및 선전'을 위한 구체적인 방법이었다. 실천과 선전의 담당자 역시 일차적으로 혁명당임을 감안한다면, 쑨원의 10월혁명 인식은 혁명당 조직 개편의 필요성에 대한 인식으로 이어졌고, 실제로도 러시아혁명의 재인식과 국민당의 '개조'가 함께 진행되는 모습이 나타났다. 그는 "종전에는 어째서 조직, 계통, 기율에 종사하지 않고 분투했는가? 왜냐하면 모범이 없었고 선례가 없었기 때문이다. …… 따라서 우리가 혁명에 성공하고자 한다면 러시아의 조직과 훈련 방법을 배워야 하니 그래야 성공할 희망이 있다"[112]라고 여겼으며, 또한 "(레닌이 준 교훈은) 바로 우리가 마땅히 당의 기초를 굳건히 해야 하매 조직적·역량적 기관을 러시아의 혁명당과 같게 해야 한다는 것이다"[113]라고 주장했다. 1전

---

112) 孫中山, 「在廣州大本營對國民黨員的演說」(1923.11.25), 『全集』 第八卷, pp.436~437.

대 이후의 자기 평가에 따르면 러시아의 조직 방법이 가장 좋은 모범이기에 보로딘을 고문으로 하여 당원의 훈련을 맡기고, 대표대회를 개최하여 개조를 실시했다는 것이다.[114]

물론 쑨원뿐 아니라 소련 측도 수차례에 걸쳐 국민당의 취약한 조직력을 지적하며 개조의 필요성을 역설했다. 이를테면 보로딘은 광둥에 온 직후인 1923년 10월 국민당에 대하여 "해당 당은 현재 자신의 능력을 자각하지 못했고 조직이 완비되지도 않았으나, 그 역사적 직무를 완성하고자 우리는 그들이 머지않아 자각할 수 있고 반드시 조직을 완비할 수 있음을 믿는다"라고 평가했으며, 동시에 군사 정신과 조직 두 가지가 결여되어 있다고 보았다.[115] 같은 시기 치체린 또한 쑨원에게 선전과 조직 공작을 우선시해야 함을 강조하는 서신을 보냈다.[116] 이와 관련하여 한 가지 흥미로운 자료는 소련 공산당 기관지 ≪프라우다(Pravda)≫에 국민당 좌파 인사 명의(가명)로 실린 기사(簡述中國民族運動的過去和未來)로, 글의 필자는 강대하고 조직이 엄밀한 민족 정당 없이 (반)식민지의 민족운동이 불가능한데도 국민당은 진정한 정치조직이나 혁명 정당이 아니라고 비판한 뒤 조직 체제와 공작 방법의 철저한 변혁이 필요함을 역설했다.[117] 해당 기사에 대하여 ≪프라우다≫ 편집자는 국민당 좌파 인사 N. N.의 문장을 기술적 이유로 첨삭하여

---

113) 孫中山, 「關于列寧逝世的演說」(1924.1.25), 『全集』 第九卷, p.136.

114) 中共中央黨史硏究室第一硏究部 譯, 「孫逸仙在國民黨中央全會最後一次會議上的講話」(1924.8. 30.), 『聯共』, p.525.

115) 中共中央黨史硏究室第一硏究部 譯, 「鮑羅廷對覺悟社記者談對于中國內情之觀察」(1923.10.18), 『共産國際, 聯共(布)與中國革命文獻資料選輯(1917-1925)』(北京圖書館出版社, 1997), pp.537~538(이하 『共産資料』).

116) 中共中央黨史硏究室第一硏究部 譯, 「契切林致孫中山的信」(1923.12.4), 『共産資料』, pp.550~551.

117) N. N., 『眞理報』(1923.8.9), pp.45~53.

기재했다고 덧붙였는데, 비록 북양군벌의 입을 빌렸으나 국민당을 '쑨원당 [孫黨]'으로 비하함은 물론 중국의 주적이 제국주의이고 러시아혁명의 경험을 배울 것을 역설한 점 등으로 보아 가공의 국민당 좌파 인사를 내세운(적어도 '원문'을 많이 편집한) 소련 측의 주장 표명이 아닌지 의심스러운 기사이다. 어쨌든 소련 측에서는 다양한 방식으로 국민당 조직의 취약성과 개선의 필요성을 역설했고, 쑨원 역시 이러한 인식을 공유했던 만큼 '소련을 스승으로 삼는 것(以俄爲師)'은 주로 러시아 스승에게서 조직(볼셰비키 조직 모델)을 학습하는 방식으로 진행되었다.

볼셰비키 조직 모델 학습의 내용은 1923년 12월 보로딘이 작성한 남방 형세 보고서를 통해 그 윤곽을 파악할 수 있다. 그는 광저우 지역에서 국민 당원에 대한 등록 작업을 실시하면서 "이번에 재차 등기를 진행하며 발견했는데, 당은 당원과 어떠한 연계도 없고 그들 사이에 유포되는 간행물도 없으며 회의를 거행하지도 않을뿐더러 쑨원이 각 전선에서 투쟁하는 목표 특히 천중밍과 투쟁하는 목표를 설명하지도 않았다. 국민당은 이미 조직의 역량이 전혀 존재하지 않는다"[118]라는 문제를 확인했고, 당시 국민당의 상태를 "강령(綱領)도 없고 장정(章程)도 없으며 어떠한 조직 기구도 없다"[119]라고 보았다. 이에 "나는 확실하고 간명한 강령과 장정에 근거하여 국민당 개조에 착수할 것을 구체적으로 그들에게 건의했다. 그 외에 나는 군대의 개조 정리를 시작하며 이를 위하여 군관학교를 세우고 정치 공작 간부를 만들어야 함을 그들에게 건의했다"[120]라고 했으니 우선 당강(黨綱)과 당장 (黨章)의 제정으로 개조 공작을 시작했으며, 이어 광저우에 12개의 구위원

118) 中共中央黨史硏究室第一硏究部 譯, 「鮑羅廷關于華南形勢的札記」(1923.12.10), 『聯共』, p.367.
119) 같은 글, p.370.
120) 같은 글, p.371.

회[區委會]를 편성하고 당의 간행물을 출판하여 전국대표대회를 준비했다고 한다. 즉, 개조의 핵심은 첫째로 당의 조직 구조를 규정하는 장정 및 정치적 지향을 명시한 강령을 만드는 것이고, 둘째는 기층 조직과 이를 토대로 하는 전국적인 당 조직을 세우는 것이었다. 조직 개편 외에 언급된 군대 장악과 선전 기구 확충 역시 쑨원이 강조한 10월혁명의 성공 요소와 밀접한 관련이 있음을 알 수 있다.

이는 당시 개조 업무를 담당한 임시중앙집행위원회의 보고를 통해 더욱 분명히 알 수 있는데 해당 자료에 따르면 1923년 10월 25일 쑨원이 개조특별회의(改組特別會議)를 소집했으며 10월 28일 첫 회의를 개최하여 이듬해 1월 19일까지 모두 28번의 회의를 거쳐 400여 안건을 의결했다고 한다. 그리고 그 가운데 중요 안건으로 ① 전국대표대회, ② 개조 선언, ③ 당강 초안, ④ 장정 초안, ⑤ 광저우시 구당부(區黨部)와 구분부(區分部) 조직, ⑥ 상하이 집행부 설치, ⑦ 의용군 조직, ⑧ 전방의 군인 위로, ⑨ 당 군관학교 준비, ⑩ 선전학교 준비, ⑪ 당보 계획 준비, ⑫ 국민당 주간(간행물) 조직, ⑬ 대회 선언 초안 등을 들었다.[121] 또한 전국대표대회 준비와 함께 광저우시의 기층 조직 건설을 가장 중요한 문제로 제시했으니, "조직의 엄밀함을 위해서는 먼저 엄밀한 조직법이 있어야 하기에, 그러므로 본 위원회가 의결한 장정 초안은 이러한 수용에 부응하는 것이다. 다만, 장정을 의결했더라도 시행은 쉽지 않고 장정의 운용은 실제 시험하지 않고는 불가능하다. 그러므로 광저우시와 상하이 두 지역을 장정의 시험장으로 삼아, 또한 당원을 훈련하는데, 특히 응당 실제 운동 공작을 훈련의 교본으로 삼는다. 그러므로 광저우시와 상하이의 실제 조직은 더욱이 조금도 느슨해져서는 안 된

121) 中國國民黨中央委員會黨史委員會, 「第一次全國代表大會前之組織工作: 臨時中央執行委員會 報告槪要」, 『中國國民黨黨務發展史料』上(國民黨黨史會, 1993), pp.9~10(『黨務史料』로 표기).

다"[122]라는 방침을 내렸다. 엄밀한 당 조직 건설의 관건이 바로 조직법(장정)의 확정과 기층 조직에서의 실천에 있었던 셈이다. '혁명 문헌(革命文獻)' 자료집에 수록된 '중국 국민당 제1차 전국 대표대회 주비 공작(中國國民黨第一次全國代表大會之籌備工作)' 역시 선언, 당강, 장정 초안의 작성과 기층 조직의 확충을 주요 안건으로 제시하고 있다.[123] 보로딘이 국민당 개조를 위해 제출한 의견을 ① 당강의 수정, ② 당장의 제정, ③ 광저우와 상하이에 당의 핵심 조직을 건립하고 전국으로 확대, ④ 조속히 전국대표대회를 개최하여 장정과 인사 문제를 처리, ⑤ 대회 이후 새롭게 기층 조직을 세움의 다섯 가지로 정리한 소련인 알렉세이 체레파노프(Alexei Cherepanov, 趙列潘諾夫)의 기록 또한 이에 부합한다.[124]

그렇다면 관련 규정 확립과 기층 조직 확충의 구체적인 내용은 무엇인가. 우선 기층 조직 확충을 살펴보면 광저우 구당부 및 구분부 조직의 요점은 다음과 같다. ① 조직에 앞서 등기를 실시하여 당원 명단을 확정, ② 광저우시 당원 전체 대회를 개최, ③ 먼저 12개의 구분부를 설치, ④ 구분부마다 1명의 주석을 두되 임시중앙집행위원으로 충당하고 별도로 1명의 조직원을 두어 보좌, ⑤ 구분부 관리 규정(區分部辦理通則)을 작성, ⑥ 시당부·구당부·구분부의 설치 세칙을 규정, ⑦ 1명의 총조직원을 설치하여 조직 사무를 처리하되 업무가 과중해지면 임시중앙집행위원회 비서처가 처리, ⑧ 구당부 및 구분부의 성립에는 반드시 비서처가 직접 조직하거나 혹은 비서처의 확인을 받아야 한다.[125] 그리고 그 결과 1924년 1월 20일까지 '당

122) 같은 글, p.10.
123) 羅家倫 主編, 「中國國民黨第一次全國代表大會之籌備工作」, 『革命文獻』 第八輯(中央文物供應社, 1978), pp.70~71.
124) 呂芳上, 『革命之再起』(中央研究員近代史研究所, 1989), p.526.
125) 中國國民黨中央委員會黨史委員會, 「第一次全國代表大會前之組織工作: 臨時中央執行委員會

장(黨章) 초안'에 따라 정식 구당부 9개, 대리구 3개, 구분부 66개, 특별 구분부 3개가 설치되었으며, 당원의 수 역시 처음 등기 시의 3649명에서 8218명으로 증가했다고 한다. 이전의 하향식(自上而下) 조직을 상향식(自下而上) 조직으로 바꾸어 기초가 비교적 견고해졌다는 언급 역시 중요한 부분이다. 당원들에 대한 등기, 지역별 기층 조직 획정, 당원대회의 실시, 기층 조직 임원의 임명, 관련 규정의 제도화 등은 상하이의 당무 진행 보고에서도 동일하게 나타난다.[126)]

마찬가지로 1923년 12월 9일의 중앙간부회의 회의록에 따르면 기층 조직의 설치는 "구분부를 기본으로 삼아 내부에서 세 명의 집행위원을 선출하고, 매주 반드시 한 차례의 회의를 열어 일주일의 성과를 상급 기관에 한 차례 보고한다. 그 소속 구의 당원은 2주마다 한 차례의 대회를 개최한다. 당원을 받아들이는 일 또한 하층에서 하는데 우선 당원대회를 통과하여야 한다. 구분부를 기본적인 당부로 삼고 그 위에 현당부가 있으며 다시 위에 성당부가 있는데, 재차 위에 중앙집행위원회와 전국당원대회가 있다"[127)]라고 한다. 광저우에서는 1923년 11월 11일 '광저우시 전체당원대회'를, 12일에 '각(各) 구분부 조직원 연석회의'를 소집했으며, 상하이에서는 한 달 뒤인 12월 11, 12일 '상하이 개조 특별회의(上海的改組特別會議)'와 '상하이 각분부(各分部) 대표회의'를 거쳐, 23일 '상하이 중국국민당 당원대회'를 개최했다.[128)] 정리하자면 구분부-구당부-현당부-성당부-중앙집행위원회로 이어지는 전국적인 피라미드형 조직을 만드는데, 기층 조직 건설은 당원대회를 통한 상향식 구성을 원칙으로 하되 중앙의 통제력을 지속적으로 유지

報告槪要」, 『黨務史料』 上, pp.10~11.

126) 같은 글, pp.11~12.

127) 羅家倫 主編, 「中央幹部會議第十次會議記錄」(1923.12.9), 『革命文獻』 第八輯, p.78.

128) 呂芳上, 『革命之再起』, pp.530~535.

하며, 조직 운영과 관련된 규정을 제도화하는 식으로 기층 조직의 확충이 시행된 것이다.

다음으로 국민당 개조를 위한 규정 확립의 핵심으로는 1전대에서 통과된 '중국국민당 제1차 전국대표대회 선언'(이하 '선언')과 중국국민당 총장(總章)'(이하 '총장')을 들 수 있다. 전자는 국민당의 현실 인식과 주의(삼민주의) 및 정강을 담고 있으며 후자는 당의 조직과 기율을 규정한 문서이다. 이와 관련하여 이승휘는 '11월 개조'와 '1월 개조'를 구분하고 전자의 '당강(黨綱) 초안', '장정(章程) 초안'과 후자의 '일대(一大) 선언', '중국국민당 총장(總章)'의 차이를 분석하여, '선언'에서는 반제국주의적인 측면이, '총장'에서는 이전의 '상향식 구조'가 '총리 쑨원에 의한 하향식 구조'로 변했다는 점이 두드러진다고 지적했다.[129] 나아가 '1월 개조'로의 변화에 담긴 보로딘 및 쑨원의 관점과 소련의 역할을 검토하고 있다. 이러한 200쪽에 이르는 방대한 고찰은 그동안 다수의 연구에서 간과되어 왔던 부분을 밝혀내었을 뿐 아니라, 소련의 경험이 어떻게 쑨원에게 수용되었는지에 대하여 많은 시사점을 던져준다는 점에서도 의미가 있다. 다만, 이 장의 일차적인 주제는 개조에 이르는 과정이 아닌 개조의 내용 그 자체인 만큼 우선은 후자에 집중하고자 한다.

당의 조직 개편이라는 측면에서 가장 중요한 문헌은 역시 '총장'인데, 일찍이 왕치성은 '총장'과 1919년 러시아공산당(볼셰비키) 제8차 전국대표회의에서 반포된 '러시아공산당(볼셰비키) 장정'과의 공통점을 지적한 바 있다.[130] 실제 1919년(8차 전국대표회의)의 '러시아공산당(볼셰비키) 장정'[131]

---

129) 이승휘, 『손문의 혁명』, 455~630쪽(15~19장).

130) 王奇生, 『黨員黨權與黨爭: 1924-1949年 中國國民黨的組織形態』, pp.13~17.

131) 中共中央馬克思恩格斯列寧斯大林著作編譯局, 「俄國共産黨(布爾什維克)章程」, 『蘇聯共産黨 代表大會, 代表會議和中央全會決議滙編』第一冊(人民出版社, 1964), pp.589~600(이하 『蘇聯

〈표 4-1〉 '러시아공산당 장정'과 '중국 국민당 총장'의 구성

	러시아공산당 장정(1919)	러시아공산당 장정(1922)	중국국민당 총장(1924)
1장	당원(1~4조)	당원(1~4조)	당원(1~4조)
2장	예비 당원(5~9조)	예비 당원(5~9조)	당부 조직(5~12조)
3장	당의 조직 기구(10~19조)	당의 조직 기구(10~19조)	특별지방당부 조직(13~18조)
4장	당의 중앙 기구(20~28조)	당의 중앙 기구(20~28조)	총리(19~24조)
5장	구역 조직(29~32조)	구역 조직(29~33조)	최고 당부(25~38조)
6장	성 조직(33~37조)	성 조직(34~38조)	성 당부(39~47조)
7장	현 조직(38~41조)	현 조직(39~42조)	현 당부(48~57조)
8장	향 조직(42~46조)	향 조직(43~46조)	구 당부(58~61조)
9장	당 지부(47~49조)	당 지부(47~49조)	구분부(62~65조)
10장	당의 기율(50~53조)	감찰위원회(50조)	임기(66~70조)
11장	당의 경비(54~59조)	당의 기율(51~53조)	기율(71~73조)
12장	당외 당단(60~66조)	당의 경비(54~59조)	경비(74~76조)
13장		당외 당단(60~66조)	국민당 당단(77~84조)
	12장 66조	13장 66조	13장 86조(85~86 부칙)

및 1922년(12차 전국대표회의)의 '러시아공산당(볼셰비키) 장정'[132]의 전체적인 구성을 1924년의 '총장'[133]과 대략적으로 비교해 보면 〈표 4-1〉과 같이 상당한 유사성을 확인할 수 있다.

이는 국민당 개조가 러시아 볼셰비키 조직 모델을 도입하는 방식으로 이루어졌음을 단적으로 보여주는 사례로 전반적인 구성뿐 아니라 세부 내

代表』).

132) 中共中央馬克思恩格斯列寧斯大林著作編譯局, 「俄國共産黨(布爾什維克)章程」, 『蘇聯代表』 第二冊, pp.217~229.

133) 中國第二歷史檔案館 編, 「中國國民黨一次全國代表大會通過中國國民黨總章」, 『中國國民黨 一二次全國代表大會會議史料』上(江蘇古籍出版社, 1986), pp.91~101(이하 『全國大會』).

용까지 크게 다르지 않다. 특히 중앙의 전국대표대회-중앙(집행)위원회에서 가장 기층의 당원대회-위원회까지 각급 대표대회를 최고기관으로 삼는 피라미드형 조직 구조가 일치한다. 다만, 양자 사이에 부분적인 차이도 존재하는데 가장 확연히 눈에 띄는 부분은 러시아공산당 장정에 존재하지 않는 '총리' 조항이다. 이는 당의 총리를 쑨원으로 규정하고 그의 지도에 대한 당원의 복종을 의무화했을 뿐 아니라, 총리 쑨원에게 전국대표대회에 대한 복의권(復議權)과 중앙집행위원회에 대한 최후 결정권을 부여했다.[134] 이에 대하여 형식상 소련의 위원제(委員制)를 받아들였으나 '총리' 조항을 통하여 당내 쑨원의 독재를 명문화했다는 평가를 내리기도 하며[135] 해당 조항의 신설 과정에서 공산당의 당 장악 가능성에 대한 국민당 보수파의 우려가 영향을 미쳤음을 논증한 연구도 있다.[136]

다음으로 러시아공산당 장정의 경우 "제10조, 당의 조직 기구의 지도 원칙은 민주 집중제이다. 제11조, 당은 민주집중제의 기초 위에서 지구 원칙에 따라 건립되는데, 한 지구를 관리하는 당 조직은 그 지구 내 각 부분의 당 조직에 대하여 상급 기관이다"[137]와 같이 '민주집중제(Democratic Centralism)'의 원칙을 명시했으나 '총장'은 그렇지 않다. 민주집중제야말로 볼셰비키 조직 모델의 핵심으로, 일찍이 1906년의 러시아 사회민주노동당 제4차(통일) 대표대회에서 "당내 민주집중제의 원칙은 현재 일치 공인된 원칙"[138]임을 강조했으며, 그리하여 "당의 일체 조직은 민주집중제 원칙에

---

134) 中國第二歷史檔案館 編, 「中國國民黨一次全國代表大會通過中國國民黨總章」, 『全國大會』, pp.93~94.
135) 王奇生, 『黨員黨權與黨爭: 1924-1949年 中國國民黨的組織形態』, pp.15~16.
136) 이승휘, 『손문의 혁명』, 515~521쪽.
137) 中共中央馬克思恩格斯列寧斯大林著作編譯局, 「俄國共産黨(布爾什維克)章程」, 『蘇聯代表』 第二冊, p.219. 1919년의 장정도 다르지 않다.
138) 中共中央馬克思恩格斯列寧斯大林著作編譯局, 「黨組織的基出」, 『蘇聯代表』 第一冊, p.139.

따라 건립한다"[139]라는 조항을 담은 '조직 장정'이 확립되기에 이르렀다. 마찬가지로 러시아 2월혁명 이후인 1917년 7월의 러시아 사회민주노동당 제6차 대표대회에서도 '러시아 사회민주노동당 장정'을 통해 민주집중제에 입각한 당 조직 원칙을 재확인했다.[140] 따라서 쑨원과 국민당이 볼셰비키 조직 모델을 수용한 이상 민주집중제를 도입하지 않는다는 것은 불가능한 (혹은 이상한) 일이었다. 실제로 '총장' 제11장(기율)에서는 "당내 각 문제는 각기 자유롭게 토론하지만, 다만 한번 결의가 정해진 후에는 반드시 일치 진행한다"[141]라는 민주집중제의 내용을 담고 있다.

무엇보다도 1924년 1월 22일에 열린 1전대 6차 회의에서 후한민은 다음과 같이 민주집중제 원칙의 중요성을 역설했다. "대회에서 인정한 **국민당의 조직 원칙은 바로 민주주의적 집권 제도**로, 각 당원은 마땅히 누리는 권리가 있으며 또한 마땅히 다할 의무가 있습니다. 당내 일체 문제의 결의와 당외 정책의 확정에 참여하고 각급 당무 집행기관을 선거하는 것이 권리입니다. 이러한 전당 당원이 참여하고 공동으로 토론하며, 결의하고 선거하는 제도가 곧 민주주의의 실행을 보장해 주는 것입니다. 토론이 끝나고 집행기구에서 의결하면, 곧 모든 당원은 하나같이 그러한 결의안, 혹은 명령을 준수하고 실행할 의무가 있으니 이것이 정당의 집권 제도입니다. 우리 당이 오랫동안 국민 혁명의 종지를 가지고 정권을 장악하고자 하며 삼민주의를 실행함에 만약 민주 집권제의 조직과 기율이 없다면, 곧 반드시 승리할 수 없습니다"(고딕체는 필자 강조).[142] 즉, 대회 가운데 민주집중제의 원칙을 강조

---

139) 中共中央馬克思恩格斯列寧斯大林著作編譯局, 「組織章程」, 『蘇聯代表』 第一冊, p.165.

140) 中共中央馬克思恩格斯列寧斯大林著作編譯局, 같은 책, p.494.

141) 中國第二歷史檔案館 編, 「中國國民黨一次全國代表大會通過中國國民黨總章」, 『全國大會』, p.99.

142) 中國第二歷史檔案館 編, 「中國國民黨一次全國代表大會會議錄: 第六号」, 『全國大會』, p.28.

했으며 '총장'에도 그 내용이 간접으로 담겨 있으나 굳이 직접적인 표현만
은 피한 것이다. 그 이유는 불분명하나 쑨원 개인에게 과도한 권한을 부여
한 '총리' 조항이 민주집중제의 원칙과 일치되기 힘들고, 아래로부터의 참
여보다 위로부터의 개편을 중시했기에 언급을 꺼렸을 개연성이 있다. 어쨌
든 국민당은 불완전한 면이 있지만 볼셰비키 조직 모델의 형태와 원칙을
모두 수용했다고 할 수 있을 것이다. 아울러 단순히 '민주냐 집중이냐', '상
향식이냐 하향식이냐', '위원제인가 총리제인가'라는 이분법을 넘어 볼셰비
키 모델과 국민당의 상황을 결합했다는 점을 지적하고 싶다.

　한편 '선언'에 대하여 그것이 연아(聯俄)·용공(容共)·부조농공(扶助農工)
(이른바 '3대 정책')의 정신을 담고 있으며, 쑨원이 국공합작하에서 삼민주의
를 재해석한 결과로 쑨원 정치 주장의 정화이자 혁명 경험의 총결산으로까
지 해석하는 견해가 있다.[143] 반면 '선언'은 어디까지나 표면상 소련 측의
관점을 받아들인 것으로 쑨원의 본의가 아니었고 오히려 '일탈'이었다는 주
장도 존재한다.[144] 필자는 쑨원의 폐회사에서 단서를 찾을 수 있다고 생각
하는데, 그는 1전대를 마무리하는 연설을 "대회에서 처리한 것 가운데 가
장 중요한 사안은 곧 선전 재료를 도출해내는 것인데, 이는 중국국민당
제1차 전국대표대회 선언입니다"[145]로 시작했다. 그리고 "본당의 삼민주
의는 시종일관 불변하는 것입니다. …… 선언 가운데의 제3단은 바로 본당
의 정강으로 이는 삼민주의를 실행하는 절목입니다. 우리가 삼민주의를 시
행하기 위하여 부득불 중국의 현상을 반영하고 인민의 요구에 의거하여 이
러한 정강을 규정한 것입니다. …… **정강과 주의의 성질은 본래 동일하지 않습니
다. 주의는 영원히 바꿀 수 없는 것이지만 정강은 때에 따라 수정할 수 있는 것입니**

---

143) 黃修榮, 『國共關係史』, pp.293~302.
144) 이승휘, 『손문의 혁명』, 600~625쪽.
145) 羅家倫 主編, 「總理在大會發表之閉會詞」, 『革命文獻』 第八輯, pp.101.

다. 다만, 수정할 때는 적어도 1년이 필요합니다. 오직 중대한 사건을 만나거나 정강에 대하여 근본적인 변동이 발생하여야, 비로소 우리는 임시로 특별대회를 소집해 수정할 수 있습니다"(고딕체는 필자 강조)[146]라고 밝혔다. 즉, 주의는 불변이나 정강은 바꿀 수 있으며, 따라서 정강이 포함된 '선언' 역시 일차적으로는 선전의 재료에 지나지 않았다. 따라서 '선언'은 쑨원 사상의 변화도 일탈도 아닌 기존의 주의(삼민주의)와 병행하는 하나의 '방법'인 것이다. 그는 기본적으로 국민당의 본질과 주의는 불변하며 개조는 어디까지나 조직상에서 러시아의 방법을 채택했을 뿐이라는 '삼민주의위체(三民主義爲體), 아공조직위용(俄共組織爲用)'의 시각을 가지고 있었고,[147] '선언'의 새로운 삼민주의 해석과 '총장'의 볼셰비키 조직 모델 도입은 모두 그러한 원칙 위에서 이루어졌다 할 수 있다. 이상의 내용을 정리하자면 쑨원은 러시아가 성취해낸 '레닌을 중심으로 하는 강력한 혁명당이 당원과 혁명군을 동원하고 혁명주의의 실천 및 선전을 통해 성취한 삼민주의 혁명'을 중국에서 재현하기 위하여 볼셰비키 조직 모델을 학습하고 수용했으며, 이는 조직 구성 원칙에서 민주집중제를, 조직 형태 측면에서 기층 조직을 기본 단위로 하여 중앙-지방이 하나의 계통으로 이어진 피라미드형 조직을, 지도부 구성에 있어서는 쑨원 개인의 권한이 강력한 위원제와 총리제의 결합을 의미하는 것이었다. 아울러 선전 기구를 정비하고 '선언'을 통해 선전 재료를 확보함으로써 본격적으로 주의를 선전할 계기를 마련했다.

---

146) 羅家倫 主編, 「總理在大會發表之閉會詞」, pp.102~103.

147) 王奇生, 『黨員黨權與黨爭: 1924-1949年 中國國民黨的組織形態』, pp.11~13.

6. 맺음말

이상, 신해혁명 전후부터 국민당 개조를 실시한 1924년에 이르기까지 쑨원의 사회주의 인식과 10월혁명관, 그리고 이에 입각한 국민당 개조의 성격을 검토해 보았다. 쑨원은 외국 생활의 경험으로 유럽의 사회주의 사조를 일찍부터 접했으며, 1910년대 중국 기준으로 상당한 수준의 관련 지식이 있었다. 그러나 그는 유물론적 역사관과 계급투쟁이라는 마르크스주의 관점을 받아들이지 않았고 어디까지나 자신이 주장한 민생주의의 일환으로 사회주의를 수용했다. 이에 대해 레닌은 쑨원을 자유주의 당파의 지도자이자 인민주의 성향의 인물이라는 평가를 내린 바 있다. 한편 쑨원은 위안스카이 독재에 맞선 2차 혁명의 실패 이후 1914년 중화혁명당을 창당하며 자신의 절대적인 권위와 일당독재를 합리화한 당치 이론을 내놓는다. 이는 겉보기의 레닌의 혁명적 전위 정당 이론과도 유사해 보이지만 직접 영향을 주고받은 것으로 보기는 어렵고, 다만 양자가 처한 환경의 유사성에서 비롯된 결과에 가깝다. 그럼에도 유럽 사회주의 운동에 대한 관심이나 중앙집권적인 혁명 정당의 필요성에 대한 인식 등은 쑨원이 훗날 소련과 손을 잡는 데 일정한 이념적 기반이 되었을 것으로 보인다.

1917년 10월혁명의 성공은 중국인들, 특히 지식인과 학생들에게 큰 영향을 주었고, 이후 마르크스·레닌주의가 빠르게 들어오며 중국 내 공산주의 세력이 성장하게 된다. 볼셰비키는 소련 성립 이전부터 새로운 인터내셔널을 강조했으며 1919년 코민테른을 창설하여 혁명 세력의 연대와 혁명 전파에 나섰다. 물론 소련의 일차 관심사는 유럽의 혁명이었으나 5·4운동을 계기로 중국의 혁명운동에도 적극적으로 간여하게 된다. 하지만 정작 쑨원은 10월혁명에 그다지 큰 관심을 보이지 않았고 신생 소비에트 정부에 대해서도 막연히 우호적인 태도, 그 이상은 보이지 않았다. 소련 역시 다수의 협상 대상 중 하나이자 잠재적인 우군으로 쑨원에게 접근했을 뿐 그와의 연합이 외교 정책의 핵심은 아니었다. 즉, 1922년 여름까지 양자의 관계는 우호적이며 신중한 접촉 수준이었으며, 쑨원의 10월혁명관 역시 분명히 확인하기 어렵다.

마침내 1922년 여름 천중밍의 반란으로 곤경에 처한 쑨원이 소련과의 연대에서 활로를 찾는 한편 소련이 쑨원을 합작 상대로 결정하며 양자의 관계는 급속히 친밀해진다. 그리하여 마링, 요페와 같은 코민테른 인사들의 중재를 바탕으로 쑨원-중공-소련 삼자의 연합전선이 결성되었고, 쑨원은 소련 고문의 조언을 받아들여 국민당에 대한 개진·개조 작업을 실시하게 된다. 이 같은 연아용공-국공합작 노선의 추진 속에서 쑨원은 10월혁명을 긍정적으로 인식했으며, 동시에 각종 강연이나 당원 교육을 통해 러시아혁명의 교훈을 전파했다. 그는 10월혁명의 성공에 큰 관심을 보였고 혁명당과 혁명군, 그리고 혁명주의의 결합에서 성공의 비결을 찾았다. 또한 쑨원은 '혁명의 성인'인 레닌의 지도력과 그의 혁명 이론에 토대를 둔 볼셰비키혁명당 조직을 강조한 반면, 민중의 자발적인 참여나 역할은 상대적으로 경시하는 모습을 보이기도 했다. 소비에트 정부의 정책 중에는 신경제정책을 주목했는데, 이는 그것을 일종의 국가 주도 자본주의이자 자신이 주장한 근대화 계획과 유사한 것으로 보았기 때문이다. 또한 신해혁명 이후와 마찬가지로 자신의 민생주의가 사회주의와 공산주의, 그리고 집산주의까지 포괄할 수 있음을 강조했다. 나아가 쑨원은 2월혁명에서 내전의 종식과 신경제정책에 이르는 러시아혁명의 진행 과정을 볼셰비키혁명의 삼민주의 혁명화로 해석했다. 볼셰비키가 민심을 얻어 정권을 장악할 수 있었던 원동력을 그들의 민족주의적 호소력 때문으로 보았으며, 당시 러시아의 반전 정서 역시 일종의 반외세 감정으로 여겼다. 무엇보다도 열강의 간섭에 맞서며 민권주의와 민생주의에 그쳤던 러시아혁명이 민족주의를 갖춘 삼민주의 혁명으로 거듭났다고 주장했다. 이러한 쑨원의 10월혁명 인식은 전적으로 근거가 없는 것은 아니지만 상당 부분 편벽되거나, 심지어 왜

곡된 이해라 할 수 있다. 삼민주의에 대한 확신이 투철했던 실용주의 혁명가 쑨원은 어디까지나 독자적인 혁명 이론을 토대로 자신의 정치적 목적에 부합하도록 10월혁명을 해석했기 때문이다.

쑨원은 이러한 러시아 10월혁명 인식 위에서 '레닌을 중심으로 하는 강력한 혁명당이 당원과 혁명군을 동원하고 혁명주의의 실천 및 선전을 통해 성취한 삼민주의 혁명'을 실천하기 위한 일차 조건으로 혁명당 조직의 역량 강화에 주목했다. 보로딘을 비롯한 소련 측 인사들 역시 국민당의 부실한 조직을 개편해야 함을 지적했고, 이에 러시아로부터 볼셰비키 조직 모델을 수용하는 국민당 개조가 이루어졌다. 개조의 핵심은 첫째로 당의 조직 구조를 규정하는 장정과 정치적 지향을 명시한 강령을 만드는 것이었고, 둘째로 기층 조직 및 이를 토대로 하는 전국적인 당 조직을 건설하는 것이었다. 전자는 1전대에서 통과된 '총장'과 '선언'을 통하여, 후자는 1전대를 준비하며 이루어진 광저우와 상하이의 지방 조직 확립으로 일정한 성과를 거두게 된다. 특히 '총장'의 경우 기본적으로 러시아공산당(볼셰비키)의 장정을 모방했으며 불완전하게나마 민주집중제의 원칙을 받아들였다. 다만, 형식상 소련의 위원제를 도입하면서도 쑨원의 당내 지도권을 인정하는 총리제 요소를 포함시켰다. 결론적으로 국민당의 개조는, 곧 볼셰비키 조직 모델의 학습 수용이었는데, 이는 조직 구성 원칙에서는 민주집중제를 채택하고, 조직 형태 측면에서는 기층 조직을 기본 단위로 하는 피라미드형 조직을 구성하며, 지도부 운영에서는 위원제와 총리제를 결합하는 방식이었다.

이 글에서 검토한 쑨원의 10월혁명관과 그에 입각한 국민당 개조는 한편으로는 혁명 세력의 강화에 기여했고, 다른 한편으로는 소련과 공산주의에 대한 국민당 내 보수파의 반감을 누그러뜨림으로써 국공합작의 유지에 공헌했다. 그러나 그의 러시아혁명관은 엄밀한 사실에 기초한 것이 아니었으며, 볼셰비키 조직 모델의 도입 역시 목표한 만큼의 기층 조직 강화와 당내 규율의 확립으로 이어지지 않았다. 무엇보다도 국공합작 노선 자체가 쑨원이라는 '자신의 혁명론에 대한 신념과 혁명당에 대한 통제력을 가지면서도 사회주의와 소련에 우호적인 국민혁명 지도자' 개인에 의해 지탱되고 있었다. 그 결과 표면적으로 성공적이던 '개조'에도 불구하고 1925년 3월 쑨원의 죽음 이후 국민당은 분열을 피할 수 없었고 국공합작 역시 오래 지나지 않아 파탄에 이르렀다. 쑨원은 자신의 방식대로 러시아혁명을 이해하고 그 성공을 모방하고자 했으나, 결국 '중국에서의 10월혁명'을 성취하지는 못했던 것이다.

참고문헌

노경덕 외. 2017. 『다시 돌아보는 러시아혁명 100년』 I. 문학과 지성사.

민두기. 1982. 「중국국민당의 개진과 개조」. ≪동방학지≫, 33집.

상청(尙青). 1992. 『코민테른과 중국혁명 관계사』. 고려원.

송준서. 2018. 「기억과 망각 사이에서: 현대 러시아의 1917년 10월 혁명 기억」. ≪서양사론≫, 137호.

이승휘. 2018. 『손문의 혁명』. 한울.

이완종. 2014. 『이념의 제국』. 삼인.

조세현. 2003. 「민국초 중국사회당의 정치사상」. ≪역사와 경계≫, 49권.

중국공산당중앙당사연구실. 2006. 『중국공산당역사』. 서교출판사.

한정숙. 2008. 「'세계를 뒤흔든 혁명'에 대한 열광, 증오, 성찰: 러시아혁명 90년: 해석의 역사」. ≪서양사론≫, 98호.

姜義華. 2011. 『天下爲公: 孫中山思想家剪影』. 江蘇人民出版社.

郭漢民. 2008. 『宋敎仁集』. 湖南人民出版社.

羅家倫 主編. 1978. 『革命文獻』, 第8輯. 中央文物供應社.

謝彬. 2007. 『民國政黨史』. 中華書局.

尙明軒. 2016. 「孫中山與社會主義述論-紀念孫中山誕辰150周年」. ≪河北學刊≫, 36-5.

桑兵. 1987. 「信仰的理想主義與策略的實用主義: 論孫中山的政治性格特征」. 『近代史研究』.

徐萬民 主編. 2002. 『孫中山與辛亥革命』. 北京圖書館出版社.

孫中山. 1986. "廣東省社會科學院歷史研究室 外編". 『孫中山全集』. 中華書局.

_____. 1990. "陳旭麓 郝盛潮 主編". 『孫中山集外集』. 上海人民出版社.

習近平. 2018.5.4. "在紀念馬克思誕辰200周年大會上的講話". 新華網.

安徽大學蘇聯問題研究所·四川省中共黨史研究會. 1985. 『1919-1927 蘇聯 <眞理報> 有關中國革命的文獻資料選編』. 四川省社會科學院出版社.

楊奎松. 2005. 「社會主義從改良到革命-十月革命對中國社會思想的影響」. 中國社會科學院近代史研究所.

_____. 2008. 『國民黨的聯共與反共』. 社會科學文獻出版社.

楊金海·高曉惠. 2016. 「列寧著作在中國的百年傳播」. 『高敎馬克思主義理論研究』.

楊天石. 2011. 「師其意不用其法-孫中山與馬克思主義二題」. 『廣東社會科學』.

呂芳上. 1989. 『革命之再起』. 中央研究員近代史研究所.

王奇生. 2011.『黨員黨權與黨爭: 1924-1949年中國國民黨的組織形態』. 華文出版社.

王雪楠. 2014.「從"俄亂"到"俄式革命"」.『中共黨史研究』.

王業興. 2005.『孫中山與中國近代化研究』. 人民出版社.

姚金果 外. 2002.『共產國際, 蘇共(布)與中國大革命』. 福建人民出版社.

劉奇葆. 2017.9.7. "在"十月革命與中國特色社會主義"理論研討會上的講話". ≪人民日報≫.

李士峰. 2014.4.「列寧俄中關係思想與實踐研究述評」.『當代世界與社會主義』(外交觀察 板).

李愼明 主編. 2008.『十月革命與當代社會主義』. 社會科學文獻出版社.

李玉剛. 1992.「孫中山接受俄國革命影響問題再研究」. ≪邏輯學研究≫, 5.

_____. 1994.「孫中山對俄國二月革命和十月革命的反應」.『歷史研究』.

李玉貞. 1996.『孫中山與共產國際』. 中央研究院近代史研究所.

李雲漢. 1966.『從容共到清黨』. 中國學術著作獎助委員會.

張同樂. 2007.「孫中山與蘇俄關係論析」. ≪安徽史學≫.

張朋園. 2015.『從民權到威權』. 中央研究院近代史研究所.

程偉禮 外. 1996.『先知的足跡』. 河南人民出版社.

中共中央黨史研究室第一研究部 譯. 1997.『共產國際, 聯共(布)與中國革命文獻資料選輯(1917-1925)』.
　　　　北京圖書館出版社.

_____. 1997.『聯共(布),共產國際與中國國民革命運動(1920-1925)』. 北京圖書館出版社.

中共中央馬克思恩格斯列寧斯大林著作編譯局. 1964.『蘇聯共產黨代表大會, 代表會議和中央全會決議滙
　　　　編』, 第二冊. 人民出版社.

_____. 1964.『蘇聯共產黨代表大會, 代表會議和中央全會決議滙編』, 第一冊. 人民出版社.

中國國民黨中央委員會黨史委員會. 1993.『中國國民黨黨務發展史料』上. 國民黨黨史會.

中國社會科學院近代史研究所. 2009.『紀念孫中山誕辰140周年國際學術研討會論文集』. 社會科學文獻
　　　　出版社.

中國社會科學院近代史研究所飜譯室. 1981.『共產國際有關中國革命的文獻資料(1919-1928)』. 中國社
　　　　會科學出版社.

中國第二歷史檔案館 編. 1986.『中國國民黨一二次全國代表大會會議史料』上. 江蘇古籍出版社.

鄒魯. 2011.『中國國民黨史稿』. 東方出版中心.

沈志華 主編. 2016.『中蘇關係史綱』. 社會科學文獻出版社.

黃修榮. 2002.『國共關係史』. 廣東教育出版社.

侯智·吳敏. 2010.「論20世紀早期中國社會對馬克思主義的選擇」. ≪天水師範學院學報≫, 30-4.

Figes, Orlando. 2014. *Revolutionary Russia: 1891-1991*. Metropolitan Books.

Lenin, Vladimir Ilyich. "Lenin Collected Works." Marxist Internet Archive.

Pantsov, Alexander. 2000. *The Bolsheviks and the Chinese Revolution 1919-1927*. University of Hawaii Press.

Pew Research Center. 2017.11.7. "Russians see World War II, not 1917 revolution, as nation's most important historical event."

Richardson, Al(ed.). 1995. *In Defence of the Russian Revolution: A Selection of Bolshevik Writings, 1917-1923*. Porcupine Press.

Russia Beyond. 2018.5.5. "200 years since Karl Marx's birthday: Do Russians care?"

Smith, S. A. 2015. "The Historiography of the Russian Revolution 100 Years On." *Kritika: Explorations in Russian and Eurasian History*, Vol.16, No.4.

Steinberg, Mark D.(ed.). 2001. *Voices Of Revolution, 1917*. Yale University Press.

The Moscow Times. 2018.5.5. "Karl Marx, the Soviet Union's Godfather, Is 'All But Forgotten' in Russia."

Trotsky, Leon. "The First Five Years of the Communist International." Marxist Internet Archive.

5장

러시아혁명과 카자흐 민족운동

알라시 운동(Alash Qozgalysy)을 중심으로

손영훈(한국외국어대학교 중앙아시아학과)

이 장은 ≪중동연구≫, 31권 3호(2013)에 실린 글을 수정·보완한 것이다.

1. 머리말

1917년 러시아의 2월혁명과 10월혁명을 전후한 20세기 초 카자흐스탄의 역사는 알라시(Alash) 정당과 알라시 오르다(Alash Orda) 자치정부를 핵심으로 하는 카자흐 인텔리겐치아의 민족운동으로 대표된다.[1] 따라서 1991년 독립 이후 카자흐 최초의 근대 정치 조직으로서 알라시 정당과 알라시 오르다 자치정부에 관한 연구는 소비에트 역사학에 의해 날조된 카자흐 민족사를 복원하기 위한 가장 중요한 학문적 과제로 대두되어 왔다.

실제로 소비에트 학자들은 알라시 정당과 알라시 오르다 자치정부를 부르주아-민족주의 운동으로 비난했고 1935년 공산당의 공식 관점을 대변한 『알라시 오르다 역사에 관한 개설(Ocherki po istorii Alash-Ordy)』이 발간된 이후 카자흐 민족운동에 관한 자료와 서적의 출판은 전면적으로 금지되었다.[2] 더욱이 1930년대 후반에 카자흐 인텔리겐치아가 대대적으로 숙청되고 관련 자료가 대거 폐기되면서 알라시 정당과 알라시 오르다 자치정부에 대한 연구는 정치적으로 위험한 분야로 간주되어 학문적 무관심을 초래하여 왔다.

---

1) 알라시(Alash)는 고대 중앙아시아 투르크(Turk) 부족들이 공통적으로 사용했던 용어로서 흔히 카자흐로 지칭되기 이전 최초의 집단 명칭으로 알려져 있으며 카자흐 민족의 선조를 의미하기도 한다. 근대에 이르기까지 전쟁이나 집회 등에서 집단의식을 고양하는 구호로 사용되기도 했다.

2) S. Brainin and Sh. Shafiro, *Ocherki po istorii Alash-Ordy*(Moscow and Alma-Ata: 1935)를 참조. 실제로 알라시 오르다 자치정부에 관한 연구는 카자흐 인텔리겐치아들이 대부분 생존해 있던 1920년대부터 수행되었으며, 특히 1927년과 1929년에 보로초코프(Borochokov)와 마르티넨코(Martynenko)는 알라시 오르다 자치정부와 관련한 서류들을 집대성하여 자료집 형태로 책자를 출간했다.

서구에서도 최근까지 알라시 정당과 알라시 오르다 자치정부에 대한 학문적 관심은 극히 빈약했으며 더욱이 소비에트 문헌의 부정적 시각을 수용한 소수의 서구 학자들에 의해서 카자흐 민족운동의 실체는 상당히 왜곡되어 왔다. 따라서 일부 학자는 단순히 대중 집회를 개최하고 성명서를 발표하는 위원회 수준으로 알라시 오르다 자치정부를 폄훼하면서 실패한 정치운동으로 격하했다.[3] 다행히 올콧(Olcott)의 저서를 비롯하여 소련의 해체 이후 서구에서 간행된 카자흐스탄의 역사 서적과 학위 논문들은 제한된 사료에도 불구하고 알라시 민족운동에 관해 소비에트와는 다른 새로운 해석을 시도하고 있다.[4]

1991년 카자흐스탄의 독립은 소비에트의 사상적 억압에 의해 통제되었던 카자흐스탄 역사학에 혁명적 변화를 야기했고, 특히 알라시 정당과 알라시 오르다 자치정부는 카자흐 민족의 역사 재정립을 통한 국가 정체성 확립이라는 차원에서 재조명되기 시작했다. 특히 1991년 독립 이후 카자흐스탄 정부가 국가 건설과 민족 형성의 정치 기반을 강화하기 위한 목적으로 정통성을 알라시 오르다 자치정부로 소급하면서 20세기 초 알라시 민족운동에 관한 학문적 연구는 특권적 지위를 차지하게 되었다. 카자흐스탄의 독립과 국가의 형성은 역사적으로 뿌리가 깊으며 소련의 해체에 따른 우연한 부산물이 아닌 중단된 역사의 계승이자 발전이라는 사실을 국내외적으로 입증할 필요가 있었던 것이다. 따라서 독립 이후 카자흐스탄 과학

3) O. Caroe, *The Soviet Empire – The Turks of Central Asia and Stalinism*(London: Macmillan London, 1953), p.104.

4) Martha B. Olcott, *The Kazakhs*(Stanford: Hoover Institution Press, 1987); Steven Sabol, *"Awake Kazak!" Russian Colonization of Kazak Central Asia and the Genesis of Kazak National Consciousness: 1868-1920*(a dissertation submitted to Georgia State University, 1998) 등 참조.

아카데미 등을 중심으로 민족주의 관점에서 20세기 초 카자흐 인텔리겐치아와 민족운동에 관한 집중적 연구를 대대적으로 수행하면서 많은 서적이 발간되었다.[5]

따라서 이 글은 1917년 일련의 러시아혁명과 내전이라는 변혁의 시기에 카자흐 인텔리겐치아가 주도한 알라시 정당과 알라시 오르다 자치정부의 형성과 몰락에 이르기까지 일련의 과정을 살펴보면서 20세기 초 알라시 민족 운동의 역사적 의미와 특성을 분석하는 데 그 목적이 있다.[6]

2. 러시아 2월혁명과 카자흐 인텔리겐치아

제정러시아의 카자흐스탄 정복 이후 충성스러운 신민 양성을 위한 근대적 서구 교육의 확대는 개혁적이며 진보적인 사상을 수용하고 민족의 각

---

5) M. K. Kozybaev et al.(ed.), *History of Kazakhstan Essays*, Ministry of Science-Academy of Sciences of the Republic of Kazakstan-Institute of History and Ethnology Named by Ch. Ch. Valikhanov(Almaty: Gylym, 1998); Mambet Koigeldiev, *Alash Kozgalysy, Kuzhattar men Materialdar Dzinaghy, seyir 1901 j – jeltoksan 1917 j.*, *Dvizhenia Alash*(Almaty, 2004); Kenges Nurpeisov, *Alash hem Alash Orda*(Almaty, 1995); Talas Omarbekov, *Kazakstan Tarikhynyng XX Ghasyrdaghy Ozekti Maseleleri*(Almaty, 2003); U. Subkhanberdina, *Kazak Khalkynyng Atamuralary*(Almaty, 1999); Mustafa Chokai, *Tangdamaly Birinshi Tom*(Almaty, 1998); Akhmet Baitursunov, *Adebiet Tanytkysh*(Almaty, 2003); Alikhan Bokeikhanov, *Shygharmalary*(Almaty, 1994); Mirzhakyp Dulatov, *Bes Tomdyk Shygharmalar Zhynaghy* (Almaty, 2003) 등 참조.

6) 소련에서 중앙아시아 민족과 문화에 대한 이해의 부족으로 카자흐 국가와 민족 명칭은 지속적으로 변화되었는데 공식적으로 1925년까지 키르기스(Kyrgyz)로 지칭되다가 1925년부터 1936년까지는 카자크(Kazak)로 대체되었고 코사크인과 구별하기 위해 1936년에 카자흐 (Kazakh)로 확정되었다. 따라서 1917년부터 1925년까지 소비에트의 공식 문서와 자료 및 최근의 서적 등에도 카자흐가 키르기스로 언급되어 있지만 용어의 혼동을 방지하기 위해 이 글에서는 카자흐라는 용어를 사용하기로 한다.

성과 카자흐 사회의 근대화를 주도하는 인텔리겐치아의 태동을 초래했다. 카자흐 인텔리겐치아는 기본적으로 사회경제적 재건과 문화 부흥을 통한 카자흐인의 생존 문제, 즉 카자흐성(Qazaqshylyq)의 보존이라는 민족적 대의를 위해 헌신했다. 실제로 카자흐 인텔리겐치아는 소수에 불과했으나 러시아의 자유주의적 입헌민주당(Kadet)과의 강력한 연대를 바탕으로 식민 정책에 저항하면서 카자흐 사회의 근대화와 민족 자결 의식을 표방하는 강력한 진보적 개혁 세력으로 등장했다. 따라서 1905년 혁명과 제1차 세계대전을 전후한 정치적 해방 공간에서 카자흐 인텔리겐치아는 대중 집회와 국가두마의 대표 선출 등 적극적 정치 활동을 통하여 카자흐 공동체의 합법적 지배자로 성장하게 되었다. 특히 카자흐 인텔리겐치아가 참여한 러시아 국가두마는 타민족 정치 집단과 접촉하면서 실제 정치 활동을 근거리에서 직접 목격하고 경험할 수 있는 정치 학습 공간이었다. 한편 부케이하노프(Bokeikhanov), 바이투르수노프(Baitursunov), 둘라토프(Dulatov) 등으로 대표되는 카자흐 인텔리겐치아는 일찍이 1913년부터 카자크(Qazaq) 신문의 발간을 통해 상상의 공동체로서 카자흐 민족의 통합을 주도하고 카자흐 사회가 직면한 다양한 문제의 해결 및 발전 방향을 광범위하게 모색했다.[7]

1917년 러시아 2월혁명에 따른 차르 체제의 몰락, 임시정부의 수립과 노동자 및 병사 소비에트의 등장은 카자흐스탄의 정치사회적 환경에 근본적인 변화를 초래했다. 카자흐 인텔리겐치아는 2월혁명을 식민적 속박으로부터의 해방이자 새로운 시대의 서막으로 간주하고 즉각적인 지지를 표명하면서 본격적으로 카자흐인들의 정치 세력화에 주력하기 시작했다.

---

7) 손영훈, 「카자흐 인텔리겐치아의 형성과 민족운동」, 《중동문제연구》, 11권 2호(2012), 150~162쪽. 한편 1907~10년에 카자흐 민족운동의 지도자였던 부케이하노프, 바이투르수노프, 둘라토프는 반식민 운동을 주도했다는 죄목으로 제정러시아 법원에서 유죄를 선고받아 장기간 복역한 후 카자흐스탄에서 추방되었다.

따라서 1917년 2월혁명 당시 민스크에 머물고 있던 부케이하노프를 비롯한 카자흐 인텔리겐치아 15명은 2월혁명과 임시정부에 대한 지지를 호소하는 선언문을 카자흐스탄의 25개 주요 도시로 발송했다.[8] 부케이하노프는 그 선언문에서 식민 유산의 극복을 위해 카자흐인들의 민족 통합과 제헌의회 선거 준비를 요구하며 임시정부가 심각한 토지 문제를 해결하고 카자흐인의 민족적 자치를 허용할 것이라는 낙관적 희망을 강력히 표출했다.[9]

임시정부는 1916년 노동병 징집에 관한 차르의 칙령에 대항하여 봉기에 참여한 카자흐인들에 대한 대사면을 선언하고 징발한 일부 토지를 반환하면서 카자흐인들의 기대에 부응하고자 했다.[10] 특히 임시정부의 결정으로 부케이하노프와 티니시바예프(Tynyshbaev)는 토르가이(Torghay)주와 제트수(Zhetysu)주의 인민위원에 임명되었고 다수의 카자흐 인텔리겐치아가 지역의 임시정부 집행위원회에 참여하게 되었다.[11] 그러나 이는 임시정부가 러시아의 식민통치로 인한 카자흐 민족의 적의를 완화하고 카자흐스탄에서 볼셰비키의 세력 확대를 억제하려는 형식적 조치에 불과했다. 당시 러시아인의 절대적인 수적 우위로 구성된 임시정부 집행위원회에서 카자흐 인텔리겐치아는 카자흐 민족의 이익을 대변하기보다는 상징적 존재에 불과했기 때문이다.

---

8) *Tarikhy Qazaqstan, –Kone zamannan buginge dejin-*, Bes Tomdyk, IV(Almaty: Atamura, 2010), p.90.
9) 이 선언문의 내용은 1917년 3월 20일 카자크(Qazaq) 신문에 게재되었다. 선언문에는 1905년 이후 러시아 입헌민주당의 카자흐 대표로 활동했고 2월혁명 직후 중앙위원으로 선출된 부케이하노프의 임시정부에 대한 사상적 유대와 깊은 신뢰가 내포되어 있다.
10) 1916년 6월 니콜라이 2세는 제1차 세계대전의 부족한 노동력을 보충하기 위해 카자흐스탄과 중앙아시아에서 40만여 명을 후방의 노동력으로 동원한다는 칙령을 발표했고, 이에 카자흐인을 비롯한 중앙아시아 투르크들의 대규모 봉기가 발생했다.
11) Kenges Nurpeisov, *Alash hem Alashorda*(Almaty, 1995), p.128.

한편 카자흐 인텔리겐치아는 표면적으로는 임시정부에 대한 지지를 표명하면서도 대중 집회와 카자크 신문을 통해 카자흐 민족의 결속과 실제 자치에 관한 광범위한 논의를 주도하기 시작했다. 카자크 신문의 인텔리겐치아들은 2월혁명 직후 희망(Uymt), 청년 카자크(Jas Qazaq) 등 20여 개에 이르는 독서회 조직 결성과 활동을 후원하며 카자흐 청년 세대와 연대를 강화하고 대중적 기반을 확대했다. 특히 카자흐 인텔리겐치아는 아크몰라(Akmola), 오랄(Oral), 세메이(Semey) 등 카자흐 초원의 주요 도시를 중심으로 카자흐위원회를 조직하고 대규모 대중 집회를 개최하면서 카자흐인들의 당면 문제를 논의하고 통합 의식을 강화해 나갔다.[12] 1917년 4월 초 카자흐 사회의 모든 부문을 대표한 약 300명의 카자흐인이 참석한 토르가이 주 회의는 카자흐 인텔리겐치아의 주도로 심각한 초원 경제의 근본적 해결을 위해 토지의 징발 중지와 토지의 반환을 임시정부에 요구하면서 교육, 종교, 법률 등의 안건을 집중적으로 논의했다.[13] 특히 5월 24일 카자흐 인텔리겐치아는 카자크 신문을 통해 카자흐 민족의 통합을 전제로 자치 문제를 공개적으로 제기하면서 자치의 실질적인 의미와 범주에 관한 구체적 논의를 전개하기 시작했다.[14] 또한 6월 24일 카자크 신문에는 카자흐 자치를 자체적으로 실현하기 위해 우선 카자흐 민족을 대변할 통합적 정치 조직인 민족 정당의 결성이 시급하다는 주장이 최초로 제기되었다.[15]

---

12) Martha B. Olcott, *The Kazakhs*, pp.130~131.

13) S. Brainin and Sh. Shafiro, *Ocherki po istorii Alash-Ordy*(Moscow and Alma-Ata: 1935), p.126.

14) 당시 카자흐 인텔리겐치아는 자치가 실질적인 정치적 독립을 의미하는 것인지, 아니면 연방 체제에서의 지리적·민족적 자치에 국한되는 것인지에 관한 논의에 집중했다.

15) R. K. Nurmagambetova, "Dvijenie Alash i Alash-Orda: Istoriographia Problemy 1920-1990-e Gody XX Veka," *Ministerstvo Obrazovania i Nauki Respubliki Kazakhstan Institut Istorii i Etnologii Im. Ch. Ch. Valikhanova*(Almaty: 2003), p.21.

따라서 1917년 2월혁명 이후의 정치사회적 혼란 상황에서 카자흐 인텔리겐치아는 유목 경제의 해체에 따른 카자흐인의 소멸을 방지하고 민족의 자유와 통합을 위하여 민족 정당과 자치 건설에 적극적으로 동참할 것을 호소하기 시작했다. 특히 카자흐 인텔리겐치아는 당시 볼셰비키 사상을 의식하면서 카자흐 사회의 역사적 진보와 개혁은 부르주아의 자유주의 사상에 근거해야 한다고 주장하며 계급 구분보다는 카자흐 민족의 생존과 통합을 추구했다. 당시 제1차 세계대전과 1916년 봉기에도 불구하고 카자흐 초원으로 러시아 농민의 이주가 지속적으로 증가하면서 전통 경제구조의 붕괴로 인해 카자흐 민족의 존재 자체가 위협받고 있었기 때문이다. 따라서 카자흐 인텔리겐치아는 급진적 볼셰비키보다는 자유주의적 입헌민주당과의 연대를 통해 카자흐 사회가 직면한 문제들을 점진적으로 해결하기 위해 입헌민주당 중심의 임시정부에 대한 지지를 표명했다.

그러나 1917년 2월혁명 이후 카자흐 인텔리겐치아의 희망과는 달리 임시정부는 카자흐스탄에 대한 차르의 식민 정책을 전면적으로 포기하지 않았고 제1차 세계대전의 지속적인 개입을 선언하면서 제국주의적 속성을 그대로 표출했다. 더욱이 임시정부는 카자흐 인텔리겐치아가 지속적으로 요구한 토지 문제의 해결을 통한 초원 경제의 재건과, 특히 카자흐 자치를 비롯한 민족문제의 해결에도 거의 관심을 표명하지 않았다. 더불어 당시 제2정부로 간주되던 페트로그라드 소비에트도 카자흐스탄과 투르키스탄에서 카자흐인들의 자치 건설은 시기상조라고 주장하면서 반대 의사를 분명히 했다.16) 따라서 부케이하노프를 비롯한 카자흐 인텔리겐치아는 1905년 이후 러시아 국가두마 등 근대적 정치 구조에 참여하면서 축적해 왔던

---

16) M. Shokai, "1917 zhyl esterlikterinen uzindiler," *Shokai M. Turkistannyn Kily Taghdir* (Almaty: Zhaly, 1992), p.148.

정치 경험을 바탕으로 민족의 이익을 대변하는 독자적인 카자흐 정당을 결성하여 정치적 기반을 구축하면서 궁극적으로 카자흐 자치의 수립을 위한 본격적인 활동을 전개하기 시작했다.

3. 알라시 민족 정당의 결성

1917년 2월혁명 이후 임시정부의 군주제적 잔재와 보수적 성향에 실망한 카자흐 인텔리겐치아의 입헌민주당 탈당을 계기로 카자흐 사회에서는 독자적인 카자흐의 정당과 자치에 관한 논의가 본격화되기 시작했다. 특히 1917년 5월 부케이하노프는 카자크 신문의 지면을 통해 러시아 임시정부가 카자흐인의 열망과는 반대로 토지의 사적 소유를 지지하고 카자흐 자치와 정교 분리를 반대한다고 비판하고 탈당을 공개적으로 선언하면서 민족 정당 결성 의지를 강력하게 표명했다.[17] 따라서 카자흐 인텔리겐치아는 카자흐 사회가 직면한 문제의 해결과 민족을 대변하는 정당의 형성을 구체적으로 논의하기 위해 전국 규모의 카자흐 대회 소집을 요구하게 되었다.

1917년 7월 21~26일 오렌부르크(Orenburg)[18]에서 개최된 제1차 카자흐 대회(First All-Kazakh Congress)에서는 14개 의제가 논의되었으며 참석자들의 관심은 민족 자치, 토지 문제, 제헌의회 선거 준비 및 민족 정당 결성 문제에 집중되었다.[19] 제1차 카자흐 대회 첫날부터 카자흐스탄 전역에서 참가

---

17) A. Bokeikhanov, *Shygharmalary*(Almaty: Zhalyn, 1994), pp.268~269.
18) 오늘날 카자흐스탄의 서북부와 바시키르스탄의 동남부 사이의 러시아 도시인 오렌부르크는 20세기 초 카자크 신문을 발간하던 인텔리겐치아의 주요 활동 무대로서 카자흐 민족운동의 중심지다.
19) 제1차 카자흐 대회의 14개 의제는 카자흐 인텔리겐치아가 카자크 신문을 통해 지속적으로

한 대표들과 함께 카자흐 인텔리겐치아는 카자흐 자치 정부를 수립하기 위한 두 가지 방안에 대해 치열한 논쟁을 전개했다. 우선 카자흐 자치 문제에 관해 바이투르스노프와 둘라토프는 상당한 민족적 권리를 보유한 '독립적 카자흐 자치 국가'의 건설을 주장한 반면에 부케이하노프는 민주적 러시아 연방공화국에서 '카자흐의 민족적-지리적 자치'를 주장했다. 제1차 카자흐 대회에 참석한 대다수의 카자흐 대표들은 독립국가 건설을 위한 카자흐 사회의 물적 토대가 허약하다고 주장하면서 카자흐 민족의 생존과 문화의 보호를 위한 현실적 대안으로서 부케이하노프의 민족적-지리적 자치를 지지했다.[20]

특히 제1차 카자흐 대회에서는 제정러시아 식민 정책의 유산이자 카자흐인이 직면한 극심한 경제적 고통의 근본 원인인 토지 문제의 심각성과 그 해결 방안을 집중적으로 논의했다. 따라서 카자흐스탄에서의 토지 징발은 즉각 중지하여야 하고 제정러시아에서 징발했지만 아직 러시아 이주 농민에게 분배하지 않은 모든 토지는 카자흐인에게 반환하여야 하며 러시아 농민의 카자흐 초원 이주를 전면 금지하여야 한다는 결의안을 채택했다.[21] 또한 카자흐 대표들은 카자흐 사회의 열악한 물적 토대를 인정하면서도 자치정부 형성과 민족의 보호를 위한 토대로 자위력 형성의 필요성을 조심스럽게 제기했으며 카자흐인들에게 정치 참여를 보장하기 위해 젬스트보 (zemstvo) 행정 단위의 재편을 주장했다.[22]

제기한 사안들로 국가 구조, 자치, 토지 문제, 군대, 젬스트보, 교육, 법원, 종교 문제, 여성 권리, 제헌의회 선거 준비, 러시아 무슬림 대회, 정당 결성, 제트수(Zhetysu)주 지역의 사건 등이다.

20) *Qazaqstan Tarikhy –Kone zamannan buginge dejin-*, Bes Tomdyk, IV, pp.101~102.

21) M. Koigeldiev, *ALash Qozghalysy*(Almaty: Sanat, 1995), pp.299~300.

22) 카자흐 인텔리겐치아는 초원 지역에 산개되어 있던 카자흐인들을 포괄하는 행정구역의 재편을 강력히 주장했는데 이는 앞으로의 선거에 카자흐인들을 대거 동원하여 많은

제1차 카자흐 대회 참석자들은 제헌의회 선거 준비를 논의하면서 카자흐 초원과 투르키스탄의 주들과 중앙아시아의 부하라, 히바, 페르가나 등지의 카자흐 공동체들을 대표하여 제헌의회 선거에 출마할 후보자 81명의 명단을 확정했다. 의원 선거 후보자 81명의 명단에는 카자크 신문의 편집인과 각 주와 공동체를 대표하는 카자흐 인텔리겐치아뿐만 아니라 친볼셰비키 성향을 표출했던 세이풀린(Seifullin)과 주마바예프(Zhumabaev)와 함께 포타닌(Potanin)과 차이킨(Chaikin) 등 두 명의 현지 러시아인도 포함되어 있었다.[23] 제1차 카자흐 대회라는 명칭에도 불구하고 카자흐 인텔리겐치아는 정치적 영향력 확대 및 사회의 안정과 통합을 위해 민족의 기원과 정치 성향에 관계없이 당시의 모든 정치 조직과 민족을 포용한 것이다.

1917년 7월 31일 카자크 신문을 통해 알려진 제1차 카자흐 대회의 결의안은 당시 카자흐 사회에서 부케이하노프와 카자크 신문을 중심으로 결집했던 세속적 카자흐 인텔리겐치아의 사회적 영향력 확대와 무슬림 성직자들의 지위 하락을 단적으로 보여주고 있다.[24] 제1차 카자흐 대회 참석자들

카자흐 대표를 선출하기 위한 우호적 환경을 조성하려 한 것이다.

23) N. Martynenko(ed.), "Postanovlenie Vcekirgizskogo C'ezda v Orenburge 21-28 Iulia 1917 Goda," *Alash Orda: Sbornik Dokumentov*(Alma-Ata: Aikap, 1992), pp.49~51. 81명의 의원 후보자 명단에는 카자크 신문의 편집인이자 민족운동 지도자인 부케이하노프(Bokeikhanov)와 바이투르스노프(Baitursynov)를 비롯하여 세메이 지역 대표로 에르메코프(Ermekov), 아크바예프(Akbaev), 갑바소프(Ghabbasov), 서부 카자흐스탄 대표로 도스무하메도프(Dosmukhamedov) 형제, 투르키스탄 대표로 쇼카이(Shokai), 아스펜디야로프(Asfendiyarov), 케네사린(Kenesarin), 토르가이 지역 대표로 둘라토프(Dulatov), 비림자노프(Birimzhanov), 카디르바예프(Kadyrbaev), 제트수 지역 대표로 티니시바예프(Tynyshbaev), 자이나코프(Zhainakov), 아만졸로프(Amanzholov), 부케이오르다 지역 대표로 쿨마노프(Kulmanov)와 타나셰프(Tanashev), 페르가나 지역 대표로 토레쿨로프(Torekulov), 오라자예프(Orazaev), 코지코프(Kozhykov) 등 카자흐 인텔리겐치아가 다수를 차지했다.

24) Kenges Nurpeisov, "The Alash Party's Role and its Place in the Social and Political Life of Kazakhstan," in M. K. Kozybaev(ed.), *History of Kazakhstan Essays*, Ministry of Science-Academy of Sciences of the Republic of Kazakstan-Institute of History and Ethnology Named

은 전통적 종교 법정을 폐지하고 법률에 기초한 근대적 법정으로 대체했고, 특히 아크몰라, 세메이, 토르가이, 오랄주 등의 카자흐 초원 지역과 카스피해 연안 카자흐인 거주지의 종교 활동을 관리하는 오렌부르크 무슬림 종교국(muftiat)의 설립을 의결했다. 따라서 제1차 카자흐 대회 참석자들은 법원과 종교 행정의 개혁을 통해 러시아뿐만 아니라 타타르의 문화적 영향에서 벗어나 카자흐 사회와 문화의 독자적인 발전을 통해 카자흐 자치의 토대를 확립하고자 했다.[25]

한편 카자흐 인텔리겐치아의 주도로 제1차 카자흐 대회는 여성의 지위 개선을 위해 남녀평등에 기초한 여성의 법적 정치적 권리를 보장했고 카자흐 사회의 전근대적 상징인 신부대(Kalym)를 금지했다. 제1차 카자흐 대회는 식민 정책의 극복과 카자흐 사회의 근대화를 위한 핵심 도구로 교육을 강조하면서 초등교육의 의무 시행을 결의했다. 특히 제1차 카자흐 대회의 대표들은 카자흐성의 확립을 통한 지식 세대의 육성을 위해 초기 2년 교육 과정은 반드시 모국어인 카자흐어로 이행하여야 한다는 데 동의하면서 카자흐성의 보전에 적극적인 의지를 표명했다. 사실상 카자흐 인텔리겐치아에게 카자흐인들의 민족적 자각과 정체성 확립, 카자흐 사회의 개혁과 근대화는 절대 가치였으며 이를 위한 기본 토대가 바로 교육이었다.[26]

마지막으로 제1차 카자흐 대회는 정치 격변기에 카자흐 사회의 개혁을 주도하고 카자흐 민족의 이익을 대변하는 최초의 근대 민족 정당으로서 알

---

by Ch. Ch. Valikhanov(Almaty: Gylym, 1998), p.130.

25) S. Zenkovsky, *Pan-Turkism and Islam in Russia*(Cambridge: Harvard University Press, 1967), pp.211~212.

26) Yunus E. Gürbüz, "Caught Between Nationalism and Socialism: The Kazak Alash Orda Movement in Continuity"(Doctoral Disertation, Gradure School of Social Sciences of Middle East Technical University, 2007), http://etd.lib.metu.edu.tr/upload/12609024/index.pdf(검색일: 2012.5.23).

라시 정당의 결성과 강령의 제정을 의결했다. 제1차 카자흐 대회 참석자 대부분이 '식민적 속박에서 민족 해방'과 '카자흐 사회의 근대화'라는 대의의 실현을 위해 알라시 정당이라는 정치 조직으로 결속되었던 것이다. 알라시 정당의 지도자로 부케이하노프가 선출되었고 바이투르스노프, 둘라토프, 쿠다이베르디예프(Kudaiberdiev), 아만졸로프(Amanzholov), 오마로프(Omarov), 카디르바예프(Kadyrbaev), 예스볼로프(Esbolov), 쿨마노프(Kulmanov) 등 카자크 신문의 인텔리겐치아를 비롯하여 당시 카자흐 작가, 학자, 교사 및 하급 공무원 등 400여 명의 카자흐인이 대거 참여했다.[27] 제1차 카자흐 대회를 통해 결성된 알라시 정당의 지도부는 그해 여름과 가을 카자흐스탄 전역에서 대중 집회를 개최하며 카자흐스탄의 정치 및 사회 경제 발전 방안으로서 제1차 카자흐 대회의 결의안을 선전하고 알라시 정당의 조직 확대에 전념했다.

한편 1917년 10월혁명 이후인 11월 21일 카자크 신문을 통해 부케이하노프와 바이투르스노프, 둘라토프가 주도한 위원회에서 최종적으로 작성한 알라시 민족 정당의 강령이 공식 선포되었다. 알라시 정당의 강령은 기본적으로 제1차 카자흐 대회의 결의안을 기초로 국가 구조, 지역 자유, 기본 권리, 종교, 권력과 법원, 국방, 세금, 노동자, 과학과 지식 교육, 토지 문제 등 10개 항으로 집대성되었다. 알라시 정당의 강령은 카자흐 국가가 고유의 영토를 지니며 의제를 독자적으로 결정하면서도 우호적 유대를 바탕으로 민주적 러시아 연방공화국에 결합될 것이라며 민족적-지리적 자치 정부의 수립을 목표로 설정했다. 또한 카자흐 자치정부하에서 모든 시민은 인종, 출신, 종교 및 성별에 관계없이 선거권을 지니며 정부의 수장은 임기제에 기초하여 입법기관인 국가두마에서 선출하는 대통령으로 규정했다.

---

27) Kenges Nurpeisov, *Alash hem Alashorda*(Almaty: 1995), pp.216~219.

알라시 정당 강령의 사회 정책은 대체로 온건 노선을 견지했는데 이는 민족운동이 대중성을 확보하고 있던 카자흐 사회에서 계급 분화에 기초한 대립과 투쟁보다는 민족의 통합을 더욱 중요한 선결 과제로 인식했기 때문이다. 이런 관점은 알라시 정당이 민족의 대의를 위해 모든 역량을 집중하며 사회의 진보와 개혁으로 카자흐인들을 인도하며 사회 정의를 옹호한다는 표현으로 정당 강령에 반영했다. 더욱이 알라시 정당 강령은 민주적 원칙에 따라 특정한 사회 집단이나 세력의 정치적 자격 박탈을 언급하지 않았으며 세금은 재산과 소득에 따라 공정하게 징수하고 노동자의 권리는 법률로 보호한다고 명시했다. 알라시 정당의 강령에 따르면 카자흐 국가는 종교적 자유를 보장하는 세속 국가로 정의했으며 카자흐인이 다수인 지역의 법원에서는 카자흐어를 사용하며 군대 창설과 카자흐인들의 기병대 복무를 규정했다. 특히 알라시 정당 강령의 기본 권리와 과학과 지식 교육 조항에서는 모든 시민의 평등권과 출판, 결사, 거주 등의 자유를 보장했고 무상 교육과 모국어 교육의 중요성을 강조했다.[28]

사실상 알라시 정당 강령은 제1차 카자흐 대회의 결의안과 함께 카자흐 사회의 근대화와 민족의 통합을 기반으로 국가 건설을 추구한 카자흐 인텔리겐치아의 구체적인 정치적 의제을 기록한 최초의 문서로서 상당히 중요한 의미가 있다. 특히 알라시 정당 강령은 카자흐의 생존과 문화 부흥을 위한 카자흐 자치의 추구를 그 기본 목적으로 인정하면서도 모든 시민의 평등과 자유, 사회 정의, 노동 권리의 인정, 정교분리, 대중 교육을 바탕으로 카자흐 사회의 탈식민화를 통한 민족의 부활과 민주적이며 근대적인 사회 건설을 추진하려는 카자흐 인텔리겐치아의 강력한 개혁 의지를 내포하고

---

28) M. Kul-Mukhammed, <Alash> baghdarlamasy: Kiyanat pen akikat(Almaty: 2000), pp.50~51.

있었다. 또한 알라시 정당 강령은 토지 문제의 해결과 러시아 농민의 이주 중지를 통한 카자흐 초원 경제의 재건 계획도 언급했으며, 당시 카자흐스탄에 거주하던 상당한 규모의 러시아 거주민들의 지지를 확보하기 위해 배타적이고 단일민족적인 국가의 건설을 의도하지는 않았다.[29)]

따라서 카자흐 최초의 근대 정치 조직인 알라시 정당은 그해 겨울 카자흐스탄의 일부 지역에서 치러진 러시아 제헌의회 선거에서 카자흐인뿐만 아니라 현지 러시아 농민으로부터도 광범위한 지지를 받아 대부분의 선거구에서 압도적으로 승리하며 그 존재를 과시했다.[30)] 그러나 알라시 정당은 제헌의회 선거에서 압도적으로 승리했는데도 불구하고 카자흐스탄에서 그 어떠한 실질적 권력도 행사하지 못했는데 제헌의회 선거가 10월혁명 직후 임시정부의 몰락과 볼셰비키의 세력 확대에 따른 격변기에 진행되었기 때문이다. 결과적으로 제헌의회 선거를 통해 대중의 광범위한 지지를 확인한 알라시 정당의 지도부는 민족자결권에 입각한 카자흐 자치를 실현하기

---

29) M. Koigeldiev, *Alash Kozghalysy, Kuzhattar men Materialdar Dzinaghy, seyir 1901 zh – jeltoksan 1917 zh. Dvizhenia Alash*(Almaty: Alash, 2004), pp.504~505.

30) *Qazaqstan Tarikhy –Kone zamannan buginge dejin-*, Bes Tomdyk, IV, p.113. 토르가이주의 코스타나이 지역에서 알라시 정당이 7만 2745표, 사회혁명당이 5만 1245표, 러시아 사회민주노동당-멘셰비키가 3465표를 획득했고, 으르그즈 지역에서 알라시 정당이 5만 5349표, 사회혁명당이 181표, 러시아 사회민주노동당-멘셰비키가 1516표, 아크토베 지역에서는 알라시 정당이 2만 8202표, 사회혁명당이 1만 2114표, 러시아 사회민주노동당-멘셰비키가 1736표, 토르가이 지역에서는 알라시 정당이 5만 4978표, 사회혁명당이 210표, 러시아 사회민주노동당-멘셰비키가 41표를 차지했다. 결론적으로 토르가이주에 배정된 제헌의회 의석 5석 중 알라시 정당이 3석을, 사회혁명당이 2석을 차지했다. 세메이 지역에서도 알라시 정당은 5만 9331표, 사회혁명당은 3375표, 코사크가 3136표, 볼셰비키가 1910표, 그리고 기타 정치 집단들이 1300표를 획득했다. 오랄주의 르비셴스크 지역에서도 알라시 정당이 7만 5544표, 코사크가 1만 9571표, 사회혁명당 좌파가 1325표, 사회혁명당이 126표를 획득했다. 그러나 오랄시 선거구에서는 투표자의 47%가 참여하여 코사크가 7248표로 최다 득표를 차지했고 사회혁명당 좌파가 2737표로 2위, 알라시가 976표, 사회혁명당이 866표를 획득했다.

위해 정치 운동에서 실제 권력을 행사하는 카자흐인들의 정부 기구로 발전적 변신을 준비하기 시작했다.[31]

4. 러시아 10월혁명과 카자흐 자치정부

1) 카자흐 자치정부의 수립

카자흐 인텔리겐치아가 알라시 정당의 조직화와 제헌의회 선거 준비에 몰두하던 1917년 10월혁명 직후 카자흐스탄에서도 1917년 2월 이후 대부분 러시아인으로 구성된 노동자 및 병사 대표 소비에트의 볼셰비키화가 급속히 진행되었고 일부 지역에서 소비에트 권력이 수립되기 시작했다. 따라서 알라시 정당의 지도부는 카자흐스탄에서 소비에트로 권력의 전면적 이양을 방지하고 정치 변혁기에 카자흐인들의 자치를 실현하기 위한 방안을 모색하기 위해 1917년 11월 카자크 신문에 시국에 관한 성명서를 발표하고 제2차 카자흐 대회의 소집을 결심하게 되었다.[32]

제2차 카자흐 대회는 알라시 정당의 지도부, 지역 및 언론 대표와 인텔리겐치아 등 약 80명의 카자흐인이 참석한 가운데 1917년 12월 5일부터 12일에 걸쳐 오렌부르크에서 개최했다. 제2차 카자흐 대회에서 갑바소프는

---

31) R. K. Nurmagambetova, "Dvijenie Alash i Alash-Orda: Istoriographia Problemy 1920-1990-e Gody XX Veka," p.23.

32) 성명서는 "현재 러시아는 내일을 예견할 수 없을 정도의 심각한 내홍을 겪고 있다. 이와 같은 혼란기에는 법이 실현되지 않으며 그 누구도 우리 카자흐인들을 보호하지 않는다. 따라서 카자흐인들은 우리의 생존과 재산 보호 및 사회 질서의 유지를 우리의 힘과 능력으로 해결할 수밖에 없다"라고 주장하며 카자흐 자치 실현의 당위성을 강조했다.

기조연설을 통해 10월혁명 이후 카자흐스탄 전역에 걸쳐 무정부 상태가 지속되면서 카자흐 민족의 안전이 위협받고 있다고 우려를 표명하고 카자흐 자치 실현과 군대 창설의 필요성을 역설했다. 따라서 제2차 카자흐 대회는 정치적 혼란을 극복하고 민족의 안전을 보장하기 위한 유일한 해결책은 조속한 카자흐 자치의 실현이라고 주장하며 알라시 오르다라는 자치정부의 수립을 만장일치로 결의했다.[33] 제2차 카자흐 대회는 동부 지역의 도시 세메이를 알라시 오르다 자치정부의 수도로 선언했으며, 자치정부 각료 25명 중 15명을 카자흐인으로 우선 선출하고 10명은 카자흐 지역에 거주하는 러시아인 등 타민족의 지분으로 남겨두었다.[34]

알라시 오르다 자치정부의 수반 후보에는 부케이하노프, 쿨마노프, 투를리바예프가 추천되었고 비밀투표 결과 부케이하노프가 40표, 투를리바예프가 20표, 쿨마노프가 19표를 획득하여 부케이하노프가 알라시 오르다 자치정부의 대통령으로 선출되었다.[35] 제2차 카자흐 대회는 카자흐 자치가 오랄, 토르가이, 아크몰라, 세메이주 등의 초원 지역과 카스피 연안의 부케이오르다 및 알타이 지역의 카자흐인 거주지에서 실현되어야 한다는 데 원칙적으로 동의했다. 그러나 제2차 카자흐 대회 참석자들은 카자흐 자

---

33) *Qazaqstan Tarikhy –Kone zamannan buginge dejin-*, Bes Tomdyk, IV, p.124.
34) 알라시 오르다 자치정부 각료에는 부케이오르다 대표인 타나셰프(Tanashev), 오랄주의 대표인 하렐 도스무하메도프(Khalel Dosmukhamedov), 아크몰라주 대표인 투를리바예프(Turlybaev), 토르가이주 대표 비림자노프(Birimzhanov), 세메이주 대표 갑바소프(Ghabbasov), 제트수주 대표 아만졸로프(Amanzholov), 시르다리야주 대표 쇼카이(Shokai)가 선출되었다. 또한 제2차 카자흐 대회의 결정으로 부케이하노프(Bokeikhanov), 잔샤 도스무하메도프(Zhansha Dosmukhamedov), 예르메코프(Ermekov), 티니시바예프(Tynyshbaev), 쿨마노프(Kulmanov), 아크바예프(Akbaev), 마메토프(Mametov), 알자노프(Alzhanov) 등이 포함되었다.
35) Hasan Oraltay, "The Alash Movement in Turkestan," *Central Asian Survey*, Vol.4, No.2 (1985), pp.50~51.

치에 투르키스탄의 시르다리야와 세미레치예주와 페르가나, 사마르칸트 및 아무다리야주의 카자흐인 거주지 통합 문제에 관해서는 합의를 도출하는 데 실패했다. 따라서 카자흐 자치의 즉각적 선언을 주장하는 소수파와 투르키스탄 카자흐인들의 의사 확인을 위해 선언 연기를 주장하는 다수파가 대립하면서 카자흐 자치의 공식 선포는 한 달 연기되고 말았다.[36]

한편 제2차 카자흐 대회는 카자흐 자치정부와 민족의 보호를 위한 군대 창설의 필요성을 인정하고 이를 위해 군대 편성, 징집 인원, 훈련 방안, 무기와 군수품 보급 등에 관한 계획을 구체적으로 논의했다.[37] 실제로 제2차 카자흐 대회는 징집 대상 카자흐인의 연령을 결정하고 총 1만 3500명으로 구성되는 카자흐 군대의 창설을 의결했으며, 무기와 보급품은 세금을 징수해 마련한 재원으로 자치정부가 제공하는 것을 논의했다.[38] 특히 장교 양성과 군사 훈련은 아타만(ataman)인 두토프(Dutov)가 지휘하는 오렌부르크 코사크 군대의 경험을 활용할 수 있도록 지원을 요청하기로 결정했다.[39] 당시 카자흐스탄에서 알라시 오르다와 코사크 집단은 볼셰비키의 세력 확산이라는 공동의 위협에 대처하기 위하여 군사적으로 긴밀한 협력이 절실히 요구되고 있었기 때문이다.

실제로 볼셰비키가 카자흐인을 비롯한 소수민족의 자결권을 인정한다고 주장하며 10월혁명에 대한 지지를 호소했지만 알라시 오르다 자치정부를 주도한 카자흐 인텔리겐치아는 10월혁명을 의회주의에 대한 침탈로 규

---

36) Martha B. Olcott, *The Kazakhs*, p.139.
37) R. K. Nurmagambetova, "Dvijenie Alash i Alash-Orda: Istoriographia Problemy 1920-1990-e Gody XX Veka," p.24.
38) 부케이오르다에 1000명, 오랄에 2000명, 토르가이에 3000명, 아크몰라에 4000명, 세메이에 1500명, 제트수에 2000명으로 편제되는 군대 조직의 창설을 의결했다.
39) Kenges Nurpeisov, *Alash hem Alashorda*(Almaty: 1995), p.133.

정하며 이를 즉각 거부했다. 더욱이 카자흐 인텔리겐치아는 카자흐 사회가 유목 경제에 기초하고 있고 산업 발전이 거의 전무하여 혁명의 주체로서 노동계급이 부재하기 때문에 사회주의혁명을 위한 토대가 조성되어 있지 않다고 주장하면서 근대화를 통한 카자흐 민족의 통합이 볼셰비키가 주장한 계급적 원칙에 우선한다고 역설했다.[40] 따라서 카자흐 자치정부는 1917년 말과 1918년 초에 카자흐스탄의 주요 도시를 중심으로 소비에트 정부를 수립한 볼셰비키 세력과는 필연적으로 대립할 수밖에 없었다. 특히 오렌부르크와 아크몰라, 세메이, 심켄트, 아울리에아타 등 당시 카자흐스탄의 주요 도시들을 중심으로 알라시 오르다 자치정부와 볼셰비키는 상대방의 합법성을 부정하고 대중의 지지를 호소하며 치열하게 경쟁했다. 그러나 카자흐스탄에서 1918년 내전을 전후하여 거의 러시아인으로만 구성된 볼셰비키의 국유화 정책이 카자흐인들의 광범위한 민족적 적의를 초래하면서 소비에트 정부는 한때 고립된 정치 세력으로 전락하기도 했다.

한편 알라시 오르다 자치정부에 대한 카자흐인들의 전폭적 지지에도 불구하고 일부 카자흐 집단은 전통적 유목지를 둘러싼 부족들 간의 적의와 카자흐 인텔리겐치아에 대한 반감으로 볼셰비키를 지지하며 카자흐 민족의 통합에 걸림돌이 되었다. 특히 남부 지역 카자흐인들을 중심으로 조직된 우시 주스(Ush Zhuz) 정당과 토르가이주에서 1916년 봉기를 주도했던 이마노프(Imanov), 킵차크 부족의 수장인 잔겔딘(Zhangeldin) 및 서부 지역의 아다이(Adai) 부족 등은 카자흐스탄에서 소비에트 정부를 지원하며 적군 활동에 적극적으로 참여했다.[41] 그러나 제헌의회 선거에 출마한 잔겔딘은

---

40) D. A. Amanzholova, *Kazakski Avtonomizm i Rossia: Istoria Dvijenia Alash*(Moskva: Izdatelski Tsenter Rossiya Molodaya, 1994)

41) S. Zenkovsky, *Pan-Turkism and Islam in Russia*, pp.212~216.

겨우 41표만을 획득하며 알라시 정당 후보에게 대패했다. 이는 당시 카자흐 사회에서 친볼셰비키 카자흐인들의 대중적 입지를 단적으로 보여주는 사례이다.[42)]

알라시 오르다 자치정부와 볼셰비키 간의 적대적 불신 관계가 존재했다는 사실에도 불구하고 그 관계는 전적으로 부정적이지는 않았으며 오히려 카자흐스탄에서 양측 모두는 각자의 취약성을 상호 보완하기 위해 협력해야 할 필요성을 제기했다. 볼셰비키는 러시아 남부 국경에서의 안정과 혁명의 확산을 위해 동방으로 가는 관문인 카자흐스탄에서 권력을 확고히 구축하려 했던 반면, 알라시 오르다 자치정부는 허약한 토대로 인해 외부의 물적 지원과 보호가 절실히 필요했다.[43)] 따라서 레닌과 스탈린은 알라시 정당원들의 사면이라는 유화적 조치를 추진하면서 알라시 오르다 자치정부의 대표를 모스크바로 초청하여 소비에트 통치를 수용한다는 조건으로 카자흐 민족의 자치와 문화 발전을 보장한다고 약속했다. 모스크바의 제의는 알라시 오르다 지도부에 심각한 논쟁과 불화를 초래했으나 대부분은 볼셰비키와의 협력에 극렬하게 반대했다. 특히 둘라토프는 ≪사리 아르카(Sary Arka)≫ 신문에 "누가 친구이고, 누가 적인가"라는 글을 발표하고 러시아인이 대부분인 볼셰비키가 기본적으로 차르와 기독교 선교사만큼 위험한 적이라고 주장했다. 따라서 알라시 오르다 자치정부와 모스크바 간의 수차례에 걸친 협상은 결국 1918년 4월 말 타협점을 도출하지 못하고 서로의 궁극적 목표가 본질적으로 상이하다는 사실만을 확인한 채 본격적인 내전의 발발로 중단되고 말았다.[44)]

---

42) S. Seifullin, *Ternistyi put*(Moscow: 1975), p.163.

43) Yunus E. Gürbüz, "Caught Between Nationalism and Socialism: The Kazak Alash Orda Movement in Continuity," pp.51~52.

44) Martha B. Olcott, *The Kazakhs*, pp.143~144.

그럼에도 알라시 오르다 자치정부는 1917년 12월부터 본격적인 내전에 돌입할 때까지 수개월 동안 볼셰비키와 오렌부르크, 오랄, 제트수 등지의 코사크 군대 간의 대립으로 인한 정치적 공백을 적절히 활용하면서 카자흐 초원 지역에 대한 실효 지배를 강화해 나갔다.[45] 실제로 1918년 2월 말 알라시 오르다 자치정부는 카자흐 인텔리겐치아의 헌신적인 노력으로 세메이, 오랄, 아크몰라, 토르가이, 제트수주 등지에 집행위원회를 조직하여 카자흐인의 정부로서 지위를 확고히 구축했다. 특히 알라시 오르다 자치정부는 카자흐스탄 전역에 걸쳐 행정 기구를 정비하고 초원 경제의 재건과 카자흐인들의 전폭적인 지지를 바탕으로 세수를 확대했으며 바시키르 등 인근 지역의 투르크인들과 외교 및 국방 문제를 논의하면서 국가 건설에 박차를 가했다. 그러나 카자흐스탄에서 반혁명 백군과 볼셰비키를 지지하는 적군으로 세력이 양극화된 데 따른 정치·군사적 대결 상황은 결국 대규모 내전의 발발로 이어지면서 알라시 오르다 자치정부의 입지는 극도로 제한될 수밖에 없었다.

2) 내전과 카자흐 자치정부의 몰락

1917년 10월혁명에 따른 임시정부의 몰락과 러시아 및 카자흐스탄 전역에 걸친 볼셰비키의 권력 장악은 소비에트 정부의 수립 초기부터 권력에서 배제되어 몰락한 계층과 집단들의 강력한 저항을 야기했고 결국 내전으로 발전했다. 10월혁명 이후 일련의 유혈 사태가 지속되면서 어느 정도 예견되었던 내전은 사실상 권력투쟁의 연장선상에서 발생했으며 따라서 내전은 10월혁명 직후부터 계급적 지위에 따라 두 진영으로 분열되면서 시작

---

45) Kenges Nurpeisov, *Alash hem Alashorda*, pp.144~147.

되었다고 할 수 있다.[46]

카자흐스탄에서는 내전의 불씨가 혁명 직후인 1917년 말 오렌부르크, 오랄, 제트수 지역을 중심으로 코사크 군대와 소비에트 적군 간의 격렬한 군사 공방을 통해 이미 표출되고 있었다. 1917년 11월 두토프가 지휘하는 코사크 군대가 토르가이주의 중심 도시인 오렌부르크에서 소비에트 정부를 전복시키고 혁명위원들을 체포하며 볼셰비키와 대립하기 시작했다. 특히 오랄과 제트수 지역의 코사크 군대도 소비에트를 몰아내며 권력을 장악하고 군사정부를 수립하면서 카자흐스탄이 반소비에트 백군 활동의 중심이 되었다. 그러나 1918년 1월 18일 소비에트 적군이 대규모 반격을 통해 오렌부르크를 다시 장악했으며 이에 따라 알라시 오르다 자치정부는 지리적으로 양분되면서 통합 구조가 붕괴되고 말았다. 세메이주의 세메이(Zhana Semai) 도시를 중심으로 부케이하노프가 지배하는 동부 알라시 오르다와 오랄주의 짐피트(Zhympity) 지역을 중심으로 도스무하메도프 형제가 통치하는 서부 알라시 오르다(Uilskii Olayat)로 나뉘었다.[47]

1917년 말 당시 카자흐스탄에서 반혁명 백군 세력은 제정러시아의 장교, 부농(kulak), 러시아 이주 농민, 입헌민주당원, 사회혁명당원과 멘셰비키, 사회주의자, 이슬람 성직자 등 이질적인 집단의 광범위한 연합체로 소비에트 적군에 비해 군사적 우위를 자치하고 있었다. 카자흐스탄에서 내전이 격화되면서 알라시 오르다 자치정부는 볼셰비키와의 협상을 중단하고 백군에 대한 지지를 선택했는데 첫째, 카자흐의 관점에서 임시정부와 그 지지자들이 참여한 백군 세력은 아직 합법적 정부였으며 둘째, 러시아 동

---

46) *Qazaqstan Tarikhy –Kone zamannan buginge dejin-*, Bes Tomdyk, IV, p.146.

47) Yunus E. Gürbüz, "Caught Between Nationalism and Socialism: The Kazak Alash Orda Movement in Continuity," p.47.

212 | 세계사 속의 러시아혁명

료인 입헌민주당원들이 백군에서 활동하고 있었고 셋째, 러시아 자유주의 자들의 부르주아-민주주의 사상이 사회주의보다 카자흐 민족 지식인들에게 설득력이 있었으며, 마지막으로 백군 세력이 카자흐 자치정부에 무기와 보급품 지원을 약속했기 때문이다. 이와 더불어 볼셰비키에 대한 카자흐 인텔리겐치아의 적의도 알라시 오르다 자치정부가 내전에서 백군 세력에 가담하게 된 중요한 이유다.[48]

실제로 1918년 봄부터 백군 세력의 공세로 카자흐스탄에서의 군사적 상황은 레닌과 볼셰비키에 그리 호의적이지 않았다. 특히 1918년 5월부터 카자흐스탄에서의 내전은 체코슬로바키아 군단의 봉기로 인해 백군 세력에 절대적으로 유리하게 전개되기 시작했다. 따라서 오랄, 세메이, 아크몰라, 토르가이주에서 소비에트 정부가 붕괴되면서 초원 지역의 대부분을 백군 세력이 장악하게 되었다.[49] 1918년 여름 소비에트 정부는 카자흐스탄 남부지역의 제트수주 일부와 시르다리야주, 토르가이주의 북쪽 지역과 부케이오르다의 일부 지역에서만 그 영향력을 유지할 수 있었다.

1918년 6월 19일 백군 세력과 함께 부케이하노프를 비롯한 알라시 오르다 자치정부 지도부는 세메이를 다시 장악했고 따라서 세메이는 실질적

---

48) 둘라토프(Dulatov)는 "볼셰비키는 가는 곳마다 모든 것을 파괴하고 변화시킨다. 볼셰비키는 모든 것을 빼앗는다. 그들이 권력을 차지하면 자신들이 원하는 모든 것을 시행한다. 물론 세상에 빈자와 부자는 없어야 하고 그들 사이의 차이점도 없어야 한다. 모든 사람이 평화롭게 평등하게 살기 위해서는 아마 수세기가 필요할 것이다"라고 주장했다.

49) 제정러시아가 제1차 세계대전 발발 이후 오스트리아-헝가리 군대의 체코슬로바키아 탈영병들을 중심으로 조직한 체코슬로바키아 군단이 브레스트리토프스크(Brest-Litovsk)조약의 체결 이후 1918년 5월에 극동 지역을 거쳐 철수하는 과정에서 무력 충돌이 발생했다. 체코슬로바키아 군단은 당시 적군 지도자이던 레온 트로츠키(Leon Trotsky)의 무장해제 명령을 거부하고 봉기하여 시베리아 횡단 철도를 장악했다. 체코슬로바키아 군단의 봉기로 모스크바와 우랄 이남 지역 간에 볼셰비키들의 연계가 차단되면서 카자흐스탄 내전은 백군에 유리한 환경이 조성되었다.

인 알라시 오르다 자치정부의 본거지로 변모했다.[50] 부케이하노프는 500명의 카자흐 기병대 및 카자흐 자치정부의 깃발과 함께 입성했는데 그 깃발은 흰 천에 유르타의 문장이 그려진 것으로 카자크 신문의 상징과 동일했다.[51] 카자흐 자치정부는 수도로서 세메이를 완전히 장악한 후 초원 지역 통치를 강화하기 위해 각료회의를 3차례 개최하여 당면한 문제를 논의하고 칙령을 발표했다. 이에 따라 카자흐 자치 지역에서는 소비에트 정부가 공포한 모든 법령이 폐지되었고 청년들의 징집과 군대 창설을 전담하는 군사위원회가 설립되었으며 동부와 서부 알라시 오르다의 지위와 역할 분담 등을 결정했다. 또한 부케이하노프를 비롯한 지도부는 토지 문제 해결을 위해 1917년 2월혁명 이후 러시아인에게 지급된 토지의 즉각적 환수를 지시했고 카자흐 볼셰비키를 반역죄로 재판하기 위한 법정을 개정했으며 시베리아와 바슈키르 자치주의자들과의 밀접한 연대를 추구했다.[52]

소비에트의 자료 폐기와 사실 왜곡으로 당시 카자흐스탄에서 알라시 오르다 자치정부의 활동과 영향력을 정확히 평가하기는 힘들지만 1918년 대중의 지지를 바탕으로 아크몰라주에서 300만 루블에 이르는 세금을 징수했다는 자료는 알라시 오르다 자치정부의 영향력을 단적으로 보여주는 것이다.[53] 따라서 알라시 오르다 자치정부는 내전이라는 격변에도 불구하고 행정적 난관을 성공적으로 극복하고 카자흐 민족의 이익을 대변하면서 카자흐 초원을 안정적으로 통치한 것으로 보인다.

50) D. A. Amanzholova, *Kazakski Avtonomizm i Rossia: Istoria Dvijenia Alash*, p.44.

51) R. K. Nurmagambetova, "Dvijenie Alash i Alash-Orda: Istoriographia Problemy 1920-1990-e Gody XX Veka," p.29

52) N. Martynenko(ed.), "Postanovlenie Vcekirgizskogo C'ezda v Orenburge 21-28 Iulia 1917 Goda," *Alash Orda: Sbornik Dokumentov*, pp.108~109.

53) S. Seifullin, *Ternistyi put*, p.186.

내전 초기부터 오렌부르크 코사크 지도자인 두토프와 연대한 알라시 오르다 자치정부 지도부는 소비에트에 대항하는 공동 전선을 구축하고 카자흐 자치를 대외적으로 인정받기 위한 목적으로 옴스크(Omsk)의 임시 시베리아 정부와 사마라(Samara)의 제헌의회 위원회(Komuch) 등과 긴밀히 접촉하기 시작했다. 특히 극심한 물자 부족에 시달리던 알라시 오르다는 볼셰비키에 대항하기 위해 제헌의회 위원회와 임시 시베리아 정부에 자체 군대 창설을 위한 교관, 무기, 군수품 등 물질적 지원을 호소하며 군사협정을 체결했다.[54] 이에 따라 서부 알라시 오르다의 도스무하메도프 형제는 사마라의 제헌의회 위원회로부터 소총 600여 정과 기관총, 군복을 제공받았고 코사크 군대의 지원으로 토르가이주, 세메이주, 아크몰라주, 제트수주에서도 카자흐 기병대를 조직하여 적군에 대항하는 전투에 정기적으로 참가했다.[55] 서부 알라시 오르다의 지피트 지역에 군사 지휘 본부를 설치했고, 특히 최초의 카자흐 군사학교를 설립했으며 2000명 규모로 기병대를 편성하면서 카자흐 군대를 조직하기 시작했다. 그럼에도 불구하고 당시 대부분 지원병으로 구성된 카자흐 군대는 항상 무기와 군수품 부족에 시달렸기 때문에 실제로 적군에 대항하여 카자흐 자치정부를 수호하려는 민족적 열망과 군사적 사기는 그리 높지 않았던 것으로 보인다.

한편 내전 상황에서도 국가 건설에 주력하던 알라시 오르다 지도부는 자위를 위한 군대 창설의 어려움뿐만 아니라 다양한 부문에서 숙련된 전문 인력의 심각한 부족에도 직면하게 되었다. 알라시 오르다의 수반인 부케이하노프는 전문 지식을 갖춘 인력이 절실히 필요하며 따라서 근대 자치국가 형성을 지원하는 동맹을 찾아야 한다고 역설했다.[56] 그러나 볼셰비키에

---

54) Martha B. Olcott, *The Kazakhs*, pp.150~151.

55) Kenges Nurpeisov, *Alash hem Alashorda*, p.135.

대항한 연합전선의 동맹 세력으로서 알라시 오르다에 군대 건설을 지원한 코사크 군대, 제헌의회 위원회와 임시 시베리아 정부는 카자흐 민족 자치 사상에 대해서는 지지를 유보하며 냉담한 반응을 표출했다.

1918년 말부터 1919년 초까지 대부분의 초원 지역과 오렌부르크-사마라 철도 등 주요 교통로를 장악하기 위한 교전에서 승리한 백군은 시르다리야와 남부 제트수에서 지배를 구축하고 있던 소비에트를 고립시키며 영향력을 확대해 나갔다. 그러나 당시 카자흐스탄에서 심각한 경제난과 기근을 구제하기 위해 자금과 역량을 집중하던 볼셰비키는 1919년 봄부터 백군을 격퇴하고 소비에트 통치를 확립하기 위해 대대적인 반격에 착수했다. 특히 프룬제(Frunze) 장군이 지휘하는 적군이 오렌부르크를 비롯한 토르가이주와 오랄 지역 등 카자흐인들의 중심지를 탈환하면서 알라시 오르다 자치정부의 활동은 극도로 위축되었다.

더욱이 1918년 11월부터 백군은 군주제를 재건하려는 세력의 부상으로 인해 내부 결속이 붕괴되면서 군사적으로 약화되었고 지주 계층에 우호적인 토지 정책으로 대중의 저항에 직면하고 있었다.[57] 특히 백군의 최고 지도자로 선출된 콜차크(Kolchak) 제독이 알라시 오르다 자치정부의 제거를 명령하고 군사 원조의 철회를 위협하면서 백군의 지휘에 복종할 것을 요구하며 알라시 오르다 지도부와 대립하게 되었다.[58] 따라서 백군과 적군 모두의 위협에 직면하면서 초원 지역에 고립된 알라시 오르다는 적군의 세력 확대를 지켜보면서 백군에 합류한 지 1년이 지나지 않아 다시 볼셰비키와

56) Abdulvahap Kara, *Mustafa Chokai: Oemiri, Kuresi, Shygharmashylyghy*(Almaty: 2004), p.147.

57) James White, *The Russian Revolution: 1917-1921*(London: 1994), pp.204~205.

58) Edward Allworth, *Central Asia. A Century of Russian Rule*(New York: Columbia University Press, 1967), p.237.

의 화해를 타진해야만 했다.

1919년 3월 중순 당시 토르가이 소비에트 정부의 수장인 잔젤딘은 알라시 오르다 지도부와 접촉하면서 투항을 설득했고 바이투르스노프는 볼셰비키의 민족 자치에 대한 진정성을 확인하고 카자흐 지역의 지위를 논의하기 위해 모스크바를 방문했다. 당시 적군의 군사적 승리로 카자흐스탄의 대부분을 장악한 소비에트는 1919년 7월 10일 카자흐 지역의 통치를 위해 볼셰비키와 알라시 오르다가 동수로 참여하는 카자흐 혁명위원회(Kirreckom)를 설립했다. 당시 바이투르스노프는 ≪민족의 삶≫이라는 신문에 "혁명과 카자흐"라는 글을 기고하여 원초적으로 공산주의 사상을 바탕으로 하는 유목 생활에 익숙한 카자흐인들은 사회주의 건설을 지지할 것이라고 주장하고 볼셰비키의 민족 자치에 대한 약속은 지켜질 것이라고 카자흐인들에게 확신시키면서 알라시 오르다의 투항을 독려했다.59) 실제로 1919년 말까지 알라시 오르다 카자흐 군대의 일부가 백군과 함께 적군에 대항한 전투에 참가했지만 11월 백군 콜차크 제독의 패배 이후 알라시 오르다는 볼셰비키에 투항하면서 붕괴되고 말았다. 특히 1919년 말 카자흐 혁명위원회의 결정에 따라 알라시 오르다를 비롯하여 소비에트 권력에 대항하는 투쟁에 직간접으로 참여한 카자흐인을 대대적으로 사면한 조치는 알라시 오르다가 와해되는 데 결정적인 계기가 되었다.

카자흐 혁명위원회는 부케이하노프를 비롯한 4명의 알라시 오르다 활동가를 체포하고 도스무하메도프 형제를 구금하며 탄압하면서도 바이투르스노프 등 일부 알라시 오르다 지도부를 행정 업무의 핵심 지위에 임명하

---

59) Kenges Nurpeisov, "The Alash Party's Role and its Place in the Social and Political Life of Kazakhstan," in M. K. Kozybaev(ed.), *History of Kazakhstan Essays*, Ministry of Science-Academy of Sciences of the Republic of Kazakhstan-Institute of History and Ethnology Named by Ch. Ch. Valikhanov(Almaty: Gylym, 1998), pp.138~139.

여 카자흐스탄에서 안정적인 소비에트 권력을 구축하기 위해 알라시 오르다 지도부의 권위를 이용하고자 했다. 또한 알라시 오르다에 참여한 카자흐 인텔리겐치아 대부분은 정치 무대를 떠나 교육 문화 분야에서 지속적인 활동을 전개하며 사회의 근대화 활동에 참여함으로써 그 영향력을 유지해 나갔다. 그러나 부케이하노프 등 알라시 오르다 자치정부의 지도부를 비롯한 카자흐 인텔리겐치아는 1920년대부터 1930년대 말까지 이른바 인민의 적, 또는 반혁명 부르주아-민족주의자라는 죄목으로 탄압받았고 결국 숙청되면서 소비에트 역사에서 사라지게 되었다.

5. 맺음말

20세기 초 카자흐 민족운동은 카자흐 인텔리겐치아가 주도하여 식민 정책의 극복을 통한 카자흐 민족의 부활과 사회의 근대화를 지향하며 실질적 자치를 추구했으며 그 핵심에는 알라시 정당과 알라시 오르다 자치정부가 있었다. 제정러시아 차르의 가혹한 식민 정책에서 비롯된 초원 경제의 몰락과 카자흐 민족과 문화의 소멸에 대한 위기의식은 1905년부터 1917년까지에 걸친 일련의 러시아혁명 과정에서 카자흐 인텔리겐치아의 본격적인 정치 참여를 야기했다. 따라서 근대적이며 진보적이던 카자흐 인텔리겐치아는 러시아 국가두마 참여를 통한 정치적 경험을 기반으로 1917년 여름에 식민적 속박에서의 해방과 민족 자치를 구체적 목표로 삼는 알라시 정당을 결성하며 카자흐 1세대 정치가로 성장했다. 특히 10월혁명에 따른 사회적 혼란과 단기간에 걸친 정당의 조직화에도 불구하고 러시아 제헌의회 선거에서 카자흐인들의 광범위한 지지를 바탕으로 압도적인 승리를 거둔 알라시 정당은 카자흐 민족을 대변하는 유일한 근대 정치 조직으로서 지위를 확고히 다졌다.

특히 카자흐 인텔리겐치아는 카자흐 민족의 생존과 통합, 문화의 보전 및 사회의 근대화를 이룩하기 위한 유일한 방안으로 알라시 오르다 카자흐 자치정부를 수립하고 카자흐 초원을 실효적으로 지배하면서 국가 건설을 위한 민족의 잠재력을 대외적으로 입증했다. 그러나 한 가지 흥미로운 사실은 1930년 후반 숙청에 직면할 때까지 카자흐 인텔리겐치아가 사실상 카자흐 자치에 국한하며 완전한 독립적 민족국가 건설에 관한 논의를 주저했다는 점이다. 이는 사실상 당시 카자흐인들의 민족 통합 수준이 허약하다는 현실적 인식과 더불어 문화적 진보 세력으로서 서구-러시아를 지향하던 카자흐 인텔리겐치아의 사상적 한계에서 비롯된 것으로 보인다.

그럼에도 불구하고 카자흐 인텔리겐치아의 알라시 정당과 알라시 오르다 자치정부는 제정러시아에서 임시정부를 거쳐 10월혁명 이후 소비에트 체제로 급속히 변모하는 상황에 대한 민족적 대응이었다. 이는 특히 카자흐 민족운동의 발전적 계승이기도 했다. 즉, 소비에트 역사가들에 의해 부정되고 있지만 20세기 카자흐 인텔리겐치아의 알라시 정당과 알라시 오르다 자치정부는 케네사리 카시모프(Kenesary Kasymov) 봉기를 비롯해 19세기부터 시작된 카자흐인들의 반식민적 민족운동의 필연적인 귀결이라는 점에서도 중요한 의의가 있다고 할 수 있다.

알라시 정당과 알라시 오르다 자치정부는 카자흐의 생존과 문화 부흥을 위한 카자흐 자치의 추구를 기본 목적으로 삼으면서도 모든 시민의 평등과 자유, 사회적 정의, 노동 권리의 인정, 정교분리, 대중 교육을 바탕으로 카자흐 사회의 탈식민화를 통한 민족적 부활과 민주적이며 근대적인 사회 건설을 추진했다. 특히 알라시 정당과 알라시 오르다 자치정부는 심각한 토지 문제의 해결과 러시아 농민의 이주 중지를 통한 카자흐 경제의 재건에도 지속적으로 관심을 집중하며 러시아의 식민적 유산을 극복하기 위해 노력했다. 19세기 말 계몽주의자에서 20세기 초 알라시 정당과 알라시 오르다 자치정부를 주도하며 강력한 정치 세력으로 부상한 인텔리겐치아는 급진적이고 혁명적인 변화보다는 온건한 개혁을 통해 카자흐 사회의 점진적 발전을 추구했다. 아울러 알라시 오르다 자치정부가 당시 카자흐스탄에 거주하던 러시아인 등 타민족들을 배려하여 배타적인 민족국가의 건설을 의도하지 않았다는 사실도 강조되어야 한다. 따라서 알라시 정당과 알라시 오르다 자치정부는 계급적 원칙보다 민족의 가치를 우선시하면서 볼셰비키 세력과 근본적인 차이를 보이다가 볼셰비키와의 협상을 중단하고 백군 세력을 지지하게 되었다. 결국 알라시 정당과 알라시 오르다 자치정부의 인텔리겐치아는 백군의 분열과 적군의 군사적 우위에 직면하여 볼셰비키에 투항할 수밖에 없었고 수차례 탄압에 직면하면서도 초기 사회주의국가 건설을 통한 카자흐 사회의 근대화에 참여했지만 결국 소비에트에 의해 대대적으로 숙청되고 말았다. 결국 알라시 오르다 자치정부의 몰락과 카자흐 인텔리겐치아의 숙청으로 좌절된 카자흐 민족운동의 대의는 1991년 소련의 해체 이후 카자흐스탄 독립에 따른 국가 건설과 민족 형성으로 실현되었다고 하겠다.

참고문헌

손영훈. 2012. 「카자흐 인텔리겐치아의 형성과 민족운동」. ≪중동문제연구≫, 11권 2호, 129~166쪽.

Allworth, Edward(ed.). 1967. *Central Asia: A Century of Russian Rule*. New York: Columbia University Press.

Amanzholova, D. A. 1994. *Kazakski Avtonomizm i Rossia: Istoria Dvijenia Alash, Izdatelski Tsenter Rossiya Molodaya*. Moskva.

Bokeikhanov, A. 1994. *Shygharmalary*, Almaty.

Brainin, S. and Sh. Shafiro. 1935. *Ocherki po istorii Alash-Ordy*. Moscow and Alma-Ata.

Caroe, Olaf. 1953. *The Soviet Empire – The Turks of Central Asia and Stalinism*. London.

Gürbuz, Yunus E. 2007. "Caught Between Nationalism and Socialism: The Kazak Alash Orda Movement in Continuity." A Thesis submitted to the Gradure School of Social Sciences of Middle East Technical University. http://etd.lib.metu.edu.tr/upload/12609024/index.pdf (검색일: 2012.5.23).

Kara, Abdvakap. 2004. *Mustafa Chokai: Oemiri, Kuresi, Shygharmashylyghy*, Almaty.

Koigeldiev, M. 1995. *ALash Qozghalysy*. Almaty: Sanat.

Kozghalysy, Alash. 2004. *Kuzhattar men Materialdar Dzinaghy, seyir 1901 zh – jeltoksan 1917 zh. Dvizhenia Alash*. Almaty: Alash.

Kul-Mukhammed, M. 2000. *<Alash> baghdarlamasy: Kiyanat pen akikat*. Almaty.

Martynenko, N. 1992. "Postanovlenie Vcekirgizskogo C'ezda v Orenburge 21-28 Iulia 1917 Goda." *Alash Orda: Sbornik Dokumentov*. Alma-Ata: Aikap.

Nurmagambetova, R. K. 2003. "Dvijenie Alash i Alash-Orda: Istoriographia Problemy 1920-1990-e Gody XX Veka." *Ministerstvo Obrazovania i Nauki Respubliki Kazakhstan Institut Istorii i Etnologii Im. Ch. Ch. Valikhanova*. Almaty.

Nurpeisov, Kenges. 1995. *Alash hem Alashorda*. Almaty

_____. 1998. "The Alash Party's Role and its Place in the Social and Political Life of Kazakhstan." in M. K. Kozybaev(ed.). *History of Kazakhstan Essays*, pp.124~141. Ministry of Science-Academy of Sciences of the Republic of Kazakstan-Institute of History and Ethnology Named by Ch. Ch. Valikhanov. Almaty: Gylym.

Olcott, Martha B. 1987. *The Kazakhs*. Stanford: Hoover Institution Press.

Oraltay, Hasan, 1985. "The Alash Movement in Turkestan." *Central Asian Survey*, Vol.4, No.2, pp.41~58.

Qazaqstan Tarikhy –Kone zamannan buginge dejin-, Bes Tomdyk, IV. 2010. Almaty: Atamura.

Seifullin, Saken. 1975. *Ternistyi put*. Moscow.

Shokai, M. 1992. "1917 zhyl esterlikterinen uzindiler." *Turkistannyn Kily Taghdir*. Almaty.

White, James. 1994. *The Russian Revolution: 1917-1921*. London: Hodder Education Publishers.

Zenkovsky, S. 1967. *Pan-Turkism and Islam in Russia*. Cambridge: Harvard University Press.

6장

러시아혁명과 아프리카 해방운동

에티오피아와 앙골라를 중심으로

베텔(한국외국어대학교 아프리카연구소)

김광수(한국외국어대학교 아프리카연구소)

1. 머리말

1917년 러시아혁명의 여파는 식민주의와 제국주의, 그리고 신식민주의를 극복하고 아프리카 국가의 독립과 주체적인 발전을 이끌 수 있는 이념으로 아프리카에 영향을 주었다. 냉전(Cold War) 시기에 러시아혁명은 앙골라, 에티오피아, 베냉, 콩고민주공화국, 소말리아, 에리트레아, 모잠비크 등 아프리카 국가들에 영향을 주었다. 강력한 패권을 가진 미국과 소련의 경쟁, 그리고 현실주의 국제정치 이론에 의해 아프리카 국가의 해방운동에 영향을 주었다.

냉전 시기에 아프리카는 미국과 소련이 권력을 다투는 각축장이었으며, 양국의 대결 구도는 대아프리카 외교 정책을 수립하는 데 중요한 영향을 주었다. 냉전 당시 소련의 대아프리카 외교 정책은 동부 및 남부 아프리카에서 큰 영향력을 행사했다.

에티오피아와 러시아의 관계는 혁명 이전과 이후로 나누어 설명할 수 있다. 1917년 혁명 이전 두 국가의 관계는 두 제국의 황제들의 관계라 할 수 있다. 1917년 러시아혁명은 러시아혁명이 에티오피아 국민에게 영향을 미칠 수 있다는 에티오피아 황제의 두려움, 또 다른 한편으로는 러시아의 난민들에게 에티오피아가 보냈던 따뜻한 환영이 의심, 체포, 추방에 의해 중단될 수 있다는 것으로 설명할 수 있다.

그 후 근대사에서 1974년 하일레 셀라시에(Haile Selassie) 황제를 폐위하고 정권을 획득한 멩기스투 사회주의 정권은 소련과의 관계를 통해 황제와 귀족 및 이에 동조하는 친미 세력을 물리치기 위한 하나의 전략으로 러시아혁명을 이용했다는 것이다. 멩기스투 군사정권은 소련의 지원을 받아 소말리아를 침공했다. 소련은 에티오피아를 대대적으로 지원했고 이에 대항하여 미국이 소말리아를 지원했기 때문에 오가덴(Ogaden) 전쟁은 미국과 소련의 대리전 양상을 보였다.

1974년까지 남부 아프리카는 소수 백인의 억압적인 통치에 반발하여 아프리카인이 자유와 독립을 위한 투쟁을 벌이는 상황이었다. 앙골라와 모잠비크에서는 포르투갈의 식민 지배에 대해, 남로디지아(Rhodesia: 지금의 짐바브웨)에서는 이언 스미스(Ian Smith) 백인 소수 정권에 저항하고 있었다. 나미비아와 남아프리카공화국(이하 남아공)에서는 백인 정부의 식민 지배와 아파르트헤이트(Apartheid) 인종차별 정책에 저항하고 있었다. 1974년 4월 포르투갈의 혁명과 함께 시작된 앙골라 해방전쟁은 냉전의 영향으로 미국과 소련이 개입하게 되었고 남아공과 쿠바가 참전하게 되었다. 결정적으로 앙골라가 소련과 쿠바의 지원을 받아 미국의 지원을 받는 남아공의 침략을 물리침으로써 남부 아프리카는 역사적인 전환점을 맞게 되었다.[1]

이 장은 앙골라와 에티오피아의 해방운동에 러시아혁명과 소련이 어떤 영향을 주었는지 고찰하는 데 그 목적이 있다. 또한 앙골라와 에티오피아는 러시아혁명을 어떻게 이해하고 받아들였는지 살펴보고자 한다.

2. 러시아제국과 에티오피아

1) 러시아혁명 이전 러시아와 에티오피아의 관계

에티오피아와 러시아의 관계는 요하네스 황제(Emperor Yohannes, 1872~

---

1) 김윤진·김광수, 『남아프리카사』(다해, 2013), 347~348쪽.

1889)의 통치 시기로 거슬러 올라가며, 두 국가의 종교가 정교회로 같기 때문에 양국의 관계가 발전할 수 있었던 것으로 보인다. 에티오피아를 최초로 방문한 러시아 사절단은 1885년 요하네스 황제가 통치하던 시기에 방문한 니콜라이 아시노프(Nikolay Ashinov)와 러시아 정교회를 대표하는 정치적 인물들로 구성되었다. 그는 1889년에 에티오피아를 식민지로 만들려고 시도했으나 실패했고, 러시아의 아프리카 식민지 건설에 대한 원대한 꿈은 사실상 사라지게 되었다. 그 후 1892년에 빅토르 마슈코프(Viktor Mashkov) 중위가 메넬리크(Menelik) 황제(1844~1913)를 방문했다. 이탈리아가 우찰레(Wuchale)조약 17조에 의거하여 에티오피아에 대한 보호령을 요구하자 러시아와 프랑스는 이탈리아와 영국의 협력을 반대하고 에티오피아가 독립국임을 주장하는 메넬리크의 주장을 지지했다.[2]

1895년 3월에 마슈코프의 뒤를 이어 에티오피아를 방문한 대표적 인물은 바로 니콜라이 레온티예프(Nikolay Leontiev)로 그는 러시아군 장교였다. 레온티예프의 임무는 에티오피아를 식민지로 만들려던 아시노프와는 달리 양국 간 우호 관계를 수립하는 것이었다. 레온티예프가 에티오피아를 1895년 4월에 떠난 후 메넬리크는 정치인과 정교회 대표를 포함한 첫 번째 외교 사절단을 러시아에 파견했다.[3] 외교사절단은 40일 이상 러시아에 머물렀다. 상트페테르부르크(St. Petersburg) 주재 이탈리아 대사관의 항의에도 불구하고 니콜라스 2세(Nicholas II, 1894~1917)와 정부 관료, 그리고 정교회 관계자들이 에티오피아 사절단을 맞았다. 당시 이탈리아는 에티오피아를 정복하기 위해 많은 노력을 기울이고 있었고 메넬리크는 러시아의 지원을 요

2) Aleme Eshete, "Ethiopia and the Bolshevik Revolution: 1917-1935," *Africa: Rivista Trimestrale Di Studi e Documentazione Dell'Istituto Italiano per l'Africa e l'Oriente*, Vol.32, No.1(1977), p.2. https://doi.org/10.2307/40758727

3) Aleme Eshete, "Ethiopia and the Bolshevik Revolution: 1917-1935," p.3.

청한 상태였다. 에티오피아 사절단은 니콜라스 2세가 메넬리크에게 보낸 40만 루블과 135상자의 소총과 기관총, 그리고 다량의 탄약을 갖고 에티오피아로 귀국했다.[4]

그사이 이탈리아와 에티오피아의 관계는 더욱 악화되었다. 메넬리크는 레온티예프의 군사 지원을 받아 1896년 3월 1일에 이탈리아가 일으킨 아드와(Adwa) 전투에서 결정적인 승리를 할 수 있었다. 러시아 고문인 레오니드 아르타모노프(Leonid Artamonov)에 따르면 에티오피아는 15명의 러시아 군사 고문단과 42문의 산포를 지원받았다.[5] 메넬리크 황제는 에티오피아에는 없었던 백작(Count)이라는 작위를 레온티예프에게 내리고 아바이 백작(Count Abai)이라 명시된 공식 문서를 주었다. 러시아 황제는 아드와 전투 이후 이탈리아와의 관계 회복에 나섰으나 이탈리아는 받아들이지 않았다.[6]

러시아와 에티오피아의 관계는 1896년부터 1898년 사이에 최고조에 달했다고 할 수 있다. 러시아는 아드와 전투에서 에티오피아에 군사 지원을 했을 뿐만 아니라 1896년 7월에는 적십자 사절단을 파견하여 전상자들을 치료했다. 적십자 사절단은 2개월 동안 머문 후 출국했지만, 메넬리크가 설립한 에티오피아 적십자사 운영을 도와주기 위해 많은 의료 요원이 남게 되었다. 또한 1898년부터 러시아는 에티오피아에 정기적으로 외교

---

4) Aleme Eshete, 같은 글, p.3.

5) N. Bieschevost, Тайны Африки. Граф Н. Леонтьев - разведчик или...(아프리카의 비밀. Count N. Leontiev), http://www.proza.ru/2011/06/29/667(검색일: 2017.11.4); Great Biographical Encyclopedia. Леонтьев, Николай Степанович - это... Что такое Леонтьев, Николай Степанович?(Nikolay Leontyev). In Словари и энциклопедии на Академике, (2009), https://dic.academic.ru/dic.nsf/enc_biography/71087/Лео%25(검색일: 2017.11.3).

6) N. Bieschevost, Тайны Африки. Граф Н. Леонтьев - разведчик или...(아프리카의 비밀. Count N. Leontiev), 2011.

사절단을 파견했고, 이는 1917년 10월 러시아혁명이 일어날 때까지 지속되었다.[7] 그러나 에티오피아에 대한 러시아의 영향력은 1906년부터 줄어들기 시작했다. 그렇다고 해서 두 국가 간의 관계가 완전히 단절된 것은 아니다. 1917년 러시아혁명 이전에 소수의 러시아인이 아디스아바바에 거주하고 있었고, 에티오피아인들이 교육을 위해 러시아를 방문했다. 1885년 또는 1889년에 아시노프와 동행하여 러시아에 간 사람들이 에티오피아 최초의 러시아 유학생들이지만, 아쉽게도 그들이 러시아에서 어떤 활동을 했는지, 또 에티오피아에 돌아와서 어떤 활동을 했는지는 알 수 없다.[8]

2) 1917년 러시아혁명에 대한 에티오피아 반응

러시아제국은 약 1000년 동안 러시아를 통치했으나 로마노프 왕조의 마지막 황제인 니콜라이 2세와 그의 가족이 1918년 암살당하며 화려했던 제국은 막을 내렸다. 그 후 러시아는 블라디미르 레닌이 이끄는 소련의 출현으로 이어졌다. 그러나 레닌의 지도하에 카를 마르크스의 과학적 사회주의에 의한 10월혁명은 1917년의 전통 봉건군주제와 정교회 국가인 에티오피아에 큰 충격이 아닐 수 없었다. 10월 러시아혁명은 군주, 귀족, 정교회의 폐지와 사유재산 제도의 폐지, 그리고 노동자 계층에 권력을 넘길 것을 주장했고, 이는 에티오피아 황제가 받아들일 수 없는 것이었다.[9]

따라서 러시아혁명은 당시 에티오피아인들에게 소련과 마르크스주의에 대한 편견을 갖게 했다. 그러나 무엇보다도 러시아혁명으로 초래된 시

7) Aleme Eshete, *Ethiopia and the Bolshevik Revolution: 1917-1935*, p.3.
8) Aleme Eshete, 같은 글, p.3.
9) Aleme Eshete, 같은 글, p.5.

민과 혁명 운동가들의 죽음에 대한 보도가 에티오피아인에게 볼셰비키를 두렵게 생각하도록 했다. 러시아혁명에 대한 이런 인상은 아디스아바바에 도착한 서방 외교관들과 에티오피아로 유입된 서구 보수 언론의 보도뿐만 아니라 에티오피아 내의 러시아 난민들에 의해서도 알려졌다. 당시 에티오피아 국내 신문도 볼셰비키주의자들은 공산주의의 새로운 체제를 에티오피아에 도입하기를 원했다고 보도했고 공산주의를 여러 차례 언급했다.10) 그러나 공산주의에 대한 신문의 해석은 잘못 알려졌고 위조된 것이었다. 결론적으로 메넬리크 정부는 과거의 러시아 황제를 지지했고 볼셰비키주의 소련 혁명정부에는 전적으로 적대적인 자세를 취했다.11)

1918년 7월 16, 17일 니콜라이 2세 황제의 처형 소식이 에티오피아에 전해졌을 때인 1918년 10월 아디스아바바의 성 조지 교회(St. George Church)에서 에티오피아 정교회 교황과 서방 외교관, 그리고 아직 아디스아바바를 떠나지 않은 러시아 대리공사(Chargé d'Affaires)와 함께 애도 행사를 열었다.12) 볼셰비키 정부가 들어서면서 에티오피아에 있던 마지막 대리공사가 1919년 공사관 건물을 폐쇄하고 유럽으로 돌아가면서 러시아제국과 에티오피아의 외교관계는 완전히 중단되었다. 공사관 건물은 에티오피아 정부 재산이 되었으며 나중에 벨기에 대사관에 임대했다. 임대료 수입은 에티오피아에 거주하는 가난한 러시아 난민들에게 나누어 주었다.13)

---

10) Aleme Eshete, 같은 글, p.5.
11) Aleme Eshete, 같은 글, p.6.
12) Aleme Eshete, 같은 글, p.6.
13) Aleme Eshete, 같은 글, p.6.

3) 1917~1935, 에티오피아의 러시아 난민들

에티오피아에 온 러시아 난민은 대부분 볼셰비키의 적군에 대항하여 백군 편에서 내전(1917~21)에 참가한 군 장교들이었다. 대부분 귀족이었으나 귀족을 사칭하는 사람들도 있었다. 그러나 에티오피아는 러시아에 잘 알려지지 않은 나라였기 때문에 러시아에서 에티오피아로 직접 온 러시아 난민은 없었다. 그들 중 대부분은 유럽 국가에 체류하다가 에티오피아로 온 사람들로, 주로 프랑스의 파리에 살다 에티오피아에 온 것으로 보인다. 한 무리는 라스 타파리(Ras Tafari: 후에 셀라시에 황제가 되었다)의 초청으로 에티오피아에 온 것으로 알려져 있다. 또한 지인이나 다른 러시아 난민에게서 에티오피아가 러시아인을 호의적으로 맞이하고 일자리도 제공한다는 매력적인 이야기를 전해 듣고 온 사람들도 있었다.

이들 러시아인은 대부분 에티오피아 국적을 받았고, 일부는 아디스아바바의 프랑스 공사관에서 일했다. 러시아 난민 대부분이 프랑스어를 할 수 있었다. 프랑스어는 당시 에티오피아에서 국제어로 사용되고 있었기 때문에 통역사를 통해 귀족과 통하는 데 문제가 없었으며, 당시 유학을 마치고 돌아와 정부에서 핵심 요직을 차지하고 있던 젊은 에티오피아인들과 직접 대화할 수 있었다. 그러나 시간이 지나면서 난민들은 대부분 암하라어를 배웠다. 그들은 성 니콜라스(St. Nicholas)라는 러시아인들의 교회에서 미사를 올리고 외국에 있는 러시아 기관들과 접촉하여 *Les Dernières, Nouvelles Russes, La Renaissance, La Russie Illustré* 같은 러시아 신문을 받아볼 수 있었다. 러시아 난민은 대부분 에티오피아에서 생을 마감했으며 현재 굴레레(Gullele) 지역의 페렌지(Ferenji) 공동묘지에 40여 기가 넘는 러시아 난민 무덤이 있다.[14)]

볼셰비즘은 에티오피아 정부와 정교회, 귀족에게 용납되지 않았다. 그 이유는 군주제와 귀족의 폐지, 교회와 종교의 폐지, 노동계급을 대표하는 공산당의 권력 장악, 그리고 사유재산제의 폐지 등을 옹호했기 때문이다. 에티오피아 정부는 볼셰비즘과 공산주의가 에티오피아에 유입될까 우려했다. 중국을 포함한 동양에서 공산주의가 성장한 후, 특히 1920년대 이집트에 볼셰비키가 침투했다는 소식이 전해진 후 에티오피아 정부는 볼셰비키 활동에 대한 두려움을 갖고 있었다.

우연의 일치로 메넬리크의 에티오피아 정부 각료회의에 저항하는 메넬리크의 경호원인 메할 세파리스(Mehal Sefaris)가 이끄는 첫 번째 대중운동이 러시아혁명과 거의 같은 시기에 일어났다.[15] 아디스아바바에 있는 외교관들은 세파리스를 소련 또는 에티오피아의 혁명가로 언급했다. 세파리스가 1918년 5월에 발표한 선언문은 1907년 메넬리크 황제가 처음으로 국민을 위해 봉사하도록 임명한 장관들이 오히려 사익을 추구하고 있다고 밝히고 있다. 세파리스는 국방부 장관을 제외한 장관 12명을 '12명의 사탄'으로 규정하고 모두 해임할 것을 요구했다. 저항 운동은 점점 더 확대되어 많은 사람이 호응했고 빨리 멈추게 하지 못하면 통제할 수 없는 위험에 빠져들 수 있었다. 따라서 섭정이던 라스 타파리는 세파리스에게 편지를 보내 장관들의 해임 요청을 수락했다.[16] 이 사건은 볼셰비키 유형의 운동이 에티오피아에서도 발생할 수 있다는 사실을 일깨워줬다.

이 사건은 세파리스 저항 운동의 주요 인물 중 한 명이 혁명 이전에 러시아에서 교육받은 에티오피아인이라는 사실 때문에 더 의미가 있었다. 이 운동은 에티오피아 정부에 볼셰비키식 대중운동에 대한 경고를 해준 최초

---

14) Aleme Eshete, 같은 글, p.12.
15) Aleme Eshete, 같은 글, p.12.
16) Kebede Tessema, *Ya Tarik Mastawasha(Historical Notes)*(Addis Ababa: Artistic Printing Press, 1971), pp.53~56.

의 사건으로 받아들여졌다. 그러나 에티오피아는 유럽과 아시아, 특히 중국에서 공산주의가 확산된 1920년대 후반에 들어서야 볼셰비키에 대해 진정으로 우려하기 시작했다. 이는 다수의 신문 논설에서 표출되었다.[17]

1929년 아디스아바바의 영국 대표는 에티오피아의 초기 러시아 난민 중 한 명으로, 이전에 아디스아바바에서 의사로 활동한 유명 인사 가브릴로프(Gavriloff) 박사의 추방 소식을 공개했다.[18] 영국 대표에 따르면 아디스아바바 경찰이 그의 집을 수색한 결과 불가리아 소피아에서 온 편지를 포함해 그가 볼셰비키 비밀 요원임을 입증하는 서류가 나왔다고 밝혔다. 가브릴로프 박사가 받은 의심스러운 편지에는 러시아어로 "독일산 기관총과 시한폭탄을 항구를 통해서 운송할 예정이며 폭탄 50개의 대가로 300파운드가 필요할 것이다"라는 내용이 적혀 있었다.[19] 영국, 프랑스, 독일, 이탈리아 등 서구 국가의 대표들도 에티오피아에서 볼셰비키 요원을 척결하기 위한 운동에 동참했다. 강대국이 적극적으로 협력하는 것은 매우 드문 일이었지만, 이는 당시 볼셰비즘에 대한 우려가 상당했음을 보여주는 사례라고 할 수 있다.[20]

≪베르하네나 셀람(Berhanena Selam)≫ 신문 논설에 따르면 "볼셰비즘을 싫어하는 일부 사람은 러시아에서 탈출하여 자신들에게 호의적인 유럽 국가 등으로 피신했다. 이것은 볼셰비키주의자들이 난민으로 위장하여 유럽 각지에 침투할 수 있는 좋은 기회를 제공했다. 그러나 그들은 세계 각지에서 발견되는 즉시 체포되어 모스크바로 추방당했다. 에티오피아도 러시아 난민을 수용했고 에티오피아 정부는 기술자들에게는 일자리를, 특별한 기

---

17) Aleme Eshete, *Ethiopia and the Bolshevik Revolution: 1917-1935*, p.12.
18) Aleme Eshete, 같은 책, p.14.
19) Aleme Eshete, 같은 책, p.14.
20) Aleme Eshete, 같은 책, p.15.

술이 없는 사람들에게는 생활 보조금을 제공했다. 이 중에는 가브릴로프 박사 같은 볼셰비키 사상을 확고하게 지지하는 러시아 난민들도 있었다.[21] 몇 주 후인 1929년 8월 23일에 또 다른 러시아 난민이 체포되었다. 그는 아디스아바바시 지자체에 고용된 기술자 트라흐텐베르크(Trachtenberg)로 아내와 함께 추방되었다. 에티오피아 농업부에 고용된 기술자 페레노브스키(Verenowsky)와 메넬리크(Menelik)와 타파리 마콘넨(Tafari Makonnen) 학교의 미술 교사 예술가 디트리히(Dietrich)도 체포되었다.[22]

이들이 체포되거나 추방된 것은 에티오피아에서 볼셰비키혁명을 준비하려고 한 혐의 때문이다. 이들과 뜻을 함께했다는 혐의로 체포되어 구금된 사람들 중에 당시 러시아 유학파로, 아세베 테페리(Asebe Teferi) 주지사였던 진보 성향의 테클레 하와리아트(Tekle Hawariat)가 있다.[23] 자신의 종이 대포를 수입했다고 당국에 신고하여 그는 볼셰비키와 관련이 있다는 죄목으로 검거되어 교도소에 수감되었으나 6개월 후에 사면받았고 복직했다.[24] 그의 종이 대포라고 신고한 것은 외국에서 수입한 제분기에 사용하는 실린더였다. 하와리아트는 1930년대 초에 재무부 장관을 지냈으며 토지 소유권과 자유주의 개혁을 지지했다.[25] 그리고 그는 에티오피아의 첫 헌법 도입과 러시아 두마(Duma: 1906~1917년의 러시아 의회)를 모방한 에티오피아 의회의 창립에 큰 역할을 했다.

21) Aleme Eshete, 같은 책, p.12.
22) Aleme Eshete, 같은 책, p.17.
23) Aleme Eshete, 같은 책, p.18.
24) Aleme Eshete, 같은 책, p.21.
25) Aleme Eshete, 같은 책, p.18.

4) 에티오피아와 러시아혁명의 영향

에티오피아에서 볼셰비키 관련 음모가 있었는지는 확실하지 않다. 당시 에티오피아인들은 러시아혁명의 본질에 대한 정확한 이해가 부족한 상황이었고, 이로 인해 볼셰비키 사회주의혁명에 대한 에티오피아 정부의 오해가 있었던 것으로 보인다. 에티오피아 정부가 취한 조치는 극도의 예방차원이었다. 1917년 러시아혁명을 피해 고국을 떠나온 아르메니아 출신 아디스아바바 보안경찰대장 바비키안(Babikhian)이 이러한 조치를 하게 된 사건의 중심에 있었다.[26] 바비키안은 아디스아바바시 자치 구역의 경찰 수장으로 있으면서 에티오피아의 볼셰비키 음모에 관한 이야기를 만들어 베르하네나 셀람 신문에 글을 썼다. 그러나 그가 신문에 기고한 내용은 후에 사실이 아니라는 것이 밝혀졌다. 추방된 가브릴로프 박사가 불가리아에서 받은 편지조차 바비키안이 위조한 것으로 나타났다. 따라서 1929년에는 에티오피아에 볼셰비키혁명을 일으킬 만한 네트워크가 없었던 것으로 밝혀졌다.[27]

나중에 러시아인들이 에티오피아에서 추방된 후, 하와리아트의 무죄를 확신한 에티오피아인과 파리 소재 러시아 난민기구(Russian Refugee Organization)의 요청에 따라 정부 주도로 독립적인 조사를 실시했다. 조사결과 바비키안의 위험성을 인지한 정부는 그를 해임하고 더는 에티오피아에서 정부 관련 직무를 수행하지 못하게 했다. 그가 개인적인 원한으로 저지른 일인지, 반볼셰비즘에 현혹되어 그런 것인지, 아니면 사리사욕을 채우기 위해 그런 것인지는 밝혀지지 않았다.[28] 확실한 것은 바비키안이 해

---

26) Aleme Eshete, 같은 책, p.20.
27) Aleme Eshete, 같은 책, p.20.

임된 후 마땅한 일자리를 찾지 못하여 어려운 삶을 살았다는 것이다. 에티오피아에서 추방된 러시아 난민들은 그들의 결백이 입증되어 원할 경우 에티오피아로 돌아올 수 있었다.

메넬리크는 1896년 아드와 전투에서 이탈리아에 승리한 후 에티오피아 남부 전역을 정복하기 시작했다. 그가 정복한 땅에는 봉건제도가 수립되었고 봉건제도는 민족 집단에 대한 억압을 수반했다. 에티오피아가 맞닥뜨린 근본 문제는 계급과 봉건제도였다. 메넬리크 때 고착된 봉건제도는 후에 셀라시에 황제 시기의 계급 구조에도 큰 영향을 미쳤고, 이는 에티오피아가 봉건제와 자본가, 억압과 착취, 중세와 현대의 중간 지점을 배회하게 하는 주된 요인이 됐다. 1974년 2월 에티오피아 혁명 당시 주도적인 역할을 했던 젊은 노동자 계층, 학생 지식층, 에리트레아 민족해방 운동가들은 제2차 세계대전 이후에 하나로 통합되었다.[29]

제2차 세계대전이 끝난 후 에티오피아는 세계의 많은 국가와 외교관계를 넓혔고 1950년대 후반에는 소련의 경제 및 군사 지원을 받기 시작했다. 1935, 36년에 이탈리아가 에티오피아를 침략했을 당시 소련은 이탈리아 침략을 비난한 5개국 중 하나다. 에티오피아와 소련의 관계와 관련한 가장 중요한 역사적 흔적은 아드와 전투가 끝난 후 에티오피아가 아디스아바바에 소련 대사관 건설을 위해 넓은 토지를 제공하고, 소련이 아디스아바바에 병원을 건립해 준 것이라고 할 수 있다. 소련과 에티오피아는 1943년 4월 21일 공식적인 외교관계를 수립했고, 1956년에 양국에 대사관을 개설하여 더욱 긴밀한 관계가 되었다.[30] 에티오피아와 미국이 긴밀한 외교관

---

28) Aleme Eshete, 같은 책, p.21.

29) "Revolution and Counter-Revolution in Ethiopia," *Economic and Political Weekly*, Vol.13, No.9. doi.org/10.2307/4366406, p.465.

30) David H. Shinn and Thomas P. Ofcansky, *Historical Dictionary of Ethiopia*(Scarecrow Press,

계를 맺고 있었음에도 불구하고 소련은 동부 아프리카에서 이해관계를 유지하기 위해 노력했고, 1947년 아디스아바바에 소련 적십자 병원(Soviet Red Cross Hospital)을 개설했다.[31] 양국의 관계는 셀라시에 황제 재위 때도 지속되었으며 사회주의혁명이 일어난 후에는 더욱 긴밀해졌다.

3. 소련과 에티오피아

1) 에티오피아의 1974년 혁명

아프리카의 다른 지역과는 달리, 식민주의 국가들은 오랫동안 에티오피아의 대부분을 정복하지 못하고, 고도로 조직화된 토착의 봉건 제국을 그대로 남겨두었다. 그 결과 도시 지역의 무산계급과 농촌 지역의 소농계급의 존재를 자각하고 뚜렷하게 드러나는 계급사회에서 자본주의 발전의 씨앗을 억눌렀다. 1974년 에티오피아 혁명은 언뜻 보기에 1917년 러시아혁명과 비슷하다. 오랫동안 통치해 온 독재자는 혁명으로 쫓겨났다. 아디스아바바를 비롯한 여러 지역에서 대중 소요 사태가 발생했고, 수개월간의 개혁 시도가 이어지면서 하일레 셀라시에(Haile Selassie) 정부가 1974년 9월에 결국 무너졌다. 그러나 이 혁명의 초기 모습은 에티오피아의 길고 복잡한 볼세비즘의 역사뿐만 아니라 혁명 자체의 고통스러운 과정을 감추고 있다.[32] 귀족에 대한 국가의 의존이 감소하게 된 것은 1920년대에 시작된 군

2013), p.357.

31) William H. Mott, *United States Military Assistance: An Empirical Perspective*(Greenwood Publishing Group, 2002), p.259.

32) Kate Cowcher, "From Refuge to Revolution: Bolshevism's Evolution in Ethiopia – AAIHS,"

현대화 작업 때문이다. 군 현대화 작업은 셀라시에가 섭정과 왕위 계승자로서 가장 강력한 힘을 가졌을 때(1916~1930)와 황제가 되었을 때(1930~1974) 강력하게 추진되었다. 벨기에 군사 사절단과 프랑스 장교들의 훈련을 통해 1920년대에는 왕실경호실이, 1934년에는 홀레타(Holeta) 육군사관학교가 설립되었다.[33] 셀라시에의 이러한 정책은 많은 귀족에게 독재정치로 비쳤고, 그의 탄압이 지속되자 많은 에티오피아인이 1974년 2월 반란에 참여했다. 개혁 초기에는 자발적 성격이 강했지만, 수백만 명의 농민, 노동자 및 다른 직종에 있는 사람들과 진보주의자들이 참가했으며, 당시의 봉토부르주아(feudo-bourgeois) 제도를 근본적으로 흔들어 놓았다. 1970년부터 심각한 기근과 수에즈운하 폐쇄에 의한 유가 상승으로 빚어진 인플레이션은 국민 생활을 악화시켰다.[34] 기근으로 인해 농촌 지역에서 아사자가 발생했지만 일부 지배층은 식량을 쌓아두고 있었다. 황제는 이에 대해 아무런 조치도 취하지 않았다. 그는 오히려 기근을 은폐하여 국제사회의 비난을 받았다. 이러한 상황 속에서 에티오피아는 극심한 혼란에 빠져들고 있었다.[35] 1973년 이후 파업과 시위가 빈번히 발생했고, 에리트레아에서는 내전이 발생해 사태가 더욱 악화되었다. 게다가 황제가 궁전에서 사육하는 애완 사자에게 고기를 주는 사진이 대중에게 공개되면서 심각한 식량난으로 고통받던 국민의 분노를 샀다. 혁명이 발생한 지 8개월 만에 45년간 군

(2017). http://www.aaihs.org/from-refuge-to-revolution-bolshevisms-evolution-in-ethiopia/ (검색일: 2017.11.5).

33) Tiruneh, A. *The Ethiopian Revolution 1974-1987: A Transformation from an Aristocratic to a Totalitarian Autocracy*(Cambridge University Press, 1993), pp.10~11.

34) Ras Nathaniel, *50th Anniversary of His Imperial Majesty Haile Selassie I: First Visit to the United States(1954-2004)*(Victoria, B.C.: Trafford Publishing, 2006), p.40.

35) M. Johns, "A U.S. Strategy to Foster Human Rights in Ethiopia"(1989), https://www.heritage.org/middle-east/report/us-strategy-foster-human-rights-ethiopia(검색일: 2017.11.10)

림하던 절대군주 셀라시에 황제가 권좌에서 물러났고 봉건 군주제의 악순환이 종식되었다.[36] 에티오피아의 1974년 2월혁명은 제국주의와 사회주의 시대에 노동자 계층이 국민을 위한 민주주의를 확보할 수 있다는 경험을 하게 하는 계기였다. 따라서 에티오피아 혁명은 부르주아혁명이라고 부르기 어렵다. 당시의 부르주아지는 대다수가 토지, 봉건제도와 연결되어 있었기 때문에 사회를 변화시킬 수 없었고, 자체 규칙에 따라 대량 노동력을 축적하고 자본주의의 지배력을 보장할 수 없었다.

1974년 9월 13일에 아만 안돔(Aman Andom) 장군은 데르그(Derg)로 알려진 임시군사행정위원회(Provisional Military Administrative Council: PMAC)[37]를 만들었고 이를 통해 군사정권을 수립하고 테페리 벤티(Teferi Benti) 준장을 국가원수로, 멩기스투 하일레 마리암(Mengistu Haile Mariam) 중령을 제1부의장으로 임명했다.[38] 멩기스투는 그 후에 일어난 온건파와 급진파의 대립 당시 스위스에서 병으로 요양 중이던 황태자를 맞아들이자고 주장한 온건파의 아만 안돔 PMAC 의장과 대립했다. 온건파는 지식인층이 대부분이지만 국민의 압도적인 지지를 얻고 있었으며, 군 일부가 참여한 급진파는 공화제를 주장했으며 학생이나 대학교수, 노동조합이 지지했다.[39] 11월 22일 급진파는 에리트레아 해방전선(Eritrean Liberation Front: ELF) 토벌 문제에 대한 의견 불일치를 이유로 아만 안돔 의장을 해임한 후 연금했다. 11월

---

36) Ras Nathaniel, *50th Anniversary of His Imperial Majesty Haile Selassie I: First Visit to the United States(1954-2004)*, p.40.

37) 데르그(Derg)는 게즈(Ge'ez)어로 위원회를 뜻하며 1974년부터 1987년까지 존재한 에티오피아의 군경 행정 관련 최고 의결 기구로서 나중에 공식 명칭이 임시군사행정위원회(Provisional Military Administrative Council: PMAC)로 변경되었다.

38) M. Johns, "A U.S. Strategy to Foster Human Rights in Ethiopia," 1989, https://www.heritage.org/middle-east/report/us-strategy-foster-human-rights-ethiopia(검색일: 2017.11.10).

39) M. Johns, 같은 글.

24일 온건파와 총격전을 벌여 아디스아바바 각처에서 아만 의장을 포함해 전 총리 2명, 황제 하일레 셀라시에 1세의 손자인 해군 사령관, 온건파 고위 지도자 61명, 정부 고관, 황족 등을 살해했다. 멩기스투는 이를 계기로 실권을 장악했다. 초기에 친미와 친소 사이에서 모호함을 유지하던 멩기스투는 결국 소련을 선택하고 공산주의 에티오피아를 건설하는 데 성공했다.

1974년 12월 12일, PMAC는 에티오피아를 사회주의에 기초한 국가로 선언했다. PMAC가 발표한 사회주의 선언은 총 10개 항으로 구성되었고, 선언문의 내용은 소련이 에티오피아에 사회주의 국가를 선택한 것인지 판단하는 중요한 자료로 활용되고 있었다. 특히 '에티오피아 티크뎀(Tikdem)'이라는 '에티오피아 제일주의'의 선언은 민족주의 성향을 보이고 있어 완전한 공산주의라고 하기에는 이념적 간극이 있다고 할 수 있다.[40] 1975년 1월 1일 혁명위원회인 PMAC는 외국계 기업의 국유화를 선언하고 은행, 보험사, 섬유 기업, 제당 기업, 정유 기업 등을 국유화했다. 또한 프랑스가 소유하고 있던 에티오피아 철도도 접수했다. 2월 3일에는 사회주의 선언 항목 제6항과 제8항을 근거로 국내 및 외국계 기업 72곳을 국유화했다. 2월 7일 PMAC는 '사회주의 에티오피아 경제정책 선언'을 표명하고 정부와 민간 자본, 민간 기업의 합병을 발표했다. 2월 11일 이미 대통령으로 선언한 멩기스투는 PMAC의 의장에 취임하는 동시에 에티오피아 원수가 되었다. PMAC는 3월 4일 제7항을 근거로 토지개혁을 발표했다.[41] 봉건적 토지 소유 시스템을 폐지하고, 교외에 있는 토지를 포함하여 토지의 국유화를 발표했으며 정부 하부 조직으로 농업조합의 설립을 허용했다.

---

40) 변웅, 「지역적 맥락에서의 아프리카 냉전 사례: 1970년대 에티오피아의 사회주의화와 소련의 개입과정을 중심으로」, ≪세계정치≫, 22호(2015), 203쪽.
41) 변웅, 같은 글, 205쪽.

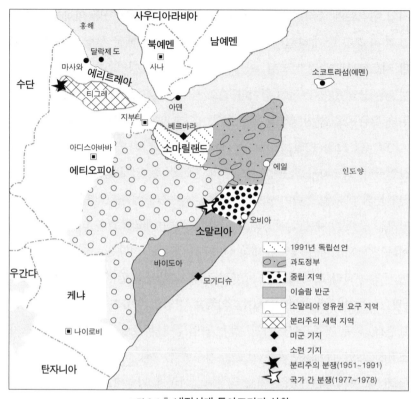

지도 내 라벨:
- 사우디아라비아
- 홍해
- 달락제도
- 마사와
- 북예멘
- 사나
- 남예멘
- 소코트라섬(예멘)
- 수단
- 에리트레아
- 티그레
- 아덴
- 지부티
- 베르바라
- 소말릴랜드
- 아디스아바바
- 에티오피아
- 에일
- 인도양
- 오비아
- 소말리아
- 우간다
- 바이도아
- 케냐
- 모가디슈
- 나이로비
- 탄자니아

범례:
- 1991년 독립선언
- 과도정부
- 중립 지역
- 이슬람 반군
- 소말리아 영유권 요구 지역
- 분리주의 세력 지역
- 미군 기지
- 소련 기지
- 분리주의 분쟁(1951~1991)
- 국가 간 분쟁(1977~1978)

그림 6-1 ▎ 냉전시대 동아프리카 상황

http://blog.joins.com/media/folderlistslide.asp?uid=alamin&folder=5&list_id=12441783 참조해 작성.

멩기스투를 중심으로 한 군의 소장파 장교들이 수립한 군사정권은 친
소련 사회주의 노선을 천명했고, 중화학공업 발전이나 농업 발전 계획 수
립보다는 국유화와 같은 정책에 집착했으며 소련의 군사원조에 힘입어 군
사행동에 신경 썼다. 당시 소련은 아프리카 곳곳에서 일어나는 정변을 진
보 세력과 연대해 사회주의를 이식하는 기회로 활용하고 있었다. 그러나
제3세계 문제에 개입함으로써 소련은 여러 차례 경제·정치·군사적으로 수
렁에 빠지게 되었으며 에티오피아에서도 결국 그러한 사태에 직면하게 되
었다. 이에 대한 반동으로 미국은 소말리아 독재정부에 대규모의 지원을

하여 친미 정권으로 만들었으며, 에티오피아 반군을 지원했다. 당시 에티오피아는 소말리아의 침공에 직면해 있었고, 소말리아의 지원을 받는 에리트레아 반군의 공격을 받고 있어 매우 곤란한 상황에 처하게 되었다. 에티오피아는 사회주의 국가로 변모한 후, 소련과의 우호 관계를 구축했다. 개전 후, 처음에는 소련이 소말리아와 에티오피아 사이에서 중재를 시도하기도 했지만 실패했다. [42]

2) 소련과 에티오피아의 동맹관계

소련과 에티오피아의 동맹관계는 어떤 과정을 통해 맺어졌을까? 멩기스투는 혁명을 일으켜 사회주의국가를 선언하고 소련을 향해 적극적으로 구애하기 시작했다. 그러나 에티오피아 혁명에 대한 당시 소련의 평가는 처음부터 긍정적인 것만은 아니었다. 소련은 초기의 멩기스투 반란이 사회주의혁명이 아니고 오히려 현실주의 관점에서 황제와 동맹을 유지하려는 것으로 생각하여 이데올로기 면에서 '공산주의 요소'를 발견하지 못한 것으로 보인다. 이 때문에 멩기스투는 소련의 신뢰와 지원을 받기 위해 사회주의 이념에 대한 집착과 헌신을 했다. [43] 멩기스투는 소련과 동맹관계를 맺음으로써 에티오피아 국내에서 데르그 지지자들에게 데르그에 의한 지배의 정당성을 확보하고자 했다. [44] 국가를 통제하기 위해 대외적으로 인정받음으로써 구체제 엘리트들의 비판을 피하고자 한 것이다. [45] 데르그가

---

42) Odd A, Westad, *The Global Cold War: Third World Interventions and the Making of Our Times*(Cambridge University Press, 2005), p.263.
43) 변웅, 「지역적 맥락에서의 아프리카 냉전 사례: 1970년대 에티오피아의 사회주의화와 소련의 개입과정을 중심으로」, 207쪽.
44) 변웅, 같은 글, 211쪽.

에티오피아를 장악하면서 역사상 처음으로 사회주의 이념을 전면에 내세웠으며, 이에 따라 종주국인 소련의 인정과 지원을 받을 수 있다면 국민의 전폭적인 지지가 있을 것으로 예측했다.[46] 결국 소련과 미국 사이에서 전략적 위치를 점하고 있음에도 불구하고 데르그는 오히려 냉전과 강 대 강(强對强) 세력 간 힘의 대치를 권력 강화의 도구로 이용했다. 결과적으로 멩기스투는 냉전이라는 맥락 속에서 미소의 대결 구도를 자신에게 유리한 방향으로 이용하며 소련의 지지를 받으려고 노력했다.

소련은 왜 동아프리카 지역에 대한 기존의 정책을 바꾸어 에티오피아와 동맹관계를 맺기로 결정했을까? 소련은 미국의 세력 확장과 이 지역의 반공주의 확산에 대한 위기의식, 그리고 당시 소련과 관계가 악화되고 있던 중국의 동부 아프리카 진출 가능성을 두려워하며 에티오피아의 전략적 활용 가치를 인식하게 되었다. 미소 냉전의 각축전, 그리고 중국의 심상치 않은 아프리카 진출에 대한 변화가 감지되면서 동아프리카 국가들을 개별적으로 관리하는 것이 아니라 지역 전체를 전략적 요충지로 파악하여 '지역적(regional)' 접근을 시도하고자 했다는 것이다.[47] 이러한 배경 속에서 소련은 1976년 12월 14일 마침내 에티오피아와 군사 협력에 관한 기본 협정을 체결했고, 1977년에는 아프리카 국가들의 해방운동을 지원하던 피델 카스트로(Fidel Castro)의 강력한 권고를 받아들여 멩기스투의 지원 요청을 수락했다. 1978년 11월에 양국은 우호협력조약을 조인했고, 소련은 소말리아에 대한 지원을 중지하고 에티오피아에 강력한 지원을 했다. 1970년대

45) Odd A, Westad, *The Global Cold War: Third World Interventions and the Making of Our Times*, pp.196~201.
46) 변웅, 「지역적 맥락에서의 아프리카 냉전 사례: 1970년대 에티오피아의 사회주의화와 소련의 개입과정을 중심으로」, 212쪽.
47) 변웅, 같은 글, 213쪽.

초 소말리아는 소련에 인도양 연안의 해군, 공군 기지를 제공하고 있었다.

소련 외무장관 안드레이 그로미코(Andrei Gromyko)에 따르면 1974년 소련과 에티오피아의 동맹관계는 제국주의, 신식민주의, 인종차별, 아파르트헤이트와 시오니즘에 반대하여 평화, 국제 단결과 새로운 국제 경제 질서를 수립하는 협력 관계로 성장할 것이라고 명시했다.[48] 1980년대에는 2만 4000명에 달하는 에티오피아인이 소련에서 유학할 기회를 얻었다.[49] 소련은 10억 달러 상당의 군사 장비를 제공하고 1000명 규모의 군사고문단도 파견했다. 소련은 또 쿠바가 에티오피아에 파견하는 병력 및 기술 인력 1만 7000명을 수송하는 데도 지원했다. 남예멘과 북한, 동독도 군사훈련을 위한 고문단을 파견하는 등 에티오피아를 지원했다.[50] 대부분의 아프리카 국가는 이러한 소련의 개입에 박수를 보내면서 소말리아의 에티오피아 침공에 대한 정당한 대응이라고 여겼다. 이에 대해 미국은 소말리아를 지원하여 오가덴 전쟁은 냉전의 대리전 양상을 띠게 되었다. 또 한편으로는 중소 분쟁으로 소련과 대립하던 중국과, 니콜라에 차우셰스쿠(Nicolae Ceausescu) 치하에서 독자 노선을 추구하던 루마니아도 소말리아 측에 가담했다.

멩기스투 정권은 잘못된 행동으로 비판을 받고 있었지만 소련은 에티오피아 혁명정부에 대한 지원을 크게 늘렸다.[51] 혁명에 참여한 청년들 중

---

48) Anatoly Gromyko, "Soviet-Ethiopian Relations Today," in T. Beyene(ed.), *Proceedings of the Eighth International Conference on Ethiopian Studies. University of Addis Ababa*, 1984 (Addis Ababa: Institute of Ethiopian Studies, 1988.), p.529.

49) G. Tetrault-Farber, "Ethiopian Ambassador Seeks to Upgrade Dialogue with Russia," 2015, http://themoscowtimes.com/articles/ethiopian-ambassador-seeks-to-upgrade-dialogue-with-russia-47436(검색일: 2017.11.18)

50) Louise P. Woodroofe, *Buried in the Sands of the Ogaden: The United States, the Horn of Africa, and the Demise of Detente*(Kent, Ohio: Kent State Univ., 2013), p.192; Oliver Stone and Peter Kuznick, *The Untold History of the United States(MP3 Una edition)*(Brilliance Audio, 2014.)

일부는 멩기스투의 군사혁명이 러시아혁명과 달랐다는 점에 큰 배신감을 느껴 시위를 했고 멩기스투는 이들 젊은 에티오피아인 수천 명을 잔인하게 처단했다.[52] 에티오피아에서 발견된 자료에 의하면 1977년 7월 13일 오전 3시에 소말리아군 7만 명이 항공기 40대, 전차 250대, 장갑 수송 차량 350대, 화포 600문을 동원하여 국경을 넘어 에티오피아로 침공했다.[53] 이것은 당시 소말리아의 모든 병력이 동원된 것으로, 7월 말에 소말리아는 오가덴주의 60%를 장악했지만 에티오피아는 공군의 활약으로 제공권을 장악했다. 당시 소말리아군은 MIG-21을 운용하고 있었으며 에티오피아 공군은 상대적으로 적은 수의 F-5로 대항했다. 그 후 전쟁은 장기화되어 1983년 7월 에티오피아군이 소말리아로 침공하여 큰 타격을 주었다. 소련의 지원으로 에티오피아는 반군이 장악했던 지역을 회복했다. 소말리아는 오가덴 분쟁에서 에티오피아를 지원한 소련과 국교를 단절하고 소련이 군사기지로 사용하던 베르베라(Berbera)에서 소련 해군을 추방했다. 하지만 냉전의 완화와 더불어 미국과 소련의 관계 회복, 내전으로 인해 소말리아의 세력이 약화되면서 1988년 에티오피아와 소말리아는 정전에 합의했다.[54] 그 후 소말리아는 미국의 원조를 받았고 1980년에는 미국과 새로운 동맹관계를 맺었다. 이와 같은 상황은 1990년대까지 지속되었다. 에티오피아와 소말리아의 사례는 국내 분쟁이 전형적인 양극체제의 냉전 상황 속에서 대리전으

51) Odd A, Westad, *The Global Cold War: Third World Interventions and the Making of Our Times*, p.276.

52) Kate Cowcher, "From Refuge to Revolution: Bolshevism's Evolution in Ethiopia – AAIHS," 2017, http://www.aaihs.org/from-refuge-to-revolution-bolshevisms-evolution-in-ethiopia/ (검색일: 2017.11.5).

53) Louise P. Woodroofe, *Buried in the Sands of the Ogaden: The United States, the Horn of Africa, and the Demise of Detente*, p.7.

54) Louise P. Woodroofe, 같은 책, p.126.

로 변화하는 모습을 보여주었다.

한편 1980년대 들어 에티오피아 정부군의 반군에 대한 대대적인 공격은 극심한 가뭄과 대규모의 기아 발생 때문에 실패로 이어졌다. 멩기스투가 혁명 10주년 경축 준비에 몰두하는 사이에 에티오피아는 20세기 최악의 재앙인 1984년 기근을 향해 달려가고 있었다. 1984, 1985년 발생한 기근으로 에티오피아에서는 약 100만 명이 사망한 것으로 알려졌다.[55] 얼마나 많은 사람이 죽었는지는 정확히 알 수 없다. 서구의 구호 활동 덕에 수천, 수만 농민이 목숨을 건졌다. 그러나 멩기스투 정부는 티그라이 인민해방전선(Tigray People's Liberation Front: TPLF)의 근거지인 광활한 티그라이 지역에 서구의 구호 활동이 미치지 못하도록 막았다. 서구 외교관들이 열심히 움직였지만 멩기스투는 300만 명에 이르는 티그라이 주민에 대한 구호 활동을 위해 '안전 통행로'를 보장해 달라는 요청을 거부했다.[56]

멩기스투 사회주의 정권은 1991년 냉전 종식에 의해 후견국인 소련이 붕괴하면서 에티오피아에 대한 지원이 중단되자 위기에 처했고, 1991년 내전 끝에 반군 조직 연합체인 에티오피아 인민혁명민주전선(Ethiopia People's Revolutionary Democratic Front: EPRDF)은 데르그 군사정권을 몰아내 주요 도시를 장악했다. 1991년 5월 멩기스투가 짐바브웨로 망명하면서 데르그는 무너지게 됐다. 미국은 5월 말에 런던에서 열린 반군과 에티오피아 정부 간 휴전 협상 때 반군의 수도 장악을 지지했고 멩기스투가 망명하기 훨씬 전부터 EPRDF와 휴전에 동의하고 임시 거국 정부를 세워 선거를 실시할 것을 권했다. EPRDF는 1994년 신헌법을 제정하고, 내각제와 연방제를 채

---

55) 마틴 메러디스(Martin Meredith), 『아프리카의 운명: 인류의 요람에 새겨진 상처와 오욕의 아프리카 현대사』, 이순희 옮김(서울: 휴머니스트, 2014), 475쪽.
56) 마틴 메러디스(Martin Meredith), 같은 책, 475쪽.

택했다. 1995년 선거에서 네가소 기다다(Negasso Gidada)가 에티오피아민주
공화국 대통령으로 선출됐고, 1991년부터 대통령으로 재임하던 멜레스 제
나위(Meles Zenawi)는 여당의 수장으로서 총리가 됐다. 이와 함께 1993년에
는 에리트레아가 에티오피아에서 독립하게 되었다. 멩기스투 정권 당시 소
련의 군사 차관 등을 포함하여 에티오피아의 대(對)러시아 외채는 60억 달
러에 육박했으나, 1999년 48억 달러를 삭감한 후, 러시아가 파리클럽의 회
원국으로 가입하면서 2005년 4월 11억 달러를 감면해 줌으로써 현재
는 1억 6000만 달러 정도로 크게 줄었다.

　간혹 양국 사이에 견해차가 있었지만, 에티오피아는 여전히 동부 아프
리카의 소비에트 정책을 지지했다. 소련은 멩기스투 정권이 권력을 유지함
으로써 소련이 에티오피아에서 지배적인 영향력을 계속 유지할 수 있기를
바랐다. 또한 소련은 수단, 소말리아, 지부티와 같은 다른 국가들에 영향력
을 행사하기 위해 에티오피아와 긴밀한 유대 관계를 맺고 싶어 했다. 즉,
소련은 홍해 지역과 사하라사막 이남 아프리카 국가와의 관계에서 에티오
피아를 자국의 입지를 강화하기 위한 도구로 이용하려고 했다. 소련은 에
티오피아를 아프리카 대륙으로 영향력을 펼칠 수 있는 전략적 요충지로 생
각하고 있었다.

4. 소련과 앙골라

1) 앙골라 저항 조직과 해방전쟁

　앙골라 민족주의자들은 문화적·정치적 차이로 인해 여러 개의 민족주의
집단으로 분열되었으며 포르투갈의 식민 지배에 저항해 3개의 저항 조직이

출현했다. 앙골라의 북쪽은 홀덴 호베르투(Holden Roberto)가 이끄는 앙골라 민족해방전선(Frente Nacional de Libertaçào de Angola: National Front for the Liberation of Angola: FNLA)이 바콩고(Bakongo)인들의 폭넓은 지지를 받았다. 호베르투는 바콩고 왕족은 물론 지역 자본가들과도 긴밀한 관계를 맺었다. 수도 루안다(Luanda)와 중부 지역은 급진적인 마르크스·레닌주의(Marxism-Leninism)를 따르는 음분두(Mbundu)인이 앙골라인민해방운동(Movimento Popular de Libertaçào de Angola: Movement for the Liberation of Angola: MPLA)을 지지했다. 남부에는 벵겔라 고원지대(Benguella Plateau)를 중심으로 오빔분 두(Ovimbundu)인이 주로 거주하고 있었는데 조나스 사빔비(Jonas Savimbi)가 이끄는 앙골라완전독립민족연합(Uniào Nacional para a Independência Total de Angola: Nation Union for Total Independence of Angola: UNITA)이 지지를 받았다.[57]

1960년대 이후 아프리카의 국가들이 대부분 독립한 반면 남부 아프리 카 국가들의 상황은 이와 반대로 전개되고 있었다. 특히 백인 이주민이 많 은 남부 아프리카 국가들은 백인 지배가 견고하게 확립되어 있었다. 남아 공의 백인 정부와 인종차별 정책, 로디지아 백인 정부, 행정 군사 체제를 확대하려는 앙골라와 모잠비크에 대한 포르투갈의 지배는 이 국가들의 독 립을 막고 있었다.

앙골라의 민족주의 운동과 해방전쟁은 중부 아프리카뿐만 아니라 탄자 니아, 북부 아프리카 국가들, 포르투갈 식민 지배를 받고 있던 아프리카 국 가들, 콩고, 자이르, 잠비아 등 아프리카 국가들과의 긴밀한 관계 속에서 전개되었다. 그뿐만 아니라 냉전이라는 국제 상황과 긴밀하게 연관되어 있 었다. 앙골라의 정치 조직은 각각 소련, 쿠바, 중국, 미국, 남아공, 자이르

---

57) 김윤진·김광수, 『남아프리카사』, 347~349쪽.

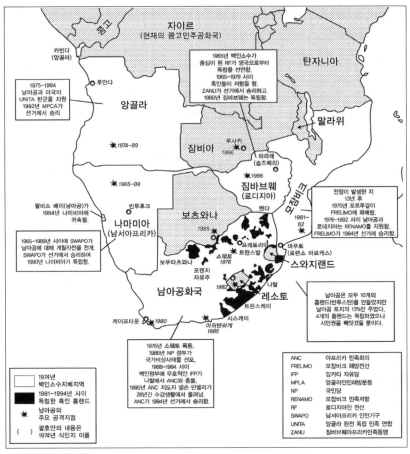

그림 6-2 ▌ 1974~1994 남부 아프리카 백인 정권의 몰락

자료: 김윤진·김광수, 『남아프리카사』(다해, 2013), 348쪽.

등의 지지를 받고 있었다.

일반적으로 포르투갈의 식민 지배에 대항해 1961년 2월 4일에 일어난 루안다의 반란은 앙골라 해방전쟁의 시작이라고 평가된다. 아프리카인 약 180명이 정치범들을 석방시키려고 경찰서, 교도소, 군 시설, 라디오 방송국을 공격했으며 이에 대한 대응으로 포르투갈 백인은 아프리카인들이 모여 사는 슬럼가 무세케스(muceques)를 공격하여 아프리카인들을 살해하면서 촉발되었다. 1959년 3월과 6월 사이에 지도자인 안토니오 아고스틴호 네토(António Agostinho Neto)를 포함한 다수의 MPLA 지지자가 포르투갈 비밀경찰인 PIDE(Polícia Internacional e de Defesa do Estado; International and State Defense Police)에 의해 체포·구금되었으며, 다른 지도자들은 망명했다.

약 한 달 후, 북쪽에서 포르투갈의 지배에 저항하는 훨씬 더 강력한 시도가 있었다. 루안다의 폭동 이후 몇 주간 앙골라 북부 지역인 자이르(Zaire)와 우이게(Uige) 지역에서 반란 세력이 결집하기 시작했다. 3월 12일 조그만 규모의 커피 농장 습격으로 시작된 저항은 3일 후 절정에 다다랐다. 첫 주에만 포르투갈 공무원과 농부 250명이 살해되었고, 그 후 3개월 동안 500명이 넘는 사람이 죽었다. 앙골라 남부 지역에서도 적어도 같은 수의 농장 농부들이 사망했다. 루안다에서와 마찬가지로 포르투갈 백인 시민군(Corpos de Voluntarios)이 보복에 나섰는데 그들은 반란의 규모를 매우 과장하여 희생자가 2만 명에 이른다고 주장했다. 4월에는 해방전쟁 지도부가 두 번째 게릴라 전쟁의 시작을 알렸고 8월에는 포르투갈군 병력이 대대적인 반격을 시작했다.[58]

얼마 안 가 FNLA와 MPLA는 경쟁 관계가 되었다. 호베르투가 이끄는 FNLA는 자이르의 지지와 국제적 인정을 받았던 반면에 MPLA는 그렇지 못했다. 게다가 MPLA는 심각한 분열상을 보였다. 1964년 조나스 사빔비는 호베르투와 결별하고 킨샤사를 떠나 2년 후 새로운 조직인 UNITA를 만들었다. 포르투갈 식민 정부는 3개 조직의 경쟁 관계를 이용했다.[59]

앙골라의 민족주의 해방운동을 통합하려는 시도는 민족주의 운동을 이

---

58) Kevin Shillington(ed.), *Encyclopedia of African History*, Vol.1(New York: Fitzroy Dearborn, 2005), p.84.
59) Kevin Shillington(ed.), 같은 책, 86쪽.

끄는 지도자들이 스스로 하기도 했고, 또 어떤 때는 아프리카 국가들의 지도자나 아프리카 통일기구(Organisation of African Unity: OAU)가 주도했지만 태생적 한계로 한번도 성공하지 못하고 결국 권력투쟁을 향한 치열한 내전 양상으로 흘러갈 수밖에 없었다. 그러나 민족주의 세력의 분열과 결정적인 전쟁의 승리를 이끌어 내려는 포르투갈의 노력에도 불구하고, 민족주의 조직을 일망타진할 수 없었다. 포르투갈은 전쟁을 수행하기 위해 식민지 예산의 거의 반을 소비했고, 1969년에만 아프리카에 15만 명의 군사를 파병했지만 매년 평균 100여 명의 군인과 그보다 많은 200명의 시민이 앙골라에서 죽어갔다. 앙골라 해방전쟁에 피로해진 포르투갈 군부는 1974년 리스본에서 쿠데타에 성공하자 식민지의 독립을 허락했다.[60]

2) 앙골라 독립과 내전

1974년 4월 포르투갈에서 일어난 쿠데타로 마르셀루 카에타누(Marcello Caetano)의 독재정부가 물러나고 새로운 군사정권이 들어섰다. 포르투갈의 새로운 군사정권은 앙골라 독립 협상을 시작했고 1975년 11월 11일에 독립을 인정했다. MPLA는 정부를 구성했고 안토니오 아고스틴호 네토 박사가 첫 번째 대통령이 되었다. 그러나 앙골라에서는 1975년 독립을 앞두고 이미 권력 쟁탈전이 시작되었다. 1974년 내전은 FNLA가 수도 루안다를 향해 남쪽으로 진군하면서 촉발되었다. 1975년 3월 MPLA와 FNLA 사이에 치열한 전투가 발생했고 UNITA도 휘말렸다. 소련은 MPLA에 군사 지원을 했고, 미국은 UNITA와 FNLA에 지원하여 군사적 균형을 맞추려고 했다. FNLA는 자이르 대통령 모부투 세세 세코(Mobutu Sese Seko)의 전폭적인 지

---

60) Kevin Shillington(ed.), 같은 책, 86~87쪽.

지를 받았고, 아프리카에 마르크스·레닌주의 정권이 들어서는 것을 우려한 미국으로부터 많은 물질적인 원조를 받았다. 미국의 지원과 앙골라에서의 남아공의 영향력 상실에 대한 우려로 남아공은 UNITA를 지원하기로 결정하고 군사 원조했다. MPLA는 소련의 물질적 지원을 받았으며 쿠바는 직접 앙골라에 파병했다.[61]

로널드 레이건(Ronald Reagan) 미국 대통령은 1976년 제정된 '클라크법(Clark Amendment)'이 UNITA에 대한 직접 원조를 금지하는 바람에 제3국을 통해 사빔비에게 무기를 공급했으며 나중에는 이 법을 폐기하고 직접 원조했다.[62]

1975년 8월 쿠바와 남아공은 각각 앙골라에 파병했다. 쿠바는 MPLA를 지원하기 위해 3000명을 파병했다. 남아공은 쿠네느댐(Cunene Dam)과 수력발전 시설을 보호한다는 명목으로 앙골라 남부에 500명을 파병했으며 나중에 소수의 백인 정착민을 보호한다는 명목으로 병력 1000명을 추가로 파견했다. 그러나 남아공의 파병은 궁극적으로 UNITA를 지원하려는 의도였고, 사빔비는 미국에 더 많은 지원을 요청했다. 1975년 11월 11일 앙골라는 불완전한 상태로 독립을 맞게 되었다. 앙골라는 소련의 지원과 쿠바군의 보호 아래 MPLA가 장악한 해안 지역과, 미국, 자이르, 남아공의 지원을 받아 FNLA와 UNITA가 장악한 북쪽과 남쪽 지역으로 나뉘었다.[63]

1976년 쿠바군은 5만 5000명으로 최고조에 달했다. 그러나 UNITA와

---

61) Keith Lye and The Diagram Group, *Encyclopedia of African Nations and Civilizations*(New York: Facts On File, Inc., 2001), p.102.

62) 마틴 메러디스, 『아프리카의 운명: 인류의 요람에 새겨진 상처와 오욕의 아프리카 현대사』, 822~823쪽.

63) Timothy L. Gall and Susan B. Gall(eds.), *Worldmark Chronology of the Nations Vol.1 – Africa*(Detroit: The Gale Group, 1999), p.36

FNLA는 내륙 지역으로 세력을 확대했다. 미국은 쿠바가 앙골라에 파병한 것을 이유로 앙골라의 유엔 가입을 반대했고, 앙골라는 결국 그다음 해인 1977년 유엔에 가입하게 되었다. 그 후 앙골라 내전은 MPLA 정부에 대한 게릴라전 양상으로 전개되었으며 상황이 더욱 악화되었다. 1979년 네토는 소련이 앙골라에 군사기지를 건설하겠다는 데 반대하여 소련의 신임을 잃게 되었다. 1979년 네토는 모스크바에서 의문의 죽임을 당했고 조제 에두아르두 두스산투스(José Eduardo dos Santos)가 후계자가 되었다. 그러나 UNITA는 사빔비의 노련한 지도력으로 미국의 지원을 계속 받으면서 내전을 확대했다. 앙골라는 1991년 소련이 붕괴하면서 지원받을 수 없게 되었다.[64]

1975년 12월에 아프리카에서 베트남과 같은 상황으로 빠져드는 것을 우려한 미국 의회가 앙골라 지원을 중단하기로 하면서 전환점이 마련되었다. 쿠바의 파병으로 MPLA는 빠르게 FNLA를 패배시켰다. 그리고 북쪽으로 빠르게 진격하던 UNITA와 남아공 동맹군을 향하여 전선을 이동시켰다. 1976년 4월 MPLA는 적을 물리치고 앙골라의 15개 주 중 12개 주를 장악했다. 이에 따라 UNITA는 급속히 붕괴되었고 남아공은 철군했다. 1988년 12월 앙골라, 쿠바, 남아공은 나미비아의 독립을 허용하는 조건으로 쿠바와 남아공이 병력을 철수한다는 데 동의했고 1991년 4월 마침내 평화협약을 체결했다.[65]

1992년 9월에 치러진 다당제 선거에서 마르크스·레닌주의 정책을 포기한 MPLA가 승리하고 두스산투스가 대통령으로 다시 선출되었다. 그러나 UNITA는 그 결과를 받아들이기를 거부했고 1992년 내전이 다시 시작되었다. 1995년에 UNITA의 지도자 사빔비는 20년간의 내전을 종식시키고

---

64) Timothy L. Gall and Susan B. Gall(eds.), 같은 책, pp.36~37.
65) Keith Lye and The Diagram Group, *Encyclopedia of African Nations and Civilizations*, p.102.

MPLA의 지도자 두스산투스를 앙골라의 대통령으로 받아들이는 데 동의했다. 그러나 1997년 연합 정부가 구성되고 부통령으로 추대된 사빔비는 합작을 거절했다.

1999년 전면적인 내전이 다시 발발했다. MPLA는 해안 지역에서 발견된 석유로 재정에 여력이 생기자 사빔비와의 대화를 거부했다. MPLA는 1987년부터 1990년 사이에 약 30억 달러의 군용물자를 소련에서 구입했다.[66] 반면에 UNITA는 그들이 통제하던 룬다 지역에서 캐낸 다이아몬드를 이웃 국가로 밀매하여 얻은 수익으로 무기를 구입하고 있었다.[67]

1985년 이후 MPLA는 경제가 파탄이 나게 만들었고 두스산투스를 개인숭배로 몰아갔다. 또한 마르크스·레닌주의를 표방했지만 사회주의에 대한 열정은 이미 식어가고 있었다. 소련의 관심이 멀어지자 MPLA는 1990년 공식으로 마르크스·레닌주의를 폐기하고 경제개혁을 시작했다.[68]

3) 소련과 쿠바의 역할

앙골라에서 쿠바의 역할은 외국의 개입 사례에서 전례를 찾아볼 수 없는 것으로 평가할 수 있다. 냉전의 현실 속에서 강대국도 아닌 중앙아메리카 카리브해의 소국인 쿠바가 실익도 없으며 멀리 떨어져 있는 남부 아프리카 국가의 자유를 위한 투쟁에 대규모의 군대를 파견했다는 사실은 주목받기에 충분하다. 결과적으로 쿠바는 앙골라에서 남아공의 침략을 물리침으

---

66) 마틴 메러디스(Martin Meredith), 『아프리카의 운명: 인류의 요람에 새겨진 상처와 오욕의 아프리카 현대사』, 823쪽.

67) Keith Lye and The Diagram Group, *Encyclopedia of African Nations and Civilizations*, p.103,

68) 마틴 메러디스, 『아프리카의 운명: 인류의 요람에 새겨진 상처와 오욕의 아프리카 현대사』, 825~825쪽.

로써 MPLA가 이끄는 마르크스·레닌주의 정부를 건설하는 데 결정적 역할을 했다. 또한 앙골라와 이웃하고 있던 나미비아를 독립시키고, 나아가 남아공의 아파르트헤이트 백인 정부를 무너뜨리는 데 중요한 요인이 되었다.

앙골라와 모잠비크의 급진적 아프리카 정부의 설립은 이 지역의 전략적 상황을 변화시켰다. 로디지아의 이언 스미스 정권의 힘은 치명적으로 약화되었고, 남아공의 영향력은 더 지속될 수 없게 되었다. 나미비아에서 남아공의 지위는 타협적으로 변화될 수밖에 없었고, 서남아프리카인민기구(South West Africa People's Organization: SWAPO)는 무장 투쟁을 확대할 수 있는 유리한 위치를 차지하게 되었다. 결국 아프리카 게릴라들은 모잠비크 남쪽 국경을 통해 남아공에 직접 침투하기가 훨씬 용이해졌다.

남아공 주변 국가를 통해 게릴라들이 직접 남아공에 침투할 수 있는 상황과 남아공 내에서 빈번하게 발생하는 게릴라전은 남아공에 매우 큰 부담이 되었다. 한마디로 게릴라들이 침투할 수 있는 긴 국경은 그 자체로서 아주 큰 문제를 야기했다. 남아공은 이에 대한 대책으로 군사력을 보강하기 시작했으며, 따라서 군이 지출하는 금액이 기하급수적으로 증가했다. 군사력을 보강하기 위해 젊은 백인들을 대상으로 2년간의 의무 병역 제도를 도입했다. 또한 예비역으로 60세까지 복무하도록 법을 개정했다.[69]

왜 쿠바는 앙골라에 전투 병력을 파견했을까? 쿠바는 혁명 정신에 충실한 '국제주의(Internationalism)'로 무장한 국가였다. 쿠바는 국제주의를 실현하기 위해 자유 투쟁, 반식민주의, 반제국주의 운동을 지원했다. 또한 비동맹 운동(Non-Aligned Movement)의 주요 목적인 식민주의와 신식민주의의 종식, 인종주의의 철폐를 주장했다.[70]

---

69) 김윤진·김광수, 『남아프리카사』, 349쪽.

70) Gordon Adams, "Cuba and Africa: The International Politics of the Liberation Struggles, a

브리테인(Brittain)은 쿠바의 외교정책은 제국주의에 대한 저항과 불안정한 세계의 투쟁 속에서 생존하기 위한 전략이었다고 주장했다. 쿠바가 주장하는 국제주의는 호세 마르티(José Martí)의 1962년 '아바나의 두 번째 선언(Second Declaration of Havana)'과 체 게바라가 1965년 주장한 "제국주의에 대한 어떤 나라의 승리도 우리의 승리다. 마찬가지로 어떤 나라의 패배도 우리 모두에게 패배다(A victory by any country over imperialism is our victory; just as any country's defeat is a defeat for all of us)"라는 표현에서 잘 설명되고 있다. 또한 그는 쿠바의 아프리카 개입은 비록 소련의 지지와 긴밀한 상의 속에서 이루어졌으나, 소련의 대리자로서 동시에 냉전 상황에서 쿠바가 독자적적으로 결정한 정책이라고 지적했다.[71]

분명히 냉전이 남부 아프리카 사태에 동력을 불어넣어 준 중요한 요인이라고 할 수 있다. 그러나 단순히 미국과 소련의 냉전 구도가 남부 아프리카의 상황을 끌어간 것은 아니다. 식민 지배에서 독립한 아프리카의 지도자들이 복잡하고 다양한 국내외 문제, 지역과 국제 상황에 맞게 주도적인 행동을 보인 결과라고 할 수 있다. 결과적으로 백인 소수 정권에 저항하던 아프리카인들은 자신들의 이익을 위해 미국과 소련의 전략적 선택을 이용한 것이다. 미국은 지역의 전략적 자원을 확보하고 적대적인 정권의 출현을 막는 데, 소련은 반제국주의 투쟁을 지지하는 데 목적이 있었다.[72]

아프리카에서 쿠바의 국제주의를 정신을 보여주는 가장 극적인 사례는

Documentary History," *Latin American Perspectives*, Vol.7, No.1(1981), p.113; Michael Erisman, *Cuba's International Relations: The Anatomy of Nationalistic Foreign Policy* (Boulder: Westview Press, 1985), p.56.

71) V. Brittain, "Cuba in Africa," *New Left Review*, Vol.17(2002), pp.166~167.

72) Sue Onslow, "Introduction," in S. Onslow(ed.) *Cold War in Southern Africa : White Power, Black Liberation* (London: Rutledge, 2009), pp.1~8.

서구에 잘 알려지지 않았다. 1987년부터 1988년까지 앙골라 동남부의 쿠이투쿠아나발르(Cuito Cuanavale)에서 벌어진 전투에서 쿠바, 앙골라, 나미비아 군대가 연합하여 남아공에 결정적인 패배를 안겨주었다.[73] 이 전투는 제2차 세계대전 이후 아프리카에서 발생한 가장 큰 전투일 뿐만 아니라 남부 아프리카의 상황을 완전히 바꾸어놓았다는 점에서 중요한 사건으로 평가되어야 한다.[74]

1987년 11월 9일 모스크바에서 두스산투스와 피델 카스트로는 쿠이투쿠아나발르를 모든 수단을 다해 방어하기로 결정했다. 쿠바군이 철수하지 않고 도시에 진주했고 소련은 앙골라에 군사 지원을 했다. 쿠바는 약 4만 명의 병력을 증파했다. 1987년부터 1988년까지 미국의 지원을 받은 남아공과 UNITA는 쿠이투쿠아나발르를 포위해 공격하면서 수많은 사상자를 냈음에도 불구하고 쿠바군이 지원하는 MPLA에 대해 결정적 승리를 얻지 못했다. 고르바초프는 악화되는 재정 상태 때문에 가능한 한 빨리 명예롭게 지원을 끊고 발을 뺄 방안을 찾고 있었다. 소련은 앙골라 내전에 개입한 결과 약 90억 달러의 부채를 지면서 경제적 붕괴 위기에 내몰리고 있었다. 고르바초프는 결국 제3세계에 대한 '새로운 생각(new thinking)'을 발표함으로써 미국과 경쟁하지 않을 것이라고 밝혔다. 이로 인해 쿠이투쿠아나발르 전투는 앙골라 내전의 전환점이 될 수 있었다. 결국 소련과 미국의 동의로 쿠바, 남아공, 앙골라는 교착 상태에 빠진 상황을 타개하기 위해 1988년 브라자빌 의정서(Brazzaville Protocol)를 채택하고 앙골라에서 병력을 철수하게

---

73) 쿠이투쿠아나발르 전투 상황에 관해서는 다음을 참조. P. Polack, *The Last Hot Battle of the Cold War: South Africa vs. Cuba in the Angolan Civil War*(Philadelphia & Oxford: Casemate, 2013).

74) Isaac Saney, "African Stalingrad: The Cuban Revolution, Internationalism, and the End of Apartheid," *Latin American Perspectives*, Vol.33, No.5(2006), p.81.

된다. 쿠바군은 1989년 4월 1일부터 철수를 시작했으며 1991년 6월에 철수를 완료했다. 쿠바는 쿠이투쿠아나발르 전투에서 쿠바군의 정확한 사상자 수를 밝히지는 않았지만 2000명에서 1만 5000명 정도로 추정하고 있다. 쿠이투쿠아나발르 전투는 결과적으로 어느 한쪽이 군사적으로 완벽한 승리를 거둔 것은 아니었으나 미국과 남아공의 남부 아프리카 전략이 더는 효과적으로 실행될 수 없다는 것을 의미했으며, 이는 미국과 남아공에 심각한 충격을 안겨주었다.[75]

남부 아프리카에 대한 쿠바의 개입은 역설적인 면이 있다. 한편으로 쿠바는 소련의 대리자로서 미국과 경쟁 관계에 있는 소련의 팽창정책의 도구 역할을 했다는 주장이 있다. 즉, 앙골라 전쟁을 동유럽과 서구의 대결 구도로 보고 쿠바는 소련의 역할을 수행했다는 것이다.[76] 다른 한편으로 쿠바가 나미비아의 독립과 남아공의 아파르트헤이트 인종차별 정책의 종말을 앞당기려고 독자적으로 군사개입을 했다는 주장이 있다.[77] 쿠바가 아프리카 국가의 분쟁을 이용하여 이익을 얻으려는 '용병' 역할을 했다는 미국의 주장은 사실 설득력이 떨어진다고 할 수 있다. 왜냐하면 국외 활동을 통해 쿠바는 어떤 경제적 이익을 취한 바가 없기 때문이다.[78]

남아공의 아프리카민족회의(African National Congress: ANC)와 쿠바의 관계는 1970, 1980년대에 쿠바와 소련의 군사적·인도주의적 지원 덕에 더욱

75) Martin W. James, *Historical Dictionary of Angola*(Lanham, Maryland and London: The Scarecrow Press, Inc., 2004), pp.14~25, 23~24, 43.

76) A. J. Klinghoffer, *The Angolan War: A Study In Soviet Policy In The Third World*, 1st ed.(Boulder, Colo: Westview Press, 1980), pp.2~3.

77) Gordon Adams, "Cuba and Africa: The International Politics of the Liberation Struggles, a Documentary History, p.108.

78) Isaac Saney, "African Stalingrad: The Cuban Revolution, Internationalism, and the End of Apartheid," p.90.

긴밀하게 발전했다. 쿠바는 남아공 백인 정부에 대항하여 싸우는 앙골라에 군대를 파견하여 돕는 유일한 국가였다. 당시 미국은 공산주의의 확산을 방지하고 남아공의 광물 자원을 보호한다는 명분을 들어 남아공을 지원하고 있었다. 소련과 쿠바는 1965~1975년 마르크스·레닌주의를 따르는 MPLA와 모잠비크해방전선(The Mozambique Liberation Front: FRELIMO)에 군사 원조를 했다. 이에 대한 즉각적인 반응으로 미국의 지원을 받은 남아공은 앙골라에 새로운 공산주의 좌파 정부가 들어서는 것을 막기 위해 앙골라를 침략했다. 쿠바는 앙골라에 파병한 것과 함께 짐바브웨 아프리카인민동맹(Zimbabwe African Peoples Union: ZAPU)과 짐바브웨 아프리카민족동맹(Zimbabwe African National Union: ZANU), 그리고 나비비아의 SWAPO, 남아공의 ANC 등 다른 남부 아프리카 국가의 자유 투쟁에 대한 지원도 병행했다.[79]

앙골라에 대한 쿠바의 개입에 대해 남아공 백인 정부는 '붉은 위협(red peril)'으로 인식했다. 한 예로 1980년대 중반 반아파르트헤이트 운동을 주도한 남아공의 통일민주전선(United Democratic Front: UDF) 행사장에 쿠바 국기가 나부꼈다. 군사 원조와 함께 쿠바는 앙골라를 비롯하여 남부 아프리카 국가에 교육·의료·경제 분야 등 다양한 원조와 지원을 했다. 그 결과 쿠바는 남부 아프리카 19개국과 대사급 외교관계를 맺은 국가가 되었다.[80]

쿠바의 국제주의는 초기 마르크스·레닌주의의 단결이란 차원에서 1960년대에 야기된 혁명적 단결의 뜻은 없었고 쿠바 자신의 역사적 경험, 즉 식민주의와 제국주의 투쟁의 경험뿐만 아니라 피델 카스트로 혁명 성공

---

79) Sylvester Cohen, "Cuba and the Liberation of Southern Africa," *Monthly Review*, Vol.46, No.4, p.17.

80) Adam Gordon, "Cuba and South Africa: Prospects for Partnership," *South African Journal of International Affairs*, Vol.3 No.2, pp.151~152.

의 전후기 상황이 국제적 단결이 필요했다고 볼 수 있다. 쿠바가 아프리카에 관심을 갖게 된 배경은 ① 미국의 압력으로 쿠바의 외교정책이 힘을 발휘할 수 없었다는 점, ② 사회주의 블록 외에 외교관계를 확대할 필요성이 있었으며 쿠바혁명 모델이 가장 잘 적용될 수 있는 지역을 아프리카로 보았다는 점, ③ 쿠바가 아프리카에서 활동하는 데 미국의 반대에 직면하지 않아도 되며 소련과도 이익이 맞아떨어진다는 점, ④ 쿠바의 문화와 종교가 아프리카에 뿌리를 두고 있기 때문이라고 설명할 수 있다.[81]

강대국도 아닌 쿠바는 왜 강대국에서나 채택할 수 있는 외교정책을 실시했을까? 이에 대한 설명으로 몇 가지 이론이 제기되었다. 첫째, 당시 쿠바는 뚜렷한 외교정책이 없었으며 소련의 지원을 받고 있는 상황에서 소련의 '대리자 역할'을 했다는 것이다. 소련의 국익을 위해 소련의 지원을 받아 이루어진 것으로 쿠바의 외교정책은 독자성이 없다는 주장이다. 이러한 주장은 한 예로 군사 지원뿐만 아니라 민간 지원에서 볼 때 쿠바의 경제 규모로는 불가능한 규모였다는 점에서 설득력이 있다. 둘째, 쿠바 외교정책은 이데올로기, 민족주의 요소를 담고 있는 독자적인 정책이라는 평가가 있다. 피델 카스트로의 주장이 이에 대한 설득력을 제공한다. 그는 쿠바인들은 혁명의 원칙에 따라 앙골라 형제들을 도왔으며 쿠바인들의 조상이 아프리카인이기 때문이라고 설명하고, 쿠바 국민은 혁명적이며 자유롭고 국제주의적이며 아울러 혁명적 의무를 충분히 수행할 능력도 있기 때문이라고 주장했다. 이는 국제 프롤레타리아 사회주의 건설을 위한 이데올로기 원칙과 쿠바 독립운동의 정신에서부터 이어온 민족주의의 발로라고 설명할 수 있다. 셋째, 쿠바의 외교정책은 경제적 필요성과 쿠바 정부의 실용주의자들의 견해를 반영했다는 것이다. 1970년대의 경제적 실패와 국제사회에서

81) 권문술, 「쿠바 외교정책에 있어서 세계주의(上)」, ≪국제문제≫, 통권 209호(1988), 114쪽.

의 고립 탈피가 중요한 요인이었다는 것이다.[82] 결론적으로 앞에 제시한 각각의 주장은 쿠바의 외교정책을 설명하는 데 개별적으로 하나의 요인은 되지만 전반적인 설명으로 부족하기 때문에 복합적으로 이해해야 한다.

4) 앙골라와 소련의 외교 정책

아프리카는 여러 국가에서 첨예하게 내전이 벌어진 지역이며, 미국, 소련 등 강대국들의 세계 전략이 집중된 곳이었다. 아프리카는 냉전의 영향을 받기 전부터 혁명적 마르크스주의자들의 관심을 받고 있었다. 레닌은 제국주의를 자본주의의 '마지막 단계'로 규정했고 제국주의의 약한 고리로 '식민주의'를 지적하며 자본주의 국가와 제국주의 국가 간에 치열한 투쟁이 전개될 것이라고 지적했다. 1920년대에 들어 소련은 비유럽 국가들의 마르크스주의 혁명 운동을 지원했다. 그러나 이러한 지원은 혁명을 세계화하기 위한 수단이었으며 아프리카보다는 아시아에 집중되었다. 또한 스탈린이 집권한 후 소련의 대외 정책이 반제국주의 또는 민족주의 노선을 탈피하면서 아프리카에 대한 관심이 줄어들게 되었고 아프리카의 공산주의 투쟁에 대한 지원과 영향력이 현저히 줄어들었다. 북아프리카에서는 이집트, 남아프리카에서는 남아공에서만 공산주의 활동이 활발했을 뿐이었다. 1950년대 중반 이후 흐루쇼프와 브레즈네프가 집권하면서 아프리카 대륙에 관심을 갖기 시작했다. 그 후 소련은 알제리 독립전쟁과 이집트 수에즈 운하 국유화를 지원했다. 냉전으로 공산주의의 확산을 막고자 했던 미국, 그리고 식민 종주국이던 영국과 프랑스는 오히려 과거 식민지에 대한 영향력을 강화하는 계기가 되었다. 소련은 아프리카를 혁명을 위한 '제2의 전

---

82) 김달용, 「쿠바의 대외개입정책」, ≪이베로아메리카연구≫, 2권(1991), 185~191쪽.

선'이라고 규정하며 개입했다. 냉전에 따른 소련의 적극적인 개입은 앙골라와 에티오피아에서 특히 두드러졌다.[83]

　소련은 포르투갈 공산당(Portuguese Communist Party)의 소개로 MPLA와 인연을 맺었다. 네토는 1964년 모스크바를 방문하여 소련의 지원을 약속받았으며 1968년 재차 소련을 방문했다. 이에 따라 1960년대 말까지 소련은 MPLA에 제한적으로 무기를 공급했다. 그러나 소련은 네토가 너무 비밀스러운 인물이라고 인식하고 있었으며 지도력 역시 의심하고 있었다. 소련은 앙골라가 포르투갈로부터 독립하겠다고 선언하자 무기 지원을 대폭 늘렸다. 소련 군사고문단이 루안다에 파견되었고 MPLA가 UNITA와 FNLA를 물리치도록 도왔다. 쿠바군의 지원을 돕고 약 2억 달러 상당의 무기도 공급했다. 1976년 10월 앙골라는 소련과 20년간의 우호협력조약(Treaty of Friendship and Cooperation)을 체결하여 소련에 군사기지의 사용을 허락했다.[84] UNITA와의 내전이 격렬해지자 소련은 MPLA 정부에 대한 군사 지원을 강화했다. 1981년부터 1987년까지 매년 약 10억 달러를 원조했다. 쿠바군은 롬바강 전투(Battles of Lomba River)에서 소련군 장군의 지휘를 받았다. 그러나 1985년 고르바초프가 정권을 잡은 후 개방 정책을 추구하면서 해외 군사 개입에 비용이 많이 들어갈 뿐만 아니라 미국과 대치할 수 있다는 점을 고려하여 군대를 철수시켰다. 이에 따라 미국은 UNITA에, 소련은 MPLA에 내전을 종식하도록 압력을 가하기 시작했다. 소련이 무너지고 러시아 연방이 들어서면서 관계는 급속도로 약화되었다.[85]

---

83) 리처드 리드(Richard Reid), 『현대 아프리카의 역사: 대륙과 문명의 세계사』 1, 이석호 옮김 (삼천리, 2013), 566, 568, 571~574쪽.
84) 조부연, 「앙골라 내전에 관한 연구: 내전 확대 요인 분석을 중심으로」(한국외국어대학교 대학원 아프리카지역연구학과 석사학위 논문, 1994), 66쪽.
85) Martin W. James, *Historical Dictionary of Angola*, pp.113~114, 154~155.

흐루쇼프는 1956년 제20차 소련 공산당 전당대회에서 제3세계에 대해 '우파 전략(Right Strategy)'[86]을 주장하며 아시아·아프리카 국가의 독립적 지위를 인정하고 제3세계와 적극적으로 협력할 것을 선언했다. 이는 소련이 아프리카에 적극적으로 진출하는 계기가 되었다. 소련은 민족민주주의(National Democracy)를 주장하며 신생 독립국이 외세의 개입을 배제하고 완전한 정치적·경제적 독립을 획득하여 민족민주주의 국가를 수립하도록 지원했다. 당시 세쿠 투레(Sékou Touré) 대통령의 기니, 콰메 은크루마(Kwame Nkrumah) 대통령의 가나, 파트리스 루뭄바(Patrice Lumumba) 총리의 콩고 같은 신생 제국과의 관계를 강화했다. 그러나 콩고에서 루뭄바가 유엔의 개입으로 퇴출됨으로써 친소 세력을 강화하려는 의도가 저지당했고 이를 계기로 아프리카에서 소련의 군사적·정치적 영향력이 축소되었다. 1962년 쿠바 사태 당시 미국에 대한 소련의 군사 도전이 실패하게 된 것도 중요한 요인 중 하나로 작용했다. 소련은 1964년 집단 지도 체제가 도입된 이후 아프리카에 대해 적극적인 침투 전략보다는 서방 국가와 미국의 영향력을 감소시키는 전략을 추진했다. 해방전쟁에 대한 적극적인 지원보다는 정치·경제·외교적 지원으로 정책을 전환했다. 1960년대 중동전쟁, 베트남전 격화, 중국의 공산당 혁명으로 인해 아프리카에 대한 관심을 보일 여력이 없었다는 것도 하나의 이유라고 할 수 있다.[87]

1970년 소련은 MPLA를 아프리카의 전형적인 혁명 민주당(Revolutionary

---

86) 후진국은 식민종주국이 경제권을 갖고 있어 프롤레타리아 계급만으로 혁명이 성공할 수 없기 때문에 부르주아 계급과 연합전선을 구축해야 한다는 레닌의 전략을 말한다. 강창보, 「남부 아프리카에서의 미·소세력 경쟁에 관한 연구」(한국외국어대학교 아프리카지역연구학과 석사학위 논문, 1984), 36쪽.

87) 강창보, 같은 글, 36~40쪽; 조부연, 「앙골라 내전에 관한 연구: 내전 확대 요인 분석을 중심으로」, 54~55쪽.

Democratic Party)이라고 주장하며 MPLA에 대한 지원을 주장했다. 이는 1920년 레닌이 제2차 코민테른에서 민족혁명 운동을 공산주의 체제로 이행하는 과도적인 과정으로 인정한 사례에서 기원을 찾을 수 있다. 1974년 포르투갈의 혁명으로 앙골라에 '정치적 힘의 공백'이 발생하자 소련은 앙골라에 대한 주도권을 잡기 위해 지원을 대폭 확대했다. 400여 명의 군사고문단을 파견했고 약 1억 5000만 달러에 달하는 군수물자를 지원했다.[88]

대앙골라 정책을 통해 소련은 아프리카에 친소 정권을 수립하여 남부 아프리카 진출의 교두보를 확보했고, 직접적인 군사 개입보다는 쿠바군의 참여와 소련의 병참 지원이라는 개입 형식을 확립했다. 또한 세계화 전략의 일환으로 소련의 정치·경제적 영향력을 확대하고 서유럽 및 미국의 영향력을 감소시키며, 중국의 대아프리카 외교 및 제3세계 전략에 대한 영향력을 감소시키는 결과를 불러왔다.[89]

소련은 쿠바를 통해 앙골라 내전에 개입하는 전략을 취했다. 이는 소련이 개입하면 전략적 이해관계가 다른 미국과 서방 진영, 아랍 국가들의 반발을 부를 수 있었기 때문이다. 소련의 직접 개입이 아프리카 국가들에 강대국의 또 다른 패권주의로 보일 위험이 있었기 때문이다. 쿠바는 유색 인종인 데다 아프리카 국가들의 민족주의를 지속적으로 지원해 왔기 때문에 이 아프리카 국가들의 반감과 반발을 줄일 수 있었다. 이로 인해 앙골라 내전은 대리전 양상을 띠게 되었다.[90]

소련의 대아프리카 정책은 반작용적이며 기회주의적이었다. 아프리카 각국의 상황과 주요 강대국, 특히 중국의 태도에 따라 대아프리카 정책을

---

88) 강창보, 「남부 아프리카에서의 미·소세력 경쟁에 관한 연구」, 42~44쪽; 조부연, 「앙골라 내전에 관한 연구: 내전 확대 요인 분석을 중심으로」, 42, 56~57쪽.

89) 강창보, 같은 글, 47~48쪽; 조부연, 같은 글, 56~57쪽.

90) 조부연, 「앙골라 내전에 관한 연구: 내전 확대 요인 분석을 중심으로」, 45~46쪽.

추진했다. 예를 들어 1975년 초 소련이 앙골라의 MPLA를 지원하기로 결정한 계기는 MPLA의 강력한 혁명 의지와 함께 중국이 남아프리카에서 지배적인 세력이 되는 것을 막으려는 의도가 있었다.[91] 중국이 앙골라 내전 당시 FNLA와 UNITA를 지원함으로써 소련과 중국은 분열되었다. 그러나 중국의 지원은 미미한 수준으로 소련을 경계하고자 하는 정치적 계산에서 비롯된 것이다.[92] 소련 외교 정책의 기본 목표는 소련이 제3세계의 일원으로 자처하면서 반식민주의, 반제국주의를 주장했다는 것이다. 제3세계인 아프리카 국가들의 지원을 끌어들여 아프리카 문제에서 발언권을 획득하며 더 나아가 세계의 패권 국가 지위를 획득하려고 했다. 이에 따라 아프리카 국가들의 민족해방운동을 지원했다.[93]

그러나 소련의 대아프리카 외교 정책은 일관성이 없었으며 장기적인 안목에서 소련의 국가 이익과도 부합하지 않았다. 소련의 대아프리카 외교 정책은 반식민주의를 주창하는 마르크스·레닌주의가 아프리카의 국가들에 상당한 호소력을 갖게 했으며 서구 열강처럼 아프리카에 대한 식민주의 경험이 없다는 이점에도 불구하고 대아프리카 외교에서 성공하지 못한 점을 주목해야만 한다. 첫째, 소련은 안보와 경제 발전을 위해 아프리카 국가들에 필요한 경제 지원을 할 수 있는 능력이 부족했다. 둘째, 중국의 대아프리카 외교력은 소련보다 더 강력했고 지속적이었다. 셋째, 프롤레타리아계급을 혁명의 선봉으로 간주하는 마르크스·레닌주의는 아프리카 국가의 상황과는 맞지 않았다. 아프리카 국가들 중 남아공을 제외하고는 프롤레타리아계급이 형성되어 있지 않았고 공산주의 운동 역시 제한적이었으며 혁명 투

---

91) 이삼순, 「소련의 대(對) 아프리카 외교정책에 관한 연구: 1970년대를 중심으로」(한국외국어대학교 아프리카지역연구학과 석사학위 논문, 1988), 60쪽.

92) 조부연, 「앙골라 내전에 관한 연구: 내전 확대 요인 분석을 중심으로」, 43쪽.

93) 이삼순, 「소련의 대(對) 아프리카 외교정책에 관한 연구: 1970년대를 중심으로」, 68~69쪽.

쟁이 성공한 적이 없다. 또한 아프리카 국가들은 여전히 종족 사회의 생산 양식을 유지하고 있었다. 셋째, 실질적으로 브레즈네프 정부에서는 아프리카에 대한 적극적인 진출 전략을 채택했으나 1975년 앙골라 사태, 1977년 오가덴 분쟁을 제외하고 아프리카 국가들에 대한 군사 지원은 오히려 줄어들었다. 소련은 아프리카 국가들이 주장하는 이익을 실질적으로 보장하거나 지원하기보다는 수사적(修辭的) 지원에 그쳤다는 것이다. 넷째, 아프리카 국가들은 어느 강대국과 밀접하게 연관되는 것을 경계했으며 강대국의 경쟁을 아프리카에서 추방한다는 전략을 취하고 있었다. 독립과 해방전쟁을 하는 상황에서는 물론이고, 독립 이후에도 어느 국가의 지원이든 받았다. 특히 중소의 대아프리카 외교 경쟁 역시 제한 요인으로 작용했다. 아프리카 국가들은 반식민주의를 표방했으며, 독립한 뒤에는 정치·경제적 발전으로 나아가고자 했고 이를 위해 어느 국가의 도움이든 마다하지 않았다.[94]

이는 소련의 대아프리카 외교 정책이 세계혁명 목표의 달성이라는 세계 전략의 일환으로 채택되었으나 소련의 독자 결정보다는 미국, 중국, 일본 등의 영향에 따라 탄력적으로 진행되었다는 최의태의 주장은 설득력이 있다. 소련은 아프리카에 공산주의를 침투시키는 전략보다는 민족주의 세력을 확산함으로써 반서방 국가를 증가시켜 소련의 국익에 도움을 주는 방향으로 대아프리카 외교 정책을 진행했다. 특히 1970년대 중국의 등장과 미중 관계 개선 등이 중요한 영향을 주었으며 미국을 비롯한 서방 국가와 중국의 영향력을 감소시키는 소극적인 전략을 선택했다.[95]

소련은 군사원조를 제3세계 국가에서 소련의 영향력을 증가시키고 소

---

94) 이삼순, 같은 글, 63~66쪽, 70쪽.
95) 최의태, 「소련의 대아프리카 외교정책의 이론과 실제에 관한 연구」(경희대학교 박사학위 논문, 1988), 3~4쪽.

련의 정치적 개입이 가능하게 할 수 있는 수단으로 인식하고 있었다. 1970
년대 이전에는 연 10억 달러 미만이었으나 1972년부터 1978년까지는 매년
20억~38억 달러 상당의 군사원조를 했다. 브레즈네프의 전략은 앙골라에
서 가장 극적인 성공을 거두었는데 MPLA에 대한 원조를 확대하여 MPLA
가 정권을 잡는 데 확고한 도움을 주었다. 그 후 소련은 이를 계기로 미국
과 중국에 비해 뒤처져 있던 대아프리카 외교 경쟁에서 전기를 마련하게
되었다. 앙골라와 최초로 우호협력조약을 체결하고, 니콜라이 포드고르니
(Nikolay Podgorny) 소련 최고회의 의장이 1977년 3월 2일부터 2주 동안 100
명이 넘는 수행원을 이끌고 탄자니아, 잠비아, 모잠비크, 소말리아 4개국을
순방했고 모잠비크와는 우호협력조약을 체결했다. 이는 남아프리카 지역
에서 소련이 해방운동의 후원자로서 확고한 지위를 차지하게 만들었다. 그
러나 남아프리카 국가들의 민족주의는 소련을 비롯한 특정한 국가의 주도
적인 영향력 확대에는 반대하여 그 이상의 역할은 할 수 없었다.[96]

소련의 대아프리카 외교 정책의 근간은 마르크스·레닌주의라고 할 수
있다. 소련은 대아프리카 외교 정책을 세계혁명 전략을 실행하는 수단의
일부로서 자국의 이익에 최대한 기여할 수 있도록 추구했다. 소련은 세계
혁명으로 가는 국내외적 환경을 조성하고 자국의 정치·외교적 영향력을
강화하며, 경제적 이익을 취득함과 동시에 군사전략적으로 중요한 가치가
있는 지역을 장악하고자 했다.[97]

최의태는 소련의 외교 정책은 강대국의 제국주의적 외교 목표를 지향
했다고 지적하고 있다. 소련은 국가 이익과 공산주의 세계혁명을 성취하기
위해 노력했다. 이는 마르크스·레닌주의가 실제로 외교 정책에 적용될 때

---

96) 최의태, 같은 글, 185~187쪽.
97) 최의태, 같은 글, 207쪽.

는 국가 이익에 맞게 해석되었으며, 현실주의 관점이었다는 것이다. 마르크스·레닌주의는 프롤레타리아 국제주의, 민족혁명론, 평화공존론 등이 포함되는데 이러한 원칙들은 소련의 대아프리카 외교 정책에 적용되었고 분쟁 개입의 동기를 부여하고 정당성을 띠도록 했다.[98]

흐루쇼프는 대아프리카 외교에서 융통성 있는 전략을 보였으며 새로운 우방이나 동맹국을 확보하려고 노력했다. 그는 민족해방운동과 반제국주의, 반식민주의 운동을 벌이는 이집트의 나세르(Nasser), 알제리의 벤 벨라(Ben Bella), 가나의 은크루마(Nkrumah), 말리의 케이타(Keita) 등 진보적인 인사들이 이끄는 아프리카 국가들과 외교관계를 형성하여 대아프리카 외교 형성기(1953~1964)를 구축했다. 1960년 소말리아가 독립하자 즉각적으로 외교관계를 수립하고 군사원조를 했으며 1964년에는 아프리카 국가들의 탈식민지 과정에서 발생한 지역 분쟁에 개입했다. 이 시기에 일시적이지만 말리, 기니, 이집트, 소말리아 등에서 소련의 이익을 일정 부분 확대했다. 브레즈네프는 대아프리카 외교 수정기(1965~1973), 확장기(1974~1979), 쇠퇴기(1980~1984)로 나누어 볼 수 있다. 수정기인 1965년에는 알제리의 벤 벨라가, 1966년에는 가나의 은크루마가 통치권을 상실했는데 새로 들어선 군사정부는 소련과 긴밀한 관계를 유지하는 데 그다지 관심이 없었다. 말리역시 소련의 군사 및 경제 원조를 받았으나 집권당이 붕괴한 후 소련과의 외교관계가 악화되었다. 그 후 소련의 대아프리카 외교 정책은 현지 상황에 맞게 진행되었으며 OAU를 지지하면서 소말리아, 기니 등과 외교관계를 확대하며 군사시설을 확보하기 위해 노력을 기울였다. 확장기에는 콩고와 소련이 긴밀한 관계를 맺게 되었다.

1977년까지 기니, 나이지리아 군사정부와 지속적으로 관계를 맺었고

---

98) 최의태, 같은 글, 207쪽.

1974~1979년에는 소련의 지원을 받은 쿠바가 앙골라와 에티오피아에서 군사개입을 했다. 쇠퇴기에는 아프리카의 지역 분쟁이 소련의 대아프리카 외교 정책에 장애가 되었던 것으로 판단된다. 1980년에는 리비아, 기니비소가 소련과의 외교관계를 폐지하거나 우익으로 전향했다. 1981년 소련이 콩고와 우호협력조약을 체결했지만 소련의 항구 건설 제의를 거절하고 서방의 경제개발 원조를 받아들였다. 1984년 모잠비크와 앙골라가 미국의 중재로 남아공과 공동안보협정을 체결하자 소련은 기존의 아프리카 국가와 외교관계를 유지하기에도 벅찬 상황이 되었다. 흐루쇼프와 브레즈네프 시기의 대아프리카 외교 정책의 특징은 흐루쇼프는 평화공존론을 주장하며 서방측과 군사 대결을 피했고, 브레즈네프는 데탕트 정책을 추구하며 실용주의 노선을 채택하여 적극적인 대아프리카 진출 전략을 추진했다. 결과적으로 소련의 대아프리카 외교 정책은 지속적이며 효과적으로 이루어지지 못했다. 과거 소련과 친밀하던 이집트, 수단, 소말리아 같은 나라들이 소련에 적대적이며 비판적으로 돌아선 것이 좋은 사례라고 할 수 있다. 결과적으로 소련은 아프리카 국가들의 정치체제에 크게 영향을 주거나 강대국으로서 영향력을 확대하는 데 성공하지 못했다.[99]

아프리카 지도자들은 기존의 외교관계를 부인하고 국가 이익을 확보하기 위해 새로운 외교 정책을 추진했다. 자국의 이익을 위해서는 과거 식민지배국과 긴밀한 유대 관계를 유지하기도 하고, 비동맹주의를 표방하면서 자국의 상황에 맞는 외교 정책을 추진하기도 했다. 무엇보다도 소련의 영향력을 확대하기 위해서는 충분한 경제원조가 확보되어야 했다. 그러나 소련의 대아프리카 경제원조는 만족스러울 만큼 제공되지 못했다. 이는 소련의 한계를 드러낸 것이라고 할 수 있다. 아울러 소련의 군사원조는 주로 무기

---

99) 최의태, 같은 글, 212~214쪽.

원조인데 이러한 원조는 미국을 비롯한 서방 진영의 지원을 불러올 수밖에 없으며 아프리카 국가들은 소련의 정책을 패권주의, 팽창주의에 바탕을 둔, 자국의 이익을 보장받으려는 정책이라고 비판하게 되었다는 것이다.[100]

5. 맺음말

에티오피아 정부는 1917년 당시 러시아혁명의 본질에 대한 이해가 부족한 탓에 볼셰비키 관련 음모가 있었는지 확실하지 않은 상태에서 예방 조치를 취했다. 그러나 1974년 에티오피아는 오랫동안 통치했던 독재자를 혁명을 통해 쫓아냈고, 언뜻 보기에 1917년 러시아혁명과 유사한 혁명이 일어났다. 1974년 에티오피아는 혁명의 여파로 소련의 군사·경제 지원을 받아 마르크스·레닌주의 국가를 건설하고 소련과의 적극적인 동맹관계를 시작했다. 소련은 아프리카에 대해 초기에는 사회주의 노선에 의한 경제개발이야말로 아프리카 국가 건설의 장기 목표라고 주장했고 그 단기 목표로서 아프리카 국가 통합의 해결책이 중요하다는 점에서 외교 정책을 수행해 왔다. 1970년대에 들어 좀 더 실질적으로 국가 이익에 기반을 둔 팽창주의를 전제로 아프리카에서 세력을 확대해 나갔다. 소련은 냉전 시기 미국의 세력 확장과 지역의 반공산화라는 위기 인식, 그리고 당시 중국의 동부 아프리카 지역 진출을 두려워했고, 소말리아보다는 에티오피아의 전략적 활용 가치를 더 중요하게 인식했다. 1978년에 소련은 지원 대상을 에티오피아로 변경하여 군사고문단 파견과 쿠바군의 파병을 지원했다. 그러나 소련이 원한 동부 아프리카의 마르크스·레닌주의 지역과의 동맹은 실패로 돌

---

100) 최의태, 같은 글, 215~216쪽.

아갔고, 소말리아와 에티오피아 사이에 내재된 갈등은 오가덴 전투로 이어져 중장기적으로 소련이 냉전 패권을 상실하는 시발점이 되어버렸다. 반면에 멩기스투 정부가 냉전이라는 대결 구도를 이용해 미소의 경쟁 상황을 자신에게 유리한 방향으로 이용해 소련의 지원을 확보함으로써 명실 공히 에티오피아에서 실권을 장악할 수 있었다.

앙골라 내전(1975~1988)과 같이 에티오피아 내전(1977~1991)도 결과적으로 미국과 소련이 적극적으로 개입하면서 아프리카 대륙에서 냉전의 대결 구도가 확대되었다. 이 두 국가에서는 기존의 정부와 질서가 무너지고 공산주의 이념이 국가통치의 핵심 도구가 되었다. 에티오피아와 앙골라를 비롯한 아프리카 국가들이 냉전의 양축인 미국과 소련을 선택한 이유는 새로 형성된 국가권력의 공고화 및 정당화와 밀접한 관련이 있을 뿐, 이념의 실질적 해석과 실천에 목적을 둔 것은 아니다. 즉, 체계화된 이념의 실현을 위한 혁명이라기보다 전략적 상황에 맞는 효율적인 선택이었다는 것이 더 설득력이 있다.

소련은 앙골라와 에티오피아에 마르크스·레닌주의 정부가 들어서는 데 결정적인 역할을 했음에도 불구하고 21세기에는 왜 존재감이 없을까? 반면에 중국은 어떻게 아프리카에서 영향력이 가장 큰 국가가 되었을까? 21세기 중국의 대아프리카 전략은 갑자기 나온 것이 아니라 1959년 이후 냉전과 국내 정치 변동에도 흔들리지 않고 일관된 외교 정책의 결과였다. 1990년대 이전 중국의 대아프리카 외교 정책이 결국 21세기에 중국이 아프리카에서 패권주의를 확고히 하는 데 기여했다고 볼 수 있다.

첫째, 소련은 대아프리카 외교 정책에 확고한 목표가 있지 않았으며, 그에 따라 정책을 일관성 있게 진행하지 못했다. 소련의 지원으로 쿠바가 앙골라에 대리 참전한 것 역시 소련의 잘못된 정책이라고 할 수 있다. 소련은 국익을 위해 대규모의 전면전을 벌여서라도 아프리카에 마르크스·레닌주의 정부를 구성하고 지원하여 확고한 교두보를 만들려는 의지가 없었다. 둘째, 아프리카 국가 지도자들은 탈식민지를 위한 해방전쟁과 내전에서 권력을 쟁취하기 위해 소련의 힘을 이용한 것이지 마르크스·레닌주의 혁명을 위한 것이 아니라는 것이다. 국가의 이익과 지도자의 권력 지향적인 태도에 따라 이데올로기를 언제든지 바꿀 수 있었으며 충성심이 있지 않았다는 것이다. 셋째, 소련은 경제 측면에서 지속적인 지원을 하지 못했다는 데 원인이 있었다. 신생 아프리카 국가들은 국가 발전을 위해 군사원조뿐만 아니라 경제원조를 받고 싶어 했으나 소련은 아프리카를 전략적으로 이해하고 접근하지 못했다. 넷째, 소련의 해체와 러시아의 대아프리카 외교 정책은 현재 아프리카에서 러시아의 입지를 더욱 줄어들게 만들었으며 회복할 수 없는 지경에 이르게 했다.

참고문헌

강창보. 1984. 「남부 아프리카에서의 미·소세력 경쟁에 관한 연구」. 한국외국어대학교 아프리카지역
　　연구학과 석사 학위논문.

권문술. 1988. 「쿠바 외교정책에 있어서 세계주의 (上)」. ≪국제문제≫, 통권 209호, 112~120쪽.

김달용. 1991. 「쿠바의 대외개입정책」, ≪이베로아메리카연구≫, 2권, 183~208쪽.

김윤진·김광수. 2013. 『남아프리카사』. 다해.

리드, 리처드(Richard Reid). 2013. 『현대 아프리카의 역사: 대륙과 문명의 세계사1』. 이석호 옮김. 삼
　　천리.

메러디스, 마틴(Martin Meredith). 2014. 『아프리카의 운명: 인류의 요람에 새겨진 상처와 오욕의 아
　　프리카 현대사』. 이순희 옮김. 휴머니스트.

변웅. 2015. 「지역적 맥락에서의 아프리카 냉전 사례: 1970년대 에티오피아의 사회주의화와 소련의 개
　　입과정을 중심으로」. ≪세계정치≫, 22권, 193~223쪽, http://s-space.snu.ac.kr/handle/10371/
　　94997

스톤, 올리버(Oliver Stone)·커즈닉, 피터(Peter Kuznick). 2015. 『아무도 말하지 않는 미국현대사』
　　2. 이광일 옮김. 들녘.

이삼순. 1988. 「소련의 대 아프리카 외교정책에 관한 연구: 1970년대를 중심으로」. 한국외국어대학
　　교 아프리카지역연구학과 석사 학위 논문.

조부연. 1994. 「앙골라 내전에 관한 연구: 내전 확대 요인 분석을 중심으로」. 한국외국어대학교 아프
　　리카지역연구학과 석사 학위논문.

최의태. 1988. 「소련의 대아프리카 외교정책의 이론과 실제에 관한 연구」. 경희대학교 박사 학위논문.

Adams, Gordon. 1981. "Cuba and Africa: The International Politics of the Liberation Struggles, a
　　Documentary History." *Latin American Perspectives*, Vol.7, No.1, pp.108~125.

Bieschevost, N. 2011. "Тайны Африки. Граф Н. Леонтьев: разведчик или(아프리카의 비밀. N.
　　Leontiev)", http://www.proza.ru/2011/06/29/667(검색일: 2017.11.4).

Brittain, V. 2002. "Cuba in Africa." *New Left Review*, Vol.17, pp.166~172.

Cohen S. 1994. "Cuba and the Liberation of Southern Africa." *Monthly Review*, Vol.46, No.4,
　　pp.17~25.

Cowcher, K. 2017. "From Refuge to Revolution: Bolshevism's Evolution in Ethiopia: AAIHS." http://www.aaihs.org/from-refuge-to-revolution-bolshevisms-evolution-in-ethiopia/(검색일: 2017.11.5).

Economic and Political Weekly. 1978. "Revolution and Counter-Revolution in Ethiopia." *Economic and Political Weekly*, Vol.13, No.9, pp.461~472. https://doi.org/10.2307/4366406(검색일: 2017.11.3)

Erisman, Michael. 1985. *Cuba's International Relations: The Anatomy of Nationalistic Foreign Policy*. Boulder: Westview Press.

Eshete, A. 1977. "Ethiopia and the Bolshevik Revolution: 1917-1935." *Africa: Rivista Trimestrale Di Studi e Documentazione Dell'Istituto Italiano per l'Africa e l'Oriente*, Vol.32, No.1, pp.1~27. https://doi.org/10.2307/40758727(검색일: 2017.11.3).

Eshete, A. 1982. *The Cultural Situation in Socialist Ethiopia*. Paris: Unesco.

Gall, T. L. and S. B. Gall(eds.). 1999. *Worldmark Chronology of the Nations Vol.1: Africa*, Detroit: The Gale Group.

Gordon, A. 1995. "Cuba and South Africa: Prospects for Partnership." *South African Journal of International Affairs*, Vol.3, No.2, pp.149~172.

Gromyko, A. 1988. "Soviet-Ethiopian Relations Today." in T. Beyene(ed.). *Proceedings of the Eighth International Conference on Ethiopian Studies*. Addis Ababa: Institute of Ethiopian Studies.

James, W. M. 2004. *Historical Dictionary of Angola*. Lanham, Maryland and London: The Scarecrow Press, Inc.

Johns, M. 1989. "A U.S. Strategy to Foster Human Rights in Ethiopia." https://www.heritage.org/middle-east/report/us-strategy-foster-human-rights-ethiopia(검색일: 2017.11.10).

Kebede, M. 2008. *Radicalism and Cultural Dislocation in Ethiopia, 1960-1974*. New York: University Rochester Press.

Klinghoffer, A. J. 1980. *The Angolan War: A Study In Soviet Policy In The Third World*, 1st ed. Boulder, Colorado: Westview Press.

Lye, K. and The Diagram Group. 2001. *Encyclopedia of African Nations and Civilizations*. New York: Facts On File, Inc.

Mott, W. H. 2002. *United States Military Assistance: An Empirical Perspective*. Westport, Connecticut: Greenwood Publishing Group.

Nathaniel, R. 2006. *50th Anniversary of His Imperial Majesty Haile Selassie I: First Visit to the United States*(1954-2004). Victoria, B. C.: Trafford Publishing.

Onslow, S. 2009. "Introduction", in Onslow, S.(ed.). *Cold War in Southern Africa : White Power, Black Liberation.* London: Rutledge, pp.1~8.

Polack, Peter. 2013. *Last Hot Battle of the Cold War: South Africa vs. Cuba in the Angolan Civil War.* Harbor Town, Philadelphia: Casemate.

Saney, Isaac. 2006. "African Stalingrad: The Cuban Revolution, Internationalism, and the End of Apartheid." *Latin American Perspectives*, Vol.33, No.5, pp.81~117.

Selassie. 2013. *Ethiopian Revolution.* Abingdon-on-Thames, Oxfordshire: Routledge.

Shillington, K.(ed.). 2005. *Encyclopedia of African History*, Vol.1 A-G. New York: Fitzroy Dearborn.

Shinn, D. H. and T. P. Ofcansky. 2013. *Historical Dictionary of Ethiopia.* Lanham, Maryland: Scarecrow Press.

Stone, O. and P. Kuznick. 2014. *The Untold History of the United States*(MP3 Una edition). Grand Haven, Michigan: Brjlliance Audio.

Tessema, K. 1971. *Ya Tarik Mastawasha(Historical Notes).* Addis Ababa: Artistic Printing Press.

Tetrault-Farber, G. 2015. "Ethiopian Ambassador Seeks to Upgrade Dialogue with Russia." The Moscow Times, http://themoscowtimes.com/articles/ethiopian-ambassador-seeks-to-upgrade-dialogue-with-russia-47436(검색일: 2017.11.18).

Tiruneh, A. 1993. *The Ethiopian Revolution 1974-1987: A Transformation from an Aristocratic to a Totalitarian Autocracy.* Cambridge: Cambridge University Press.

Westad, O. A. 2005. *The Global Cold War: Third World Interventions and the Making of Our Times.* Cambridge: Cambridge University Press.

Woodroofe, L. P. 2013. *Buried in the Sands of the Ogaden: The United States, the Horn of Africa, and the Demise of Detente.* Kent, Ohio: Kent State University Press.

7장

체코슬로바키아 레기온과 러시아혁명

김신규(서강대학교 국제지역연구소)

1. 머리말

제1차 세계대전을 '슬라브인에 대한 독일인의 전쟁'으로 규정한 독일과 오스트리아의 편에서 전쟁을 치러야 했던 체코, 슬로바키아 병사들은 자기 민족을 적으로 돌린 오스트리아를 위해 싸워야 하는 모순적 현실에 처해 있었다. 이 때문에 오스트리아-헝가리 군주국의 신민으로 오스트리아 군대에 징집되어 동부전선에 투입된 체코, 슬로바키아인뿐만 아니라 다른 슬라브계 병사들도 러시아에 투항한 후 전선을 바꾸어 독일, 오스트리아-헝가리 군주국에 대항했다.

프랑스, 이탈리아, 러시아 등지에서 결성된 체코슬로바키아 레기온(Československá legie 혹은 Česká a slovenská legie)은[1] 기존 해외 체류자들과 전쟁 포로로 구성된 자발적인 군대 조직이다. 특히 러시아 군대에 소속된 레기온은 1918년 3월 브레스트리토프스크조약 체결로 서부전선으로 이동해 적들과 싸우지 못하고 시베리아를 횡단한 후 대양을 통해 1920년 말에야 독립된 조국 체코슬로바키아로 귀환할 수 있었다. 이 과정에서 레기온은 소비에트와 치열한 전투를 치렀으며, 블라디보스토크를 통해 귀국하기 직전 항일 독립군에게 무기를 판매하기도 했다.[2]

---

1) 제1차 세계대전 당시에는 이들을 레기온이라고 부르지 않았다. 1920년 말 체코슬로바키아로 귀국한 후 체코슬로바키아 레기온 연합(Československá obec legionářská)을 조직했고 그 후 그 이름을 따 이들을 레기온으로 부르기 시작했다. 이 글에서는 체코 대대, 연대, 여단, 사단, 군단 등을 모두 레기온으로 표기했고, 꼭 필요한 경우에만 그 명칭을 따로 표기했다.
2) 김재두, 「청산리전투의 재조명: 체코여단과의 만남」, ≪주간국방논총≫, 827호(2000) 1~10쪽; ≪주간조선≫, "체코슬로바키아 신문, 3·1운동 잇따라 보도", 2010년 3월 1일 자. http://news.chosun.com/site/data/html_dir/2010/02/26/2010022601797.html

레기온을 둘러싼 많은 논쟁이 있지만 그 핵심에는 이들이 시베리아를 횡단하면서 벌인 소비에트 러시아와의 전투가 과연 귀국을 위한 자발적인 선택이었는지, 아니면 연합국 측의 사주로 백군을 지원하고 볼셰비키를 전복하기 위한 의도였는지에 있다. 이에 대해서는 여전히 러시아 측과 체코를 포함한 연합국 측이 그 해석을 두고 첨예하게 대립하고 있어 간단히 정리할 수 있는 문제가 아니다. 한편에서는 레기온이 볼셰비키와 전투를 벌인 것이 러시아혁명의 확산을 막고 자유민주주의를 지키려는 의도였다는 주장도 있지만, 한 가지 확실한 점은 레기온이 시베리아를 횡단하여 블라디보스토크에 이르는 과정에서 적군, 백군과 협력하기도 하고 배신하기도 했으며, 적어도 명목상으로는 레기온의 구출과 소개를 위해 영국, 프랑스, 미국, 일본 등 연합국이 러시아에 개입했다는 사실이다.

이 글에서는 우선 레기온과 소비에트 러시아가 충돌한 원인인 첼랴빈스크 사건을 중심으로 1918년 5월부터 시작된 레기온 반란의 구체적인 상황을 살펴본다. 첼랴빈스크 충돌이 레기온의 서부전선 이동을 막기 위해 독일과 공모한 소비에트 러시아가 벌인 사건인지, 아니면 레기온이 연합국 측과 함께 볼셰비키를 타도하고 백군을 지원하려는 의도에서 벌인 사건인지를 추적한다. 이와 함께 첼랴빈스크 사건 이후 연합국 측의 러시아 개입에 빌미가 된 레기온 구출 작전이 어떻게 전개되었으며 이들이 어떤 과정을 통해 러시아에서 탈출했는지도 살펴본다.

2. 체코슬로바키아 레기온과 브레스트리토프스크조약

1914년 8월 22일 프랑스에 거주하던 체코와 슬로바키아인들이 자발적으로 조직한 나즈다르 중대(Compagnie Nazdar)가 프랑스 군대에 소속되어 전선에 배치된 것이 레기온의 기원이다.[3] 약 300명 규모의 나즈다르 중대는 1915년 6월 16일 아라스 전투에서 큰 타격을 입은 후에 해산되었고, 생존자들은 여러 부대로 흩어졌다. 한편 러시아 레기온은 러시아에 거주하던 체코, 슬로바키아인들과 러시아 군대에 항복한 병사들이 자발적으로 군사조직을 만들면서 생겨났다. 체코인과 슬로바키아인들은 이미 제1차 세계대전 이전부터 우크라이나 서북부의 볼히니아 지역에 많이 거주하고 있었다. 제1차 세계대전이 발발하면서 이들은 합스부르크를 위해 전쟁을 하느니 차라리 러시아 편에서 조국의 독립을 위해 싸우는 편이 낫다며 대거 러시아 군대에 지원했다. 이들은 자신들이 동부전선 정세에 익숙하고 같은 슬라브어를 사용한다는 점에서 러시아 병사들과 함께 작전을 수행하기보다는 독자적인 부대로 활동하기를 원했다. 이에 따라 700여 명의 자원병으로 구성된 체스카 드루지나(Česká Družina)가 조직되었고 드루지나는 러시아 제3 제국군에 소속되어 정찰 활동을 담당했다.

1917년 러시아 2월혁명 이후 체코슬로바키아의 독립을 위해 해외에서 독립운동을 전개하던 마사리크(T. G. Masaryk)는 러시아에 있는 수만 명의 체코, 슬로바키아 병사들을 독립운동에 활용하고자 러시아를 방문해 임시정부의 케렌스키(A. F. Kerensky)와 이 문제를 논의했다. 또한 마사리크의 동료이자 제자인 베네시(E. Beneš)는 파리에 머물면서 체코슬로바키아 임시정부 승인 문제와 향후의 국경 문제를 두고 연합국 측과 협상을 이어갔으며, 슈테파니크(M. L. Štefánik)는 프랑스, 이탈리아, 러시아 등지를 다니면서, 레기온과 해당국 정부의 관계를 조정하고, 레기온 충원 및 독자적인 체코슬로바키아 군대를 창설하기 위한 협상을 벌여나갔다. 그러나 연합국 측은 물론이고, 러시아 역시 이들을 독자적인 군대로 인정하는 데 주저했다.

3) David Bullock, *The Czech Legion 1914-20*(New York: Osprey publishing, 2009), p.3.

러시아는 체코와 슬로바키아인들의 독자적인 군사 조직을 용인할 생각이 없었다. 체코, 슬로바키아인 병사들이 법적으로 오스트리아-헝가리 군주국의 신민이기 때문에 만약 이들을 독자적인 군대로 인정할 경우 1907년 헤이그협정을 위반하게 되기 때문이었다. 러시아의 차르도 이들이 러시아 편에서 전쟁을 벌인다 해도 엄연히 군주에게 반기를 든 배신자들이기 때문에 자원 병단을 인정하기가 껄끄러웠다.[4] 그러나 1915년 4월 22일 독일이 클로린 가스를 사용함으로써 헤이그협정을 위반하고, 1916년 3월 24일 비무장 선박에 어뢰를 발사하는 등 무제한 잠수함전을 전개하면서 상황이 바뀌었다. 독일이 먼저 헤이그협정을 위반했기 때문에 협정은 자동 파기되었다. 따라서 체코, 슬로바키아인들을 러시아 군대에 편입시키는 데 아무런 문제가 없게 됐다. 게다가 2월혁명 이후인 1917년 7월 즈보로프 전투에서 체코, 슬로바키아 병사들이 보여준 놀라운 성과를 목격한 케렌스키는 이들의 존재를 마냥 무시할 수 없었다. 이 전투에서 레기온은 선두에서 적진을 돌파해 적군 3300명을 생포하고 야포 20문을 비롯한 물자를 대규모로 획득했다.[5]

즈보로프 전투는 제1차 세계대전에 큰 영향을 주지는 못했지만, 레기온에는 아주 중요한 의미가 있는 전투였다. 즈보로프 전투 이후 마몬토프(N. P. Mamontov)의 지휘 아래 체코슬로바키아 병사들로 구성된 '후스사단'이 창설되었으며, 1917년 8월에는 마사리크의 주도로 체코슬로바키아 2사단도 창설되었다. 이 두 사단과 새로 조직된 포병 여단을 포함해 1917년 10월 9일 체코슬로바키아 군단이 공식 출범했고, 쇼콜로프(V. Shokolov)가 군단장이

---

4) Robert Dziak, "The Czechoslovak Legions in World War 1"(M. A. Thesis in United States Marine Corps Command and Staff College Marine Corps University, 2012), p.15.

5) Bernard Panus, "Bitva u Zborova," http://obeclegionarska.cz(검색일: 2017.9.10).

되었다. 체코슬로바키아 군단은 공식으로는 러시아 사령부 산하에 편입되어 있었지만, 실제로는 체코슬로바키아 민족회의 러시아 지부가 통제권을 쥐고 있었다. 10월혁명 이후인 1918년 12월에는 러시아의 지휘에서 벗어나 프랑스 군대로 편입되었고 독자적인 체코슬로바키아 군단으로 전투에 참여했다.

3. 아르한겔스크냐, 블라디보스토크냐

이미 1917년 5월 마사리크는 러시아 여기저기에 산재해 있던 체코, 슬로바키아 병사들을 단일한 조직으로 묶고, 가능하다면 이들을 서부전선으로 이동시키려 했다. 마사리크는 드루지나의 놀라운 성과에도 불구하고 결국 즈보로프 공세가 실패하고, 그 후 러시아 군대가 급속히 해체되는 과정을 목격하면서 동부전선에 더 머무를 필요가 없다고 판단했다. 따라서 마사리크는 레기온을 러시아에서 빼내 프랑스 전선에 합류시킬 방법을 모색했다.

10월혁명 이후 마사리크는 페트로그라드에서 소비에트 정부와 레기온 철수에 대한 협상을 진행했지만, 브레스트리토프스크조약이 체결되기 이전까지는 명확한 결론을 도출하지 못했다. 그러나 1917년 12월 연합국이 레기온을 공식으로 연합국 군대로 인정하고 프랑스 사령관에게 지휘를 맡기면서 동부전선에 산재해 있던 체코, 슬로바키아 병사들이 레기온으로 몰려들었고, 마사리크, 베네시가 프랑스 정부와의 협상을 통해 되도록 빨리 이들을 서부전선으로 이동시키려 했다.

1918년 2월 9일 우크라이나가 독립을 선언하고 러시아와 대립하면서 우크라이나와 러시아 사이에 끼인 레기온은 즉각 러시아-우크라이나 분쟁에 중립을 선언했다. 1918년 3월 볼셰비키가 브레스트리토프스크조약을 추인하면서 제1차 세계대전에서 발을 뺐다. 이 조약을 통해 러시아가 독일과 러시아 사이의 폴란드, 우크라이나, 핀란드, 캅카스, 발트 3국을 독일에 넘겨주면서 동부전선에 있던 체코슬로바키아 레기온은 우크라이나에 갇히는 신세가 되었다.

독일이 우크라이나로 침공해 들어오면서 레기온은 더 머뭇거릴 시간이 없었다. 따라서 가능한 한 빨리 키예프에서 러시아로 탈출한 후 시베리아 횡단 철도를 이용해 블라디보스토크로 이동하기로 결정했다. 볼셰비키와 레기온의 이동에 합의한 마사리크는 3월 6일 블라디보스토크에 도착해 연합국 측과 레기온의 철수를 위한 선편 확보를 논의하고 서둘러 미국으로 이동해 윌슨을 상대로 체코슬로바키아가 독립해야 하는 당위성을 설명했다.

그동안 독일은 바흐마흐 철도를 점령하고 레기온의 퇴각로를 막았다. 마사리크가 블라디보스토크로 떠난 며칠 뒤에 러시아로 이동하고자 하는 레기온과 이를 막으려는 독일군이 치열한 전투를 벌였다. 이 전투에서 레기온은 우크라이나 볼셰비키와 함께 독일군에 맞섰고, 마침내 독일의 포위망을 뚫고 쿠르스크 방향으로 이동하는 데 성공했다.

러시아 소비에트는 3월 14일 블라디보스토크를 통한 레기온의 철수를 공식으로 허용했고 이튿날 레기온과 연합국 측에 이런 사실을 통보했다. 독일군에 맞서고 있던 우크라이나 볼셰비키 역시 레기온의 러시아 이동을 허용했다. 3월 16일 우크라이나 소비에트는 우크라이나 프롤레타리아와 함께 제국주의에 맞서 싸운 형제애를 보여주었기 때문에 답례로 레기온의 이동은 물론 이들이 무기를 소지할 수 있도록 허용한다고 밝혔다.[6] 그러나 우크

---

6) J. Bunyan, *Intervention, Civil War, and Communism in Russia: April-December 1918* (Baltimore: Johns Hopkins Press, 1936), p.80.

라이나 소비에트는 레기온에도 형제애를 발휘해 어느 정도의 무기를 '기부'
하도록 요청했다. 상당한 무기를 건네준 레기온은 이제 우크라이나를 벗어
나 러시아에 진입했고 블라디보스토크로 향하는 긴 여정을 시작했다.[7]

레기온이 러시아에 진입한 직후 소비에트 전쟁인민위원 트로츠키(L.
Trotsky)는 레기온의 블라디보스토크 이동에 대한 문제를 재검토하고 나서
1918년 3월 26일 민족인민위원 스탈린(J. Stalin)을 통해 레기온 이동에 관한
명령을 발표했다. 트로츠키는 "첫째, 레기온은 즉각 이동해야 한다. 둘째,
레기온을 지휘하고 있는 비공산계, 반혁명 러시아 장교를 즉각 해임해야
한다. 셋째, 레기온은 전투 병력이 아니라 민간인 신분이어야 한다. 넷째,
레기온은 자위 차원의 무기만을 소지할 수 있다"라고 명령했다.[8] 이 명령
은 막 펜자에 도착한 레기온에 적용되었다. 펜자 소비에트는 레기온을 태
운 객차당 탑승 인원을 168명으로 제한하고 객차당 소총과 야포 1문만을
소지할 수 있도록 했으며 나머지는 펜자 소비에트에 '기부'하도록 명령했
다. 또한 러시아인 인민위원이 레기온과 동행하도록 했다.[9] 이동을 위해
상당한 규모의 무기를 내어주면서 레기온의 동부 이동이 시작되었다. 레기
온을 태운 긴 열차 행렬이 유럽 쪽 러시아로부터 우랄과 시베리아 방면으
로 넓게 퍼져 이어졌다.[10]

---

7) George F. Kennan, "The Czechoslovak Legion," *The Russian Review*, Vol.16, No.4(1957),
   pp.3~16.
8) J. Bunyan, *Intervention, Civil War, and Communism in Russia: April-December 1918*.
   pp.81~82.
9) George F. Kennan, "The Czechoslovak Legion," p.8.
10) 1918년 5, 6월 레기온은 네 부분으로 흩어져 있었다. 이미 4월 말 블라디보스토크 부근까
    지 접근하여 6월 29일 블라디보스토크 주요 항구를 점령한 디테리흐스(M. Diterikhs) 주도
    의 블라디보스토크 레기온이 있었고 펜자를 중심으로 체체크(S. Ček)가 지휘하는 동부 레
    기온, 시로비(J. Syrový)가 지휘하는 가장 강력한 첼랴빈스크 레기온 그룹이 있었다. 마지막
    으로 이들의 동진에 앞서 이동로를 확보하기 위해 첼랴빈스크 동부로 먼저 이동해 있던 가

체코슬로바키아 레기온의 지휘권을 갖고 있던 프랑스도 영국과 함께 레기온의 서부전선 이동을 위해 4월 27일 레기온 사령부에 다음과 같은 명령을 하달했다. 첫째, 모든 병력을 가능한 한 빨리 이동시킨다. 둘째, 아직 옴스크를 통과하지 못한 레기온의 경로를 아르한겔스크와 무르만스크로 바꾸고 이곳을 통해 서부전선으로 이동한다.[11) 연합국 측은 1918년 4월 21일부터 트로츠키와 협상을 벌이면서 아직 유럽 쪽 러시아에서 이동 중인 레기온을 러시아 북부로 이동시키려고 했다. 이에 따라 외무인민위원 치체린(G. V. Chicherin)은 레기온의 블라디보스토크 이동을 멈추게 했고 아직 옴스크를 통과하지 못한 레기온의 경로를 아르한겔스크 쪽으로 바꾸게 했다.[12)

바로 여기에서 문제가 시작되었다. 당시 레기온은 시베리아 횡단 철도 전역에 산재해 있었고, 연합국 측과의 소통도 제대로 되지 않는 상황이었다. 따라서 레기온은 갑자기 이동 경로를 아르한겔스크로 바꾸라는 연합국 사령부와 소비에트의 합의를 믿지 못했다. 더군다나 이동 중에 계속해서 지역 소비에트와의 마찰로 많은 무기를 빼앗긴 상황에서 서부전선으로의 이동이 지체될지도 모른다는 불안감이 커져갔다. 통과하는 역마다 지역 소비에트의 엄중한 검문으로 이동은 지체되었고, 노선이 변경되면 이미 산재되어 있던 병력이 더욱 분산될 것이기 때문에 만약의 사태에 닥치면 더욱 취약해질 수 있다고 판단했다. 더군다나 레기온에 섞여 있던 공산주의자들은 레기온이 서부전선으로 투입되는 것이 아니라 오스트리아-헝가리 군대

이다(R. Gajda)가 지휘하는 노보니콜라옙스크 그룹, 그리고 제2사단 참모장인 우사코프(B. Usakov)가 지휘하는 니즈니우딘스크 그룹도 있었다. David Bullock, *The Czech Legion 1914-20*, pp.20~21.

11) David Bullock, 같은 책, p.14.

12) J. F. N. Bradley, "The Czechoslovak Revolt against the Bolsheviks," *Soviet Studies*, Vol.15, No.2(1963), p.134.

로 복귀될 것이라는 거짓 소문을 퍼뜨리면서 레기온 내부를 더욱 혼란스럽게 만들었다.

1918년 5월 모스크바 주재 독일 대사로 미르바흐(W. von Mirbach-Harff)가 부임하면서 문제가 더욱 복잡해졌다. 미르바흐는 트로츠키에게 레기온의 무장해제와 이동 중단을 요구했다. 당시 독일은 브레스트리토프스크조약 체결 이후 연합국 군대의 일원인 레기온이 자신의 배후에 있다는 사실이 못마땅했고, 이들이 성공적으로 서부전선으로 이동할 경우 독일군이 직면하게 될 위험에 대해서도 우려했다. 따라서 독일은 미르바흐를 통해 러시아를 압박함으로써 레기온의 이동을 막고자 했다. 1918년 4월 21일 중앙 소비에트가 크라스노야르스크 소비에트에 보낸 전문에서는 "(독일 측은) 일본군의 시베리아 진출을 우려하면서 독일인 포로를 즉각 동부에서 서부 시베리아나 유럽 쪽 러시아로 이동시켜 줄 것을 요구했다. 가능한 한 모든 수단을 활용해서 그렇게 하라. 레기온을 동부로 이동시킬 필요는 없다"[13]라고 했다. 치체린은 레기온을 반란군으로 규정하면서 레기온 때문에 러시아 전역을 통제하지 못한다고 불평하기도 했다.[14]

그러나 이미 1918년 4월 13일 가장 뒤에 처져 있던 키르사노프의 레기온은 전체 지휘관 회의를 열어 지역 소비에트 당국에 무기를 넘겨주지 않고 계속 동진하기로 결정했고 이 결정은 곧 다른 레기온 지휘관들에게도 전달되었다.[15] 연합국 측의 이동 경로 변경, 중앙 소비에트의 무장해제와 이동 중단 명령, 오스트리아 군대로 복귀될 것이라는 공산주의자들을 거짓

---

13) Victor M. Fic, *The Bolsheviks and the Czechoslovak legion: the origin of their armed conflict, March-May 1918*(New Delhi: Abhinav Publications, 1978), p.55.

14) Robert Dziak, "The Czechoslovak Legions in World War 1," p.22.

15) J. Muika and J. Hokec. *Československa Legii v Rusku 1914-1920, Díl 1*(Praha: Naše vojsko. 2013), p.8.

선전·선동으로 레기온 내부는 혼란에 빠졌지만, 레기온은 전체 지휘관 회의의 결정에 따라 당초 마사리크가 지시한 대로 블라디보스토크를 통해 서부전선으로 이동한다는 원칙을 고수했다.

1918년 5월 9일 마사리크의 전권 특사였던 막사(P. Maxa)가 이동 경로 변경의 진위를 확인하기 위해 트로츠키를 만났고 이 결정이 연합국 측과 소비에트가 합의한 것임을 확인했다. 그러나 막사는 이런 사실을 시베리아에 산재해 있던 레기온 지휘관들에게 전달하지 못했고, 연합국 사령부도 레기온에 이런 사실을 제때에 전달할 수 없었다.[16]

1918년 5월 12일 레기온 지휘관 중 한 명인 시로비(J. Syrový)는 "아무도 아르한겔스크로 가려고 하지 않는다. …… 블라디보스토크로 가지 않는다는 것을 알게 된 병사들이 술렁대고 있다. 이렇게 동요하고 있는 데는 그럴 만한 이유가 있다. 병사들은 배고픔에 지쳤고 독일군의 기습과 U보트가 설쳐대는 바다를 두려워했다. 이들은 독일과 러시아의 선동에 동요하고 있고, 지도부의 어리석음에 분노하고 있다. …… 병사들은 탈주하거나 아니면 혼자서라도 블라디보스토크로 이동할 태세이다"라고 했다.[17]

1918년 5월 14일 마침내 이 모든 긴장을 한 번에 터뜨려 버리는 사건이 발생했다. 첼랴빈스크역에 정차해 있던 레기온 열차 바로 맞은편에 오스트리아-헝가리 전쟁포로를 태운 열차가 멈추어 섰다. 서로 간에 고성과 비방이 오간 뒤 전쟁 포로가 던진 물건에 맞아 레기온 병사가 큰 부상을 당했다. 동료 레기온 병사들이 물건을 던진 상대방을 찾아내 구타하자, 지역 소비에트가 출동해 폭력을 행사한 병사를 체포해 감금했다. 이에 분노한 다른 레기온 병사들은 지역 소비에트에 넘겨주었던 무기를 되찾아 동료를 구출했

---

16) J. F. N. Bradley, "The Czechoslovak Revolt against the Bolsheviks," p.132.
17) J. F. N. Bradley, 같은 글, p.133.

다. 소비에트는 즉각 이 사건을 '반란'으로 규정해 모스크바에 보고했다.

챌랴빈스크 사건을 보고받은 트로츠키는 모스크바에 머물던 막사를 체포해 레기온에 무장해제 명령을 내리도록 압박했다. 5월 25일 트로츠키는 지역 소비에트에도 명령을 하달해 자발적으로 무장해제를 하지 않는 레기온을 사살하라고 지시했다.[18] 군사위원회 작전사령관 아랄로프(S. I. Aralov) 역시 레기온을 옛 황제파 군대로 규정하면서 무장해제와 사살을 명령했다.[19] 5월 29일 트로츠키 명의의 전쟁인민위원회 코뮈니케에서도 같은 방침을 밝혔다.

> 전쟁인민위원회는 이미 모든 체코, 슬로바키아인들을 즉각적이고도 무조건적으로 무장해제 하고 이에 불복할 경우 사살하라는 명령을 내렸다. 전쟁인민위원인 나 트로츠키는 …… 레기온이 될 수 있으면 빨리 러시아에서 떠날 수 있도록 필요한 모든 조치를 취할 것임을 재차 선언한다. 그러나 이는 완전하고도 무조건적인 무장해제와 전쟁인민위원회의 지시를 철저히 준수하느냐에 달려 있다.[20]

트로츠키의 무장해제와 사살 명령에도 레기온은 흔들리지 않았다. 레기온은 여전히 러시아 내부에는 45만 명에 달하는 독일, 오스트리아-헝가리 전쟁 포로가 있고 이들 중 상당수가 소비에트 러시아와 협력하고 있다고 판단했다. 또한 레기온은 지역 소비에트 외에도 수많은 무장 세력이 시

---

18) Dalibor Vácha, *Ostrovy v bouři, Českoslovenští legionáři a všednost let válečných 1918-1920*(České Budějovice: Jihočeská univerzita historický ústav, 2006), p.268.

19) Radola Gajda, *Moje paměti: Střet českých legií s rodící se bolševickou mocí*(Praha: Jota, 2008), p.30.

20) "Communiqué of the People's Commissariat for Military Affairs." https://www.marxists.org/ archive/trotsky/1918/military/ch32.htm(검색일: 2017.10.1).

베리아 횡단 철도 노선을 따라 횡행하고 있다는 사실도 알고 있었다. 따라서 만약 모든 무기를 지역 소비에트에 넘기고 블라디보스토크로 이동한다면, 목숨을 내놓는 것이나 마찬가지라고 생각했다. 더군다나 소문에 따르면 소비에트 러시아가 레기온을 분산시키고 무장을 해제한 뒤에 오스트리아-헝가리 군대에 넘길 수도 있었다. 이렇게 된다면 서부전선으로의 이동은 사실상 물거품이 될 것이라고 분노했다.[21]

레기온이 무장해제를 거부하고 블라디보스토크로 전진하기로 결정한 것이 먼저인지, 아니면 소비에트의 무장해제 명령이 먼저인지는 여전히 논쟁거리이다. 소비에트 측에서는 트로츠키가 무장해제와 사살 명령을 내린 날은 1918년 5월 25일이고, 첼랴빈스크 사건이 발생한 날은 5월 14일, 그리고 레기온 지휘관 회의가 열린 날은 3월 12~14일이기 때문에, 레기온이 이미 회의를 통해 무장 동진을 결정한 것이라고 해석하고 있다. 반대로 서구 학계에서는 레기온 사령관 회의 이전에 이미 독일의 압박을 받은 소비에트가 레기온의 전진을 방해하고 이들을 무장해제 한 후에 적군으로 충원하든지, 아니면 오스트리아-헝가리 부대로 복귀시키고자 했기 때문에 레기온의 저항은 그 후의 일이라고 주장하고 있다.

그 이유가 어쨌든 이제부터 레기온과 소비에트 러시아 사이에 사생결단의 싸움이 시작되었다. 레기온은 무슨 수를 써서라도 블라디보스토크를 통해 서부전선으로 이동하려 했다. 소비에트는 러시아 내부의 동요를 막기 위해서라도 무슨 수를 쓰건 이들을 무장해제 해야 했다. 레기온은 볼셰비키에 동조해 무장해제를 선동하거나 트로츠키의 명령을 따르자고 주장하는 이들을 지도부에서 축출하고 급진파인 가이다, 체체크, 보이체홉스키

---

21) George F. Kennan, "The Czechoslovak Legion: II," *The Russian Review*, Vol.17, No.1(1958), pp.15~16.

등 개별 지휘관들에게 재량권을 부여하고 무장 동진을 결의했다. 당시 레기온은 펜자에 8000명, 첼랴빈스크에 8800명, 노보시비르스크에 3830명, 블라디보스토크에 1만 5000명 정도가 분산되어 있었는데,[22] 레기온 개별 지휘관의 무장 동진 결정은 이내 펜자, 노보시비르스크, 블라디보스토크를 통과하던 다른 병사들에게도 전달되었다. 아직 블라디보스토크에 도착하지 않은 레기온은 이동을 막는 지역 소비에트와 교전했고, 이미 블라디보스토크에 도착한 레기온은 물자를 보충한 뒤 동진하는 레기온을 구출하기 위해 다시 서쪽으로 향했다.

4. 펜자 결전과 블라디보스토크 철수

레기온이 왜 이 시점에 반란을 일으켰는지에 대해서는 여러 해석이 분분하지만 그 핵심은 연합국이 러시아에 개입하기 위한 일종의 명분으로 레기온을 이용했다는 주장과, 그 반대로 레기온의 서부전선 이동을 막기 위해 독일이 볼셰비키를 압박해 레기온의 이동을 막았기 때문에 레기온이 저항했다는 주장으로 요약할 수 있다.

연합국이 러시아에 개입하기 위해 레기온 구출을 명분으로 내세웠다고 주장하는 측에서는 연합국이 북부 항구를 통해 러시아에 상륙하여 시베리아의 레기온과 러시아 남부의 반혁명 세력을 규합해 '볼가 전선'을 구축하고 동부전선을 다시 열고자 했기 때문이라고 파악한다.[23] 또한 일부에서는 미

---

22) Kevin J. MacNamara, *Dreams of a Great Small Nation*(New York: Public Affairs Books, 2016), p.200.

23) Leonid I. Strakhovsky, *The Origins of American Intervention in North Russia*(New Jersey: Princeton Univ. Press, 1937).

국의 러시아 개입 동기를 볼셰비키 정권을 전복시키기 위한 것이라고도 보고 있다.[24] 그러나 일본을 제외한 연합국이 러시아에 개입한 것은 무엇보다도 러시아에 발이 묶여 있는 전쟁 포로, 특히 체코슬로바키아 레기온을 서부전선으로 이동시키기 위해서라는 것이 가장 일반적인 해석이다.[25]

결국 소비에트 측에서는 연합국이 러시아 내전에 개입하기 위한 명분을 얻고자 레기온으로 하여금 '의도적'으로 반란을 일으키게 한 것이라고 주장하고, 서구 학계에서는 그 반대로 연합국 측이 러시아에 개입한 주된 이유는 레기온을 '구출하기' 위한 것이라고 보고 있다. 그 이유가 어쨌든 레기온 반란은 소비에트 러시아뿐만 아니라 반혁명 세력에도 큰 영향을 끼쳤으며, 연합국이 본격적으로 러시아에 개입하는 계기가 되었다.

첼랴빈스크 사건으로 레기온과 소비에트 러시아의 대립이 시작되면서 연합국 측의 러시아 개입도 본격화되었다. 개입을 주저하던 미국의 월슨 대통령도 연합국 측의 거듭된 요청과 러시아 현지에서 보내오는 보고서, 마사리크와의 만남을 통해 드디어 '제한된 개입'을 결정했다. 월슨은 개입을 승인하면서 다음과 같은 조건을 달았다. 첫째, 블라디보스토크로 이동해 있는 레기온에 소형 무기, 자동소총, 탄약을 제공할 것, 둘째, 미군 7000명을 이르쿠츠크 쪽으로 이동시켜 동쪽에 처져 있는 레기온과 블라디보스토크 본진을 연결할 것, 셋째, 블라디보스토크 상륙군의 목표는 전투가 아니라 레기온을 보호하는 데 한정할 것, 넷째, 미국의 개입은 내정간섭을 위한 것이 아니기 때문에 상륙군은 러시아 정치 혹은 영토 주권을 훼손하지 말 것이었다.[26]

---

24) William A. Williams, *American-Russian Relations 1781-1947*(New York: Rinehart & Co. 1952).

25) Christopher Lasch, *The American Liberals and the Russian Revolution*(New York: Columbia University Press 1962).

소비에트는 독일-오스트리아 전쟁 포로로부터 레기온을 지키고 이들을 블라디보스토크까지 안전하게 이동시킨다는 연합국의 개입 명분을 강력히 비난했다. 이미 소비에트와 연합국은 1918년 4월 21일 아르한겔스크를 통한 레기온의 서부전선 이동에 합의한 바 있으며, 러시아 당국은 이에 따라 우랄산맥을 넘은 레기온은 그대로 블라디보스토크로, 그리고 아직 옴스크 서쪽에 머물고 있는 레기온은 아르한겔스크로 이동하도록 명령을 내렸었다.[27] 즉, 소비에트의 관점에서는 이 단계에서 연합국 군대가 블라디보스토크에 상륙할 하등의 이유가 없었다. 이미 블라디보스토크에 도착한 레기온은 어떤 방법으로든 서부전선으로 이동하면 되고, 시베리아에 도착하지 못한 나머지 레기온은 러시아 북부 항구인 아르한겔스크로 이동하여 그곳에서 연합국의 수송선으로 떠나면 될 뿐이었다. 그러나 연합국은 레기온을 이동시킬 수송선을 보내기는커녕, 무기와 군수물자를 가득 실은 보급선을 보냈고, 더군다나 일본은 대규모 병력을 이끌고 블라디보스토크에 상륙했다. 즉, 소비에트의 관점에서 볼 때, 연합국은 레기온을 러시아에서 철수시킬 의도가 전혀 없었다.

이제 소비에트는 레기온이 블라디보스토크로 이동하려는 것은 결국 연합국의 사주에 의한 것이고, 연합국은 러시아를 다시 전쟁에 끌어들여 동부전선을 새로이 열려고 하며, 동시에 러시아 곳곳에서 등장하고 있는 반혁명 세력을 지원해 볼셰비키를 몰아내려는 의도가 있다고 확신했다.

이유야 어쨌든 레기온은 연합국이 내린 아르한겔스크로의 이동 명령과 소비에트 러시아의 무장해제 명령 모두를 무시하고 계속 블라디보스토크

---

26) Peyton C. March, *The Nation at War*(New York: Doran, 1932), pp.124~126.
27) George F. Kennan, *The Decision to Intervene*(New Jersey: Princeton Univ. Press, London, 1989), pp.144~153.

로 향했다. 사실 레기온은 러시아 내전에 개입할 의사가 없었으며, 연합국을 위해 소비에트와 교전하고 싶지도 않았다. 이들은 오로지 무장한 채 서부전선으로 이동해 조국의 독립을 위해 싸우려고만 했다. 레기온은 서부전선 이동(1918년 10월 28일 체코슬로바키아 독립 선언 이후에는 체코슬로바키아 본국으로의 이동)이라는 목적을 위해서는 그 어떤 대가도 마다하지 않았다.

이 시점에 연합국 측은 독일이 러시아에 영향력을 행사하고 있다고 판단해 레기온을 이용해 러시아 내정에 개입하고 다시 동부전선을 열려는 의도를 명확히 드러냈다. 연합국 측이 독일과 러시아가 밀월 관계에 있다고 확신하게 된 근거는 많았다. 무엇보다도 독일 대사 미르바흐가 1918년 5월 연합국 측에 러시아 내정에 개입하지 말고 무르만스크, 아르한겔스크에서 철수하라는 열변을 토하자마자[28] 기다렸다는 듯이 외무인민위원 치체린이 연합국에 북부 항구에서 철수하라고 요구했다. 치체린은 레기온이 러시아의 중립성을 위협하고 있기 때문에 이들의 무장해제가 필요하다고도 연합국 측에 강조했다.[29] 독일로서는 확실히 레기온이 골칫거리였다. 5만 명 이상의 강력한 군대가 서부전선에 투입된다면 전쟁의 판세를 바꿀 수도 있기 때문이다. 독일 외무장관 쿨라만(R. von Kuhlamann)은 6월 1일 레기온의 서부전선 이동을 좌시하지 않을 것이라며 러시아를 위협하고 동부로 이동 중인 레기온의 기차를 즉각 멈추어 세우라고 요구했다.

소비에트 러시아가 독일의 압력을 받고 있다는 의심은 점점 커졌다. 1918년 6월 미국 대사 프랜시스는 소비에트가 레기온에 무장해제를 명령한 것은 독일의 지령에 의한 것이라는 내용의 전문을 본국으로 보냈다. 마

---

28) Kevin J. MacNamara, *Dreams of a Great Small Nation*, p.237.
29) George F. Kennan, *The Decision to Intervene*(New Jersey: Princeton Univ. Press, London, 1989), pp.482~485.

사리크 역시 6월 25일 외무인민위원 치체린에게 전보를 보내 지역 소비에
트가 오스트리아와 독일의 선동에 동조하여 레기온을 공격하고 있다고 항
의했다. 또 옴스크 주재 미국 영사 톰프슨(A. R. Thompson) 역시 소비에트
정부의 레기온 무장해제와 이동 중지 명령은 미르바흐가 러시아를 압박하
고 있기 때문이라고 주장했다.[30]

한편 종전협정 직후부터 독일은 재정적으로 소비에트 러시아를 지원하
고 있었다. 독일 외무부는 4000만 마르크의 예산을 책정하고 1918년 6월부
터 8월까지 미르바흐에게 매달 300만 마르크를 송금해 소비에트를 지원하
도록 했다.[31] 때마침 황제 빌헬름 2세(Wilhelm II)도 6월 28일 러시아에 대
한 군사작전은 없다고 선언했다. 종전협정 이후에도 우크라이나를 점령한
독일을 두려워하던 소비에트로서는 재정 지원은 물론 공개적으로 러시아
를 침공하지 않겠다는 독일의 선언이 가뭄의 단비와도 같았다. 독일의 위
협이 사라지자 이제 트로츠키는 러시아 국내 문제에 집중했다. 그는 부족
한 군사력을 보충하기 위해 우선 라트비아 군단을 동부로 이동시켜 레기온
과 대치시켰고 적군을 조직해 러시아혁명의 성패를 결정할 가장 중요한 지
역인 카잔 수복에 전력을 쏟았다.[32]

카잔 대전 이전인 6월 8일 레기온은 볼가의 주요 도시이자 교통 중심지
인 사마라를 차지하고 있었고, 체체크가 지휘하는 레기온은 7월 4일 우파
를 점령하여 펜자와 첼랴빈스크 레기온과 합류했다. 레기온은 계속해서 시
즈란, 울리야놉스크도 차지했다. 그동안 러시아 남부에서는 코사크가 소비

30) Kevin J. MacNamara, *Dreams of a Great Small Nation*, pp.238~239.

31) Z. A. B. Zeman, *Germany and the Revolution in Russia, 1915-1918*(London: Oxford Univ.
Press. 1958), pp.130~137.

32) Richard Pipes, *The Unknown Lenin: From the Secret Archive*(New Haven: Yale Univ. Press,
1996), pp.50~53.

에트에 반기를 들었고, 오렌부르크를 점령했다.

레기온 반란 이후 연합국 측의 대응도 빨라졌다. 표면적으로는 레기온을 철수시키기 위해 개입한다고 강조했지만, 사실 영국과 프랑스는 레기온을 계속 러시아에 주둔시키고자 했다. 미국 특사 라인시(P. S. Reinsch)는 6월 13일 본국에 전문을 보내 레기온을 시베리아에 묶어두는 것이 중요하다고 보고했고, 만약 연합국 측에서 레기온을 지원한다면 이들이 시베리아 전역을 통제할 수도 있을 것으로 내다봤다. 또한 그는 레기온은 러시아인에게 우호적이며, 연합국의 대의에 동참하고 있고, 무엇보다도 독일이 러시아에 영향력을 행사하는 것을 막을 수 있는 유일한 세력이라고 판단했다.[33] 주러시아 프랑스 대사 역시 5월 14일 본국에 이와 유사한 내용의 전문을 보냈다.[34]

6월 20일 베네시와 총사령관 자냉(M. Janin)은 레기온에 곧 연합국의 러시아 개입이 시작될 것이기 때문에 시베리아 횡단 철로를 따라 현 위치를 고수하고 소비에트에 무기를 넘기지 말도록 하라고 지시했다. 이미 이 시점에는 러시아 내정 개입을 반대해 온 마사리크마저도 레기온을 통해 동부 전선을 열겠다는 연합국 측 계획을 받아들였다.[35] 적어도 당분간은 레기온이 블라디보스토크로의 이동과 그곳에서 선편을 통해 서부전선으로 이동하지 않을 것이라는 사실이 확실해졌다. 그 대신 볼가에서 새로운 전선을 구축할 것이며, 바뀐 점이 있다면 이제 독일, 오스트리아-헝가리가 아니라 소비에트 러시아가 적이라는 사실이다.[36] 체체크는 공개적으로 레기온

---

33) Richard Pipes, *The Unknown Lenin: From the Secret Archive.* p.235.

34) Kevin J. MacNamara, *Dreams of a Great Small Nation*, p.234.

35) E. Beneš, *My War Memoirs*(Prague: Praeger, 1971), p.393.

36) Josef Kalvoda, *The Genesis of Czechoslovakia*(Boulder: East European Monographs, 1986), pp.353~354.

은 러시아 인민과 연합국을 연결하는 전위대라고 선언하기도 했다.[37]

볼가를 차지한 레기온과 함께 새로운 동부전선을 열기로 결정한 프랑스와 영국은 아르한겔스크로 부대를 이동시켰다. 연합국 측이 기존에 비축해 놓은 군수품을 보호하기 위해 군대를 이동시키려는 것으로만 알고 있던 윌슨 역시 미군 3개 대대를 아르한겔스크로 파견하는 데 동의했다. 사마라, 예카테린부르크, 카잔을 점령한 레기온과 러시아제헌의회위원회(Komuch)는 모스크바로의 진군을 멈추고 연합국의 지원과 보급을 기다렸다. 이들은 곧 연합국 군대가 아르한겔스크와 무르만스크에서 남진할 것이며 블라디보스토크에 도착해 있던 다른 레기온도 이곳으로 이동해 지원할 것이라고 믿었다.

이미 1918년 6월 29일 디테리흐스가 이끄는 동부의 레기온은 블라디보스토크에 도착해 주요 항구를 점령했다. 그러나 레기온이 발견한 것은 서부전선으로 이동할 수 있는 수송선이 아니라 전투 물자를 가득 실은 보급선이었다. 동시에 아직 시베리아 횡단 철도 전역에 산재해 있던 레기온들이 동부로의 이동을 멈추고 볼가를 중심으로 카잔, 사마라에 집결해 연합국 및 레기온의 지원을 기다리고 있다는 사실도 알게 되었다.

8월 9일 프랑스는 블라디보스토크에 도착한 레기온에 새로운 임무를 하달했다. 새로운 명령은 첫째, 이르쿠츠크로 이동해 그곳의 레기온을 지원할 것, 둘째, 시즈란을 점령해 중앙아시아의 바스마치 반군과 연결망을 구축할 것, 셋째, 우랄의 중심지인 예카테린부르크를 점령하고, 이곳을 중심으로 페름과 카잔으로 이동하여 모스크바와 페트로그라드로의 진군을 준비할 것 등이었다.[38] 이제 동부의 레기온은 서부의 레기온에 보급품을

---

37) J. Bunyan, *Intervention, Civil War, and Communism in Russia: April-December 1918*, p.109.
38) *Soviet Journal*. 2011.5.3. "The Czech Legion (1)." https://sovietjournal.wordpress.com/2011/

전달하고 이들이 안전히 통과하도록 철로를 확보하며, 이뿐 아니라 볼가강을 경계로 대치하고 있던 서부의 레기온을 지원하기 위해 다시 블라디보스토크를 떠나 하바롭스크, 치타, 이르쿠츠크, 옴스크, 첼랴빈스크, 우파, 사마라로 이동하기 시작했다.

그동안 소비에트 러시아는 사방으로부터의 위협에 직면해 있었다. 이미 일본군이 대규모로 이르쿠츠크를 향해 이동하고 있었고 세묘노프(G. M. Semyonov)의 반란 세력도 점점 더 거세졌으며, 레기온은 시베리아 전역은 물론 예카테린부르크 동부의 심비르스크, 카잔, 시즈란 등도 차지하고 있었다. 북부에서는 영국과 프랑스가 아르한겔스크로 추가 병력을 파견했고, 우크라이나에는 독일이, 캅카스에서는 터키가 각각 세력을 확대해 나가고 있었다. 나머지 지역에서도 반혁명, 독립운동이 거세지고 있었다. 북부 캅카스에서는 독일의 지원을 받은 코사크 군대와 자유군 운동이 등장했다. 사방에서의 위협으로 소비에트 러시아는 절체절명의 위기에 처해 있었다.

소비에트 러시아가 가장 먼저 처리해야 할 대상은 레기온이었다. 당시까지 러시아에서 가장 강력한 군대였던 레기온이 연합국의 지원을 받아 반혁명 세력과 연계할 경우 러시아혁명의 운명은 불을 보듯 뻔했다. 서둘러서 레기온을 격파하지 않으면 대단히 큰 위협에 직면하게 될 것이었다. 그러나 적군의 전투력은 여전히 약했다. 수많은 전투를 치렀지만 레기온과의 전투는 번번이 패배로 끝났다. 패배로 인한 손실은 막대했고, 적군은 말 그대로 궤멸 직전이었다. 모든 노력에도 불구하고 소비에트의 세력은 모스크바와 페트로그라드를 중심으로 한 유럽 쪽 러시아에 한정되어 있었다.

카잔이 관건이었다. 카잔은 모스크바로 향하는 길이고, 볼가강 유역의 최대 도시였다. 북부의 영국과 프랑스가 레기온에 물자를 공급하는 루트이

05/03/the-czech-legion-1/(검색일: 2017.10.18).

기도 했던 카잔은 러시아 점령에 핵심이 되는 도시였고, 연합국과 레기온으로서는 혁명을 제어할 수 있는 중심지였다.[39]

소비에트 러시아는 레기온과의 결전이 러시아혁명에 가장 중요한 전환점이 되리라고 판단했다. 7월 28일 레닌은 "볼가와 시베리아의 레기온, 반혁명 분자 격퇴가 가장 시급한 과제이며, 이를 위해서는 다른 모든 혁명 과제를 뒤로 미루어도 된다. 모든 힘을 레기온과의 전투에 결집해야 한다"라고 강조했으며, 트로츠키 역시 "레기온과의 싸움은 혁명의 운명을 결정할 가장 중요한 문제"라고 역설했다.[40] 트로츠키는 무장 열차를 타고 레기온 전선으로 이동했고, 반격을 시작했다. 카잔에 도착한 트로츠키는 사령관들에게 다음과 같은 명령을 하달했다. "퇴각은 용납되지 않는다. 퇴각할 경우 첫 번째 총살 대상은 해당 부대의 지휘관이며, 그다음은 사령관이 될 것이다. 그 누구도 총알을 피할 수 없다."[41]

이미 소비에트 러시아는 1918년 1월 15일 적군 창설을 선언하고 대규모로 노동자, 농민을 충원했지만 군사력은 여전히 약했다. 이에 소비에트 군 당국은 레기온 반란이 시작된 직후 징병제를 발표했으며, 8월에는 총동원령을 내려 사병 54만 명과 장교 1만 7700명을 충원하고 여기에 옛 제국 군대를 합류시켰다.[42]

적군의 규모는 빠른 속도로 불어났고 혁명 정신교육과 군 기강 강화 등

39) *Soviet Journal*. 2011.5.3. "The Czech Legion (1)".

40) Kevin J. MacNamara, *Dreams of a Great Small Nation: The Mutinous Army that Threatened a Revolution, Destroyed an Empire, Founded a Republic, and Remade the Map of Europe*(PublicAffairs: 2016), pp.244~245.

41) Orlando Figes, *A People's Tragedy: The Russian Revolution, 1891-1924*(London: Jonathan Cape, 1996), pp.401~402.

42) Richard Pipes, *The Unknown Lenin: From the Secret Archive*(New Haven: Yale Univ. Press, 1996), p.629.

을 통해 서서히 그 위력을 갖추어 나갔다. 이를 통해 적군은 마침내 9월 10일 카잔을, 이틀 뒤에는 울리야놉스크를 수복하는 데 성공했다.

1918년 10월 28일 독립을 선언한 체코슬로바키아의 국방장관 슈테파니크는 11월 17일 블라디보스토크를, 12월 초에는 서부의 예카테린부르크를, 12월 11일에는 더 서쪽으로 이동해 예카테린부르크와 쿤구르 사이의 최전선을 시찰하면서 레기온을 격려했다. 슈테파니크는 병사들에게 "최후의 승리를 차지할 때까지 시베리아를 지켜야 한다. 그런데 여러분의 힘만으로 지켜야 한다. 지원군은 도착하지 않을 것이다. 그에 대한 논쟁은 하지 말자. 분명한 사실은 지원군은 없다는 점이다"[43]라고 밝혔다.

그러나 슈테파니크의 최전선 방문 격려도 소용없었다. 카잔에서의 패배 이후 레기온의 전투력은 크게 약해졌고, 체코슬로바키아가 독립한 마당에 계속 싸워야 하는지에 대한 회의론이 팽배해지면서 레기온 전체가 동요했다. 더군다나 지원군과 보급품을 간절히 기다리던 레기온은 지원군이 도착하지 않을 것이라는 소식에 절망했다.[44] 군 기강은 엉망이 되어버렸고, 왜 이곳에 남아 전투를 해야 하는지 도무지 이해할 수 없는 상황이었다. 1918년 10월 26일 악사코프 레기온은 전투 명령을 거부하며 무기를 던져버렸고 이에 상심한 지휘관이 자살하는 사건도 일어났다.[45] 사마라와 옴스크 백군의 분열도 레기온의 사기를 떨어뜨렸다.

더군다나 1918년 11월 18일 콜차크(A. V. Kolchak)가 '전 러시아 최고지도자, 육해군 사령관'으로 군림하자, 레기온은 연합국 측에 배신감을 느꼈

43) Gustav Becvar, *The Lost Legion: A Czechoslovakian Epic*(London: Stanley Paul, 1936), p.196.
44) Gustav Becvar, 같은 글, p.191.
45) Hanus J. Hajek, *T. G. Masaryk Revisited: A Critical Assessment*(Boulder: East European Monographs, 1983), p.195.

을 뿐만 아니라 새로운 독재자를 떠받들고 있는 자신들의 현실에 절망했다. 더군다나 조국 체코슬로바키아가 독립을 선언한 이후에는 그동안 레기온을 하나로 묶어주고 싸우게 했던 서부전선 이동이라는 목표도 무의미해졌다. 매서운 추위 속에서 독재자를 위해 싸워야 할 하등의 이유가 없었다.

레기온이 전투를 거부하는 상황이 벌어지자 슈테파니크와 자냉은 1919년 1월 전선의 모든 지휘관에게 퇴각 명령을 하달했다. 1월 말 슈테파니크와 자냉은 러시아 서부에서 철수하는 레기온을 보호하기 위해 예카테린부르크와 첼랴빈스크 서쪽에서 동쪽의 이르쿠츠크까지 시베리아 횡단 철도를 보호하라는 임무만을 하달했다. 이제 연합국을 위한 싸움은 무의미했다. 스스로를 보호하는 것이 레기온의 최대 임무였다.

프랑스, 영국, 미국은 상징적 수준의 군대를 파병했을 뿐이고 단일한 전략도 마련하지 못했다. 일본만이 블라디보스토크와 이르쿠츠크 사이에 대규모로 군대를 배치했지만, 만주, 몽골, 남부 시베리아를 차지하는 데만 관심이 있어 바이칼 서쪽으로의 진군은 고려하지도 않았다. 영국과 프랑스는 아르한겔스크와 무르만스크를 통해 러시아 북부에만 겨우 영향력을 행사하고 있었다. 미국은 중립을 지키라는 윌슨의 명령에 따라 의미 없는 개입을 이어갔다. 기본적으로 연합국은 자신들의 임무를 직접적인 군사개입이 아닌 군수 지원에 한정시켰다. 1918년부터 1919년까지 연합국은 레기온에 대포 200문, 자동소총 1360정, 소총 14만 정, 비행기 25대, 포탄 24만 발, 탄환 7000만 발을 제공했다.[46] 이런 지원은 레기온의 전투에 꼭 필요한 것이었지만, 정작 필요한 전투부대는 찾아볼 수 없었다. 이 때문에 레기온은 부족한 전투 병력을 보충하기 위해 러시아에 남아 있던 체코, 슬로바

---

46) Robert Dziak, "The Czechoslovak Legions in World War 1"(M. A. Thesis in United States Marine Corps Command and Staff College Marine Corps University, 2012), p.26.

키아인 중에서 전투병을 충원할 수밖에 없었다. 우랄을 중심으로 충원한 새로운 병력은 1만 4000명 정도 되었지만, 이들 대부분은 전투 경험이 전혀 없는 민간인이었다.

적군은 1919년 4월 이후 대규모 공세를 시작했고 8월에는 첼랴빈스크, 예카테린부르크를 탈환했다. 이제 콜차크가 수도로 정한 옴스크도 안전하지 않았다. 이미 백군 내부에서도 반란이 일어나고 있어 옴스크를 버릴 수밖에 없었다. 백군을 지원하던 레기온은 10월 19일 블라디보스토크로의 철수를 공식 선언했다.[47] 레기온은 1919년 11월 11일부터 7량의 객차와 화물차를 이용해 콜차크와 함께 동부로 철수하기 시작했다. 니즈네우딘스크에 도착한 레기온은 이르쿠츠크를 통과하기 위해 이곳을 점령하고 있던 정치센터(Political Center)와 협상을 벌였다. 정치센터는 바이칼 터널을 통과하려면 콜차크는 물론이고, 백군이 보유한 막대한 양의 황금도 넘기라고 요구했고 레기온은 이 요구를 받아들였다.

레기온이 왜 콜차크를 넘겨주었는지에 대해서도 여전히 많은 논쟁이 벌어지고 있다. 당시 레기온은 콜차크를 수행한 제6보병연대 외에도 1300명 규모의 폭풍연대(Storm Battalion), 그리고 강력한 무장 열차인 오를리크(Orlík)를 보유하고 있었고, 이르쿠츠크 외곽에 야포를 배치해 놓고 있었다. 또한 일본군이 바이칼 동부에 주둔하고 있었기 때문에[48] 만약 이르쿠츠크의 정치센터와 교전했다 해도 충분히 승산이 있었다. 그러나 체코슬로바키아에서 대통령으로 선출된 마사리크는 1919년 10월 레기온의 조속한 귀국을 명령한 바 있고, 연합국 측도 철수를 시작하면서 새로이 전투를 벌이는 것은 무모한 호기에 불과했다. 동시에 당시 블라디보스토크에 도착해 있던

47) Kevin J. MacNamara, *Dreams of a Great Small Nation*, p.310.
48) Robert Dziak, "The Czechoslovak Legions in World War 1," p.11.

레기온도 복잡한 상황에 휘말려 있었는데, 11월 17일 과격한 행위를 일삼던 가이다가 쿠데타를 일으켜 이르쿠츠크로 병력을 파견할 여유가 없었다. 레기온은 될 수 있으면 교전을 피하고자 했고 이 때문에 콜차크를 순순히 소비에트에 넘겨주었다.

5. 맺음말

1920년 9월 2일 레기온 병사들을 태운 마지막 수송선이 블라디보스토크를 출발해 세 개의 루트로 조국 체코슬로바키아로 향했다. 첫 번째 루트는 인도양을 통과해 수에즈운하를 거쳐 트리에스테로 향하는 것이었고, 두 번째 루트는 태평양, 파나마운하, 대서양을 거쳐 트리에스테 혹은 함부르크로 이동하는 것이었으며, 마지막 루트는 태평양을 거쳐 캐나다 밴쿠버와 미국 샌프란시스코, 샌디에이고 등 북아메리카 서부 해안으로 이동한 후에 기차로 대륙을 횡단하여 다시 대서양을 통해 함부르크로 이동하는 것이었다.

이렇게 해서 러시아를 떠난 인원은 레기온 병사 5만 3455명, 장교와 사무관 3004명, 레기온 병사의 아내와 자녀 2433명, 민간인 6714명을 포함해 모두 6만 7730명이다. 미국과 영국은 이미 약속한 대로 레기온 수송을 분담했다. 미국이 선박 12척을 블라디보스토크로 보내 전체 인원의 53%를, 그리고 영국이 9척을 동원해 25%를 수송했다. 체코슬로바키아 정부는 나머지 인원의 수송을 위해 미국이 지원한 1200만 달러로 선편을 마련했다.[49] 이들이 1914년 8월 동부전선에 투입되어 전투를 시작한 이래 1920년 말 조국으로 돌아오기까지 6년 이상이 걸렸고, 그 과정에서 4500명 이상의 레기온 병사가 전사했다.

---

49) Kevin J. MacNamara, *Dreams of a Great Small Nation*, p.325.

훗날 마사리크는 "당초 계획은 1918년에 레기온을 프랑스로 이동시키고, 1919년부터는 이들을 전투에 내보내는 것이었다. 레기온은 결국 프랑스로 이동하지 못했다. 그러나 우리는 우리의 군대를 보유하게 되었고, 레기온 스스로도 우리나라의 군대라고 생각했다. 그것이 더 중요했다"[50]라고 회상했다. 베네시 역시 레기온의 존재는 자신과 마사리크가 해외에서 독립운동을 하는 데 큰 힘이 되었고 협상력을 높여주는 계기가 되었다고 강조하면서 "시베리아에 있던 우리 군대가 평화 협상과 전후 우리(체코슬로바키아)의 가장 강력한 정치적 자원임을 잊곤 한다. 시베리아에서 치열하게 싸운 레기온 덕분에 우리에게 유리한 협정을 이끌어낼 수 있었다"라며 독립에 대한 레기온의 기여를 높게 평가했다.[51]

러시아에서 무려 6년 이상을 머물렀던 레기온의 길고 험난했던 여정은 러시아혁명과 브레스트리토프스크조약이 만들어낸 결과다. 이 과정에서 레기온과 볼셰비키의 끊임없는 전투로 러시아혁명이 풍전등화의 위기에 처하기도 했다. 레기온의 반란과 내전 개입이 연합국의 사주에 의한 것이었든, 아니면 서부전선으로 이동하기 위한 레기온의 자발적인 선택이었든 간에 이들의 험난한 여정은 러시아는 물론이고, 미국 등 서방세계에 큰 인상을 남겼고 체코슬로바키아가 독립하는 데 중요한 요인으로 작용했다.

50) Tomáš G. Masaryk, *The Making of a State: Memories and Observation, 1914-1918*(New York: F. A. Stokes, 1927), p.261.
51) E. Beneš, *My War Memoirs*, p.368.

참고문헌

김재두. 2000. 「청산리전투의 재조명: 체코여단과의 만남」. ≪주간국방논단≫, 827호, 1~10쪽.

≪주간조선≫. 2010.3.1. "체코슬로바키아 신문, 3·1운동 잇따라 보도". http://news.chosun.com/ site/data/html_dir/2010/02/26/2010022601797.html

Becvar, Gustav. 1939. *The Lost Legion: A Czechoslovakian Epic.* London: Stanley Paul.

Beneš, E. 1971. *My War Memoirs*, Prague: Praeger.

Bradley, J. F. N. 1963. "The Czechoslovak Revolt against the Bolsheviks", *Soviet Studies*, Vol.15, No.2, pp.124~151.

Bullock, David. 2009. *The Czech Legion 1914-20*, New York: Osprey publishing.

Bunyan, J. 1936. *Intervention, Civil War, and Communism in Russia: April-December 1918.* Baltimore, Maryland: John Hopkins Press.

Dziak, Robert, 2012. "The Czechoslovak Legions in World War 1." M. A. Thesis in United States Marine Corps Command and Staff College Marine Corps University.

Fic, Victor M. 1978. *The Bolsheviks and the Czechoslovak legion: the origin of their armed conflict, March-May 1918.* New Delhi: Abhinav Publications.

Figes, Orlando. 1996. *A People's Tragedy: The Russian Revolution, 1891-1924.* London: Jonathan Cape.

Gajda, Radola. 2008. *Moje paměti: Střet českých legií s rodící se bolševickou mocí*, Praha: Jota.

Hajek, Hanus J. 1983. *T. G. Masaryk Revisited: A Critical Assessment.* Boulder, Colorado: East European Monographs.

Kalvoda, Josef. 1986. *The Genesis of Czechoslovakia.* Boulder, Colorado: East European Monographs.

Kennan, George F. 1989. *The Decision to Intervene.* Princeton, New Jersey: Princeton Univ. Press.

_____. 1957. "The Czechoslovak Legion." *The Russian Review*, Vol.16, No.4, pp.3~16.

_____. 1958. "The Czechoslovak Legion: II." *The Russian Review*, Vol.17, No.1, pp.11~28.

Lasch, Christopher. 1962. *The American Liberals and the Russian Revolution.* New York: Columbia University Press.

MacNamara, Kevin J. 2016. *Dreams of a Great Small Nation: The Mutinous Army that Threatened a Revolution, Destroyed an Empire, Founded a Republic, and Remade the Map of Europe.* New York: Public Affairs Books.

March, Peyton C. 1932. *The Nation at War.* New York: Doran.

Masaryk, Tomáš G. 1927. *The Making of a State: Memories and Observation, 1914-1918.* New York: F. A. Stokes.

Muika, J. and J. Hokec. 2013. *Československa Legii v Rusku 1914-1920, Díl 1.* Praha: Naše vojsko.

Panus, Bernard. "Bitva u Zborova." http://obeclegionarska.cz(검색일: 2017.9.10).

Pipes, Richard. 1996. *The Unknown Lenin: From the Secret Archive.* New Haven: Yale Univ. Press.

Soviet Journal. 2011.5.3. "The Czech Legion (1)." https://sovietjournal.wordpress.com/2011/05/03/the-czech-legion-1/(검색일: 2017.10.18).

Strakhovsky, Leonid I. 1937. *The Origins of American Intervention in North Russia,* Princeton, New Jersey: Princeton Univ, Press.

Vácha, Dalibor. 2006. *Ostrovy v bouři, Československí legionáři a všednost let válečných 1918-1920.* České Budějovice: Jihočeská univerzita historický ústav.

Williams, William A. 1952. *American-Russian Relations 1781-1947.* New York: Rinehart & Co.

Zeman, Z. A. B. 1958. *Germany and the Revolution in Russia, 1915-1918.* London: Oxford Univ. Press.

"Communiqué of the People's Commissariat for Military Affairs." https://www.marxists.org/archive/trotsky/1918/military/ch32.htm(검색일: 2017.10.1).

8장

1917년 러시아혁명과 헝가리

설익은 열정, 성급한 혁명

김지영(숭실대학교 기독교문화연구원 HK교수)

1. 헝가리에서의 러시아혁명의 의미와 한국의 동유럽 연구사

100년 전 부르주아의 타파를 통해 프롤레타리아의 해방과 인간의 존엄성을 확립하고자 한 러시아혁명의 열기는 지난 세기 초 들불처럼 유럽을 휩쓸었다. 1917년 러시아혁명이 성공하면서 혁명의 열기는 헝가리에도 밀려왔다. 제1차 세계대전의 패배로 전쟁 전 영토의 3분의 2를 빼앗긴 헝가리(<그림 8-1>)는 패전 후 정치적 혼란 속에 헝가리 초대 대통령인 카로이 미하이(Károlyi Mihály) 백작이 주도한 시민 부르주아혁명이 일어나는 등 격랑에 휘말려 있었다. 이때 소비에트 러시아로부터 귀환한 공산주의자들에 의해 헝가리 소비에트공화국이 탄생하게 되었다. 벤더 예뇌(Benda Jenő)에 따르면 제1차 세계대전 패배로 물게 된 가혹한 배상금과 군사적 제한 조치, 영토 할양 등으로 헝가리 국민은 희망을 잃은 상태로 살고 있었는데, 이때 공산당이 등장하여 국민에게 희망을 갖게 했으며 이것이 헝가리 국민이 공산당을 열광적으로 지지하게 한 내적 동력이라고 할 수 있다는 것이다.[1]

패전국 헝가리로서는 러시아혁명의 성공이 새로운 세계에 대한 약속이며, 헝가리의 난국을 타개해 줄 수 있는 구세주와도 같은 것으로 이해되었던 것이다. 현재 헝가리 학계에서는 당시 러시아혁명을 받아들인 공산주의자들의 성향이 이상주의적이었다고 보는 것이 중론이다. 다만, 구체적이고 정밀한 실행 계획이 준비되지 않은 상태에서 신생 소련식의 제도를 무리하게 밀어붙인 것이 문제였다는 것이다. 헝가리에서 공산당 정권의 성립은 헝

---

[1] Jenő Benda, *A béke kálvária-útján. Egy újságíró naplója a párisi békekonferenciáról* (Budapest, 1920), p.23.

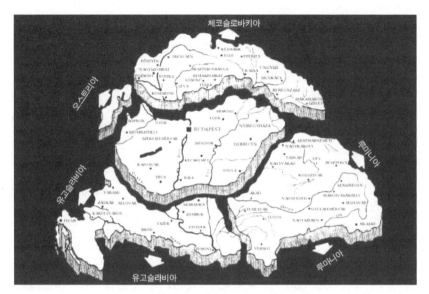

그림 8-1 ▌ 제1차 세계대전 패전 후 헝가리의 분할

가리 공산당 스스로에도 전혀 예상하지 못한 놀라운 일이었던 것이다.

　헝가리 공산당(Kommunisták Magyarországi Párt: KMP)은 1919년 3월 21일 사회민주당(Magyarországi Szociáldemokrata Párt: MSZDP)과 합당하여 헝가리 사회주의자당(Magyarországi Szocialista Párt)을 창당하고, 소비에트공화국을 수립하는 데 성공했다. 그러나 권력을 쟁취하는 데 성공한 소비에트공화국 은 과도한 자신감과 열정에 휩싸여 헝가리의 현실을 무시한 급격한 개혁과 과격한 소비에트화를 추진했다. 보르사니 죄르지(Borsányi György)에 따르 면 헝가리 소비에트공화국 붕괴의 근본적인 원인은 헝가리 소비에트공화 국의 정책에 만족하지 못한 국민의 불만이 큰 데 있었다는 것이다. 물론 헝 가리 소비에트공화국이 슬로바키아의 프롤레타리아혁명을 배후에서 지원 하여 성공시킴으로써 주변 유럽 국가들의 우려와 두려움을 촉발했다는 점 도 중요하지만, 결국 헝가리 소비에트공화국 붕괴는 안에서부터 시작되었 다는 것이다.[2]

헝가리에서 공산당이 집권에 성공한 이유는 제1차 세계대전에서 패한 헝가리에 부과된 가혹한 조치들에 대한 헝가리 국민의 반감, 패전 후의 절망 상태에서 공산당만이 유일하게 자신들을 구원해 줄 수 있을 것이라는 기대감 등이었고, 공산당이 몰락한 이유는 공산당이 집권한 후 취한 이상주의적이고 급진적인 정책에 등을 돌린 헝가리 국민의 반발과 국제 정세 때문이다. 즉, 헝가리 국민은 공산당이 제시한 개혁의 양상이 제1차 세계대전 이전 자신들이 누리던 삶의 모습과 너무 동떨어져 있다는 것을 인식하게 되었고, 그 인식이 점점 현실화되어 가는 과정에서 공산당에 등을 돌리게 된 것이다.

　국제적인 관점에서 보면 헝가리 소비에트공화국의 성립을 헝가리를 둘러싼 주변국들과 유럽의 제1차 세계대전 전승국들은 크게 우려했다. 유럽의 중앙부에 소비에트 러시아의 직접적인 영향력 아래 있는 프롤레타리아 공화국이 들어선다는 것을 전승국들이 큰 위협으로 인식한 것이다. 따라서 국제 기준에도 맞지 않는 여러 가지 이유를 들어 헝가리 혁명에 간섭했다. 헝가리에서의 혁명이 전 유럽으로 번져나갈 것을 두려워한 전승국들의 모습은 마치 1789년 프랑스대혁명이 전 유럽으로 퍼져나갈 것을 두려워했던 당시 유럽 국가들의 모습과 유사하다. 헝가리 소비에트공화국의 성공과 좌절은 이후 공산주의를 받아들이는 동유럽 국가들에 중요한 교훈을 주었다. 동유럽 국가들은 헝가리의 실패를 연구하여 제2차 세계대전 이후 자국의 공산화 과정을 조심스럽게 추진하기도 했다.

---

2) György Borsányi, *Kun Béla: Politikai életrajz*(Budapest, 1979), p.110.

1) 한국의 동유럽 연구 현황과 연구사

유럽 현대사 연구에서 동유럽의 역사는 간과할 수 없을 만큼 중요하다. 특히 동유럽사의 전사가 되는 오스트리아-헝가리 제국의 역사를 이해하지 못한다면 이는 유럽 현대사를 절반밖에 이해하지 못한 것이라고 할 수 있다. 제1차 세계대전은 오스트리아-헝가리 제국에서 시작되었고, 오스트리아-헝가리 제국이 붕괴되고, 오스트리아-헝가리 제국을 구성하던 여러 민족이 자신들의 민족국가를 형성함으로써 종료되었다. 따라서 제1차 세계대전을 발발하게 했던, 동유럽과 발칸반도를 둘러싼 갈등, 그 후에 전개되는 국제정치 현상들을 이해하기 위해서는 동유럽에 대한 이해가 필수적이다. 동유럽 국가들이 전부 다 사회주의를 경험했다는 역사적 사실 또한 동유럽 역사 연구의 중요성을 일깨워 준다. 물론 서구에서든 아시아에서든 동유럽 역사를 러시아 역사의 일부로 이해하는 몰역사적 풍토가 만연한 것도 사실이다. 그러나 러시아와 동유럽은 다르다. 같은 체제를 운영했다는 이유만으로 역사상이 동일하다고 볼 수는 없다.

동유럽과 러시아가 유사한 역사적 경험을 공유하고 있다는 것은 사실이지만, 그렇기 때문에 그 역사의 상이 유사하리라는 추측은 오해일 뿐이다. 이러한 저간의 오해가 동유럽 역사에 대한 무관심을 배태한 이유이다. 거기에 더하여 동유럽 언어의 생경함도 이 지역의 역사를 연구하는 데 큰 어려움이 되었다. 이 장에서 논의하고자 하는 헝가리 소비에트공화국의 역사에 대한 연구가 거의 전무하다시피 한 이유도 여기에 있다.

현재 우리 역사학계에는 1919년에 성립된 헝가리 소비에트공화국에 대한 연구는 고사하고, 동유럽사에 대한 저서도 거의 없다. 헝가리 소비에트공화국 혁명 그 자체를 다룬 한국어 단행본은 아직 발견하지 못했고, 동유럽사, 혹은 헝가리의 역사와 관련된 두세 권의 연구서에 헝가리 소비에트공화국이 간략하게 언급되어 있는 정도이다. 최근에 오승은 교수가 저술한 『동유럽근현대사』(2018)가 새롭게 출간되었는데, 지금까지 나온 동유럽 관련 역사서 중 단연 독보적이다. 이 책은 '시각'을 제공하는 새로운 형식의 역사 서술을 보여주고 있다. 이 책을 읽고 동유럽 개별 국가사나 사건사를 공부하면 동유럽사를 정확히 이해할 수 있다.

이상협의 『헝가리사』(1996)와 이정희의 『동유럽사』(2005)에 헝가리 소비에트공화국의 전모가 간략히 언급되어 있고, 동북아역사재단에서 발간한 『중유럽 민족문제: 오스트리아·헝가리제국을 중심으로』에 실려 있는 김지영의 글에 헝가리 소비에트공화국에 대한 언급이 있다. 김지영이 번역한 『모순의 제국』(2013)에서는 헝가리 소비에트공화국의 전사(前史) 격인 오스트리아-헝가리 제국의 외교 정책과 오스트리아-헝가리 제국의 붕괴에 대해 서술하고 있다. 그러나 헝가리 프롤레타리아혁명 자체에 대한 언급은 없다. 학술 논문으로는 김지영의 「소(小)협상연구」(2009)에 헝가리 프롤레타리아혁명을 간략하게 언급하고 있는 정도이다.

따라서 이 연구를 통하여 소비에트 러시아에서 시작된 헝가리 공산당 창립 운동과, 이들 공산주의자가 헝가리로 귀국하여 수행한 공산당 창당 작업, 이후 사민당과의 통합을 통한 헝가리 소비에트공화국의 성립, 헝가리 소비에트공화국의 정책과 국민의 반응, 소비에트공화국에 대한 주변 유럽 국가들의 반응과 대응에 대하여 국내 최초로 비교적 상세한 정보를 제공할 것이다. 헝가리 소비에트공화국이 워낙 단명했던 관계로 이 주제는 세계 역사학계에서 그리 중요한 위치를 점하지 않는다. 그러나 헝가리 소비에트공화국은 세계 공산주의 역사 연구에서는 상당히 중요하다고 할 수 있다. 이 장이 국내뿐만 아니라 구미 공산주의 운동사 연구에서도 변방에 위치한 '헝가리 소비에트공화국'의 역사 연구에 기여하게 될 것이라고 판단한다.

헝가리 소비에트공화국과 1919년 혁명에 대한 헝가리어 연구 성과물은 비교적 풍부하다. 그러나 언어 문제로 인하여 헝가리 자료에 국내 연구자들이 접근하는 데는 어려움이 있어, 이 글에서는 저자가 직접 활용한 저서나 자료 외에는 소개를 생략하기로 한다. 헝가리 소비에트공화국에 대한 영미권의 연구서는 혁명 시기 헝가리 연구의 거장인 루돌프 퇴케시(Rudolf L. Tökés)가 저술한 『쿤 벨러와 헝가리 소비에트공화국: 1918-1919 혁명에서 헝가리 공산당의 기원과 역할』이 기본서이다. 허이두 티보르(Hajdu Tibor)의 『헝가리 소비에트공화국』은 헝가리 소비에트공화국의 성립부터 외해까지의 전 과정을 연대기적으로 서술하고 있는데, 특히 소비에트 정부의 각 정책에 대한 세부 내용이 담겨 있다. 알프레드 로(Alfred Low)의 '헝가리 소비에트공화국과 파리강화회담'에서는 제1차 세계대전 이후 파리강화회담과 헝가리 소비에트공화국의 관계를 다루고 있는데, 파리강화회담에 임하는 카로이 정부와 쿤 정부의 견해차가 잘 드러나 있다. 켄데 야노시(Kende Janos)의 '1918년과 1919년의 헝가리에서의 혁명'도 헝가리 소비에트공화국의 실패에 대해 자세하게 논의하고 있다. 이 책은 독일어로도 출간되었다. 1919년 헝가리 혁명 시기 헝가리의 사회상에 대해서는 소비에트 정부에서 숙청 대상으로 지목했던 헝가리 귀족 출신의 카존 백작부인(Baroness T. B. de Kászon)이 쓴 '붉은 기 아래서의 6주: 1918~1919년 혁명 기간 중에 유명한 헝가리 숙녀의 스릴 넘치는 경험'이 유익하다. 이 책은 헝가리 소비에트공화국의 성립과 이후 통치 과정에서 '적위대(Red Guard)'가 자행한 '붉은 테러'를 피해자의 관점에서 기술하고 있다. 상당 부분 반유대주의 관점에서 자기 방어적으로 쓴 책이지만, 비판적 독서를 통하여 당시 헝가리 소비에트정부 권력 유지의 한 축인 '적위대'의 '붉은 테러' 실체에 접근해 볼 수 있다. 어포르 페테르(Apor Peter)가 저술한 '헝가리 소비에트공화국에서의 진정성 만들기: 1919년 국가사회주의 시대 첫 번째 헝가리 소비에트공화국 이후의 삶'은 1919년 헝가리 소비에트공화국의 붕괴와 이후의 과정을 다룬다. 이 책은 테러의 시대를 겪은 헝가리의 혼란한 사회상을 이해하는 데 도움을 준다.3)

2. 제1차 세계대전 후 헝가리 공산당의 창당과 활동

그림 8-2 ▌ 쿤 벨러

1918년 10월 23일 오스트리아-헝가리 체제에서 헝가리를 통치하던 베케를레(Bekerle)가 사임하자 오스트리아-헝가리 체제하의 야당들은 오스트리아-헝가리 체제 제국을 해체하고 시민민주주의를 지향하는 민주국가를 세우기 위하여 '헝가리 국민회의' 구성에 합의했다. 부다페스트에서 '헝가리 국민회의'가 출범했다는 소식은 곧바로 소비에트 러시아의 헝가리 공산주의자들에게 전달되었다. 쿤 벨러(<그림 8-2>)를

3) Rudolf L. Tökés, *Béla Kun and the Hungarian Soviet Republic: The Origins and Role of the Communist Party of Hungary in the Revolutions of 1918-1919*(New York, 1967), Hajdu Tibor, *Hungarian Soviet Republic*(Budapest, 1979), Alfred D. Low, *Soviet Hungarian Republic and the Paris Peace Conference*(Philadelphia, 1963), Kende Janos, *Revolution in Hungary: 1918 and 1919*(Budapest, 1963), T. B Kaszon, *Six weeks under "the Red flag": Being the thrilling experiences of a well known Hungarian lady during the revolution of 1918-1919*(1920, Hague), Apor Peter, *Fabricating Authenticity in Soviet Hungary: The Afterlife of the First Hungarian Soviet Republic in the Age of State Socialism*(London, 2013). 이 외에도 Andrew C. Janos and William B. Slottman, *Revolution in Perspective: Essays on the Hungarian Soviet Republic*(Berkeley, 1971), Heinrich Schmitt, *The Hungarian revolution: An eye-witness's account of the first five days*(London, 1919), Peter Pastor, *Hungary between Wilson and Lenin: The Hungarian revolution of 1918-1919 and the Big Three*(New York, 1976) 등이 있다.

비롯한 헝가리 공산주의자들은 즉시 '헝가리 국민회의'의 강령과 결의 사항에 반대한다는 뜻을 밝혔다.

공산당 기관지인 주간 '사회혁명'은 '헝가리 국민회의'의 주도 세력인 사회민주당의 10월 31일 자 성명을 반역 문서로 규정하면서, 사회민주당은 기회주의적이고 지배층과 음모를 꾸미고 있으며 계급투쟁을 포기했다고 비난했다. '사회혁명'이 사회민주당에 가한 주된 비난은 첫째, 사회민주당이 프롤레타리아혁명에 대해 아무런 전망도 하지 못하고 있다는 점과 둘째, 사회민주당이 극히 중요한 민주적 전환 프로그램 요구를 완전히 무시하고 있다는 점이었다. 특히 '사회혁명'은 헝가리 사회민주당의 10월 성명이 혁명 투쟁 대신 법 앞에서의 계급 평등을 옹호하고, 러시아혁명과 윌슨의 평화 제안이라는 두 가지 상반된 원칙에 기초하여 평화를 정착하려고 한다고 보았다. 또한 사회민주당이 무장해제를 받아들이며, 프롤레타리아의 국제 연대에 대해서는 언급이 없는 반면에 부르주아 국가 간의 평화적 협력은 지지한다고 보았다. 또한 토지를 소유하지 못한 농민과 노동자로 구성된 소비에트가 축이 되는 '소비에트공화국' 대신 입헌 의회를 제안한다고 판단했다. 또한 '사회혁명'은 사회민주당이 부르주아가 전쟁 기간 중 부정 축재한 재산을 몰수하자고 요구하지 않고, 사유재산 폐지에 대해서도 아무 말이 없으며, 교회가 소유한 학교의 세속화와 국유화에 관한 의견도 없다고 비판했다. 총체적으로 보았을 때 사회민주당의 성명은 계급투쟁의 길을 벗어나 혁명의 기회를 놓쳤다는 것이 '사회혁명'의 기본 생각이었다.[4] 이렇게 헝가리 공산주의 세력이 사회민주당을 날카롭게 비판함으로써 헝가리 내에서 새로운 정당 창설의 필요성이 제기되었다. 이를 준비하기 위해 10월 24일 모스크바에서 '러시아공산당 외국 분과 소속 헝가리 위원들'

---

4) Gusztáv Gratz, *Magyarország a két háború között*(Budapest, 2001), p.78.

이 회의를 개최했다. 이 회의에서 쿤 벨러는 다음과 같이 말했다.

> 사회민주당은 사회주의로 향하는 길에서 이탈했습니다. …… 그러
> 므로 …… 헝가리에서의 공산당 창당 문제를 중심 의제로 제기합니다. 지금 이
> 경우는 내가 어떤 혁명적 열정에 이끌리기 때문만은 아닙니다. 내일 당장에라
> 도 우리가 권력을 손에 넣을 수 있다고 생각하지는 않지만, 언젠가는 헝가리
> 프롤레타리아가 권력을 차지하리라고 굳게 확신합니다. 우리는 그때를 대비해
> 야 합니다. ……5)

이 회의에 참석한 헝가리, 독일, 루마니아, 남슬라브, 체코, 슬로바키아
공산주의자들은 모두 '헝가리 노동 국민'을 지지했다. 여기에서 '헝가리 공
산주의자 연맹'6)이라는 명칭이 처음으로 등장했다. 결국 1918년 11월 4일
'헝가리 위원들'이 다시 모스크바에 모여 헝가리 공산당(KMP)의 창당을 선
포하고 임시 중앙위원회를 결성했다. 임시 중앙위원회는 옛 오스트리아-헝
가리 제국을 구성하던 각 민족의 대표로 구성되었다. 대표들의 구성을 보
면 쿤 벨러, 포르 에르뇌(Pór Ernő, 1889~1937), 반투시 카로이(Vántus Károly,
1879~1927) 등 헝가리인 3명, 아리톤 페스카리우(Ariton Pescariu), 에밀 보즈
도그(Emil Bozdogh) 등 루마니아인 2명, 마테이 코바치(Matej Kovač), 마테이
크르사크(Matej Krsak) 등 슬로바키아인 2명, 이반 마투코비치(Ivan Matuzović),
프라뇨 드로브니크(Franjo Drobnik) 등 남슬라브 공산주의자 2명이다.7) 이들

5) Gusztáv Gratz, *Magyarország a két háború között*(Budapest, 2001), p.111; MTA
   Tötténettudományi intézet és Historia szerkesztőség, A magyarok kronikája(Budapest, 1996),
   p.557; György Szamuely, *Sarló és Kalapács*(Budapest, 1932), p.3.
6) György Milei, *Párttörténeti Közlemények*(Budapest, 2/1964), pp.164~169. "헝가리 공산당
   창설을 위한 러시아 공산주의 볼셰비키 당의 헝가리 지부".

은 즉시 러시아공산당 소속의 모든 헝가리인에게 가능한 한 빨리 헝가리로 돌아갈 것을 요구했다. 이 요구에 부응하여 11월부터 헝가리 공산주의자들의 본국 귀환이 시작되었다. 쿤 벨러도 헝가리 전쟁 포로 연대의 군의관 에밀 세베스첸(Emil Sebestyén)이라는 가명을 사용하며 동료 공산주의자 3명과 함께 모스크바를 떠나 11월 17일 부다페스트에 도착했다. 쿤 벨러는 도착 다음 날 즉시 헝가리의 좌익 지도자들과 회합했다.[8] 또한 쿤 벨러는 11월 19일 오스트리아 좌파와 연계를 수립하고 레닌의 인사말을 전하기 위해 빈으로 가서 감옥에서 막 출소한 프리드리히 아들러(Friedrich Adler)를 방문했다. 아들러와 만난 후 부다페스트로 돌아온 쿤 벨러는 헝가리 내에서의 공산당 창당에 박차를 가했다. 쿤 벨러는 자신의 회고록에 당시의 상황을 다음과 같이 기록했다.

나는 혁명 지속과 프롤레타리아독재 확립을 위해 창당이 필수 불가결하다는 점을 개별적으로 설득하기 위해 매일 20~30명과 만났다. 그들은 소비에트 지배와 프롤레타리아독재의 필요성을 적극적으로 받아들였고, (제조업) 공장만이 이러한 운동의 근거지가 될 수 있음을 재빨리 이해했다. 유익한 논의로 가득 찬 경이적인 나날이 계속되었다. 사람들이 잘 이해하지 못했던 유일한 생각은 새로운 당에 대한 필요성이었다.[9]

---

7) Dezső Nemes·Elek Karsai·Imre Kubitsch and Ervin Pamlényi, *Iratok az ellenforradalom történetéhez, 1919–1945*, Vol.3(Budapest, 1963). p.211.

8) László Jenő·Hirossik János, Béla Kun, *Válogatott írások és beszédek. I-II* (Budapest, 1966), p.14.

9) Kun Béla, "Hogy alakult meg a kommunisták Magyarországi Pártja," *Új Előre 25 éves jubileumi albuma*(New York, 1927), pp.10~15. *Társadalmi Szemle*, 11/1958, pp.96~98에는 'Összehívjuk az alakuló ülést'라는 제목으로 게재되어 있다. Béla Kun, *Válogatott írások és beszédek.*, p.15.

쿤의 노력으로 사회민주주의자들과 지식인들이 공산당에 대해 가지고 있던 거부감도 어느 정도 극복되었다. 이러한 과정을 거쳐 11월 24일 켈렌 요제프의 아파트에서 헝가리 공산당이 창당되었다. 당의 첫 중앙 지도부로는 연치크 페렌츠(Jancsik Ferenc), 쿤 벨러, 포르 에르뇌, 러비노비치 요제프(Rabinovics József), 자이들러 에르뇌(Seidler Ernő), 반투시 카로이(Vántus Károly), 츨레프코 에데(Chlepkó Ede), 피에들레르 레죄(Fiedler Rezső), 히로시크 야노시(Hirossik János), 루더시 라슬로(Rudas László), 숌로 데죄(Somló Dezső), 산토 벨러(Szántó Béla), 바고 벨러(Vágó Béla), 코르빈 오토(Korvin Ottó), 미쿨리크 요제프(Mikulik József), 서무에이 티보르(Szamuely Tibor)가 선출되었다.[10] 이후 '기술자 집단'과 루카치 죄르지(Lukács György, 독일어식 발음은 게오르크 루카치)가 이끄는 지식인 집단도 공산당에 합류했다. 헝가리 공산당은 조직과 더불어 당의 강령을 채택함으로써 본격적인 활동을 시작했다. 공산당 강령은 기본적으로 러시아공산당 내 헝가리 공산주의자들의 간행물과 '사회혁명'에 실린 논문들, 그리고 모스크바에서 1918년 10월 24, 25일에 개최된 당 대회에서 채택한 세부적인 선언문에 설명된 원칙과 목표를 따랐다. 강령은 주로 볼셰비키의 가르침과 러시아혁명의 경험에 의존했다. 헝가리 공산당 기관지 ≪붉은 신문(Vörös Újság)≫(<그림 8-3>)은 공산당 강령 해설 기사에서 다음과 같이 언급했다.

······ "자본주의는 곧 패배할 것이다." ······ "사회주의 실현의 시기가 도래했다." ······ "프롤레타리아독재가 논의의 중심에 올랐다. 헝가리의 특징적인 상황은 지배 계층이 도시와 농촌의 프롤레타리아인 노동계급에 대항하기 위한 무장 세력이나 확고한 행정 체계를 갖고 있지 못했다는 점이다. 이러한 상황에

---

10) György Barcza, *Diplomataemlékeim, 1911–1945*, Vol.1(Budapest, 1994), pp.187~189.

서 부유층의 지배는 노동계급의 서투름과 의식 부족에 의존하고 있었다." …… "사회민주당이 자발적으로 정권을 포기했기 때문에 부르주아계급이 권력을 잡고 있는 것이다." 노동자들은 이러한 기회를 활용하고, 자신의 운명은 자신이 책임지며, 부르주아 국가를 섬멸하여 '공동 생산 사회 체제'를 구축하는 프롤레타리아독재를

그림 8-3 ▎≪붉은 신문(Vörös Újság)≫

실현해야 한다. 그러므로 의회 차원의 일보다는 대량 파업이나 농민 무장봉기 같은 프롤레타리아 대중 투쟁에 모든 노력을 집중해야 한다. "이것이 프롤레타리아가 정권을 획득하는 공산주의적 방식이다." 입헌 정체는 부르주아계급이 자신들의 권리를 계속 유지하고 언제든지 반혁명으로 역공할 수 있는 부르주아식 공화제여서는 안 된다. '프롤레타리아독재 정부는 의회 공화국(소비에트) 형태가 되어야 한다. 이곳에서 부르주아계급은 권력에서 배제되며, 프롤레타리아 국가권력은 노동자 대중 조직, 노동조합, 당 조직, 공장 노동자위원회, 기타 유사 조직 등에 의존할 것이다. ……11)

공산당은 ≪붉은 신문≫을 통하여 현재의 제헌의회가 부르주아 권력의 강화, 사유재산과 착취 제도를 고수하고 있다고 비난하며 현재 장악하고 있는 권력을 포기해야 한다고 선언했다. 또한 정권을 획득할 진정한 기관은 '노동자·군인·빈농위원회'라는 점을 부각시키며 강조했다. 공산당은 현재의 부다페스트 노동자위원회가 단지 '러시아혁명으로 창조된 시스템'의

11) "Miért vagyunk kommunisták?(우리는 왜 공산주의자인가?)," *Vörös Újság*, 1918.12.7.

왜곡된 이미지일 뿐이기 때문에 실제로는 '사회민주당과 노동조합위원회에 소속된 간부들의 확장 기구'에 불과하다고 주장했다. 따라서 노동자위원회를 진정한 투쟁과 권력의 기관으로 바꾸기 위해 모든 노력을 집중해야한다고 주장했다. 또한 ≪붉은 신문≫은 반혁명 조직을 주의할 것도 거듭해서 주문했다. 반동적인 부르주아들이 사유재산을 보호하기 위해 '용병을 모집'하거나 '백군(白軍)을 조직'하고 있다고 선전하며, 반혁명 무장 세력에 대항하기 위해서는 노동자를 무장하고 '붉은 군대'를 조직하며 군대가 부르주아나 사회민주당의 도구가 되어 프롤레타리아와 맞서는 것을 방지하는 길 외에는 방법이 없다고 주장했다.

또한 공산당은 '노동계급이 정권을 획득'할 때까지, 그리고 '노동자 국가가 보상 없이 생산수단을 전유하고 은행을 인수'할 때까지 임시 조치로 노동자가 공장의 감독 업무를 수행하자고 제안했다. 가장 중요한 토지 문제에 대한 공산당의 태도는 지주와 그 가족이 경작하지 않는 토지는 농민위원회가 혁명적인 방법으로 점유하고 그에 대한 보상은 지급하지 않는다는 두 가지 근본적인 요구로 요약될 수 있었다. 12월 13일 노동자위원회 회의에 제출된 토지개혁안은 도시 프롤레타리아계급뿐만 아니라 농촌의 노동계급과 준(準)노동계급에 대한 식량 보장을 쟁점 사항으로 규정했다. 개혁안은 이를 시작으로 전국 농업협동조합 대표자 대회를 개최한 후 가장 열악한 농업 노동집단이 두 개의 대안, 즉 '집단 생산에 기초한 대규모 농업 생산방식'이나 '개인 노동을 기반으로 한 소규모 생산방식' 중 하나를 선택하도록 해야한다고 주장했으나, 이 개혁안에 대해서는 찬성과 비판이 상존했다.[12]

헝가리 공산당은 헝가리의 향후 국가 체제의 문제와 관련하여 부르주

---

12) "노동자 위원회에 제출된 공산주의 농업 방안(A kommunista mezőgazdasági tervet benyújtották a munkavállalók bizottságához)," *Vörös Újság*, 1918.12.18.

아계급이 주장하던 실지회복주의(失地回復主義)와 팽창주의적 쇼비니즘에 반대한다는 방침을 견지했다.[13] 공산당은 영토 보전을 부르짖는 구호를 비난했고, 현 상황에서 계속해서 자결권을 언급하는 것도 민족주의적 목표를 숨기려는 방책에 지나지 않는다고 생각했다. 공산당은 ≪붉은 신문≫을 통해 이른바 '민족 전쟁'은 시장 및 이윤을 지키려는 자본주의적 이해관계와 약탈적 목표 때문에 서로 충돌하던 부르주아 집단 간의 전쟁을 의미한다고 규정했다. 이 신문은 논설에서 "헝가리 노동자들이 해야 할 첫 번째 역사적 과업은 '민족 전쟁', 즉 부르주아 전쟁을 시민전쟁으로 전환하는 것이다. 이것은 다양한 민족의 노동자들이 부르주아 집단 간의 전쟁을 자신들의 압제자에 대한 집단 전선으로 탈바꿈시키는 것을 의미한다"라고 논평하며 실지회복주의에 대한 비판적 견해를 고수했다.[14]

≪붉은 신문≫은 '영토보호연맹'에 참여하고 공동 의장직을 받아들이기까지 한 사회민주주의 지도자들을 비난하면서, 부르주아 개념과 프롤레타리아 조국 개념을 구별하지 않고 노동계급은 프롤레타리아 조국을 위해서만 동원되어야 한다는 사실을 받아들이지 않는 사회민주주의자들의 태도를 성토했다.[15] 또한 ≪붉은 신문≫은 헝가리 공산당 정책에 관한 초기 기사에서 헝가리 프롤레타리아계급의 기억에서 '지속적으로 지워지고 있는 국제 연대 정서'에 다시 불을 붙이는 것이 당의 가장 중요한 과업이라고 주

13) Miklós Zeidler, "A Magyar Revíziós Liga," *Századok*, Vol.131, No.2(Budapest, 1997), p.304. Elek Karsai, Imre Kubitsch, Ervin Pamlényi, *Iratok az ellenforradalom történetéhez 1919–1945*, Vol.2(Budapest, 1959), II. p.243.
14) "루마니아 제국주의-헝가리 제국주의(Románia imperializmus - Magyar imperializmus)," *Vörös Újság*, 1919.3.20.
15) 사회민주당이 참여했던 '영토보호연맹'에 대한 자세한 설명은 다음 문헌을 참고. Pállos Lajos, "Területvédő propaganda Magyarországon 1918–1920. Part 1," in *Folia Historica. A Magyar Nemzeti Múzeum évkönyve.* XXIV(Budapest, 2005~2006).

장했다. 이 신문은 "헝가리 프롤레타리아의 운명은 국제 혁명과 불가분의 관계이다. 우리의 다음 과제는 현재 러시아와 독일의 프롤레타리아가 이끌고 있는 혁명 계급투쟁에 동참하는 것이다"[16]라고 강조했으며, 이에 대한 견해는 1919년 1월 30일 자 ≪붉은 신문≫에 다음과 같이 나와 있다.

> 협상국 세력은 승리한 제국주의를 대표하고 있다. 이들은 패전국을 부르주아 세력의 회복에 필요한 전리품 정도로 생각하고 있으며, 부르주아의 회복을 위해서라면 가까운 장래에 지금보다 더 끔찍한 전쟁을 치를 의향도 있다. 오직 한 가지 방법, 즉 볼셰비즘의 승리만이 이러한 협상국 세력의 약탈 계획을 좌절시킬 수 있다. 사회주의 혁명이 승리하고 소비에트 러시아와 동맹을 맺게 되면 전 세계가 우리에게 문을 열 것이다. 붉은 혁명이 국경을 없앨 것이다. ……[17]

3. 헝가리 소비에트공화국의 성립과 급진 개혁 정책

1) 선전을 통한 공산당의 대중 계몽과 조직 구성

공산당은 자신들의 목표와 요구 사항을 널리 알리기 위해 광범위하게 선전 전술을 펼쳤다. 여러 소책자와 안내서가 연이어 발표되었는데 그중에는 『토지는 누구에게?』, 『의회 공화국이란 무엇인가?』, 『누가 전쟁 비용을 내야 하는가?』, 『공산주의자는 무엇을 원하는가?』 등 쿤 벨러가 소비에트 러시아에서 출간했던 선전 책자도 포함되어 있었다. 이와 함께 러시아혁명

---

16) "현 상황에서의 공산주의자(Kommunista a jelenlegi helyzetben)," *Vörös Újság*, 1919.1.11.
17) "모스크바와 파리(Moszkva és Párizs)," *Vörös Újság*, 1919.1.11.

의 지도자인 레닌의 저작물『4월 테제』, 레닌의 작품에 대해 쿤 벨러가 서문을 쓰고『투쟁의 길』이라는 공동 제목을 단 제3소비에트 대회 연설문, 루더시 라슬로가 번역한『국가와 혁명』등이 헝가리에서 처음으로 출판되었다. 특히 공산당 기관지인 ≪붉은 신문≫은 부르주아 정부의 방해를 극복하며 적극적으로 선전 활동에 임했다. 그 후 공산당은 군대 신문인 ≪붉은 군대≫와 농민을 위한 신문인 ≪가난한 사람≫을 추가로 발행했다. 1919년 2월에는 헤베시 줄러(Hevesi Gyula)와 콤야트 얼러다르(Komját Aladár)가 발행하는 문학·과학 저널 ≪인터내셔널≫이 공산당 학술지로 발간되었다. 롬시치 이그나츠(Romsics Ignác)는 그의 저서『20세기 헝가리사』에서 공산당 지도부의 정력적인 활동을 다음과 같이 평가하고 있다.

…… 공산당 지도부는 지속적인 토론을 통해 조직을 정비했고, 대중과 함께 호흡하며 노동자들의 사고방식, 욕망, 일상의 문제에 익숙해졌다. 그들은 회의나 집회, 각종 대회에서 노동자들의 직접적인 요구를 옹호할 기회를 포착했고, 혁명적 열정으로 사회주의혁명의 정당성을 두둔했다. 이렇게 끊임없이 대중과 밀접한 관계를 형성해 나갔던 것이 당 신문과 전단을 생생하고 흥미 있게 만들고 당의 여론 환기 운동에 강력한 힘을 실을 수 있도록 한 추진력이다. 이러한 공산당의 헌신적인 활동과 이에 감응한 헝가리 국민의 호응이 혁명이 성공한 중요한 이유였다. ……18)

공산당은 노동자들이 사회민주당뿐만 아니라 공산당에도 소속될 수 있도록 했다. 즉, 공산당은 노동조합의 통일성을 해치지 않으면서 노동자들이 노동조합 내부에 자신들의 조직을 확립할 수 있게 했다. 여기에 힘입어

---

18) Ignác Romsics, *Magyarország történelme a XX. században*(Budapest, 2005), p.131

1918년 12월 중에 인쇄공, 재단사, 국영 철도 노동자, 벌목공, 광부 등이 공산당 지부를 형성했으며, 그 규모는 급속도로 확대되었다. 또한 공산당은 청년 단체의 조직에도 힘을 기울였다. 1918년 11월 30일 결성된 '전국청년노동자연맹(IOSZ)'의 11인 지도부와 20인 위원회의 대다수가 공산당 출신이었다. 이들은 '청년 프롤레타리아'를 기관지로 발행하며 공산당의 지침을 따랐다. 사회민주당은 공산당의 정강 정책을 비판했지만 공산당의 인기는 계속해서 급상승했다. 사회민주당 지도자들은 공산당의 무서운 성장세를 그저 쳐다보고만 있을 수밖에 없었던 것이다. 문제는 오히려 사회민주당 내부에서 터져 나왔다. 사회민주당의 당원들 중에서도 상당수가 공산당의 정책과 강령에 동조하기 시작한 것이다. 특히 젊은 당원을 중심으로 무기력하고 보수화된 사회민주당 지도부에 실망을 느끼며 개혁적이고 진취적인 분위기가 가득한 공산당의 주장에 동조하기 시작한 것이다. 공산당은 이러한 움직임을 놓치지 않고 사회민주당 당원들을 적극적으로 영입하려고 노력했다.

1923년에 간행된 「국회 보고서」(PI Archives, 653. f. 4/1919/9977)에 따르면 부다페스트 근교의 어소드(Aszód)와 마차슈펼드(Mátyásföld)에 위치한 비행기 공장, 키시페슈트의 립타크-토이들로프-디트리히(Lipták-Teudloff-Dietrich) 공장, 우이페슈트의 유나이티드 일렉트릭 벌브 앤드 램프(the United Electric Bulb and Lamp) 공장, 간츠 다누비우스(Ganz Danubius) 조선소, 간츠-피아트(Ganz-Fiat), 머저르피아트(Magyar-Fiat), 간츠왜건(Ganz-Wagon) 공장, 마브(MÁV) 북부 공작소 등 부다페스트와 페슈트 인근의 대규모 공장에서 주로 좌익 진영의 영향 아래 공산당 조직들이 결성되었다. 이런 대규모 공장의 노조 간부와 노동자들이 공산당의 주축을 이루었다. 공산당 조직은 부다페스트뿐만 아니라 셜고터란(Salgótarján), 터터(Tata), 죄르(Győr), 미슈콜츠(Miskolc), 디오슈죄르(Diósgyőr), 세게드, 데브레첸, 샤로럴려우이헤이(Sároraljaújhely),

쇼프론(Sopron), 커포슈바르(Kaposvár), 너지바러드(Nagyvárad) 등 지방 도시에서도 구역에 따라 설립되었다. 군대와 국민경비대 내에도 공산당 지부가 운영되었다. 부다페스트 검찰청의 추산에 따르면 1919년 3월 초 공산당원은 부다페스트에 1만~1만 5000명, 지방에 2만~2만 5000명에 이른다.[19] 결국 대중의 전폭적이며 열광적인 지지를 등에 업은 헝가리 공산당은 창당한지 몇 달이 지나기도 전에 사회민주당에 통합을 제안했고, 마침내 '헝가리 사회주의자당'이라는 하나의 정당으로 통합하게 되었다.

2) 헝가리 소비에트공화국의 개혁 내용과 국민의 반응

헝가리 공산당은 '헝가리 사회당'으로 확대 통합된 후 헝가리의 국가 생활, 경제, 사회와 문화 전반에 걸쳐 아주 빠르고 밀도 있는 개혁을 단행했다. 헝가리 사회당은 최고 행정 조직으로 혁명행정위원회(Forradalmi Kormányzótanács, <그림 8-4>)를 설치하여 실제적인 개혁 업무를 추진했다. 혁명행정위원회의 장관으로서 임무를 수행하는 당원들은 국민위원이라고 불렸다. 가장 중요한 외교국민위원은 쿤 벨러가

그림 8-4 ▌혁명행정위원회

---

19) Romsics Ignác, *Magyarország történelme a XX. században*(Budapest, 2005), pp.126~127에서 재인용.

맡았다. 국민위원 자리는 옛 사회민주당 의원들과 공산당 의원들이 나누어 맡았다. 혁명행정위원회의 수반은 사회민주당 출신의 거르버이 샨도르 (Garbai Sándor)가 맡았지만 혁명행정위원회의 실질적 지도자는 역시 쿤 벨러였다. 혁명행정위원회는 초기에 19명, 후에는 34명으로 구성되었다. 국민위원의 60~70%는 유대인이었고, 도시민이거나 소시민층이 대부분이었다.[20]

사회당은 구시대의 자치기구와 행정조직을 폐지하고 그 자리를 읍·면, 군, 시, 주 단위에서 노동자, 군인, 농민 등 3~5인으로 구성된 지도위원회가 대신하게 했다. 새롭게 형성된 이 조직들은 지속적으로 움직이고 활동했으므로 이전에 있던 조직 및 자치 당국을 대신하기에 충분했다. 대의제도는 국회를 통해 이루어졌다. 4월 초 선거를 통하여 국회가 구성되었는데, 행정위원회는 법령에 따라 부르주아 착취자와 성직자를 제외한 18세 이상의 남녀 모두에게 선거권을 부여했다. 상황은 역전되어 이제까지 선거권이 없던 이들이 유권자가 되었고, 선거권을 가졌던 이들은 대부분 선거권을 빼앗기게 된 것이다. 생활의 다른 영역에서도 유사하게 급진적 개편이 진행되었다. 기존 법원 조직의 업무를 사실상 중단시키고, 새로운 사법부를 조직하여 개혁 법원으로 삼았다. 이 조직들은 일반적으로 행정위원회가 선발한 3, 4명의 조직원으로 구성되었다. 개혁 법원은 판결 절차 운영을 극단적으로 단순화했다. 사형 선고가 내려지는 판결은 드문 일이었고, 법원의 주요 임무는 반혁명 선동자들과 조직들을 처벌하고, 3월 22일 내려진 '금주령'을 위반하는 이들을 처벌하는 것이었다.

경찰과 헌병대의 역할은 붉은 수비대가 대신했다. 붉은 수비대는 군대와 무장 노동자들 중에서 소집되거나, 예전 치안 담당자와 장교로 구성되었다. 사회당 내의 공산주의 계열은 붉은 수비대의 충성심에 대해 늘 의심

---

20) Ignác Romsics, *Magyarország történelme*, p.132.

하는 태도를 보였다. 붉은 수비대 외에도 부다페스트에는 많은 적색 테러를 위한 무장 조직이 활동했다. 이 시기 우후죽순처럼 생겨난 테러 단체들은 헝가리인의 일상생활을 위협하는 무서운 존재였다. 특히 스스로를 '레닌의 소년들'이라 칭한 체르니 요제프(Cserny Jozsef) 부대는 가장 과격한 단체였다. 이 조직은 대다수가 선원들로 조직된 200명 규모의 단체로서, 가죽 코트와 군모를 착용하고 적기를 흔들며 부다페스트 시내를 활보했다.21)이 조직은 자신들이 판단하여 프롤레타리아혁명이 위협받는 곳이라면 어디든 찾아가서 수단과 방법을 가리지 않고 폭력을 행사했다. 이 과정에서 다수의 사람들이 억울하게 피해를 보기도 했다. 헝가리 국내에서는 이들이 이동할 때 사용하는 장갑 열차를 '죽음의 열차'로 칭하기도 했다.

행정위원회의 가장 중요한 내부 과제는 사회주의화, 즉 완전한 사유재산의 몰수였다. 3월 26일 20명 이상의 직원을 둔 사업체, 광산, 운송 업체들에 대하여 보상 없는 국유화가 선언되었다. 그러나 실제로 이것보다 더 많은 경우, 즉 더 작은 규모의 공장들까지도 사회주의화되거나, 그렇지 않으면 조합으로의 통합이 시도되었다. 사회주의화된 공장들의 새로운 지도자들은 노동위원으로 임명되었고, 한 명 혹은 여러 명의 기술자가 그들을 돕게 했고, 3~7명의 노동자협의회 조직원들이 감시하도록 했다. 같은 날 금융기관과 개인 주택들도 사적 소유를 폐지하고 사회주의화하는 규정을 발표했다.22)

토지 관련 정책은 사회주의화 정책이 시행되고 나서 며칠 후인 1919년 4월 3일에 발표했다. 이 정책의 첫 조항은 이렇게 시작한다. "헝가리의 토지는 노동자 단체의 소유이다. 일하지 않는 자는 땅을 소유할 수 없다. 모

---

21) Tóth Gy. László·Péter Kaslik, *A pótolhatatlan Kun Béla. Magyar Nemzet Magazin* (Budapest: szombat, 2005.11.19), pp.21~22.

22) Tóth Gy. László, Péter Kaslik, 같은 책, p.22.

든 중간-대토지와 그에 속한 종속물, 살아 있거나 죽은 가축들, 농산물 공장과 함께 모든 것은 손해에 대한 보전 없이 프롤레타리아의 소유로 넘어간다." 이러한 방식으로 급진적인 토지 몰수가 이루어졌다.[23]

행정위원회는 몰수한 토지와 기구들을 농민들에게 나눠주는 것을 금지하고, 그 대신 토지를 공유화하여 협동조합을 통해 토지를 경작하는 농업 무산계급(프롤레타리아)에 넘겨주었다. 이러한 협동조합의 운영으로 많은 수의 국영농장이 생겨났다. 상점들은 보통 국유화하지 않고 몰수했다. 즉, 4월 초 상인들이 소유한 상품의 재고를 압수한 후 그것을 정부와 협의된 가격으로만 판매하고, 거기에서 발생한 수익은 국유화된 은행에 맡기도록 한 것이다. 대규모의 물품 부족과 관련해서는 특정 물품들, 그중에서도 생필품들은 반드시 배급표가 있어야만 살 수 있도록 했고 이마저도 상점이 물품을 구했을 경우에만 가능했다. 혁명정부는 사유재산제도를 제한하는 것을 국민에게 강요하고 생산의 중앙 통제를 도입하여 절대적으로 프롤레타리아가 주인인 사회를 구현하고자 했던 것이다. 이러한 개혁을 통하여 최종적으로는 노동자들의 생활환경 개선을 장기적으로 추진하고자 했던 것이다.[24]

노동운동의 오랜 요구 사항에 포함되어 있던 일일 8시간의 근무시간을 도입하고, 실업수당 지급도 계속 이어갔으며, 주택 임대료를 20% 인하하고 방이 여러 개인 시민 주택으로 프롤레타리아들을 이사하게 했으며, 4월 17일에는 임금 제도 개편을 시행했다. 이를 통해 노동자들과 임금으로 살아가는 일반인들의 명목임금이 10~80% 인상되어, 현저했던 임금 불균형을 없앴다. 임금 생활자들이 받는 최소 임금과 최고 임금의 격차는 6000~7000코로나로 정해졌다. 물론 실제로 산업과 농업 분야 종사자 간의 임금

23) Ignác Romsics, *Magyarország történelme a XX. században*(Budapest, 2005), p.125.
24) Ignác Romsics, 같은 책, p.126.

불균형은 쉽게 고쳐지지 않았다. 오히려 일부 직종이나 업종에서는 임금 격차가 더 나기까지 했다.[25]

다음으로 소비에트공화국 행정위원회가 중점을 둔 내용은 교육기관 개혁이다. 정부는 8학년제 무료 의무 초등교육의 도입과 중등교육 단일화를 시작했다. 새로운 교과서를 출판하고 학교에서 종교교육을 폐지했다.[26] 그러나 이와는 별개로 사회당 정부는 우선 가톨릭교회의 정신적 영향력을 없애기 위한 방안으로 성직자와 수도 단체를 해산하고 종교교육을 금지했다. 이러한 조치는 필연적으로 교사의 수를 감소시키거나 기존의 교사들에게 불이익을 주는 형태로 나타나게 되었다. 또한 이와 더불어 대학에서 역사와 철학 등을 가르치던 교수들에 대한 해직 조치가 단행되었다. 해직된 교수들 중에는 역사가 벌러기 얼러다르(Ballagi Aladár)와 언절 다비드(Angyal Dávid), 문학사가 베외티 졸트(Beöthy Zsolt)가 포함되어 있었다. 또한 교수로 임명된 지 얼마 안 된 버비츠 미하이(Babits Mihály), 베네데크 마르첼(Benedek Marcell), 퓔레프 러요시(Fülep Lajos), 헤베시 죄르지(Hevesy György, 후에 노벨상 수상), 만하임 카로이(Mannheim Károly, 카를 만하임), 밤베리 루스템(Vámbéry Rusztem), 섹퓌 줄러(Szekfű Gyula)도 해직됐다. 이러한 사회당의 정책에 맞서 부다페스트 대학 교수들이 들고일어났다.[27] 그러나 사회당 정부는 이러한 지식인들의 저항을 무자비하게 탄압했다. 또한 헝가리 학문 활동의 중심지인 헝가리학술원(Magyar Tudományos Akadémia)의 활동을 '반동적'이라는 이유로 중단시켰고, 학술원 건물을 붉은 군대가 상시적으로 감시하도록 했다.[28]

25) Ignác Romsics, 같은 책, pp.126~127.
26) Ignác Romsics, 같은 책, p.127; 강성호 외, 『중유럽민족문제』(동북아역사재단, 2009), 77쪽.
27) János Pótó, Az emlékeztetés helyei. Emlékművek és politika(Budapest, 2003), p.103.
28) Ignác Romsics, Magyarország történelme a XX. században(Budapest, 2005), p.127.

4월 초에 윤곽을 드러낸 급진 개혁안과 새로운 제도에 대한 사회의 반응은 극과 극으로 나뉘었다. 기존의 경제·사회·정치 엘리트들은 수동적으로 물러나 있거나, 보이지 않게 숨거나 국외로 몸을 피했다. 오스트리아 빈에 거주하며 가장 활발한 활동을 벌인 반공산당 대표자들은 이미 4월 초에 소비에트공화국의 붕괴를 최고 목표로 하는 헝가리민족위원회(Magyar Nemzeti Bizottság), 혹은 흔히 반볼셰비키위원회(Antibolsevista Comitét: ABC)라고 불리는 조직을 설립했다. 이 조직은 후에 헝가리의 총리에 오르는 베틀렌 이슈트반(Bethlen István)이 이끌었고, 카로이당과 1919년 이 당에서 분리된 독립당원들을 포함한 몇몇 기존 당원도 적극적으로 참여했다.[29]

라코시 예뇌에 따르면 당시 사유재산을 몰수당한 중산층도 역시 새로운 제도를 환영하지 않았지만 소비에트공화국을 반대하는 조직에는 활발하게 참여하지 않았던 것으로 보인다. 중산층을 대표하던 바조니 빌모시(Vázsonyi Vilmos)는 국외에서 헝가리 사회주의자당이 붕괴되기만을 기다릴 뿐 적극적인 활동을 하지 않았고, 소작농과 소규모 상인들은 분열되어 한편에서는 저항적 태도를 보이고, 다른 한편에서는 소비에트공화국을 지지했다. 이러한 분열 현상은 지식인들 사이에서도 마찬가지로 일어났는데 교사, 예술가, 변호사, 기술자들 대부분은 혁명을 지지하는 듯한 자세를 보였고, 과거 정부에서 일했던 사람들과 교회 관계자, 귀족 및 지배 계층에 속했던 사람들은 소비에트 정부에 반대했다는 것이다.[30] 롬시치의 연구에 따르면 농민들은 더욱 격렬하게 사회주의자당 정부에 반대했는데, 그 이유는 실제적인 토지 분배가 이루어지지 못했기 때문이다.[31] 헝가리 소비에트공화국

---

29) Count Stephen Bethlen, *The Treaty of Trianon and European Peace. Four Lectures Delivered in London in November 1933*(London, 1934), p.35.

30) Jenő Rákosi, *Trianontól Rothermereig*(Budapest, 1928), p.24.

31) Ignác Romsics, *Magyarország történelme*, p.128.

이 성립된 지 겨우 한 달여 만에 헝가리 사회 곳곳에서 문제점과 갈등이 터져 나오기 시작했고, 사회당 정부는 구체적인 해결책을 제시하지 못한 채 우왕좌왕하며 새로운 정책만 남발했다. 결국 쿤은 이러한 국민의 불만 상황을 전환하기 위해서 강압적인 수단을 이용하여 '적색 테러'의 정치를 시작했다. 쿤 정부는 곧 언론의 자유를 폐지하고, 사상과 정치적 의사 표명의 자유를 제한하는 조치를 단행했는데, 이러한 조치는 오히려 헝가리 지식인들과 국민의 반발을 불러 정부에 등을 돌리게 하는 한 원인이 되고 말았다.

롬시치가 지적하듯이 국민에 대한 테러 정치를 시작하는 시점이 곧 정권이 국민과 괴리되기 시작하는 때라는 관점은 매우 타당하다고 생각한다. 헝가리 소비에트공화국 행정위원회는 국민을 위한 정부를 표방하면서 스스로가 그 권위와 신뢰를 무너뜨려 버린 것이다. 더군다나 폭력과 테러를 동원하는 방법은 전체주의 정권의 마지막 통치 수단이라는 점을 헝가리 소비에트공화국은 간과했던 것이다. 여기서부터 헝가리 소비에트공화국의 붕괴가 시작되었다.

4. 국제 정세와 헝가리 소비에트공화국의 붕괴, 헝가리 소비에트공화국의 의의

헝가리에서 소비에트공화국이 성립되자 헝가리 주변 국가들과 파리에서 평화회담에 참여하고 있던 전승국들은 큰 충격을 받게 된다. 라코시 예뇌의 연구에 따르면 특히 프랑스 대표들이 큰 충격을 받았는데, 그 이유는 러시아와 독일에 대한 반감과 혁명 그 자체의 확장성에 대한 두려움이었다고 한다.[32] 파리 강화회담에 참여한 전승국들은 만약 헝가리 땅에서 사회주의 혁명이 멈추지 않고 볼셰비즘이 서방으로 전파되면 다른 국가에도 소비에트 체제가 형성될 것이라고 생각했다. 따라서 소비에트 정권을 인정하지 않던 전승국들은 루마니아와 체코슬로바키아를 부추겨 헝가리를 침공하도록 했다.[33]

프랑스군 사령부는 그 후 헝가리를 공격할 준비를 했고, 먼저 전승국의 일원인 루마니아 군대가 4월 16일 헝가리로 출병했다. 이에 '헝가리 소비에트공화국'은 시민의 자원으로 구성한 4만 명의 군사력으로 대비했으며, 후에 2만 명이 더 추가되어 6만 명의 군대로 루마니아와의 전투에 임했다. 그러나 루마니아 군대는 우세한 군사력으로 2주 동안 진행된 전투에서 트랜스다뉴브 지역 전체(다뉴브강 동쪽의 헝가리 동부 지역)를 점령하여 헝가리 동부 지역 절반이 루마니아 군대의 통치하에 놓이게 되었다.[34]

루마니아와의 전투에서 헝가리 군대가 패한 틈을 타서 4월 26일 체코 군대 역시 휴전선(demarkációs)을 넘어 헝가리로 침공하여 며칠 만에 헝가리 서북부의 뭉카치(Munkács)와 샤토럴려우이헤이(Sátoraljaújhely), 그리고 북부 산업 지대의 미슈콜츠와 주변 도시의 주요 지역을 점령했다. 이와 동시에 프랑스군과 세르비아군도 헝가리 동남부의 머코(Makó)와 호드메죄바샤르헤이(Hódmezővásárhely)를 차지했다. 이러한 상황에 처하게 되면서 혁명행정위원회는 4월 20일 부다페스트와 지방 도시의 근로자들을 징집하고 전국적으로 병력을 모집했다. 그리하여 한두 주 만에 붉은 군대[35]의 병력이 몇 배로 늘어났고, 5월 말에는 20만 명에 이르게 되었다. 군 지원자는 대부분 트랜스다뉴브 지역의 피란민과 빈농들, 실업자들, 열정적인 젊은이들,

32) Jenő Rákosi, *Trianontól Rothermereig*(Budapest, 1928), p.39.

33) Ignác Romsics, *Magyarország történelme a XX. században*(Budapest,1999), p.132.

34) Elek Karsai, Imre Kubitsch, Ervin Pamlényi, *Iratok az ellenforradalom történetéhez 1919–1945*, Vol.2(Budapest, 1959), p.245.

35) Miklós Gerencsér, *Vörös Könyv 1919*(Lakitelek, 1993), p.55.

그리고 개별 군대를 조직한 부다페스트의 노동자들이었다. 공무원과 관리들도 많은 수가 군에 지원했고 당과 지역 지도자들도 포함되었다. 한 지방의 신문기자는 이 진기한 상황을 이렇게 설명했다. "공산주의자나, 민족주의자나 동일한 마음으로, 우리는 조상 때부터 내려온 영토를 빼앗기지 않을 것이다."[36] 한마디로 헝가리 소비에트공화국은 제1차 세계대전의 승전국들을 상대로 프롤레타리아혁명을 지켜나가야 하는 풍전등화와 같은 처지에 놓이게 되었고, 헝가리 국민은 공산주의자나 민족주의자나 할 것 없이 전승국들의 침략으로 인식했다.

붉은 군대 총사령관은 사회민주당 지도자인 뵘 빌모시(Böhm Vilmos)였지만, 실질적인 지휘관은 스트롬펠드 어우렐(Stromfeld Aurél)이었다. 그와 함께 러커토시 게저(Lakatos Géza), 베르트 헨리크(Werth Henrik), 스토어이 되메(Sztójay Döme), 솜버트헤이 페렌츠(Szombathelyi Ferenc), 야니 구스타브(Jány Gusztáv)와 헝가리군의 예비 장군들 중에서도 몇몇이 참전했고, 루마니아의 공격 이후 다른 장교들도 군대에 지원했다. 헝가리의 '붉은 군대'는 체코 군대가 침공한 북부전선에서 반격하여, 체코와 헝가리의 국경 지대까지 밀고 들어갔고, 이 와중에 헝가리의 지원으로 1919년 6월 16일 슬로바키아 소비에트공화국이 선포되기도 했다. 이러한 헝가리 군대의 승전에 대하여 평화회담의 전승국들은 또다시 개입하여 헝가리가 탈환한 지역에서 철수할 것을 요구했다. 전승국들의 요구를 거절하지 못한 헝가리 붉은 군대는 6월 30일 점령지에서 철수를 시작했다. 이 와중에 헝가리 소비에트공화국에 반대하는 2번의 반혁명 시도가 있었는데, 이 중 가장 위협적인 것은 빈의 반(反)볼셰비키 조직이 주도한 6월 초 트랜스다뉴브 지역의 철도 파업이다. 이와 같은 대내외적인 공격에 직면한 쿤 벨러는 6월 말 전선에서 붉

---

36) Gyula Kornis, "Kultúrpolitikánk irányelvei. I–II," *Új Magyar Szemle*(Budapest, 1921), p.258.

은 군대를 철수한 후 헝가리 소비에트공화국의 기반을 다시 확보하기 위해 내부 개혁을 시도했다. 즉, '금주령'을 폐지하고 빈농들에게 작은 텃밭을 얻을 수 있는 기회를 주었다. 그러나 3월 말과 4월 초에 발표한 사유재산 제한 법령의 기본 원칙은 변하지 않았고, 배급과 식량 문제도 해결하지 못했다.

이러한 상황에서 혁명을 지지하는 세력은 점점 줄어들 뿐이었으며, 혁명의 지도자들만 남게 되었다. 북부 지방에서의 붉은 군대 철수 이후 헝가리 붉은 군대도 역시 해산되기 시작했다. 쿤과 몇몇 국민위원은 이러한 상황을 타개하기 위해 동부 헝가리를 점령하고 있던 루마니아군을 공격했으나 전투에서 패배했다. 루마니아군은 6월 30일 솔노크(Szolnok) 지역의 티서강을 건너 수도 부다페스트로 향하는 진로를 확보하게 되었다. 결국 1919년 8월 1일 군사적·정치적·내부적으로 아무런 희망도 기대할 수 없는 상황에서 쿤 벨러를 비롯한 혁명행정위원들이 사임하고 권력은 온건 사회민주당 정치가들로 구성된 내각으로 넘어갔다. 내각의 지도자는 사회민주당과 공산당의 합당을 반대하며 헝가리 소비에트공화국 체제에서 어떠한 역할도 맡지 않았던 페이들 줄러(Peidl Gyula)가 맡았다. 이러한 상황에서 앞으로 자신들에게 가해질 보복과 탄압을 예상한 쿤과 공산주의 국민위원들은 바로 그날 가족들을 데리고 오스트리아 빈으로 망명했다. 이로써 133일의 헝가리 소비에트공화국은 종말을 고하고 말았다.[37]

비록 실패한 공화국이지만 헝가리 소비에트공화국의 의의는 유럽 현대사에서 간과할 수 없다. 헝가리 소비에트공화국의 성립은 러시아혁명의 영향을 받아 유럽에서 최초로 프롤레타리아가 정권 획득에 성공한 혁명적 사건이다. 쿤 벨러를 비롯한 공산주의자들은 러시아혁명에서 배운 혁명의 정신을 그대로 헝가리에 적용하고자 했고, 마르크스·레닌주의에 입각한 이

---

37) Barcza, György. *Diplomataemlékeim, 1911~1945*, p.523.

상적인 인민공화국 건설을 꿈꿨던 것이다. 헝가리 소비에트공화국에 대한 기대는 지식인, 일반 대중 할 것 없이 모두에게 보편적인 현상이었다. 또한 작가와 예술가들도 자신들의 활동에 공산주의 이상을 적극 반영했다. 특히 다분히 유토피아의 이상과 환상을 가진 작가들은 새로운 세상의 모델로서 소련을 상정했고, 그것의 헝가리식 변용으로서 헝가리 소비에트공화국을 고려했다. 이렇게 지식인과 인민 대중 양측으로부터 유례없는 지지를 받으며 등장한 헝가리 소비에트공화국은 헝가리의 현실을 무시한 쿤의 이상적인 정책으로 인해 실패하고 만 것이다. 특히 사유재산의 국유화는 소시민 층이 등을 돌리게 한 결정적 원인이었다. 이에 더하여 헝가리 소비에트공화국의 운명은 내부 위기보다는 국제 정세에 더 큰 영향을 받을 수밖에 없었던 정치적 환경이 쿤 정부의 입지를 좁히는 중대한 원인이 되었다.

유럽 한복판에 프롤레타리아 독재를 꿈꾸는 좌익 정권이 들어섰다는 사실에 전승국 측은 크게 경악했다. 사실 전승국 측이 오스트리아-헝가리 제국의 해체를 추진하고, 제국의 후속 국가들에 자신들의 언어와 민족을 토대로 하는 민족국가를 설립하도록 승인해 준 가장 큰 이유는 공산국가로 등장한 소비에트 러시아를 고립시키기 위한 큰 목표가 있었기 때문이다. 그런데 헝가리에 소비에트 러시아의 모델을 그대로 답습하며 소비에트 러시아의 전진기지 역할을 하게 될 프롤레타리아 정부가 들어서게 된 것이다. 따라서 헝가리 소비에트공화국이 좌절하게 된 원인은 크게 두 가지로 볼 수 있다. 첫째, 공산당의 급진적 소비에트화에 대한 국민의 불만, 둘째, 유럽의 중앙에 좌익 정권이 들어서는 것을 용인할 수 없었던 전승국들의 간섭이 그것이다.

참고문헌

강성호 외. 2009. 『중유럽민족문제』, 동북아역사재단.

이상협. 1996. 『헝가리사』, 대한교과서.

이슈트반, 디오세기(István Dioszegi). 2013. 『모순의 제국: 오스트리아-헝가리 제국의 외교사』. 김지영 옮김, 한국외국어대학교 출판부.

Barcza, György. 1994. *Diplomataemlékeim 1911-1945*, Vol.2. Budapest: Európa.

Benda, Jenő. 1920. A béke kálvária-útján. Egy újságíró naplója a párisi békekonferenciáról Budapest.

Bethlen, Stephen. 1934. *The Treaty of Trianon and European Peace: Four Lectures Delivered in London in November 1933*. London: Longmans, Green and Co.

Dezső, Kosztolányi(ed.). 1921. *Vérző Magyarország*. Budapest.

Gerencsér, Miklós. 1993. *Vörös Könyv 1919*, Lakitelek.

Gratz, Gustav. 2001. *Magyarország a két háború között*. Budapest.

György, Borsányi. 1979. *Kun Béla: Politikai életrajz*. Budapest.

György, Szamuely. 1932. Sarló és Kalapács. Budapest.

Gyula, Szekfű. 1934. *Három nemzedék és ami utána következik*. Budapest: Magyar Szemle Társaság(Reprinted Állami Könyvterjesztő Vállalat - Maecenas Könyvkiadó, 1989, Budapest).

Hegedűs, Kálmán. 1929. "Belpolitikai szemle." *Magyar Szemle*, 19, Vol.5, No.3.

Jóború, Magda. 1972. *A köznevelés a Horthy korszakban*. Budapest.

Karsai, Elek, Imre Kubitsch and Ervin Pamlényi. 1956~1976. *Iratok az ellenforradalom történetéhez 1919-1945*, Vols.5. Budapest.

Kornis, Gyula. March 1921. "Kultúrpolitikánk irányelvei. I-II." *Új Magyar Szemle*. Budapest.

Kun, Béla. 1927. "Hogy alakult meg a kommunisták Magyarországi Pártja." In Új Előre 25 éves jubileumi albuma, New York.

_____. 1966. *Válogatott írások és beszédek*. I-II. köt. Budapest.

Lajos, Pállos. 2006. "Területvédő propaganda Magyarországon 1918-1920 Part 1." In *Folia Historica: A Magyar Nemzeti Múzeum évkönyve*, XXIV, Budapest.

László, Tóth, Gy., Kaslik Péter. 2005.11.19. "A pótolhatatlan Kun Béla." *Magyar Nemzet Magazin*. Budapest.

Miklós, Zeidler. 2007. *Ideas on Territorial Revision in Hungary 1920~1945*. Boulder, Budapest: Institute of Habsburg History.

_____. 1997. "A Magyar Revíziós Liga." *Századok*, Vol.131, No.2, pp.303~351.

Milei, György. 1964. *Párttörténeti Közlemények*. Budapest.

Nemes, Dezső, Karsai Elek, Kubitsch Imre and Pamlényi Ervin. 1976. *Iratok az ellenforradalom történetéhez 1919-1945*, Vol.5. Budapest: Szikra-Kossuth.

Pótó, János. 2003. *Az emlékeztetés helyei: Emlékművek és politika*. Budapest.

Rákosi, Jenő. 1928. *Trianontól Rothermereig: A magyar hit könyve*. Budapest.

Romsics, Ignác. 2005. *Magyarország történelme a XX. században*. Budapest: Osiris.

Vörös Újság, 1918.12.7~1919.6.30.

https://hu.wikipedia.org/wiki/Forradalmi_Korm%C3%A1nyz%C3%B3tan%C3%A1cs#/media/File:Forr_korm_tanacs.jpg(검색일: 2018.11.20).

https://hu.wikipedia.org/wiki/Kun_B%C3%A9la_(n%C3%A9pbiztos)#/media/File:Bela-kun—outlawsdiary00tormuoft.png(검색일: 2018.11.20).

https://hu.wikipedia.org/wiki/V%C3%B6r%C3%B6s_Ujs%C3%A1g#/media/File:V%C3%B6r%C3%B6s_Ujsag.jpg(검색일: 2018.11.20).

9장

미국 흑인 신좌파의
마르크스·레닌주의 변주

이춘입(동아대학교 사학과)

이 장은 2018년 ≪미국학논집≫, 50권 2호에 게재된 「블랙파워시대 급진적 흑인들의 맑스-레닌주의 변주: 블랙팬서당을 중심으로」를 수정·보완한 것이다.

1. 러시아혁명과 미국 68의 흑인 급진주의

1968년의 격변기를 지켜본 한나 아렌트(Hannah Arendt)는 신좌파 운동과 그 폭력성을 마르크스주의 찌꺼기의 잡탕에 지나지 않는다고 신랄하게 비판한 바 있다. 왜냐하면 신좌파의 폭력은 마르크스주의와 괴리된다고 보았기 때문이다.[1] 당시의 여론이 그러했듯이 아렌트에게 미국의 신좌파, 특히 블랙팬서당(Black Panther Party)과 같은 급진파는 폭력 그 자체로만 이해되었을 뿐, 그 어떤 정당한 사회주의 사상이나 이데올로기를 견지한 세력으로는 간주되지 않았다. 당시 이런 흑인 급진파에 대한 평가는 미국 구좌파 조직들에서도 마찬가지였다. 1970년대 초 공산당 의장 헨리 윈스턴(Henry Winston)은 블랙팬서당이 노동자계급을 경시하고 무정부주의적 엘리트에 의한 혁명을 예찬한다고 비난했다. 이처럼 블랙팬서당을 '유아적인 좌파'로 간주하는 경향은 1990년대 말부터 블랙팬서당에 대한 역사 연구가 본격화된 이후에도 지속되었다. 이러한 해석의 가장 주된 이유는 블랙팬서의 폭력적인 이미지에만 천착했을 뿐, 그들의 사상과 이데올로기에 대한 분석은 경시했기 때문이다.[2]

미국 68의 흑인운동도 러시아혁명 이후 사회주의 사상의 영향을 받았다.

---

1) Hannah Arendt, *On Violence*(New York: A Harvest/HBJ Book, 1969), pp.19~20.
2) Charles E. Jones and Judson L. Jeffries, "'Don't Believe the Hype': Debunking the Panther Mythology," in Charles E. Jones(ed.), *The Black Panther Party Reconsidered*(Baltimore: Black Classic Press, 2005), p.39; Joe Street, "The Historiography of the Black Panther Party," *Journal of American Studies*, Vol.44, No.2(2010), pp.351~375; David J. Garrow, "Picking Up the Books: The New Historiography of the Black Panther Party," *Reviews in American History*, Vol.35, No.4 (2007), pp.650~670 참고.

미국의 흑인운동은 1964년과 1965년 민권법과 투표권법의 통과로 큰 성과를 이룬 후, 베트남전쟁 반대 운동과 함께 과격해지기 시작했다. 1960년대 후반 새로운 흑인민족주의 블랙파워 운동(Black Power Movement)으로 급진적 흑인 운동은 절정에 이르렀으며, 그 전위 그룹은 블랙팬서당이었다. 1966년 젊은 흑인 급진파 그룹 비폭력학생조정위원회(Student Nonviolent Coordinating Committee)의 지도자 스토클리 카마이클(Stokely Carmichael)이 '블랙파워'를 외친 후, 이 슬로건은 흑인 권력의 상징이자 문화적·정치적 이론과 실천의 표상이 되었다. 흑인 민족주의 성격을 띤 블랙파워 운동의 흐름 속에서, 같은 해 결성된 블랙팬서당은 흑인 혁명을 믿었던 급진파로서 자신들의 과격한 활동을 미국 독립 혁명과 프랑스혁명뿐만 아니라 러시아혁명의 연장선상에 놓았다.[3] 그리하여 블랙팬서당은 마르크스·레닌주의를 주창하면서 민족주의와 사회주의 이데올로기를 결합한 것이다.

과연 러시아혁명과 그에 기인한 마르크스·레닌주의 이데올로기를 50년이 지난 후 미국의 급진적 흑인들은 어떻게 각색했을까. 이를 살피기 위해 이 글에서는 급진적 흑인 신좌파 그룹인 블랙팬서당의 사상과 활동에 초점을 맞춘다. 특히 러시아혁명의 역사에서 볼셰비키와 마르크스·레닌주의에 비추어 전위당으로서 블랙팬서당의 조직과 이데올로기, 당의 중앙위원회와 일반 회원들의 관계, 블랙팬서당의 룸펜 프롤레타리아트 개념, 그들의 이데올로기의 변화와 실천을 살펴볼 것이다. 이렇게 러시아혁명과 그 사상이 미국의 흑인 신좌파 세력에 미친 영향을 살피는 작업을 통해 기존 68운동 연구에서 마르크스·레닌주의 구좌파와 신좌파를 엄격히 구분하고 도식적으로 차별

---

3) 이들은 미국 국가의 수립이 혁명적인 폭력의 결과라 보았으며, 그로부터 흑인혁명의 폭력성에 대한 정당성을 구했다. Curtis J. Austin, *Up against the Wall: Violence in the Making and Unmaking of the Black Panther Party*(Fayetteville: University of Arkansas Press, 2006), p.145.

짓는 경향을 넘어설 수 있을 것이다.

2. 전위당으로서의 블랙팬서당

1966년 창립한 블랙팬서당은 미국의 68운동을 이끈 전위 세력이다. 흔히 민주사회학생연합(Students for a Democratic Society)이 미국 신좌파의 전위로 간주된다. 그러나 1960년대 말에서 1970년대 초에 백인이나 흑인 신좌파가 추종한 선봉에 블랙팬서당이 있다. 그래서 백인 급진 세력의 전위로 알려진 민주사회학생연합도 1969년에 블랙팬서당을 해방운동의 전위 세력으로 인정하는 결의안을 통과시켰다.[4] 이 급진적 흑인 그룹은 새로운 사회를 건설하기 위해 민족주의나 사회주의 등 다양한 사상을 받아들여 흑인 해방을 실천하고자 했다. 특히 러시아혁명 이후 소련의 현실 사회주의 실험과 제2차 세계대전 이후 제3세계 사회주의 국가들의 존재는 1960년대 급진적 흑인들에게 '흑인혁명'을 위한 상상력의 토대가 되었다.

물론 블랙팬서당 이전에도 사회주의 사상에 관심을 가진 흑인 지식인과 행동가들이 있었다. 왜냐하면 사회주의의 계급적 분석을 통해 백인 중심의 미국에서 흑인 문제를 해결할 수 있으리라는 기대 때문이었다. 그러나 1960년대 이전 미국에서 흑인들의 해방운동과 사회주의는 멀고도 가까운 관계였다. 한편으로 유럽에서 온 백인 중간 계급을 중심으로 세워진 나라에서 노예제를 경험한 흑인들은 출신 국가를 막론하고 이등 시민적, 즉 하층민적 계급의 한계가 있을 수밖에 없었다. 그런 점에서 사회주의 사상은 백인 노동자들과 마찬가지로 지배당하는 흑인들의 처지를 분석하기에 가장 적절한 이론으

---

4) Kirkpaterick Sale, *SDS*(New York: Vintage, 1974), p.516.

로 받아들여졌다. 그러나 다른 한편으로 유럽계 백인들에 의한 사회주의 사상은 백인뿐만 아니라 흑인 노동운동이 상대적으로 약한 미국에서는 매우 이국적인 것이기도 했다.5)

따라서 백인 중심적이고 인종주의적인 미국 사회에서 흑인들은 사회주의보다는 흑인으로서의 민족주의 운동에 더 매진하는 면이 강했다. 남북전쟁으로 노예제가 폐지된 후 미국 흑인들은 백인 중심의 미국 사회에서 벗어나 진정한 흑인 해방을 위해 국제적인 상황에 주의를 기울였다. 특히 제1차 세계대전 이후 할렘 르네상스를 꽃피운 새로운 흑인운동(New Negro Movement) 활동가들은 1917년의 러시아 10월혁명에 깊은 감명을 받고 사회주의에 경도되기도 했다. 레닌의 반제국주의 사상이 민족해방을 지지하는 것이어서 마르크스·레닌주의는 미국의 흑인운동에도 큰 영향을 미친 것이다. 당시 흑인 민권운동을 이끌던 W. E. B. 두보이스(W. E. B. Du Bois)는 러시아혁명의 경험을 통해 사회주의에서 미국의 인종 문제를 해결할 실마리를 찾고자 했다. 또한 저명한 작가 클로드 매케이(Claude McKay)도 한때 사회주의에 관심을 갖고, 1922년 코민테른에 참여해 미국의 인종 문제에 대해 연설했다. 매케이도 두보이스와 마찬가지로 사회주의를 통해 미국 인종주의의 해결책을 모색한 것이다. 랭스턴 휴스(Langston Hughes)처럼 러시아를 방문한 예술가도 다수 있다. 그러나 이들 대부분은 나중에 소련 사회주의의 전체주의적 특성에 환멸을 느끼고 사회주의 운동으로부터 점차 멀어졌다.6)

---

5) 1848년 혁명의 독일계 망명자들로부터 시작된 미국 노동운동은 백인 노동자계급에 집중했을 뿐 흑인이나 인종 문제는 도외시하거나 부차적인 문제로만 다루었다. 이러한 백인 중심주의는 1876년에 결성된 미국 최초의 사회주의 노동당(Socialist Labor Party)이나 1919년 창당한 미국 공산당(Communist Party USA)에서도 지속되었다. Ahmed Shawki, *Black Liberation and Socialism*(Chicago: Haymarket Books, 2006), pp.110~143 참고.

6) Bill Mullen, *W. E. B. Du Bois: Revolutionary Across the Color Line*(London: Pluto Press 2016), pp.109~111; Claude McKay, "Soviet Russia and the Negro," *Crisis*, Vol.27(1923),

이렇듯 20세기 초 미국 흑인운동은 국내의 인종주의를 불식하기 위해 러시아혁명 이후 사회주의에 큰 관심을 가지면서도 대체로는 민권운동이나 급진 흑인민족주의 운동에 매진했다. 이러한 경향은 같은 시기 범아프리카주의적 가비 운동이 큰 영향을 미쳤다. 1914년 마커스 가비(Marcus Garvey)는 "아프리카로 돌아가자"라고 외치면서 범아프리카주의를 표방한 세계흑인지위개선협회(Universal Negro Improvement Association)를 조직했다. 1916년부터는 뉴욕에서 기관지 ≪니그로 월드(Negro World)≫를 발행하고 대(大)아프리카공화국 독립선언을 채택하는 급진적 활동을 벌였다. 이 협회는 1920년대 미국 전역에 지부가 수십 개에다 회원이 100만여 명에 이를 정도로 세력을 키웠다. 그러나 가비는 흑인 민족주의자이지 반제국주의자는 아니었다. 그래서 당시 주류 흑인 지식인들과 마찬가지로 제국 열강에 의한 흑인의 '문명화'를 높이 사고 흑인의 독립된 국가 건설을 위해 영국의 도움을 바라기도 했다. 또한 러시아혁명을 흑인이 상상하는 혁명을 완수한 것이라 칭찬하면서도 사회주의자로 경도되지는 않았다. 가비 운동은 적색 공포가 휩쓸고 간 뒤에는 사그라들었고 흑인 사회주의도 거의 자취를 감춘 듯했다.[7]

급진적 흑인들이 더욱 본격적으로 인종과 계급 문제를 종합적으로 분석하고 조직적인 저항 활동을 실천하기 시작한 것은 1960년대였다. 1950년대의 반스탈린주의와 매카시즘 등 다시 극심한 반공주의가 휩쓸고 간 뒤, 1960년대 후반 급진적 흑인들은 흑인 민족주의와 사회주의 이데올로기를 결합하

---

pp.61~65 참고.

7) Shawki, *Black Liberation and Socialism*, pp.103~105. 미국 공산당은 1925년 미국흑인노동자회의(American Negro Labor Congress)를 조직해서 흑인 노동자들을 모집하고자 했으나 시릴 브리그스(Cyril Briggs)와 같은 소수의 흑인이 참여했을 뿐 크게 성공하진 못했다. Shawki, 같은 책, pp.136~137. 또한 Robin D. G. Kelley, *Race Rebels: Culture, Politics, and the Black Working Class*(New York: The Free Press, 1994), pp.105~109 참고.

고 행동하기 시작했다.[8] 특히 블랙팬서당은 본격적으로 마르크스·레닌주의를 내세우며 활동한 가장 급진적인 흑인 그룹이다. 블랙팬서당은 캘리포니아주 샌프란시스코만의 항구 도시 오클랜드에서 1966년 10월부터 활동하기 시작해 1982년에 해체되었다. 보비 실(Bobby Seale)과 휴이 뉴턴(Huey Newton)이 창립 멤버였으며, 그 뒤 엘드리지 클리버(Eldridge Cleaver) 같은 급진적 흑인들이 가입했다.

블랙팬서당은 1960년대 말에서 1970년대 초에 가장 활발하게 활동했다. 이 시기 그룹의 사상은 뉴턴과 클리버를 통해 잘 알 수 있다. 뉴턴은 그룹 초창기인 1967년 10월 말 경찰과 충돌한 후 투옥되었다. 뉴턴의 복역으로 블랙팬서당은 '휴이를 석방하라(Free Huey)'라는 운동을 시작했고, 이를 통해 그룹은 전국의 흑인 급진파를 끌어모으는 원동력을 얻을 수 있었다. 감옥에 있는 동안 뉴턴은 블랙팬서당의 지도자이자 68운동의 영웅이 되었다. 그리고 1967년에 그룹에 참여하기 시작한 클리버는 뉴턴 석방 운동을 주도하면서 그룹의 새로운 지도자로 급부상했다. 뉴턴이나 클리버와 마찬가지로 블랙팬서당 회원은 대부분 맬컴 엑스(Malcolm X)를 추종한 흑인 민족주의자였다. 그들은 프란츠 파농(Frantz Fanon)이나 체 게바라(Che Guevara)와 같은 제3세계 사상가에게서 탈식민주의 운동을 배웠다. 특히 블랙팬서당 결성 직후, 경비를 충당하기 위해 『마오쩌둥 어록(Little Red Book)』을 판매한 사례는 마오주의 성향을 잘 보여준다.[9]

---

8) 기존의 민권운동도 사회주의의 영향을 받았는데, 여기에는 마틴 루서 킹 목사도 해당한다. 1968년 3월 28일, 테네시주 멤피스의 흑인들이 "나는 사람이다(I Am a Man)"라고 쓴 피켓을 들고 시위한 것을 지지한 것이다. 이 청소 노동자들의 파업을 킹 목사가 지지하면서 그의 흑인 해방에 대한 계급적 관심이 드러났다. 그리고 4월 4일 킹 목사는 이들을 지지하는 연설을 마친 직후 암살당했다.

9) Austin, *Up against the Wall*, p.170.

그리고 1960년대 후반 혁명적인 활동을 시작하면서 뉴턴과 클리버는 점차 흑인 민족주의에 사회주의 이데올로기를 결합하기 시작했다. 뉴턴은 사회주의에 관심이 있던 다수의 주변 사람들 때문에 대학 시절 사회주의를 자연스럽게 접하게 되었다. 그리고 그룹을 창립하던 즈음 레닌의『유물론과 경험 비판론(Materialism and Empirio-Criticism)』(1909)을 통독하고 흑인 해방을 위한 이론으로서 마르크스주의를 적용하기 시작한 것으로 보인다.[10] 여기에서 한 걸음 더 나아가 변증법적 유물론을 사회 변혁을 위한 분석의 도구로, 러시아혁명의 경험을 흑인혁명을 위한 교훈으로 삼았다. 클리버 역시 그가 스스로 표명하진 않았지만, 그의 아내이자 당시 중앙위원회의 유일한 여성 리더였던 캐슬린(Kathleen Cleaver)에 따르면 클리버는 1966년경 블랙팬서당에 가입하기 전에 이미 혁명과 조직에 대해서 급진적인 사고를 가진 '혁명적 마르크스주의자'였다고 한다.[11] 이를 통해 보면, 뉴턴과 클리버는 모두 블랙팬서당에서 활동하기 전에 이미 사회주의 이데올로기를 받아들였던 듯하다. 그러나 실제로 마르크스주의자 혹은 마르크스·레닌주의자로 자신을 규정하기 시작한 것은 블랙팬서당의 지도자로 활동하면서부터다.

이러한 마르크스·레닌주의 이데올로기의 수용 양상은 블랙팬서당의 전위당 개념에서 먼저 찾을 수 있다. 이는 그룹의 창립자이자 이론적 기반 제공자인 뉴턴이 블랙팬서당의 역할과 정체성을 어떻게 규정했는지를 통해 분명히 드러난다. 활동 초기인 1967년 6월, 뉴턴은 흑인혁명을 위해 블랙팬서당

---

10) Huey P. Newton, *Revolutionary Suicide*(New York: Harcourt Brace Jovanovich, 1973), pp. 69~70; Floyd W. Hayes and Francis A. Kiene, "'All Power to the People': The Political Thought of Huey P. Newton and the Black Panther Party," in *Black Panther Party Reconsidered*, p.164; Huey P. Newton, "In Defense of Self Defense," *The Black Panther*, June 20, 1967, pp.3~4.

11) Civil Rights History Project: Kathleen Cleaver, interviewed by Joseph Mosnier, Library of Congress(September 16, 2011).

이 '무엇을 해야 하는가'에 대해 논변한 바 있다. 여기에서 그는 블랙팬서당의 주요 임무를 '인민을 위한 리더십'을 제공하는 것이라고 강조했다. 핵심 활동가들로 구성된 전위 그룹이 흑인 공동체를 잘 지도하는 것이 중요하다는 것이다. 즉, 전위 그룹이 혁명의 모범을 보임으로써 흑인들이 그들의 저항 활동에 긍정적으로 따를 수 있도록 교육해야 한다는 것이다. 따라서 당의 주요 기능은 인민을 깨우쳐 기존의 백인 지배적인 권력 구조에 '저항하는 전략적 방법'을 가르치는 것이라고 뉴턴은 주장했다. 1902년 『무엇을 할 것인가?(What Is To Be Done?)』에서 레닌이 노동자 계급의 혁명과 그 전위로서의 볼셰비키를 내세웠듯이, 뉴턴은 블랙팬서당을 흑인 급진파의 전위당으로 간주했고, 그러한 전위당의 조직 체계를 갖추려고 했다.[12]

여기서 주목할 점은 블랙팬서당이 흑인 정당의 건설이라는 꿈은 가지고 있었지만, 실질적인 정당은 아니었다는 사실이다. 이는 흑인운동의 급진화 과정과도 관련된다. 블랙파워 운동은 1964년 흑인들이 민주당에서 권력을 잡음으로써 인종 문제를 해결하려고 했던 미시시피자유민주당(Mississippi Freedom Democratic Party)의 실패를 통해 성장했다. 그해 여름, 미시시피의 자유 여름(Freedom Summer) 프로젝트는 흑인 민권운동의 급격한 변화를 야기한 사건이다. 이 프로젝트를 통해 흑백의 대학생들이 처음으로 함께 유권자 등록 운동을 펼쳤고, 다른 한편에서는 미시시피의 백인 지배적인 민주당에 대항할 흑인의 정당을 세우려 했다. 그러나 미시시피자유민주당이 의회에서 권력을 잡는 데 실패하자, 급진적인 흑인들은 백인 지배적인 미국 정당과 별개로 독립적인 흑인의 정당을 만들어야 할 필요성을 인식하기 시작했다. 그리하여 곧바로 앨라배마의 라운즈 카운티 자유조직(Lowndes County Freedom Organization)이 결성되었다.

---

12) Newton, "In Defense of Self Defense," p.3.

여기에는 스토클리 카마이클과 비폭력학생조정위원회의 도움이 컸다. 그리고 라운즈 자유조직은 그룹의 상징으로 검은 표범을 선택하면서 '블랙팬서당'으로 알려지게 되었다.13) 곧이어 1966년 여름에는 뉴욕시에서, 1967년 1월에는 샌프란시스코에서도 블랙팬서당이 만들어졌다. 이 가운데 오클랜드의 블랙팬서당이 가장 상징적인 그룹이었다. 하지만 오클랜드 블랙팬서당은 블랙팬서당 가운데 최초의 그룹도, 유일한 그룹도 아니다.14) 그러나 그 폭력성 때문에 가장 악명 높은 블랙팬서당이 되었다. 블랙팬서당의 의회 진출 시도는 그 후로도 계속되었다. 그룹이 쇠퇴기에 접어든 1972년, 보비 실과 일레인 브라운(Elaine Brown)이 각각 오클랜드 시장과 시의회 의원으로 출마하면서 정계 진출을 시도했으나 성공하지는 못했다. 결과적으로 블랙팬서당은 기득권 정치에 직접 참여하거나 독립적인 흑인 정당을 건설하지 못했다. 하지만 백인 지배적인 정치계의 외부에서 흑인이 지도하고 흑인이 독자적으로 활동하는 정치적인 정당을 추구한 것은 분명하다.15)

블랙팬서당은 흑인들의 자기방어를 위한 폭력을 옹호했다. 이 때문에 처음 활동을 시작했을 때부터 폭력적인 이미지로 주목을 끌었다. 그러나 그보다 더 중요한 사회주의 사상의 실천은 흑인 공동체를 위한 활동을 통해 이루어졌다. 그 활동은 한정된 지면에 옮기기 어려울 정도로 다양하다.16) 대략

13) 라운즈 카운티에 대해서는 팸플릿 *The Black Panther Party*(New York: Merit Publishers, June 1966) 참고.

14) Erika Doss, "Imaging the Panthers: Representing Black Power and Masculinity, 1960s-1990s," *Prospects: An Annual of American Studies*, Vol.23(1998), p.488.

15) Huey P. Newton, "Reply to William Patterson," in Frederika S. Newton and David Hilliard(eds.), *To Die for the People: The Writings of Huey P. Newton*(San Francisco: City Lights Books, 2009), p.169.

16) 블랙팬서당의 공동체 프로그램에 대해서는 Black Panther Community Programs, *The Black Panther Party Research Project*, http://web.stanford.edu/group/blackpanthers/programs.shtml (검색일: 2018.8.13). 또한 윤수종, 「미국 블랙팬더당의 생존 프로그램 활동」, 『자율운동과

적으로만 말하자면 흑인 공동체를 위한 보안 및 경비, 무료 급식이나 생필품 제공, 거주지 알선 등 의식주 지원과 교육, 블랙팬서당의 기관지 ≪블랙팬서 (The Black Panther)≫와 팸플릿 발행 등과 같은 미디어 정보 제공, 당시 선도적인 의료 서비스나 직업 소개, 법률 지원, 그리고 1969년에 세워져서 문을 닫기까지 교육을 담당한 학교 등이 있다. 이러한 것들은 대부분 당시 백인 중심의 사회에서 혜택을 누리지 못하던 흑인들에게 제공된 사회주의적 복지 프로그램이다. 이런 점은 러시아혁명 이후 소련이 실현한 무상교육이나 무상의료 등의 정책을 반세기가 지나 미국에서 흑인들이 스스로 실행에 옮긴 것이다.[17]

앞서 언급한 것처럼 뉴턴은 흑인들에게 올바른 혁명 전략을 보여주기 위해 전위당이 '정확한 저항 방법'을 그들에게 가르쳐야 한다고 주장했다.[18] 따라서 흑인 혁명을 위한 이론과 그 실천 방법에 대한 교육은 그룹의 가장 중요한 프로그램일 수밖에 없었다. 이에 대해 시카고 지부의 지도자 프레드 햄프턴(Fred Hampton)도 '교육 프로그램'을 블랙팬서당의 가장 중요한 일이라고 강조했다. 이러한 강조는 교육을 통해서만 흑인 스스로 혁명의 방법과 전망을 알 수 있고 자신을 컨트롤할 수 있다는 믿음에 따른 것이다. 그는 교육 없이는 훌륭한 혁명도 있을 수 없다고 보았다. 그래서 시카고 지부에 가입하는 흑인들은 반드시 6주간의 교육을 거친 뒤에야 회원이 될 수 있었다. 그래야 회원들이 그룹의 이데올로기를 익히고 그에 따라 활동을 시작할 수 있다는 믿음 때문이었다.[19]

교육을 포함해 블랙팬서당의 모든 공동체 활동은 '생존 프로그램'이라

주거공동체』(서울: 집문당, 2013), 98~121쪽 참고.

17) 한정숙, 「세계사 속의 러시아혁명」, ≪한중관계연구≫, 4권 1호(2018), 59쪽 참고.

18) Newton, "In Defense of Self Defense," p.5.

19) *The Murder of Fred Hampton*, directed by Howard Alk(1971).

고 불렀다. 그리고 여기에 필요한 '생존 도구'로서 10대 강령을 제시했다. 블랙팬서의 10대 강령은 '우리가 원하는 것, 우리가 믿는 것'이라는 제목으로 그룹의 활동 초기부터 제시된 기본 원칙이다. 이 10대 강령에서 블랙팬서당이 절박하게 인식했던 흑인 사회의 문제와 그 해결책을 파악할 수 있다. 제1강령은 1972년 초에 수정된 10대 강령에서도 그대로 유지된 최우선적이며 가장 중요한 원칙인 흑인의 자기결정권이다. 제2강령은 흑인의 완전한 고용을 위한 요구다. 그리고 제3강령은 미국 자본주의의 백인 지배적인 구조를 종식시킬 필요성을 역설했다. 이러한 요구는 제4강령 흑인 거주지의 확보와 제5강령 교육의 필요로 보충되었다. 또한 제7강령에서는 흑인 공동체의 가장 심각한 문제인 백인 경찰에 의한 폭력을 종결시키겠다는 자기방어권을 내세웠다. 그리고 마지막 제10강령에서는 더욱 구체적으로 의식주 등 가장 기본적인 흑인의 권리를 주장했다. 이 10대 강령을 통해 블랙팬서당이 전위당으로서의 기본 원칙과 형식을 고수했으며, 구체적인 활동을 통해 그러한 원칙을 실천했음을 알 수 있다.[20]

3. 모든 권력을 인민에게: 흑인 룸펜 프롤레타리아트

흑인 민족주의와 마르크스·레닌주의의 결합을 모색한 블랙팬서당은 1968년과 1969년을 거치며 급진 세력의 높은 인기를 구가했다. 그럼에도 불구하고 전위당으로서의 기조와 원칙을 버리지는 않았다. 엘드리지 클리

---

20) "What We Want, What We Believe," *The Black Panther*, November 23, 1967, p.3; *The Black Panther,* May 13, 1972, p.B; 이춘입, 「휴이 뉴튼과 엘드리지 클리버: 블랙팬더당, 폭력과 비폭력 사이」, ≪미국사연구≫, 44집(2016), 119쪽, 각주 44).

버에 따르면 엄격한 가입 기준과 규칙 등 규제가 까다로운 '전위 조직'이었기 때문이다. 따라서 비폭력학생조정위원회, 민주사회학생연합과 그 과격파 웨더맨(Weatherman) 등 수많은 지지자들이 모여들었음에도 불구하고, 그룹에서 대량으로 회원을 받아들이지는 않았다. 그뿐만 아니라 블랙팬서당은 원칙과 규율이 매우 엄격했던 것으로도 유명하다. 예를 들어 8가지 주의사항, 3가지 주요 규율, 그리고 블랙팬서당 규칙에는 블랙팬서가 공손하게 말해야 하고 술이나 마약을 해서도 안 된다는 조항이 포함될 정도였다.[21]

이처럼 엄격한 규율하에 질서 정연하게 활동한 블랙팬서당의 조직 체계는 마치 군사 조직처럼 권위적이고 위계적이었다. 그룹은 크게 오클랜드 본부와 전국의 지부들로 구성되었다. 처음에는 본부를 중심으로 최고 지위의 위원장에서부터 방위, 정보, 교육 등 다양한 역할을 하는 중앙위원회 위원들이 조직되었다. 그리고 각 위원은 '장관'이라고 불렸다. 곧이어 중앙 본부가 있는 오클랜드 외에도 주별, 도시별로 지부가 만들어졌고, 각 지부에서는 지부장과 회원들이 본부와 유사한 구조로 지역 특성에 맞게 활동했다. 이와 같은 블랙팬서당의 중앙집권적 권력 구조는 레닌의 볼셰비키와 중앙위원회를 연상시킨다. 그리고 이 구조는 그룹의 결정적 쇠퇴 요인의 하나로 꼽히기도 한다.[22]

그러나 오클랜드 본부와 지부의 관계와 마찬가지로 중앙위원회와 일반 회원 사이의 관계에서는 비민주성에 대한 논쟁의 여지가 있다.[23] 블랙팬서

---

21) Eldridge Cleaver, *Soul on Fire*(Texas: Word Books Publisher, 1978), p.90; "Rules of the Black Panther Party," *The Black Panther*, August 9, 1969, p.27.

22) 회원과 지부의 수는 이춘입, 「미국의 블랙파워운동과 제3세계: 블랙팬서당과 흑인 여성을 중심으로」, ≪서양사론≫, 128집(2016.3), 329쪽; 「휴이 뉴튼과 엘드리지 클리버」, 114쪽 각주 27). 또한 최일붕, 『러시아혁명과 레닌의 사상』, 111~113쪽 참고.

23) Austin, *Up Against the Wall*, p.339.

당의 지부는 중앙위원회의 승인을 받아야 구성할 수 있었고, 중앙위원회가 각 지부에 당의 원칙과 기본적인 프로그램을 교육했으며, 지부에 문제가 생길 경우 해결사로 나서기도 했다. 이런 구조에서 중앙위원회는 일방적으로 의사 결정을 하거나 때때로 부조리하고 억압적인 문화를 초래하기도 했다. 특히 트레이시 매튜스(Tracy Matthews)에 따르면 여성 회원들에 대한 중앙위원회 지도자들의 성적 억압이 상당했던 것으로 보인다. 뉴욕 브루클린 지부의 재닛 시릴(Janet Cyril)은 중앙위원회 고위 간부와의 성적 관계를 거부했다는 이유로 그룹에서 퇴출되었다고 말했다. 그러나 반대로 중앙위원회의 여성 리더인 캐슬린 클리버는 그룹 내의 성차별 구조에 대해 부정하면서 미국의 다른 사회 조직보다도 민주적이었다고 기억한다. 게다가 블랙팬서당 지부의 일반 회원들이 본부의 일방적이고 부정적인 명령과 억압에 저항해 공동체 프로그램을 자율적으로 운영한 사례도 있다. 이 사례들을 보면 블랙팬서 일반 회원들과 조직의 민주적 분위기를 완전히 부정하기는 어려워 보인다.[24)]

여타 신좌파 그룹과 마찬가지로 블랙팬서당의 이상은 의사 결정의 탈중앙화, 산업의 국제적 사회화, 노동자와 공동체의 자기 경영, 그리고 경제와 문화를 포함한 모든 삶의 차원으로 민주주의를 확장하는 것이었다. 이를 위해 블랙팬서는 활동의 매 순간 레닌의 "모든 권력을 소비에트에게(all power to the soviets)"라는 슬로건을 변형해 "모든 권력을 인민에게(all power to the people)"라고 외쳤다. 이는 '블랙파워'라는 흑인 민족주의에 레닌의 노동자에게로의 권력 이양을 결합한 논리다. 이러한 민주화는 당시 68운동의 파편화

---

24) Tracye Matthews, "'No One Ever Asks, What a Man's Role in the Revolution Is': Gender and the Politics of The Black Panther Party, 1966-1971" in *Black Panther Party Reconsidered*, p.292; Zachariah Mampilly, "Beyond the Black Panthers: An Interview with Kathleen Cleaver," (April 20, 2001), http://pages.vassar.edu/mampilly/files/2013/11/Kathleen-Cleaver.pdf (검색일: 2018.8.13); Paul Alkebulan, *Survival Pending Revolution: The History of the Black Panther Party*(Tuscaloosa: University of Alabama Press, 2007), pp.120~121.

속에서도 다양한 인종 집단의 권력화와 인종 간 연대의 가능성도 내포하는 것이다. 대표적으로 1969년 4월 27일 프레드 햄프턴은 '모든 권력을 인민에게'라는 구호를 더 많은 민족 집단을 포괄하는 것으로 확장시켰다. 그리하여 "블랙파워를 흑인에게"뿐만 아니라 "브라운파워(Brown Power)를 브라운 피플 치카노(Chicano)에게", "레드파워(Red Power)를 미국 원주민에게", "옐로파워(Yellow Power)를 아시안계 미국인에게" 주자고 목소리를 높였다. 이는 다양한 인종 집단이 연대하는 무지개 연합(Rainbow Coalition) 운동으로 발전했다.[25]

그렇다면 블랙팬서가 권력을 가져야 한다고 생각한 인민은 누구일까? 블랙팬서의 인민은 바로 미국의 빈민으로 도시 게토에 모여 사는 흑인 룸펜 프롤레타리아트(Lumpen proletariat)였다. 19세기 중후반 마르크스에서 20세기 초 레닌으로 이어지는 시기 이들에게 혁명의 주역은 노동자계급이었다. 그러나 1960년대 후반 블랙팬서에서는 룸펜 프롤레타리아트로 변화한 것이다. 애초 마르크스가 처음 '룸펜'이라는 용어를 사용했을 때 그것은 경멸의 표현이었다. 그들은 혁명 세력이 아니라 반혁명 세력을 뜻했기 때문이다. 개념상 전통적인 노동자는 생산수단은 없지만 노동력과 노동 의지가 있는 존재로 정규직과 임금을 받는 자를 뜻한다. 물론 여기에는 숙련, 비숙련, 전문성 등의 다양성이 존재한다. 이러한 노동계급은 대체로 규율과 자긍심을 가지고 노동 현장에서의 문제를 해결하기 위해 단결하여 투쟁하는 모습을 보인다. 그와는 달리 룸펜은 노동력과 노동 의지를 상실한 존재이다. 대부분 일정한 주거지 없이 떠돌며 불규칙하게 노동하는 일용직 노동자로 무법자 혹은 범죄자로 전락할 소지가 많은 집단이다. 이들은 노동자 계급의 최하층에 속하며 혁

25) Kathleen Cleaver and George Katsiaficas(eds.), *Liberation, Imagination, and the Black Panther Party: A New Look at the Panthers and Their Legacy*(New York: Routledge, 2001), p. 23; Fred Hampton, "You Can Murder a Liberator, but You Can't Murder Liberation," in Phillip S. Foner(ed.), *The Black Panthers Speak*(New York: Da Capo Press, 1995), p.144.

명의 상황 속에서는 쉽게 지배 세력에 편승하여 반동적인 활동을 하게 될 개연성이 큰 존재들이기도 했다. 여기에는 주로 '유랑자, 전과자, 노예 출신, 사기꾼, 소매치기, 거지' 등이 포함되었다.[26]

그러나 블랙팬서는 마르크스의 룸펜 개념을 미국 게토의 흑인 빈민층에 적용하여 '흑인 룸펜(Black Lumpen)'을 혁명의 주체로 개념화했다. 그리고 이들의 룸펜 프롤레타리아트 개념을 가장 잘 대변하는 글이 1969년 알제리에 망명 중이던 엘드리지 클리버의 '블랙팬서당의 이데올로기에 대하여'이다. 클리버가 보기에 마르크스·레닌주의는 외국에서 수입한 것이고 유럽의 백인 문제에만 국한된 이론이기 때문에 미국 흑인의 인종 및 계급 문제에 적용하기에는 부족함이 있었다. 따라서 미국 흑인의 인종 특징과 상황을 분명히 드러낼 수 있는 새로운 이론이 필요했다. 이에 대한 실마리는 범아프리카주의 혹은 아프리카 탈식민주의에서 찾을 수 있었다.[27]

이러한 측면에서 블랙팬서당은 마르크스·레닌주의를 흑인에게로 확장한 프란츠 파농의 룸펜 개념을 미국 흑인들의 상황에 맞게 적용해 미국의 흑인 룸펜이라는 개념을 발전시켰다. 블랙팬서는 파농의 룸펜 개념을 통해 미국의 흑인 빈민층을 백인 미국의 내부에 존재하는 식민지인이자 억압받는 흑인 룸펜 프롤레타리아트라고 규정했다. 바로 흑인 룸펜 프롤레타리아트가 '미국 대지의 저주받은 사람들'인 것이다.[28] 블랙팬서에게 파농의 룸펜 개념은 편협하고 배타적인 유럽 백인 중심의 마르크스·레닌주의에 범아프리카

26) Errol A. Henderson, "The Lumpenproletariat as Vanguard?: The Black Panther Party, Social Transformation, and Pearson's Analysis of Huey Newton," *Journal of Black Studies*, Vol.28, No.2(1997), p.1964; 이춘입, 「휴이 뉴튼과 엘드리지 클리버」, 110~111쪽.

27) Eldridge Cleaver, "On the Ideology of the Black Panther Party," in Kathleen Cleaver(ed.), *Target Zero: A Life in Writing*(New York: Palgrave Macmillan, 2006), pp.171~181.

28) Newton, *To Die for the People*, p.190.

주의와 결합할 수 있는 미국의 흑인성을 확보하는 것이었다. 아프리카 흑인들의 탈식민적 민족해방에 대한 파농의 사상은 흑인 민족으로서 미국 흑인들과 일치했다. 여기서 더 나아가 파농의 개념을 변형해 미국 흑인의 하층민 계급적 상황에 적용한 것이다. 흑인 룸펜 개념은 미국 흑인의 이중적 정체성, 즉 인종적·계급적 정체성에 딱 들어맞는 개념이었다.

룸펜을 식민지인 중에서 '가장 자발적이고 가장 급진적인 혁명 세력'으로 규정한 파농처럼 블랙팬서가 의식을 고양하고 흑인의 해방을 위해 결집하고자 한 주축도 룸펜이다. 파농은 식민지 체제에서 핍박받는 농민들이 도시로 이주하여 빈민층을 형성하게 되고, 이들이 룸펜 프롤레타리아트의 핵심으로 '반란의 도시 선봉대'가 된다고 주장했다. 그러나 마르크스와 마찬가지로 파농도 룸펜이 쉽사리 식민 지배자의 용병, 즉 반혁명 세력이 될 수 있기 때문에 반드시 혁명 세력에 편입시켜야 한다고 주의를 요구했다. 이는 레닌이 자생적으로 사회주의 의식을 발전시킬 수 없는 프롤레타리아계급을 전위당이 나서서 의식화할 필요성이 있다고 강조한 것과 비슷한 시각이다. 블랙팬서당도 룸펜의 반혁명성을 인정했는지는 명확하지 않다. 그러나 블랙팬서당 또한 '거리의 형제들'을 교육해야 할 필요성을 거듭 강조했다. 뉴턴은 가난하고 교육받지 못한 거리의 흑인 청년들을 '억압받는 흑인' 룸펜으로 간주하면서, 산업 기술의 발달로 기존 노동자들조차 점차 실업자 혹은 룸펜이 될 것으로 보았다. 마치 농업 사회 러시아에서 당시 소수이던 노동자가 혁명의 주체라고 보았던 레닌처럼, 뉴턴도 1960년대 말에서 1970년대에 소수인 룸펜이 향후 대량의 실업 사태로 다수가 될 것이며, 따라서 룸펜 혁명 세력이 사회 변혁의 핵심이라고 본 것이다.[29]

---

29) 프란츠 파농(Frantz Fanon), 『대지의 저주받은 사람들』, 남경태 옮김(그린비, 2004), 154~161쪽; 정성진, 「레닌의 사회주의론 재검토」, 제8회 맑스코뮤날레 엮음, 『혁명과 이행: 러시

그러나 블랙팬서당의 룸펜 개념이 흑인 노동자와의 연대에는 장애로 작용했다. 초기에는 블랙팬서를 지지하는 흑인 노동자도 많았지만, 점차 블랙팬서로부터 멀어졌다. 또 블랙팬서당 리더가 공공연하게 드러낸 적대감도 이를 부채질했다. 특히 엘드리지 클리버는 룸펜이 노동자 계급의 '기생충'이라는 과거의 비판을 역으로 돌려 미국 노동자 계급이야말로 '룸펜의 기생충'이라는 극단적인 비판을 했다. 이러한 적대감의 표출은 가장 강력한 동맹자가 될 수 있는 급진적인 노동자들과의 결속을 깨뜨리는 것이었다. 그리고 1968년과 1969년 젊은 흑인 노동자들이 주도한 마르크스·레닌주의 노동운동에서 블랙팬서와는 달리 룸펜, 즉 도시의 실업자가 아니라 흑인 노동자가 사회 변혁을 위해 가장 핵심적인 역할을 할 것이라고 보았다. 이들은 흑인 노동자들을 미국 노동자 계급의 전위로 여긴 것이다.[30]

　블랙팬서당이 규정한 룸펜의 특성은 그룹을 정당한 혁명 세력이라고 보기보다는 범죄자 집단으로 오해하게 만드는 요소로 작용하기도 했다. 대표적으로 초기 민주사회학생연합의 리더인 사회학자 토드 기틀린(Todd Gitlin)은 블랙팬서를 "혁명적인 폭력배"라고 불렀다. 그리고 역사가들도 룸펜의 요소가 블랙팬서당의 쇠퇴에 기여했다고 보는 견해가 지배적이다. 대표적으로 크리스 부커(Chris Booker)는 룸펜 요소가 블랙팬서당 쇠퇴의 결정적 요소였다고 평가한다. 룸펜의 범죄적 요소 때문에 조직의 불안정성이 초래되

아혁명의 현재성과 21세기 이행기의 새로운 혁명 전략』(한울, 2017), 76쪽; Heuy P. Newton, *Revolutionary Suicide*, p.63, pp.73~74; David Hilliard and Donald Weise(eds.), *The Huey P. Newton Reader*(New York: Seven Stories Press, 2002), pp.110~116.

30) 1968년 다지(Dodge) 자동차 공장의 파업 이후 처음으로 다지 혁명적 노조운동(Dodge Revolutionary Union Movement: DRUM)이 결성되었고, 이어서 포드 자동차 등에서 RUM을 결성했다. 이들은 1년 뒤인 1969년 6월 혁명흑인노동자연맹(League of Revolutionary Black Workers)으로 결합되었다. Shawki, *Black Liberation*, pp.216~219; E. Cleaver, "On the Ideology," p.178.

었고 룸펜 방식의 행동 모델이 결국 그룹의 쇠퇴를 앞당겼다는 것이다. 룸펜식 태도는 주로 마초 같고 여성 혐오적이었으며, 공식적인 엄격한 규율이 있음에도 불구하고 규율되지 않고, 불법적인 행위들로 공적인 룰을 자주 무시했고, 정치적 충성도 또한 약했다. 이러한 위협적이고 폭력적인 성향은 지역 경찰과의 잦은 충돌을 야기했고, 이는 결국 치명적인 억압으로 이어졌다. 부커에 따르면 룸펜 프롤레타리아트를 혁명의 주역으로 삼은 것 자체가 잘못이다.[31]

그러나 블랙팬서당이 실제로 룸펜 프롤레타리아 기반의 조직인지 아닌지에 대해서도 논쟁의 여지가 있다. 왜냐하면 흑인의 하층인 룸펜이 블랙팬서당의 핵심 기반으로 여겨지긴 했지만, 많은 회원과 대부분의 지도자들은 고등교육을 받고 전문직에 종사하는 환경 속에서 자란 노동자계급이거나 중간 계급이 많았기 때문이다. 사실 블랙팬서당에는 다양한 계층의 흑인이 활동했으며, 지부마다 그 개성도 달랐다. 휴이 뉴턴과 엘드리지 클리버의 혁명가로의 성장에서도 알 수 있듯이, 둘이 함께 활동하기 시작한 블랙팬서당 초창기에 클리버는 전과자였지만 뉴턴은 대학생이었다. 클리버와 거의 같은 시기에 합류한 캐슬린 클리버도 중산층 가정에서 자라 대학을 다닌 교육받은 지식인 활동가였다. 블랙팬서당의 교육을 담당한 조지 머리(George Murray)는 대학교수였고, 얼 앤서니(Earl Anthony)는 남캘리포니아대학 법대 대학원생이었다. 찰스 존스(Charles Jones)와 저드슨 제프리스(Judson Jeffries)에 따르면 캘리포니아 남부 지부의 회원은 룸펜이 중심이었지만 보스턴은 대체로 학생들로 구성되었다고 한다. 또한 로스앤젤레스 블랙팬서당 지부의 지역 갱단과의 관계를 드러낸 연구도 있다. 따라서 블랙팬서는 게토의 거리를 떠도

---

31) Chris Booker, "Lumpenization: A Critical Error of the Black Panther Party," in *Black Panther Party Reconsidered*, pp. 337~362 참고.

는 빈민, 즉 룸펜에서부터 대학 교육을 받은 중산층 지식인에 이르기까지 다양한 흑인이 공존하는 공간이었다.[32]

4. 상호공동체주의 고안과 마르크스·레닌주의 변주

블랙팬서당이 활동하는 동안 그들의 마르크스·레닌주의도 여러 차례 변화를 겪었다. 이는 시기별로 크게 네 단계로 구분할 수 있다. 이 구분은 단순한 도식적 구분이 아니라 각각의 특징에 초점을 맞추고 필요에 따른 것임을 먼저 밝힌다. 순서대로 나열하면 블랙팬서당의 이데올로기는 창립 초기인 1966년 말부터 1967년까지는 흑인 민족주의 성격이 분명했다. 그리고 그룹의 활동이 전국적으로 알려지면서 조금 더 대중적인 조직으로 성장한 1968년에는 더욱 과격한 혁명적 민족주의로 발전했다. 알제리에 국제 지부가 결성된 1969년에는 국제주의를 내세웠다가, 휴이 뉴턴이 출소한 뒤인 1970년 말부터 블랙팬서당의 공식 이데올로기는 상호공동체주의로 바뀌었다. 그룹의 사상적 변화를 더 구체적으로 살펴보자.

첫 번째로 블랙팬서당은 초창기에 다른 블랙파워 운동가들과 마찬가지로 분명하게 흑인 민족주의(Black Nationalism)를 내세웠다. 그러나 이는 기존의 민족주의나 아프리카 민족주의와는 다르다. 블랙팬서의 흑인 민족주의는 철저하게 미국의 흑인 신좌파적 상황과 경험에 입각해 형성된 것이다. 특히 두 창립자 휴이 뉴턴과 보비 실의 활동에서 드러나는 민족주의는 맬컴 엑스의 흑인 민족주의와 마오쩌둥, 파농, 체 게바라 등 제3세계의 혁명 이론이 결

---

32) 이춘입, 「휴이 뉴튼과 엘드리지 클리버」, 107~108쪽; Jones and Jeffries, "Don't Believe the Hype," in *Black Panther Party Reconsidered*, p.45.

합된 것이다. 그리하여 블랙팬서당은 애초에 흑인 민족주의 철학에 기반을 두고 흑인의 자기 결정권과 자기 방어를 위한 저항 폭력, 흑인에 의한 흑인 공동체의 정치 경제적 자립을 강조했다. 이러한 기본 원칙은 1967년 새로 참여하게 된 엘드리지 클리버에게서 더욱 구체적으로 표현되었고, 1960년대 후반 블랙파워 운동의 성장 속에서 민족주의는 블랙팬서의 기본 원칙으로 자리잡게 되었다.

두 번째로 1968년 이후 블랙팬서당은 혁명적 민족주의(Revolutionary Nationalism)를 구현했다. 이때부터 그룹은 더욱 대중적으로 알려지게 되었고 전국에서 수많은 회원이 블랙팬서당에 가입하기 시작했다. 그러자 점차 급진적인 흑인 민족주의의 한계를 넘어 미국 사회의 구조적인 변혁을 주장하는 방향으로 변화하기 시작했다. 이런 와중에 1968년 감옥에서 이루어진 인터뷰에서 뉴턴이 블랙팬서당을 '혁명적 민족주의' 조직으로 규정하면서 그 변화가 분명해졌다. 혁명적 민족주의는 기존의 흑인 민족주의에 마르크스·레닌주의 이론을 결합한 것이다. 다시 말해, 인종과 계급 분석을 결합해 미국 흑인에게 적용한 것이다. 이는 제3세계의 민족해방운동의 영향을 받았기에 당연한 논리적 귀결이었다. 따라서 뉴턴과 블랙팬서에게 혁명적 민족주의로 받아들여진 분명한 사례가 파농이 묘사한 알제리 혁명이다. 이런 점에서 첫 번째 단계의 흑인 민족주의와 유사한 특징이 내재되어 있었다.[33]

뉴턴과 블랙팬서한테는 미국 흑인의 인종적·계급적 해방을 위해서는 자본주의가 인종주의와 마찬가지로 청산되어야 할 핵심 문제였다. 자본주의 체제에서 인종주의는 필수 불가결한 요소로서 억압을 정당화하기 위한 '고유

---

33) Huey P. Newton, *War Against the Panthers: A Study of Repression in America*(New York: Harlem River Press, 1996), pp.27~29; Newton, *Revolutionary Suicide*, pp.192~193; Hayes and Kiene, "All Power to the People," p.165.

한' 것이었기 때문이다. 따라서 흑인들이 그 두 가지 해악으로 인해 생겨난 조건을 폐기해야 했던 것이다. 이제 블랙팬서는 미국 흑인의 문제가 민족주의의 범위를 넘어서 백인 중심적인 자본주의 체제의 변화를 통해 해결될 수 있다고 주장하기 시작했다. 블랙팬서당이 전국적인 그룹으로 거듭나고 다양한 인종 그룹과 활동하게 되면서 흑인 민족주의에 계급적인 분석을 가미하게 된 것이다.[34]

세 번째로 1969년부터 1971년까지 블랙팬서당의 이데올로기는 미국 흑인의 지위를 전 세계 차원으로 확장해 분석한 국제주의(Internationalism)를 표방했다. 이 시기 뉴턴은 블랙팬서당의 새로운 이데올로기로서 국제주의를 내세우면서 블랙팬서당을 국내의 다른 소수 인종뿐만 아니라 전 세계 해방운동과 연관 지었다. 그래서 뉴턴은 전 세계의 억압받는 사람들을 해방하기 위해서는 세계의 모든 사람이 단결해야 한다고 생각했다. 이러한 사상적 변화는 1960년대 말부터 1970년대 초까지의 블랙팬서당의 국제적인 입지와 상황 변화를 반영한다. 그룹은 이제 국내뿐만 아니라 국외에도 이름을 알리게 되었고 국외에 블랙팬서를 지지하는 그룹들이 생겨났을 뿐만 아니라 지부가 늘어났다. 그리고 1969년 여름 알제리에서 개최된 범아프리카 문화 축제를 기점으로 엘드리지 클리버와 망명한 블랙팬서들이 북아프리카에서 활동하기 시작했다. 그리하여 그해 9월 13일 블랙팬서당 국제 지부(International Section of the Black Panther Party)가 알제리에서 출범했다.[35]

국제적인 시각을 견지한 블랙팬서는 미국 내에서의 흑인이나 다른 인종 및 민족 그룹의 해방과 마찬가지로 전 세계의 '서구 백인 제국주의(white

---

34) Paul Dillon, "Huey Outlines Panther ideology," *The Heights*, Vol.LI, No.11(1970), p.14.
35) Newton, *To Die for the People*, pp.31~32; Judson L. Jeffries, *Huey P. Newton: The Radical Theorist*(Jackson: University Press of Mississippi, 2002), pp.74~78. 블랙팬서당 국제 지부에 대해서는 이춘입, 「미국의 블랙파워운동과 제3세계」, 321~350쪽.

Western imperialism)'와 특히 미국 제국주의를 공동의 적으로 하는 제3세계 사람들의 연대와 해방을 주장하기 시작했다.[36] 혁명적 민족주의가 인종과 계급의 문제가 중첩된 미국 내 흑인의 해방을 주장하기 위해 민족주의와 사회주의를 결합한 것이라면, 국제주의는 미국 흑인의 해방 문제를 제3세계 탈식민 해방운동의 차원으로 확대한 것이라 할 수 있다. 사실 블랙팬서의 국제주의로의 변화도 논리적 귀결이었다. 왜냐하면 마르크스·레닌주의 사상은 19세기 말에서 20세기 초의 독점자본주의나 제국주의에 대한 비판에서 발전한 것이고, 이것이 탈식민 민족 해방을 위한 이론으로 발전했기 때문이다. 따라서 전 세계 차원으로 의식을 확장한 급진적 흑인들에게 국제주의는 당연한 논리였다.

그러나 블랙팬서당이 국제주의를 주창하기 시작한 뒤 얼마 지나지 않은 시점에 뉴턴은 네 번째이자 마지막으로 '혁명적 상호공동체주의(Revolutionary Intercommunalism)'라는 새로운 이데올로기를 발전시키기 시작했다. 뉴턴은 1970년 8월 5일 출소한 지 한 달 뒤인 9월 5일 필라델피아에서 행한 연설에서 처음으로 '혁명적 상호공동체주의'를 소개했고, 두 달 뒤(11.18) 보스턴에서 그의 이론을 더욱 구체적으로 설명했다. 상호공동체주의는 1970년대 초 세계의 경제·문화·정치적 관계의 변화 속에서 블랙팬서당의 정치 철학을 설명하기 위해 뉴턴이 고안한 용어다.

이는 기본적으로 미국이 더는 하나의 '국가'가 아니라 전 세계를 지배하고 착취하는 '제국'이 되었다는 전제에서 출발했다. 미국의 '제국주의'가 다른 모든 국가를 '억압받는 공동체'로 변모시켰다는 것이다. 전 세계적인 자본주의의 출현과 팽창으로 민족국가는 해체되고 국가 간의 경계도 무의미해졌다고 말하면서 이제 세계는 '흩어진 공동체 집단'이라고 주장했다. 따라서 뉴턴에

36) Jeffries, *Huey P. Newton*, p.75

게는 이제 민족주의나 국제주의가 흑인 해방을 위한 해결책이 되지 못했다. 미국 자본주의와 제국주의를 전복시키고 '세계의 억압받는 사람들'을 해방하기 위해서는 혁명적 상호공동체주의의 기치 아래 단결해야 했다. 레닌의 제국주의론이 마르크스주의 이론을 발전시켜 자본주의와 제국주의의 관계를 밝히고 러시아혁명과 이후 사회의 세계적인 갈등을 구조적으로 분석한 것이라면, 뉴턴의 상호공동체주의는 냉전 시대에 더욱 발전된 세계 자본주의 체제에서 '미국 제국주의'에 대항하는 전 세계 공동체라는 관계를 상정하고 분석한 것이다. 그리고 마르크스나 레닌과 마찬가지로 뉴턴에게도 국가 발전의 최종 단계는 국가 체제 자체의 소멸이었다.[37]

1971년 블랙팬서당은 즉각 뉴턴의 새로운 이데올로기에 대한 특집 기사를 싣고, 그룹의 원칙으로서 국제주의를 폐기하고 혁명적 상호공동체주의를 채택한다고 공표했다. 뉴턴의 이 글은 1970년 11월 18일의 보스턴 연설문을 옮긴 것으로, 사실상 그룹의 새로운 사상과 활동 방향을 공식화한 것이다. 그에 따라 그룹에서 세운 기관이나 프로그램의 이름도 바꾸었다. 1971년 1월 오클랜드 본부에서는 상호공동체 청년학교(Intercommunal Youth Institute)를 세워서 그 원칙을 교육 프로그램으로 발전시켰다. 같은 해 블랙팬서당 기관지도 기존의 '흑인 공동체 뉴스 서비스(Black Community News Service)'가 아니라 '상호공동체 뉴스 서비스(Intercommunal News Service)'로 부제가 바뀌었다. 이렇듯 블랙팬서당은 뉴턴의 새로운 이데올로기를 신속히 받아들였다. 이에 대해 저드슨 제프리스는 상호공동체주의 개념이 뉴턴의 "가장 중요한 이론적인 공헌"이라며, "더 높은 단계의 혁명적인 의식이자 마르크스·레닌주의

---

37) 뉴턴의 상호공동체주의에 대해서는 Jeffries, *Huey P. Newton*, pp.78~82; 이춘입, 「휴이 뉴튼과 엘드리지 클리버」, 122~123쪽. 또한 John McCartney, *Black Power Ideologies: An Essay in African American Political Thought*(Philadelphia: Temple University Press, 1993), pp.141~142 참고.

이론을 훨씬 발전"시킨 것이라고 높이 평가했다. 이제 뉴턴에게 블랙팬서당은 인민이 상호공동체주의를 실현할 수 있도록 돕는 전위당 역할을 해야 하는 것이었다.[38]

그러나 뉴턴의 상호공동체주의는 이론과 실천 두 가지 측면에서 모두 그룹 내부의 분열을 반영하는 것이었다. 이론적으로 당시 대부분의 흑인 급진 세력과 그룹 내의 다른 멤버들은 뉴턴의 상호공동체주의를 받아들일 수 없었다. 왜냐하면 활동을 시작할 때부터 항상 변함없이 견지한 가장 근본적인 사상이 흑인 민족주의와 민족적인 자기 결정권이기 때문이다. 상호공동체주의는 민족이나 국가에 대한 억압을 공동체 차원으로 변형했다. 이는 흑인의 인종, 민족 해방의 근본을 부정하는 것이었다. 또한 뉴턴의 사상이 비현실적이라는 평과 함께 뉴턴이 급진성을 잃고 개량화되었다는 비판도 있었다.[39]

이론을 실천하는 차원에서는 문제가 더 심각했다. 뉴턴의 상호공동체주의 선언은 알제리의 국제 지부를 부정하는 것이기 때문이다. 뉴턴이 상호공동체주의를 주장하기 시작한 시기는 뉴턴이 3년여를 감옥에서 보내고 출소한 직후인 1970년 8월이고, 1970년 9월 클리버를 중심으로 한 블랙팬서가 알제리에서 공식으로 국제 지부를 설립한 시기와 일치한다는 사실에 주의를 기울일 필요가 있다. 앞에서 언급했듯이 국제 지부는 이미 1969년부터 알제리에서 활동을 시작했고 이로써 블랙팬서당의 원칙도 국제주의로 변화하고 확

---

38) Huey P. Newton, "Let Us Hold High the Banner of Intercommunalism," *The Black Panther*, January 23, 1971, pp.A-H; Jeffries, *Huey P. Newton*, pp.78~81.

39) 블랙팬서당의 분열과 상호공동체주의에 대한 반응은 이춘입, 「휴이 뉴튼과 엘드리지 클리버」, 117~123쪽; Hayes and Kiene, "All Power to the People," p.172; Akinyele Omowale Umoja, "Repression Breeds Resistance: The Black Liberation Army and the Radical Legacy of the Black Panther Party," in *Liberation, Immigration, and the Black Panther Party*, pp.14~15.

장되었다. 특히 엘드리지와 캐슬린 클리버 등 망명 중에 아시아의 사회주의 국가들을 방문한 리더들은 마르크스·레닌주의 이론이 제3세계에서 어떻게 실천되는지를 접하는 결정적인 계기가 되었다. 따라서 블랙팬서당의 국제 지부는 김일성의 주체사상과 마르크스·레닌주의를 가장 적극적으로 미국에 알렸다. 이러한 북한 사회주의에 대한 관심은 블랙팬서에만 국한되지 않았다. 심지어 웨더맨은 '김일성'이라는 제목의 노래를 지어 부르기도 했다.[40]

이렇게 뉴턴을 중심으로 블랙팬서당 오클랜드 본부에서 상호공동체주의라는 새로운 원칙을 내세우던 시기, 알제리 국제 지부와 미국 내의 클리버 지지 세력은 여전히 국제주의의 관점에서 활동을 이어나갔다. 이러한 분열은 1971년 2월 뉴턴과 클리버의 갈등이 공개적으로 드러난 뒤 더 분명해졌다. 오클랜드 본부를 이끈 뉴턴이 클리버와 국제 지부를 비롯해 국내의 클리버 지지파(특히 뉴욕 지부)를 그룹에서 퇴출시킨 것이다. 반대로 국제 지부는 혁명 운동의 독립적 소통 센터인 혁명인민통신망(Revolutionary People's Communication Network)을 세우고 활동했다.[41]

블랙팬서당 내부의 반대 세력에도 불구하고 뉴턴은 자신의 혁명적 상호공동체주의의 정당성을 마르크스·레닌주의에서 찾았다. 그는 "블랙팬서당은 마르크스·레닌주의 당"이라고 재차 강조하면서 상호공동체주의를 실현해야 한다고 목소리를 높였다. 그리고 모든 사람이 상호공동체주의를 통해 하나의 공동체로 단결해서 세계를 변화시킨다면, 제국주의가

40) Kalhleen Neal Cleaver, "Women, Power, and Revolution," in *Liberation, Imagination, and the Black Panther Party*, p.226; Kathleen Neal Cleaver, "Back to Africa: The Evolution of the International Section of the Black Panther Party(1969-1972)," in *Black Panther Party Reconsidered*, p.226; "Weatherman Songbook," in Harold Jacobs(ed.), *Weatherman*(New York: Ramparts Press, 1970), pp.355~356.
41) 이춘입, 「미국의 블랙파워운동과 제3세계」, 335~336쪽.

사라지고 국가 자체도 더는 필요하지 않은, 사회주의의 최종 목표인 공산주의로 나아갈 것이라고 보았다. 뉴턴이 상상한 공산주의는 상호공동체주의의 더 높은 단계로서 국가가 존재하지 않는 세계다. 하지만 다소 유토피아 같은 뉴턴의 상호공동체주의는 그의 이상과는 달리 전 세계적인 공동체의 연대로 나아가기보다는 국내의 흑인 공동체 활동에 치중한 것이었다. 그리고 그나마도 성공적이지 못했다. 이런 측면에서 블랙팬서당의 이데올로기는 1960년대 말부터 1970년대 초까지 여러 차례 변화를 거듭하면서 흑인운동에 이론적 틀을 제공했으나, 실질적으로 내부의 분열과 이론적인 수용의 한계를 보이면서 블랙팬서당 자체의 쇠퇴와 함께 제대로 실천되지는 않았다.[42]

5. 마르크스·레닌주의 적용의 한계

이상에서 살펴본 블랙팬서당의 이데올로기는 반자본주의, 반인종주의, 반제국주의, 흑인민족주의, 마르크스·레닌주의, 파농주의, 마오주의, 주체사상 등 당시 미국 체제에 대한 저항 사상을 모두 섞어놓은 듯하다. 이런 점에서 아렌트의 비판이 이해되는 바가 있다. 그러나 유럽의 맥락에서 고안되고 레닌이 발전시킨 마르크스·레닌주의는 1960년대 말 미국의 흑인 신좌파에 의해 새롭게 각색되었다. 급진적 흑인들의 사상은 어쩌면 사회주의로만 국한시키기 어려울 만큼 다양하고 포괄적이었다. 블랙팬서당의 젊은 흑인들은

---

42) "Repression Breeds Resistance: Huey P. Newton Talks to Sechaba," *The Black Panther*, January 16, 1971, p.10; Dillon, "Huey outlines Panther ideology," in *Heights*, p.14; Newton, "Let Us Hold High the Banner of Intercommunalism," p.E. 상호공동체주의 실천에 대한 평가는 이춘입, 「휴이 뉴튼과 엘드리지 클리버」, 123~124쪽.

당시로서는 최신의 아이디어와 사상을 총결집하여 자신들의 것으로 만들었다. 완전히 새로운 이론과 이데올로기를 창조한 것은 아니더라도 미국 흑인의 경험에 입각해 창조적인 변주를 시도한 것이다.

블랙팬서당은 역사상 가장 유명한 흑인 신좌파 그룹이다. 그러나 이들이 마르크스·레닌주의 흑인해방운동을 펼친 사실은 제대로 인정받지 못했다. 이는 대체로 68운동의 신좌파가 구좌파의 사상과 이데올로기와 단절된 세력으로 여겨졌기 때문이다. 이러한 견해와 달리 블랙팬서당은 제2차 세계대전 이후의 반제국주의와 제3세계 민족해방 운동의 현실을 반영한 혁명 이론으로 마르크스·레닌주의를 미국 흑인의 경험에 적용했다. 그러나 볼셰비키와 같이 혁명과 집권에 성공하거나 정치적인 정당이 되지는 못했다. 그럼에도 스스로를 정당으로 간주했고 흑인 혁명 세력의 전위당으로서 행동했으며 사상과 이론, 그리고 정치적인 실천 프로그램을 갖추었다. 이러한 블랙팬서당의 활동은 1960년대 말 미국의 급진 신좌파 세력에 혁명의 모델을 제공하는 것이었다. 그리하여 민주사회학생연합도 블랙팬서당을 혁명 세력의 전위로 인정한 것이다.

마르크스·레닌주의가 블랙팬서당이 1966년부터 1982년까지 활동 기간 내내 변함없이 견지한 이념과 사상이라고 보기는 어렵다. 이 글에서 주로 다룬 1960년대 말부터 1970년대 초까지만 하더라도 그 특징이 여러 번 바뀌었다. 왕성하게 활동하기 시작했을 때에는 흑인 민족주의를 내세웠으나, 점차 마르크스·레닌주의를 민족주의와 결합하기 시작했고, 그 후에는 미국 흑인의 국내 상황과 국제 정세에 맞게 수정했다. 그 변화가 크고 분명했던 것은 1969년부터 1971년 사이였다. 블랙팬서의 마르크스·레닌주의는 1969년 알제리에 망명한 엘드리지 클리버를 중심으로 국제 지부가 만들어지고 유럽 등지에 블랙팬서 지부가 세워지면서 국제주의로 바뀌었다. 그러나 1970년 이후 뉴턴의 출소와 1971년 그룹의 분열이 드러난(클리버와 국제 지부뿐만 아니라 그들을 지지하는 국내 회원들을 그룹에서 퇴출한) 시기에는 블랙팬서당 오클랜드 본부와 뉴턴을 중심으로 '혁명적 상호공동체주의'라는 새로운 형태의 이데올로기를 내세웠다. 그 후 블랙팬서당은 상호공동체주의를 그룹의 활동 전반에 적용하고 과격하고 폭력적인 활동을 자제했으며 정치적인 대외 활동보다는 공동체의 생존 프로그램에 집중하는 경향이 강했다.

이렇게 1970년대 초 갈등을 드러낸 블랙팬서당은 점차 쇠퇴하기 시작했다. 그룹의 엄격한 규율과 중앙집권적 조직 구조에도 불구하고, 다양한 사람이 회원으로 가입하고 지부가 생겨나면서 내부 분열을 극복하지 못한 것이다. 그러나 블랙팬서당이 이론적인 차원에서 당의 이데올로기를 규정하고 구체화한 것은 당시 여타의 흑인 급진 세력과는 달리 매우 독특한 점이다. 특히 뉴턴은 블랙팬서당의 사상을 이론화하고 구체적으로 서술한 주요 인물이다. 그를 통해 그룹 이데올로기의 변천을 살피는 것은 그 변화를 구체적으로 파악할 수 있는 방법이다. 그러나 뉴턴의 사상에 대한 그룹 내부의 비판과 갈등, 그리고 반대 세력의 활동을 간과한다면 블랙팬서당의 다양성을 제대로 포착할 수 없을 것이다.

룸펜 프롤레타리아혁명을 실현하고자 한 블랙팬서당의 마르크스·레닌주의는 흑인 혁명의 전위로서 블랙팬서당의 이론과 활동의 토대였다. 이들은 혁명의 주체를 프롤레타리아계급이 아니라 룸펜 프롤레타리아계급으로 삼았다. 이는 러시아혁명에서 레닌이 소비에트에 권력을 이양할 것을 외쳤듯이 백인 중심적인 미국 사회에서 흑인 인민에게 권력을 이양하라고 주장하는 것이었다. 그리고 블랙팬서의 흑인 룸펜 프롤레타리아혁명은 탈식민 시대 전 세계 해방운동으로 확대되는 국제주의에서 뉴턴의 상호공동체주의로 이데올로기의 변화를 겪었다. 결국 뉴턴의 마르크스·레닌주의 혁명의 목표는 상호공동체주의를 통해 공산주의를 건설하는 것이었다. 그러나 이러한 블랙팬서당의 이데올로기 변화는 국제주의를 고수하는 클리버와 국제 지부 및 국내 반대파와의 갈등을 반영하는 것이었고, 그 후 현실에 제대로 적용하지 못하는 한계를 보였다. 이는 블랙팬서당이 대표하는 미국 흑인 신좌파의 마르크스·레닌주의 변주의 한계라고 볼 수 있다.

참고문헌

윤수종. 2013. 『자율운동과 주거공동체』. 집문당.

이춘입. 2016. 「미국의 블랙파워운동과 제3세계: 블랙팬서당과 흑인 여성을 중심으로」. ≪서양
사론≫, 128집, 321~350쪽.

_____. 2016 「휴이 뉴튼과 엘드리지 클리버: 블랙팬서당, 폭력과 비폭력 사이」. ≪미국사연구≫, 44
집, 103~137쪽.

제8회 맑스코뮤날레 엮음. 2017. 『혁명과 이행: 러시아혁명의 현재성과 21세기 이행기의 새로운 혁명
전략』. 한울.

최일봉. 2007. 『러시아혁명과 레닌의 사상』. 책갈피.

파농, 프란츠(Frantz Fanon). 2004. 『대지의 저주받은 사람들』. 남경태 옮김. 그린비.

한정숙. 2018. 「세계사 속의 러시아혁명」. ≪한중관계연구≫, 4권 1호, 47~79쪽.

Alkebulan, Paul. 2007. *Survival Pending Revolution: The History of the Black Panther Party*.
Tuscaloosa: University of Alabama Press.

Arendt, Hannah. 1969. *On Violence*. New York: A Harvest/HBJ Book.

Alk, Howard. dir. 1971. *The Murder of Fred Hampton*.

Austin, Curtis J. 2006. *Up against the Wall: Violence in the Making and Unmaking of the Black
Panther Party*. Fayetteville: University of Arkansas Press.

Booker, Chris. 2005. "Lumpenization: A Critical Error of the Black Panther Party." in Charles E.
Jones(ed.). *The Black Panther Party Reconsidered*, pp.337~362. Baltimore: Black Classic
Press.

Civil Rights History Project: Kathleen Cleaver. 2011.9.16. Interviewed by Joseph Mosnier. Library
of Congress.

Cleaver, Eldridge. 1978. *Soul on Fire*. Texas: Word Books Publisher.

_____. 1968. *Soul on Ice*. New York: Random House.

_____. 2006. "On the Ideology of the Black Panther Party." in Kathleen Cleaver(ed.). *Target Zero:
A Life in Writing*, pp.171~181. New York: Palgrave Macmillan.

Cleaver, Kathleen Neal and George Katsiaficas(eds.). 2001. *Liberation, Imagination, and the Black*

Panther Party: A New Look at the Panthers and Their Legacy. New York: Routledge.

Clemons, Michael L. and Charles E. Jones. 2001. "Global Solidarity: The Black Panther Party in the International Arena." in Kathleen Neal Cleaver and George Katsiaficas(eds.). *Liberation, Imagination, and the Black Panther Party: A New Look at the Panthers and Their Legacy*, pp.20~39. New York: Routledge.

Dillon, Paul. 1970. "Huey Outlines Panther ideology." *The Heights*, Vol.LI, No.11(1970), pp.1, 14.

Doss, Erika. 1998. "Imaging the Panthers: Representing Black Power and Masculinity, 1960s-1990s." *Prospects: An Annual of American Studies*, Vol.23, pp.483~516.

Garrow, David J. 2007. "Picking Up the Books: The New Historiography of the Black Panther Party." *Reviews in American History*, Vol.35, No.4, pp.650~670.

Hampton, Fred. 1995. "You Can Murder a Liberator, but You Can't Murder Liberation." in Phillip S. Foner(ed.). *The Black Panthers Speak*, pp.138~144. New York: Da Capo Press.

Hayes Floyd W. and Francis A. Kiene, 2005. "'All Power to the People': The Political Thought of Huey P. Newton and the Black Panther Party." in Charles E. Jones(ed.). *The Black Panther Party Reconsidered*, pp.157~176. Baltimore: Black Classic Press.

Henderson, Errol A. 1997. "The Lumpenproletariat as Vanguard?: The Black Panther Party, Social Transformation, and Pearson's Analysis of Huey Newton." *Journal of Black Studies*, Vol.28, No.2, pp.171~199.

Hilliard, David and Donald Weise(eds). 2002. *The Huey P. Newton Reader*. New York: Seven Stories Press.

Jacobs, Harold(ed.). 1970. *Weatherman.* New York: Ramparts Press.

Jeffries, Judson L. 2002. *Huey P. Newton: The Radical Theorist*. Jackson: UP of Mississippi.

Jones, Charles E.(ed.). 2005. *The Black Panther Party Reconsidered*, pp.267~304. Baltimore: Black Classic Press.

Katsiaficas, George N. 1987. *The Imagination of the New Left: A Global Analysis of 1968*. Massachusetts: South End Press.

Kelley, Robin D. G. 1994. *Race Rebels: Culture, Politics, and the Black Working Class*. New York: The Free Press.

LeBlanc-Ernest, Angela Darlean. 1999. *The Black Panther Party Research Project*. http://web. stanford.edu/group/blackpanthers/index.shtml(검색일: 2018.8.13).

Mampilly, Zachariah. 2001.4.20. "Beyond the Black Panthers: An Interview with Kathleen Cleaver".

http://pages.vassar.edu/mampilly/files/2013/11/Kathleen-Cleaver.pdf (검색일: 2018.8.13).

Matthews, Tracye. 2005. "'No One Ever Asks, What a Man's Role in the Revolution Is': Gender and the Politics of The Black Panther Party, 1966-1971." in Charles E. Jones(ed.). *The Black Panther Party Reconsidered*, pp.267~304. Baltimore: Black Classic Press.

McCartney, John. 1993. *Black Power Ideologies: An Essay in African American Political Thought.* Philadelphia: Temple University Press.

McKay, Claude. 1923. "Soviet Russia and the Negro." *Crisis*, Vol.27, pp.61~65.

Mullen, Bill. 2016. *W. E. B. Du Bois: Revolutionary Across the Color Line*. Pluto Press.

Newton, Huey P. 1967.6.20. "In Defense of Self Defense." *The Black Panther*, pp.3~4.

_____. 1971.1.23. "Let Us Hold High the Banner of Intercommunalism." *The Black Panther*, pp.A~H.

_____. 2009. *To Die for the People: The Writings of Huey P. Newton*. Frederika S. Newton and David Hilliard(ed.). San Francisco: City Lights Books.

_____. 1973. *Revolutionary Suicide*. New York: Harcourt Brace Jovanovich.

_____. 1996. *War Against the Panthers: A Study of Repression in America*. New York: Harlem River Press.

Sale, Kirkpaterick. 1974. *SDS*. New York: Vintage.

Shawki, Ahmed. 2006. *Black Liberation and Socialism*. Chicago: Haymarket Books.

Street, Joe. 2010. "The Historiography of the Black Panther Party." *Journal of American Studies*, Vol.44, No.2, pp.351~375.

The Black Panther Party. 1966. New York: Merit Publishers.

The Black Panther. 1967.11.23. "What We Want, What We Believe".

The Black Panther. 1969.8.9. "Rules of the Black Panther Party."

The Black Panther. 1971.1.16. "Repression Breeds Resistance: Huey P. Newton Talks to Sechaba".

Umoja, Akinyele Omowale. 2001. "Repression Breeds Resistance: The Black Liberation Army and the Radical Legacy of the Black Panther Party." in Kathleen Neal Cleaver and George Katsiaficas(eds.). *Liberation, Imagination, and the Black Panther Party: A New Look at the Panthers and Their Legacy*, pp.3~19. New York: Routledge.

10장

탈소비에트 러시아 정부의
러시아혁명 기억

송준서(한국외국어대학교 러시아연구소)

이 글은 2018년 6월 ≪서양사론≫, 137호에 게재된 「기억과 망각사이에서: 현대 러시아의
1917년 10월 혁명 기억」을 이 책의 기획 의도에 맞게 수정·보완한 것이다.

1. 머리말

러시아 정부는 러시아혁명 100주년을 맞이한 2017년 아무런 공식 행사도 치르지 않았다. 이는 소련 시기 매년 11월 7일(구력 10월 25일) 혁명 기념일에 "위대한 10월 사회주의혁명"이라는 구호하에 붉은광장에서 대규모 군사 퍼레이드를 벌이던 것과는 상당히 대조적이다. 소련이 무너진 지 사반세기가 지났다. 동서고금을 막론하고 지난 역사를 돌이켜 보면 정권이 바뀔 때 과거 역사적 사건의 재평가는 물론 기념일도 바뀌는 경우가 비일비재하다. 새롭게 권력을 획득한 정부는 종종 이데올로기, 정치적 이유로 이전 정권의 기념일을 없애고 새로운 기념일을 제정하기도 한다. 예를 들어 1991년 소련이 해체된 후 우크라이나, 발트 3국 등 구소련 공화국의 신생 정부는 소비에트 시기 국경일을 폐지하고 새로운 국경일을 제정했다.[1] 이는 다름 아닌 한 국가의 기념일은 그 국가, 민족의 정체성의 표현이기도 하며 그 기념일을 정부가 통치 이념을 국민에게 전달하는 통로이자 수단으로 사용하기 때문이다.[2] 그러므로 특정 정부가 국경일, 기념일을 기리는 방법을 분석하면 그 정부의 정치·이데올로기 특성을 이해할 수 있을 것이다.

과연 소련이 붕괴한 후 러시아 정부는 10월혁명을 어떻게 기념해 왔는가? 그리고 러시아 국민은 이 러시아혁명을 어떻게 러시아 역사 속에서 자리매김하고, 기억하고 있는가? 정부와 국민의 혁명에 대한 기억과 평가는

---

1) 예를 들어 Vita Zelče, "The Transformation of 'Holiday' in Post-Soviet Space: Celebrating Soviet Victory Day in Latvia," *Europe-Asia Studies*, Vol.70, No.3(2018), pp. 388~420; 홍석우, 『우크라이나: 코자크와 오렌지혁명의 나라』(한국외국어대학교, 2008), 94~95쪽 참조.
2) 홍석우, 『우크라이나: 코자크와 오렌지혁명의 나라』, 91쪽.

어떻게 상이하고 유사한가? 이 장에서는 이 같은 질문에 답함으로써 1992년 옐친 정부부터 오늘날 푸틴 정부에 이르기까지 현대 러시아 지도부의 '기억의 정치' 양태를 살펴보고 이를 통해 러시아 정치, 이데올로기 특성과 국가 건설 방향의 궤적을 고찰하고자 한다.

러시아혁명 100주년을 맞아 국내외 학자들과 언론은 러시아 정부가 과연 혁명 100주년에 어떻게 대처하는지에 대해 꾸준히 논의해 왔다.[3] 하지만 그러한 논의는 주로 푸틴 정부의 태도에 초점을 맞추었고 푸틴 이전의 옐친 정부(1992~1999)의 러시아혁명에 대한 태도에 관한 연구는 드물다. 이 장에서는 소련 붕괴 이후 첫 정부인 옐친 정부부터 오늘날 푸틴 정부까지 러시아 지도부가 러시아혁명의 역사적 의의를 어떻게 평가해 왔는지를 연속선상에서 살펴볼 것이다.

2. 탈소비에트 러시아의 레닌 및 볼셰비키 재평가

소련 해체 직후부터 옐친 대통령이 이끄는 신생 러시아 정부는 시장경제로의 급진 개혁을 시작하면서 소비에트 체제의 기억과 상징을 없애기 위해 노력했다. 소련이 붕괴하면서 소비에트 체제의 정당성도 함께 무너졌고, 그 후 첫 10여 년 동안 러시아에는 소비에트 체제와 관련된 것은 무조

---

3) 예를 들어 Sheila Fitzpatrick, "Celebrating(or Not) The Russian Revolution," *Journal of Contemporary History*, Vol.52, No.4, pp.816~831; Mark Edele "Friday Essay: Putin, Memory Wars and the 100th Anniversary of the Russian Revolution," February 10, 2017, https://theconversation.com/friday-essay-putin-memory-wars-and-the-100th-anniversary-of-the-russian-revolution-72477(검색일: 2018.4.10); 박원용, 「러시아혁명 100주년, 어떻게 보아왔고 어떻게 볼 것인가」, ≪내일을 여는 역사≫, 67호(2017), 20~36쪽; 노경덕, 「탈이념화된 기억: 러시아혁명 100주년 기념을 돌아보다」, ≪역사비평≫, 122호(2018), 247~281쪽.

건 부정적으로 보고 터부시하는 경향이 나타났다. 사실 이미 1980년대 말 페레스트로이카 시기부터, 그리고 1990년대에 들어서 본격적으로 레닌을 비롯한 볼셰비키 지도자 개인에 대한 재평가가 활발히 이루어지기 시작했고, 역사학자들을 중심으로 혁명 이후 볼셰비키 정부의 정책 방향에 대한 재평가도 활발히 이루어졌다. 소련 붕괴 후, 특히 1990년대에 러시아 문서 보관소에서 그동안 공개되지 않았던 레닌에 대한 문서들이 대거 공개되기 시작했는데, 그러한 문서들에 나타난 레닌 및 볼셰비키 지도부의 통치 행태는 그들에 대한 활발한 재평가를 불러왔다. 그러한 재평가는 대부분 레닌에 대한 부정적 측면을 새롭게 밝혀내는 경우가 많았다. 이 과정에서 소련 시기에 강조되었던 볼셰비키 지도부의 무오류성은 무너졌고, 폭력성도 새롭게 밝혀졌다.[4]

특히 내전 시기 레닌이 무분별한 테러와 살육을 일삼았다는 것이 밝혀졌는데 이는 상당히 충격적인 것이었다. 몇 가지를 예를 살펴보자. 1992년 ≪콤소몰스카야 프라우다(Комсомольская правда)≫는 새롭게 공개된 문서보관소 자료를 공개하면서 레닌이 1918년 8월 펜자주 전체를 부농(쿨라크) 지구로 간주하면서 그 지역 볼셰비키 지도부에 다음과 같은 지시를 내렸다고 적나라하게 보도했다.

동지들! 쿨라크 지구 다섯 곳에서 일어난 반란은 가차 없이 진압되어야 합니다. …… 쿨라크, 부자, 흡혈귀라고 알려진 적어도 100명의 사람들의 목을 매

---

4) 혁명 직후 일어난 내전 수행 과정에서 드러난 레닌의 폭력성을 밝힌 저작의 예로는 А. Г. Латышев, *Рассекреченный Ленин*(Москва: Издательство Март, 1996). Д. А. Волкогонов, *Семь вождей. Галерея лидеров СССР в двух книгах*(Москва: Новости, 1995). 볼코고노프 저서의 번역본은 다음과 같다. 드미트리 볼코고노프, 『크렘린의 수령들: 레닌에서 고르바초프까지』상·하, 김일환 외 옮김(한송, 1996).

달 것(사람들이 충분히 지켜보는 가운데 목을 매달도록 할 것). ⋯⋯ 피를 빨아먹는 쿨라크를 볼셰비키가 목 졸라 죽이고 있고, 앞으로도 죽이리라는 것을 반경 수백 킬로미터 안에 있는 사람들이 볼 수 있도록, 알 수 있도록, 그래서 놀라 부들부들 떠들고 소리치도록, 그렇게 하시오.[5]

이 지시 사항을 적은 편지 말미에 레닌은 자신의 지시가 확실히 이행되게 하기 위해 자신의 명령의 수령과 실행 여부를 전보로 알리라고 못 박았으며, 더구나 공개 교수형을 확실히 이행할 수 있는 "진짜 의지가 굳은 사람들을 찾아라"라고 명령을 내렸다.[6]

반혁명 세력인 백군과 맞서 싸워 승리를 쟁취하기 위해 무분별한 테러를 자행했다는 또 다른 예도 소개되었다. 1996년 러시아 역사학자 A. 라티셰프(A. Латышев)는 비밀 해제된 문서보관소 자료를 바탕으로 『비밀 해제된 레닌(Рассекреченный Ленин)』이라는 저서에서 레닌의 잔혹한 폭력성의 예로 1919년 10월 레닌이 고안한 전략을 소개했다. 당시 백군 지휘관 유데니치가 에스토니아에서 페트로그라드로 진격해 오자 레닌은 다음과 같이 '인간 방패'를 만들어 백군의 공격을 막자고 제안했다.

유데니치 군대를 괴멸하는 것은 굉장히 중요하다. 만약 공격이 개시되면 2만 명의 페트로그라드 노동자를 동원하고, 그에 더해 1만 명의 부르주아를 동원한 다음 기관총을 그들 뒤에 설치한 후 수백 명을 사살해 버린다면 유데니치에게 아주 굉장한 충격을 줄 수 있지 않을까?[7]

---

5) 로버트 서비스, 『레닌』, 김남섭 옮김(교양인, 2017), 588쪽에서 재인용.
6) 로버트 서비스, 같은 책, 589쪽.
7) Латышев, *Расскреченный Ленин*, pp.44~45.

이러한 레닌의 조치는 너무나도 충격적인 것이어서 소련 시기는 물론 소련이 붕괴된 이후에도 얼마간 비밀에 부쳐졌을 정도다.[8] 그 외에도 라티셰프는 레닌이 적군이 점령한 아제르바이잔의 수도 바쿠가 백군의 공격을 당할 경우 민간인들의 생사와는 관계없이 도시를 완전히 파괴할 것이라고 공언했음을 지적한다.[9] 그런가 하면 역사학자 볼코고노프(Д. А. Волкогонов)는 1995년 간행한 레닌 및 볼셰비키 지도자의 전기에서, 내전 기간 중에 레닌이 노동자들이 아직도 정교회 축일을 지키기 위해 일터에 나오지 않는 사례가 빈발함을 지적하면서 비밀경찰 체카를 동원해서 그들을 색출해낸 후 전부 총살해야 한다고 주장했음을 보여준다.[10] 이 외에도 레닌의 무자비한 태도와 폭력성을 보여주는 많은 일화들이 미공개 문서들이 해제되면서 낱낱이 세상에 드러났다.

또한 볼셰비키만이 유일한 대안 세력이 아니었다는 사실도 밝혀졌다. 러시아 역사학자들은 1917년 10월 무장봉기 당시 볼셰비키의 모든 계획은 권력 장악에 집중되어 있어 미래 사회에 대한 어떠한 경제 계획안도 가지고 있지 않았다는 것을 지적했다. 또한 1920년대 레닌이 도입한 시장과 국가 통제의 혼합 경제 성격을 띤 '신경제 정책'은 레닌이 고안해 낸 것이 아니라 사실은 멘셰비키와 사회혁명당의 강령에 이미 존재하던 내용이라는 점을 지적했다.[11]

---

8) 로버트 서비스, 『레닌』, 635쪽.

9) Латышев, *Расскреченный Ленин*, p.20.

10) 로버트 서비스, 『레닌』, 634쪽.

11) 박원용, 「사회주의 몰락 이후 러시아혁명 해석의 흐름」, ≪역사와 경계≫, 42권(2002.3), 103쪽.

3. 옐친 정부의 러시아혁명 기억 지우기

이렇게 러시아혁명과 혁명 초기 볼셰비키 정책에 대한 재평가가 활발하게 이루어지는 사회 분위기 속에서 러시아 정부는 러시아혁명의 기억을 서서히 지워나갔다. 당시 소비에트 유산이 터부시되던 사회 분위기에 옐친 정부가 편승한 측면도 있지만 정치적 이유도 있다. 소련 해체 후 한동안 영향력을 유지하면서 옐친 정부와 충돌했던 공산주의 지지 세력을 약화시키기 위한 의도이기도 했다.

이런 맥락에서 소련 붕괴 이듬해인 1992년 옐친 정부는 소비에트 시절 러시아혁명 기념 공휴일이 이틀(11월 7, 8일)이던 것을 하루(11월 7일)로 줄였다.[12] 또한 소비에트 시기 크렘린궁 앞 붉은광장에서 매년 치르던 혁명 기념 군사 퍼레이드도 중단했다. 정치 라이벌인 공산주의자들의 상징인 10월 혁명 기념식을 없애버리려고 했기 때문이다.[13] 그런가 하면 이듬해인 1993년 10월 6일, 옐친 정부는 크렘린궁 앞의 레닌 묘를 지키는 위병들을 전격적으로 없애버렸다. 1924년 레닌 사망 후 69년 만의 변화다. 이 같은 조치는 옐친의 헌법 개정에 반대하는 공산당 세력을 탱크를 동원해 무력으로 진압한 직후 행해졌다.[14] 당시 옐친 반대파에는 공산주의 지지 세력이 많았는데, 반대파 진압 과정에서 약 150명의 반옐친 세력이 사망하고 400명이 부상하는 유혈 사태가 발생했다.[15] 그러자 옐친 정부는 공산주의 지지

---

12) "The day of the great October socialist revolution," Russian events and holidays. http://www.rusevents.info/holiday/the-day-of-the-great-october-socialist-revolution/(검색일: 2018.4.20).

13) "Военный парад на Красной площади: почему Россия отмечает 7 ноября?" BFM.ru. 6ноября 2017. www.bfm.ru/news/369362(검색일: 2018.1.20).

14) 송준서, 「기억의 정치학: 러시아 국가통합 도구로서 전쟁의 기억」, ≪중소연구≫, 36권 1호(2012), 176~177쪽.

세력의 상징적 역할을 하는 레닌 묘의 위병을 없애버림으로써 레닌에 대한 국가 차원의 예우를 없앴다. 반옐친 세력의 사기를 꺾기 위해 비상조치를 취한 것이다.

옐친 정부의 러시아혁명 의미 퇴색시키기 전략은 한층 더 나아갔다. 1995년 옐친 정부는 러시아혁명 발발일인 11월 7일을 '군대 명예의 날(День воинской славы)'로 지정함으로써 1917년 혁명의 의의는 더욱 퇴색되었다. 군대 명예의 날은 러시아 역사상 러시아 군대가 외적과 싸워 조국을 수호한 15개의 날로 옐친 정부가 1995년 3월 연방 법령 제32호를 통해 제정했고, 해당 일에 기념행사를 치르도록 규정해 놓았다.16) 옐친 정부가 당시 군대 명예의 날이라는 기념일을 제정한 이유는 여러 측면에서 찾을 수 있다. 한편으로는 '대조국전쟁'17) 승리 50주년을 기념하기 위한 프로젝트로 볼 수 있다. 그러나 더 큰 맥락에서 본다면 1990년 초 당시 시장경제로의 급속한 개혁 추진 과정에서 나타난 사회 분열의 혼란한 상황에서 전쟁 기억을 활용하여 애국심을 북돋우고 그를 통해 러시아 사회 통합을 도모하기 위해 기획된 '기념일 프로젝트'의 성격도 있다.18) 물론 군대 명예의 날은 휴일로 지정된 국경일은 아니고 단지 기념일일 뿐이다. 따라서 11월 7일은 여전히 공식적으로는 '10월 사회주의혁명 기념일'이라는 국경일로 남아

---

15) Виктор Баранец, Александр Гамов, Тайны расстрела «Белого дома», Комсомольская Правда, 3 октября, 2008, https://www.kp.ru/daily/24174/385092/(검색일: 2018.7.5)

16) Федеральный закон Российской Федерации от 13 марта 1995 г. № 32-ФЗ «О днях воинской славы (Победных днях) России». http://pravo.levonevsky.org/bazazru/texts24/txt24630.htm(검색일: 2018.4.20).

17) 독소전쟁(1941~1945)을 일컫는 러시아의 공식 용어이다. 소비에트 시기부터 사용되었다. 러시아에서는 나폴레옹이 러시아를 침략하여 벌어진 전쟁(1812~1815)은 '조국전쟁'이라 부른다.

18) 송준서, 「기억의 정치학: 러시아 국가통합 도구로서 전쟁의 기억」, 178~179쪽.

있었다. 하지만 만약 소비에트 정부였다면 소비에트사회주의 체제를 탄생시킨 신성불가침한 러시아혁명 기념일을 또 다른 의미가 있는 기념일로 만들어 혁명의 의미를 퇴색시키지는 않았을 것이다. 러시아혁명 기념일을 군대 명예의 날로 새롭게 지정한 것은 일종의 탈이데올로기, 탈소비에트 정책이다.

그렇다면 11월 7일을 군대 명예의 날로 공포한 근거는 무엇인가? 그 근거는 관련 규정에 다음과 같이 명시되어 있다.

> 11월 7일: 1612년 쿠즈마 미닌(Кузма Минин)과 드미트리 포자르스키(Дмитрий Пожарский)가 이끄는 국민군이 폴란드 침략군으로부터 모스크바를 해방한 날.[19]

이는 당시까지만 해도 11월 7일은 소비에트 전통에 따라 '10월 사회주의 대혁명의 날'이었지만 옐친 정부가 느닷없이 러시아혁명과는 무관한 380여 년 전의 역사적 사건을 근거로 이날에 새로운 의미를 부여했음을 보여준다.

하지만 역사적 사실에 근거한다면 폴란드 침략군을 내쫓은 기념일은 11월 7일이 아니라 11월 4일이 되어야 한다. 17세기의 상황을 다시 살펴보자. 이반 4세(1533~1584)의 죽음 이후 적절한 왕위 계승자가 나오지 않아 '혼돈의 시대'가 지속되는 가운데 1609년 폴란드는 러시아를 침공했다. 이 듬해에 폴란드 점령군은 모스크바에 입성해 러시아를 통치하기 시작했다. 그러자 1611년 니즈니노브고로드의 상인인 미닌과 귀족 출신의 포자르스키 공은 의용군을 조직했고 1612년 11월 4일 드디어 폴란드 침략군의 근거

---

19) Федеральный закон, «О днях воинской славы (Победных днях) России».

지인 모스크바의 키타이고로드 지역을 습격하여 그들을 모스크바에서 몰아냈다. 11월 7일은 크렘린에 남아 있던 침략군의 잔당이 항복한 날이다.[20] 따라서 이듬해인 1613년 새롭게 차르로 선출된 미하일 로마노프는 11월 4일을 폴란드 침략군을 몰아내고 모스크바를 재탈환한 기념일로 제정했다. 그 후 제정 러시아 정부는 1917년 10월혁명으로 붕괴될 때까지 근 300년 동안 11월 4일을 모스크바 해방 기념일로 지켜왔다.[21] 11월 7일도 1612년의 사건과 전혀 관련 없는 것은 아니지만 역사적으로 한 번도 기념일로 제정된 적이 없었다.

이러한 사실에도 불구하고 옐친 정부는 11월 7일을 폴란드 침략자로부터 모스크바를 해방한 기념일로 지정했다. 옐친 정부가 이처럼 역사적 전통을 어겨가면서 러시아혁명 기념일인 11월 7일을 군대 명예의 날로 제정한 것은 러시아 사회에서 '혁명'에 대한 기억을 퇴색시키기 위한 전략으로 볼 수 있다.

옐친 정부의 이러한 의도는 이듬해 더 확연히 드러났다. 1995년까지는 앞서 언급했듯이 10월혁명 기념일이라는 공식 명칭은 그대로 남겨두었지만 1996년 옐친 정부는 혁명 기념일의 명칭을 '화합과 화해의 날(День Согласия и Примирения)'로 바꿔버렸다.[22] 그해 11월 7일 옐친 대통령은 '화합과 화해의 날에 대하여'라는 제목의 대통령령을 공포하면서 다음과 같이 기념일 명칭 변경의 근거를 밝히고 있다.

20) А. А. 다닐로프(А. А. Данилов) · Л. Г. 코술리나(Л. Г. Косулина), 『새로운 러시아 역사』, 문명식 편역(신아사, 2015), 206~207쪽.

21) "История праздника День народного единства 4 ноября," ТАСС(2014.11.3), http://tass.ru/info/1549295(검색일: 2018.4.20).

22) 박원용, 「소비에트 체제 해체 이후 러시아혁명 해석의 주요 경향: 정치세력 및 노동계급과의 관계, 신문화사적 관점을 중심으로」, ≪동북아문화연구≫, 29호(2011), 655쪽.

1917년 10월혁명은 우리나라의 운명에 근본적으로 영향을 미쳤다. 이제부터는 러시아 사회의 단합과 통합을 위해 대립을 허용치 않도록 노력하면서 다음을 결의한다. 첫째, 11월 7일 공휴일을 '화합과 화해의 날'로 공포한다. 둘째, 10월혁명 80주년인 1997년을 '화합과 화해의 해'로 정한다.[23]

소련의 해체 및 개혁 과정에서 보았듯이 1993년 10월 반정부 세력과 유혈 충돌까지 일어나자 옐친 대통령은 그 후 기존 정치 질서와 체제에 대항하는 봉기를 상징하는 러시아혁명 기념일의 의의를 부정적으로 평가하면서 안정과 화합을 강조하는 날로 재정의한 것이다. 이는 한편으로는 그 이듬해인 1997년에 러시아혁명 80주년을 맞이하여 혁명의 이름으로 대규모 반정부 집회와 반정부 세력이 준동할 것을 우려한 일종의 방어 조치이기도 했다.

옐친 정부는 기존의 혁명 기념일 명칭을 바꾸는 것으로 끝내지 않았다. 1996년 대통령령은 대통령을 의장으로 하는 정부위원회를 구성해서 1917년 10월혁명, 내전, 그리고 스탈린 시기 억압 정책의 피해자를 추모하는 예술 작품 경연대회도 조직하도록 규정했다.[24] 옐친 정부는 11월 7일을 혁명으로 인한 국론 분열, 사회 분열을 막고 혁명으로 탄생한 정권의 독재 정책에 의한 피해자, 희생자를 추모하는 날로 만듦으로써 10월혁명 기념일의 성격을 완전히 바꾸고자 한 것이다.

옐친 정부의 1917년 혁명 기념일에 대한 의미 축소 및 역사적 의의 재정의는 혁명으로 탄생한 소비에트 체제에 대한 부정적 평가와 맞물려 있

---

23) Указ Президента Российской Федерации от 07.11.1996. г. No.1537. О Дне согласия и примирения. http://kremlin.ru/acts/bank/10231(검색일: 2018.8.10).

24) Указ Президента Российской Федерации.

다. 이는 어찌 보면 18세기 말 앙시앵레짐 몰락 후 등장한 프랑스 공화정부, 20세기 초 독일 바이마르공화국과 러시아 볼셰비키 정부가 그랬듯이, 소비에트 체제 붕괴 후 들어선 첫 번째 정부인 옐친 정부도 구체제 유산에 대해 획일적으로 부정적 평가를 내린 것이다.

1999년 9월 당시 옐친 정부에서 총리직을 수행하고 있던 블라디미르 푸틴은 모스크바국립대학교에서 20세기를 보내고 21세기를 맞이하는 준비에 대해 연설하면서 1917년 러시아혁명에서 얻을 수 있는 교훈에 관해 언급했다. 그는 1917년 임시정부를 무너뜨리고 볼셰비키들이 권력을 잡은 사건에 대해 '혁명'과 '쿠데타'라는 표현을 동시에 사용하면서 다음과 같이 반문했다.

> 왜 1917년 혁명, 또는 10월 쿠데타라고 불리는 사건이 발생했는가? 왜냐하면 정부가 단합이 안 되었기 때문이다. 권력 수뇌부가 상호 대립하는 싸움을 벌이고 있었기 때문이다.[25]

즉, 푸틴은 이 역사적 사건에서 얻어야 하는 첫 번째 교훈은 혁명 승리에 따른 새로운 체제의 건설이라는 긍정적 측면이 아니라 왜 구체제가 혁명 또는 쿠데타에 의해 무너질 수밖에 없었는가에 대한 반성임을 강조했다. 푸틴 총리는 이 같은 연설을 통해 1990년대 말 당시 정치·사회 엘리트 간 분열이 심화되고 있는 상황과 국론 분열, 그리고 그로 인한 1917년과 같은 밑으로부터의 봉기 가능성에 우려를 나타낸 것이다. 국가 지도부는 러

---

25) "Выступление В.В. Путина в МГУ 1 сентября 1999 года," Деловая пресса, 6 сентября 2009, http://www.businesspress.ru/newspaper/article_mId_33_aId_4067.html(검색일: 2018. 10.1).

시아혁명을 더는 자랑스러운 역사적 사건이 아니라 지도부의 분열에 의해 발생한 파국적 결과로 평가했다.

푸틴 총리는 이 연설에서 지도부의 분열뿐만 아니라 국민의 열악한 생활수준 또한 혁명 발발의 원인이 됐음을 상기시켰다.

> (혁명 발발 당시) 국민 대다수의 물질적 복지는 최하 수준보다 더 낮은 상태였다. …… 여기에 두 번째, 그리고 세 번째 교훈이 있다. (두 번째 교훈은) 사회 안정을 위해서는 복지가 우선되어야 한다는 교훈이다. 모든 혁명은 그 비법을 가지고 있다. 그것은 상실한 사람들의 수를 늘리는 것이다. 사회에 가진 자들이 많을수록 정치 상황은 더 안정적이고 평온하게 되며 갑작스러운 사태가 덜 일어나게 된다. 즉, 국가 관리들은 정권 유지가 국민의 복지, 국민의 부와 연관되어 있다는 것을 깨달아야 한다.[26]

푸틴 총리의 이 같은 발언은 옐친 정부가 소비에트 체제 붕괴 후 급속한 시장경제 체제로 이행하면서 나타난 사회·경제 상황의 불안, 지배층의 부패, 이 상황에서 민심의 동요와 여론의 양분 등과 같은 상황은 또 다른 혁명을 유발할 수도 있다고 우려했음을 보여준다.

당시 러시아 경제·사회 상황은 그야말로 지도부의 우려를 자아내기에 충분했다. 1998년 5월에는 임금을 체불당한 광부들이 시베리아철도를 점령하여 파업에 돌입했고, 1997년 아시아 금융위기 여파로 악화된 국제 경기의 영향으로 러시아의 주식시장도 폭락하자 러시아는 국제통화기금(IMF)에 구제 금융을 신청했다. 러시아는 결국 1998년 8월 17일 국가 부도 사태를 맞으면서 모라토리엄을 선언하기에 이르렀다. 이렇게 1990년대에

---

26) "Выступление В.В. Путина в МГУ 1 сентября 1999 года."

지속되던 정치, 경제 위기 속에서 단일하고 통합된 구심점을 구축하지 못한 러시아 지도부는 1917년 러시아혁명을 다시는 되풀이되지 말아야 할 사건으로 규정한 것이다.

4. 푸틴 정부의 러시아혁명 기념일 재정의

2000년 옐친 대통령 후임으로 임기를 시작한 푸틴 대통령 역시 옐친 정부의 러시아혁명 평가 기조를 유지해 나갔다. 사실 소비에트 체제가 몰락과 함께 '실패한 실험'으로 낙인찍힌 사실을 고려한다면 신생 러시아 정부가 러시아혁명의 의미를 축소·변형한 것은 예측 가능한 것이다. 이에 더해 일국의 지도자로서 민중이 정부를 무너뜨린 '혁명'이라는 역사적 사건은 아무리 100년 전의 일이라 해도 마음 편히 지지할 수 있는 것은 아닐 것이다. 특히 국가 지도자가 민주주의보다는 권위주의 성격을 강하게 지니고 있다면 혁명에 대한 평가는 부정적이기 쉬울 것이다. 이와 함께 옐친 시기와 마찬가지로 푸틴 통치 시기 일어난 다양한 정치·사회적 상황 또한 푸틴 정부가 러시아혁명과 혁명 지도부를 부정적으로 평가하는 데 일조했다. 몇 가지 예를 살펴보자.

푸틴 정부는 2004년 12월 29일 옐친 정부가 1995년 제정한 법령 '러시아 군대 명예의 날'에 대한 수정 조항을 공포했는데, 이 수정 조항을 통해 푸틴 통치 1기 당시 러시아 정부가 러시아혁명의 의의를 어떻게 재정의했는지 알 수 있다. 푸틴 정부가 공포한 수정 조항은 11월 7일 혁명 기념일의 성격을 다음과 같이 새롭게 규정하고 있다.

11월 7일을 1941년 모스크바 붉은광장에서 10월 사회주의 대혁명 24주년 기념 군사 퍼레이드를 거행한 날로 정한다. (그리고) 11월 4일은 국민 단합의 날(День народного единства)로 정한다. 이와 함께 '10월혁명 기념일', '화합과 화해의 날'로 공휴일이던 11월 7일은 국가 공휴일에서 제외한다.[27]

결국 이 같은 조치로 11월 7일은 소련 붕괴 이후에도 계속 유지되던 공휴일의 지위를 잃어버렸다. 이는 곧 11월 7일은 국가 차원에서 온 국민이 경축하는 기념일이 아니라는 것을 의미한다.[28] 당시 러시아 언론에서는 푸틴 정부가 11월 4일을 '국민 단합의 날'이라는 새로운 국경일로 제정하면서 11월 7일을 평일로 바꿔버린 것은 러시아혁명 기념일의 의미를 결정적으로 퇴색시키기 위한 조치였다는 여론이 비등했다.[29] 다만, 푸틴 정부는 이날을 옐친 정부와는 달리 그나마 러시아혁명과 연관 있는 군대 명예의 날로 재정의해서 공산당 지지 세력을 달래는 듯한 모습을 취했다. 하지만 군대 명예의 날로서 이날의 의의는 혁명의 기억보다는 대조국전쟁의 기억과 더 긴밀히 연결되어 있다. 그에 더해 11월 7일이 이제 평일이 되었다는 것은 그야말로 러시아 국민으로 하여금 이제는 시대가 바뀌었다는 것을, 즉 혁명의 기억을 더듬는 시대는 이미 지나갔음을 암시하는 것이었다.

그렇다면 11월 7일과 대조국전쟁은 어떤 연관성이 있는가? 1941년 6월 소련을 침공한 나치 독일군은 4개월 만인 11월경 전격전을 펼치면서 모스크바 32km 지점까지 파죽지세로 몰려왔고 모스크바는 독일군의 공세에

---

27) Федеральный закон от 29.12.2004 г. No.200-ФЗ. О внесутнии изменений в статью 1 Федерального закона «О дния воинской славы(победных днях) России». http://kremlin.ru/acts/bank/21862(검색일: 2018.2.24).

28) 박원용, 「소비에트 체제 해체 이후 러시아혁명 해석의 주요 경향」, 656쪽.

29) "День народного единства. История праздника," РИА Самара, 31 октября 2008, http://www.riasamara.ru/rus/news/regiona/society/article34090.shtml(검색일: 2018.10.5).

거의 함락 직전의 상황에 처했다.[30] 이때 마침 러시아혁명 24주년 기념일이 다가오고 있었는데 당시 스탈린 정부는 소련 남부 볼가강 유역의 사마라(당시 명칭 쿠이비셰프)를 임시 수도로 정하고 정부 기구를 그 도시로 소개했지만 스탈린을 비롯한 소련 지도부는 모스크바를 사수하면서 예년처럼 붉은광장에서 군사퍼레이드를 포함한 혁명 기념일 행사를 주관했다. 퍼레이드에 참가한 소련군 병사들은 완전무장을 한 채 레닌 묘 위에 도열한 지도부의 사열을 받고 그길로 곧장 전선에 투입되었다. 더 유명한 것은 당시 스탈린이 행한 연설이다. 구체제를 무너뜨리고 새로운 사회주의 체제가 탄생한 날의 기념식인데도 불구하고 스탈린은 알렉산드르 넵스키, 드미트리 돈스코이, 미닌과 포자르스키, 쿠투조프 등 13세기 독일 기사단을 무찌른 러시아 장군부터 19세기 나폴레옹전쟁에서 혁혁한 공훈을 세운 러시아 영웅들의 이름을 일일이 열거하면서 소비에트 군대를 서부 전선으로 보낸 것이다.[31] 나치 독일군의 공격을 코앞에 둔 풍전등화의 상황에서 당시 스탈린의 연설은 사회주의 혁명 정신보다는 애국심과 러시아 민족주의를 고양하는 것이었다. 이런 점에서 푸틴 정부가 재정의한 11월 7일 '군대 명예의 날'은 분명 사회주의 혁명 발발일의 역사적 의의보다는 국가의 위기 속에서 발휘된 애국심을 강조하기 위한 것이다. 앞서 총리 시절 행한 연설에서 보았듯이 당시 푸틴에게는 변혁, 개혁보다는 안정, 그리고 국가와 국민의 단합이 중요한 국정 목표였기 때문이다.

사실 국가 지도자에게 당시 국내 정세는 그 어느 때보다도 안정과 국민

---

30) 니콜라스 랴자놉스키(Nicolas Riasanovsky), 마크 스타인버그(Mark Steinberg), 『러시아의 역사』 하, 조호연 옮김(까치, 2011), 786쪽.

31) 존 톰슨(John Thompson), 『20세기 러시아현대사』, 김남섭 옮김(사회평론, 2004), 436쪽; 리처드 오버리(Richard J. Overy), 『스탈린과 히틀러의 전쟁』, 류한수 옮김(지식의 풍경, 2002), 164쪽.

단합이 요구되던 때였다. 1999~2000년 러시아로부터의 독립을 요구하면서 체첸 분리주의자와 러시아 정부군 간의 2차 체첸전쟁이 치열하게 벌어졌고, 그에 대한 보복의 일환으로 2002년 10월 체첸 분리주의자들이 모스크바 극장 인질 사태를 벌이면서 170명이 사망했으며, 2년 후인 2004년 9월 1일에는 또 다른 북캅카스 분리주의자들이 러시아 남부 북오세티야의 베슬란 지역 학교에서 인질극을 벌여 3일 동안 어린이를 포함해 380여 명이 사망하는 비극적 사태가 연이어 일어났다.[32] 이 같은 상황에 직면한 채 시작한 2기 푸틴 정부로서는 사회 혼란, 체제 붕괴를 연상시키는 혁명 기념일의 의미를 퇴색시키고, 그 대신 혁명 이전 300여 년 동안 국경일이던 11월 4일을 부활시키는 조치가 급박하게 필요했다. 11월 7일을 혁명이 아니라 나치의 침략에 대항한 애국적 결의라는 점에 초점을 맞춰 재정의할 필요가 있었다.

이에 더해 '밑으로부터'의 요청 또한 푸틴 정부의 '기념일 정치'에 힘을 더했다. 사실 11월 4일을 '국민 단합의 날'로 제정할 것을 발의하고 기념일로서 옐친 정부가 규정한 11월 7일의 의미에 대해 공식적으로 의문을 제기한 것은 종교계였다. 2004년 9월 22일 개최된 러시아 범종교협의회(Межрелигиозный совет России)는 11월 7일 대신 11월 4일을 국경일로 제정해야 함을 다음과 같이 주장했다.[33]

우리는 러시아의 비극적 분열의 날인 11월 7일은 '화합과 화해의 날'이 아니었다고 생각한다. …… 이후에 발생한 사건들이 수백만 명의 우리 동료 시민들을 죽음으로 몰고 갔지만 1612년에는 외국 침략자로부터 모스크바를 해방시

---

32) 정한구, 『러시아 국가와 사회: 새 질서의 모색, 1985~2005』(한울, 2005), 503, 529~530쪽.
33) 범종교협의회는 1998년 결성되었으며 러시아 내 4대 종교인 정교회, 회교, 유대교, 불교 기관의 대표로 구성되어 있다.

킴으로써 동족상잔의 살육을 중단시켰고 민중을 단합시켰다.[34]

결국, 혁명 이전의 전통에 따라 11월 7일 대신 11월 4일을 국경일로 복원하자는 범종교협의회의 제안은 곧 국가두마 노동 및 사회정책 위원회에서 법 제정 의제로 발의되었고 이 발의에 대해 2004년 9월 러시아정교회 총대주교 알렉세이가 공개적으로 지지하고 나섰다.[35] 그 후 10월 사라토프에서 개최된 친정부, 친푸틴 성향의 관변 시민 조직인 국민의회(Общественная палата)와 청년의회(Молодежный парламент) 집회 참가자들은 푸틴 대통령에게 11월 4일을 '국민 단합의 날'이라는 국경일로 제정해 달라는 청원서를 제출하기에 이르렀다.[36] 결국 다음 달 국가두마에서 11월 4일을 국경일로 제정하는 것에 대한 안건을 표결에 부쳤는데 이 안이 통과되면 11월 7일 혁명 기념일의 의미와 중요성이 퇴색해 버릴 것을 우려한 러시아공산당(КПРФ) 당원들은 전원 반대표(114표)를 던졌다.[37] 하지만 여당인 통합러시아(Единая Россия)당, 그리고 국수주의적이고 극단적 러시아민족주의를 표방하는 러시아자유민주당(ЛДПР) 등을 포함해 출석 의원의 72%인 327명이 찬성표를 던져 결국 11월 4일을 국경일로 결정했다.[38]

---

34) "«Объединимся во имя стабильности»: 4 ноября отмечается дата окончания Смутного времени в России," Аргументы и Факты. 4 ноября 2008, http://www.aif.ru/society/history/7288(검색일: 2018.8.10). 이에 더해 11월 4일은 역사적으로 정교회와 긴밀한 연관성을 지니고 있기도 하다. 1612년 11월 4일 미닌과 포자르스키가 이끄는 시민군은 기적을 일으키는 것으로 알려진 카잔의 성모마리아 이콘을 앞세우고 폴란드 침략군과 싸워 모스크바를 해방했기 때문이다. 이런 이유로 1649년 차르 알렉세이는 11월 4일을 '카잔 성모마리아의 날'로 정하고 이날을 정교회와 국가의 공동 축일로 지정한다는 황제령을 포고하기도 했다. "История праздника День народного единства 4 ноября".

35) "День народного единства. История праздника".

36) 같은 글.

37) *Объединимся во имя стабильности.*

38) 같은 신문.

이렇게 11월 4일을 국경일로 만들고 그와 동시에 11월 7일을 평일로 만들어버린 것은 종교계, 시민 조직, 두마(의회) 표결 등 상당 부분 '아래로부터의' 발의와 지지에 의해 이루어진 것이지만 이들 조직은 친정부 성격이 강했기 때문에 이들의 행동에는 '위로부터의', 즉 러시아 지도부의 심중이 상당 부분 반영되었다고 볼 수 있다.

그렇다면 푸틴 정부는 러시아혁명 90년과 100주년 기념일의 의미를 어떻게 재정의했는가? 2004년 법령이 매년 11월 7일 행사를 1941년 군사 퍼레이드를 재연하는 것으로 결정하면서 혁명 90주년이 되는 2007년 11월 7일도 모스크바 붉은광장에서 군사 퍼레이드가 열렸다. 이 행사를 주관한 모스크바 시장의 연설이나 퍼레이드 후 푸틴 대통령이 참석한 크렘린 행사 모두 10월 러시아혁명이 아닌 대조국전쟁 승리 기념에 방점을 찍었음을 보여준다. 일례로 붉은광장에서 열린 퍼레이드에서 연설한 모스크바 시장 유리 루시코프(Юрий Лужков)는 "오늘 우리는 66년 전 세계를 뒤흔든 위대한 행사가 치러진 날을 기념하고 있다"라고 언급하면서 10월혁명이 아닌 1941년 군사 퍼레이드의 역사적 의의를 강조했다.[39] 그런가 하면 푸틴 대통령은 군사 퍼레이드 후 크렘린에서 대조국전쟁 승리에 기여한 블라디캅카스, 말고베크, 르제프, 옐냐, 옐레츠 등의 5개 도시에 '군사 명예의 도시' 칭호 수여식을 거행하면서 모스크바 시장과 같이 11월 7일의 역사적 의의를 10월혁명이 아닌 대조국전쟁과 나치 독일을 격퇴한 소련의 역할에 초점을 맞춰 연설했다.[40] 이데올로기 색채가 제거되고 대신 애국주의 색채가

39) Conor Humphries, "Politics pervades 90th anniversary of Russian Revolution," Macau Daily Times, November. 7, 2007. http://macaudailytimes.com.mo/archive-2007-2009/politics-pervades-90th-anniversary-of-russian-revolution.html(검색일: 2018.1.2).

40) Claire Bigg, "At 90, Bolshevik Revolution Shows Its Age," Radio Free Europe/Radio Liberty, Nov. 7, 2007, http://www.rferf.org/a/1347681.html(검색일: 2018.9.2).

전면에 등장한 혁명 90주년 행사였다. 그런가 하면 아이로니컬하게도 러시아혁명 90주년을 맞은 이날 공산당 당수 주가노프는 군사 퍼레이드 거행에 따른 붉은광장 출입 제한 때문에 전통적으로 11월 7일에 하던 레닌 묘 헌화 행사를 11월 6일로 일정을 하루 당겨야 했다.[41] 러시아혁명 90주년은 이렇게 푸틴 정부로부터 '푸대접'을 받으며 지나갔다.

2017년 러시아혁명 100주년을 맞은 푸틴 정부의 대응은 90주년과 별반 다르지 않았다. 러시아혁명 100주년을 맞이하여 정부 차원에서 준비한 공식 행사는 하나도 없다. 다만, 문화계와 학계에서는 러시아혁명과 레닌 및 혁명 지도자들에 대한 각종 전시회, 그리고 학술회의를 개최했다.[42] 혁명의 발생지인 상트페테르부르크에서는 100년 전 혁명이 일어났던 구력 10월 25일 밤 볼셰비키들이 급습했던 겨울궁전의 외벽에 붉은 조명과, 레닌 초상화와 적기를 든 군중이 겨울궁전을 습격하는 이미지를 비추는 행사를 진행했을 뿐이다.[43] 11월 7일 당일 모스크바 붉은광장에서는 혁명 관련 행사가 아니라 예년과 마찬가지로 1941년 11월 7일에 행해진 군사 퍼레이드를 진행했는데, 예년과 다른 점이라면 군사 퍼레이드 중간에 배우들이 등장해서 13, 14세기 몽골과의 전투, 19세기 나폴레옹과의 전쟁, 20세기 나치 독일과의 전쟁 등 과거 러시아 군대가 외적과 벌였던 전쟁을 재현하는 상황극을 공연하고 그 과정에서 1917년 혁명 직후 일어난 내전의 모습을 잠깐 재현했

---

41) Humphries, "Politics pervades 90th anniversary of Russian Revolution".
42) 이 문화행사와 학술회의의 성격과 내용에 대해서는 다음을 참조. 노경덕, 「탈이념화된 기억」, 255~257쪽.
43) "Winter Palace illuminated red in commemoration of the 1917 Revolution," Russia Beyond, Oct. 26, 2017, https://www.rbth.com/arts/326533-winter-palace-illuminated-red(검색일: 2018. 9.3); Shaun Walker, "Revolution, what revolution? Russians show little interest in 1917 centenary," The Guardian, Nov. 6, 2017, https://www.theguardian.com/world/2017/nov/06/revolution-what-revolution-russians-show-little-interest-in-1917-centenary(검색일: 2018.9.3).

다는 점이다.[44] 내전 상황극은 이전의 전쟁에서 외적을 물리친 상황극과 대비되면서 혁명의 부정적 결과를 은연중에 암시하는 모습이었다.

러시아혁명에 대한 이러한 전반적인 무관심과 정부의 '홀대'는 푸틴 대통령의 10월혁명에 대한 평가에서 그 이유를 찾아볼 수 있다. 10월혁명 100주년을 몇 주 앞둔 2017년 10월 말 푸틴 대통령은 발다이 클럽(Valdai Club) 모임에서 10월혁명에 대해 다음과 같이 언급했다.

오늘날 우리가 100년 전의 교훈, 즉 1917년 러시아혁명의 교훈을 생각한다면 우리는 그 결과가 얼마나 모호한지, 즉 (혁명의) 부정적인 결과가 긍정적인 결과와 상당히 밀접하게 연관되어 있다는 것을 인정해야만 한다. …… 과연 혁명 대신 점진적 방법을 택하는 것은 불가능했는가? 국가를 무너뜨리고 무자비하게 수백만 명을 분쇄해 버리는 것 대신 점진적이고 지속적으로 앞으로 나아가는 운동을 통해 서서히 발전할 수는 없었는가?[45]

이 같은 푸틴 대통령의 견해는 혁명은 갑작스러운 혼란과 파괴를 불러왔음을 의미하며 긍정적이기보다는 부정적인 결과를 낳았음을 암시하고 있다. 이 같은 평가를 통해 그는 안정과 질서를 추구하고 점진적 변화를 추구하겠다는 메시지를 던지고 있는 것이다.[46]

---

44) "Парад 7 ноября на Красной площади." https://www.youtube.com/watch?v=uzT0QLRgXlg (검색일: 2018.9.5).

45) Mary Dejevsky, "If Putin celebrates the centenary of the Russian Revolution, it could be seen as validating the idea of state overthrow," Independence, Oct. 26, 2017. http:// www. independent.co.uk/voices/vladimir-putin-russia-centenary-bolshevik-revolution-a8021816.html #gallery(검색일: 2018.9.4).

46) Dejevsky, "If Putin celebrates the centenary...."

5. 푸틴 대통령의 볼셰비키 비판

푸틴 대통령은 2016년 1월 집권당인 통합러시아당의 국민 조직인 '전러시아 인민전선(ОНФ)'의 회합에서 소비에트 체제 건설 초기에 대한 상당히 부정적인 견해를 피력했다. 그는 사회주의, 공산주의 이데올로기 자체에 대해서는 긍정적으로 평가했지만 소련에서 그것의 진정한 실현은 이루어지지 못했다고 지적했다. 그는 소비에트 시기 공표된 공산주의 건설의 규정을 보면 성경의 내용과 상당히 흡사한 부분을 발견할 수 있다고 하면서 다음과 같이 밝혔다.

> 나는 아직도 공산주의, 사회주의 이데올로기를 무척 좋아한다. …… 이건 농담이 아니라 실제로 (공산주의 건설 규정들은) 성경에서 발췌된 것이다. (공산주의의) 이상은 훌륭하다. 평등, 형제애, 행복, 그러나 이렇게 훌륭한 이상을 우리 나라에서 실질적으로 구현하는 것, 그것은 생시몽, 오웬과 같은 공상적 사회주의자들이 설명한 것과는 거리가 멀다. 소련은 '태양의 나라'와는 닮은 것이 없다.[47]

푸틴은 특히 소비에트 초기 레닌을 비롯한 볼셰비키 지도부의 통치 행태에 나타난 폭력성을 가차 없이 비판했다. 이상은 훌륭했는데 그 이상을 구현하는 방법이 잘못되었다는 것이다. 볼셰비키 지도부의 폭력성에 대해

---

[47] "Заседание межрегионального форума ОНФ," Президент России, 25 января 2016, http://kremlin.ru/events/president/news/51206(검색일: 2018.3.15). 태양의 나라는 1602년 이탈리아 철학자 토마소 캄파넬라(Tommaso Campanella)의 저술에 등장하는 이상주의 국가로 공산제 원칙에 의해 운영된다. 예를 들어 이 국가는 생산수단을 공유하고, 노동을 전 국민의 의무로 규정하고 교육도 국가 기획으로 한다. Tommaso Campanella, *La città del Sole*, 임명방 옮김, 『태양의 나라: 불멸의 고전, 캄파넬라가 꿈꾸었던 유토피아』(이가서, 2012).

 | 세계사 속의 러시아혁명

그들이 차르 일가족을 처형한 사실을 예로 들어 다음과 같이 강한 어조로 비난한다.

모든 이가 차르 정부를 억압적이라고 비난했다. 하지만 소비에트 정권은 어떻게 건설했나? 대중 탄압으로 시작했다. 나는 여기서 그 규모에 대해 언급 하지 않겠다. 그 대신 가장 대표적인 예를 들겠다. 차르의 가족을 그 자녀들까 지 총살한 것이다. 무슨 이데올로기를 근거로 차르의 대를 이을 사람들을 죽였 는가? (차르의 주치의) 보트키나는 왜 죽였는가? 하인들, 소위 말하는 무산계급 출신인데, 그들은 왜 죽였는가? 무엇을 위해? 자신들의 범죄 행위를 은폐하기 위해?[48]

푸틴 대통령은 볼셰비키들이 무고한 성직자를 살해한 행태 또한 아래 와 같이 구체적인 예를 들어 폭로하고 있다.

우리는 전에는 한 번도 이 문제를 생각해 본 적이 없다. (볼셰비키들은) 소비 에트 권력에 대항해 무기를 들고 덤벼드는 사람들과 싸웠다. 그런데 그렇지 않 은 성직자들은 왜 죽였는가? 1918년 한 해에만 3000명의 성직자를 총살했고 그 후 10년 동안 1만 명의 성직자를 처형했다. 돈강에서는 (성직자) 수백 명이 얼음 구덩이 밑으로 던져져 살해되었다. 이런 사건에 대해 생각해 볼 때, 그리고 유사 한 사례가 새롭게 공개될 때 우리는 많은 것을 다른 각도에서 평가하게 된다. 또 한 블라디미르 일리치 레닌은 몰로토프에게 보낸 편지에서 …… "우리가 부르주 아지와 성직자 같은 반동 대표들을 많이 죽일수록 좋다"라는 식으로 썼다.[49]

---

48) Заседание межрегионального форума ОНФ.
49) 같은 글.

푸틴은 이렇게 말하면서 볼셰비키 정권은 기존에 우리가 알고 있는 사실과 상당히 다르다고 밝히고 있다. 이렇듯 레닌에 대한 부정적 평가를 통해 푸틴은 청중에게 레닌을 비롯한 볼셰비키 지도부가 소비에트 정권 초기 무분별하고 잔인한 살상을 통해서 정권을 수립했음을 암시하고 있다. 사실 소련 해체 이후 이제까지 러시아 국가 지도자가 비록 개인적 견해임을 밝혔지만 공식 석상에서 소련의 국부 레닌의 부정적이고 비도덕적인 면을 이 정도로 폭로한 적은 없다.50) 1917년 10월 러시아혁명으로 탄생한 볼셰비키 정권과 그 지도자에 대한 푸틴의 이러한 견해는 왜 러시아 정부가 1917년 혁명 100주년과 관련한 공식 행사를 개최할 의도가 없었는지 명확히 보여주고 있다.

푸틴은 레닌을 잔혹하고 무자비한 독재자로 평가한 데 이어 국익에도 막대한 손실을 준 지도자로 평가했다. 제1차 세계대전이 끝나가던 1918년 3월 레닌이 독일과 브레스트리토프스크 강화조약을 체결하고 전쟁에서 빠져나온 것을 가리켜 푸틴은 볼셰비키 정부가 "망해가고 있는 나라에 패한, 역사에서 아주 독특한 상황이었다"라고 냉소적으로 언급했는데 '망해가고 있는 나라'는 다름 아닌 강화조약 체결 후 몇 달이 지난 같은 해 11월 영국, 프랑스 등 연합국에 항복한 독일을 일컫는다.

푸틴은 왜 레닌이 망해가는 나라, 독일에 항복했느냐고 물으면서 그 이유는 "권력을 획득하기 위해서"라고 답한다.51) 즉, 레닌은 전쟁을 지속해서 전쟁에 패할 경우 힘들게 얻은 권력을 잃을 수 있다는 우려 때문에 국가에 미치는 어마어마한 손실을 감수하면서, 그리고 주변의 반대를 무릅쓰고

---

50) 물론 이러한 레닌과 볼셰비키의 폭력성에 대한 고발은 전혀 새로운 것이 아니다. 앞서 보았듯이 이미 1990년대 초부터 문서보관소 자료들이 공개되면서 볼셰비키들의 폭력성이 만천하에 공개되었기 때문이다.

51) Заседание межрегионального форума ОНФ.

독일과의 평화협정을 밀어붙였다는 의미이다.[52] 그러면서 푸틴은 "이러한 사실을 알고 있는 오늘날 우리는 국가가 거대한, 아주 엄청난 손실을 입게 되는 상황을 어떻게 평가해야 하는가?"라고 되묻는다.[53] 비록 이에 대해 답하지는 않았지만 푸틴의 견해는 다음 주제와 연관 지어 생각해 본다면 예측하기 어렵지 않다. 즉, 엄청난 국가적 손실을 안겨준 평화조약 체결은 레닌의 실책이라는 것이다.

푸틴은 소련의 궁극적 해체 또한 레닌에게 그 책임이 있다고 본다. 혁명 직후 수립된 볼셰비키 정부의 민족문제 담당 인민위원이던 스탈린은 1922년 소연방 수립 계획을 세우면서 우크라이나, 벨라루스, 아제르바이잔, 그루지야, 아르메니아공화국을 러시아연방 소비에트 사회주의공화국(РСФСР) 내에 자치권을 갖는 공화국 형태로 편입시키려 했다.[54] 푸틴은 하지만 레닌이 스탈린의 계획을 "시대의 분위기에 맞지 않는 잘못된 생각"이라고 비난하면서 "소연방은 각 공화국이 소연방에서 탈퇴할 수 있는 권리를 지닌 완전 평등 원칙하에 건설되어야 한다"라고 지적했음을 상기시키면서 "바로 이 같은 원칙이 우리 국가 체제 토대에 심어져 서서히 작동하는 시한폭탄이 되었다"라고 지적했다.[55] 이 발언은 푸틴 대통령이 1920년대 소련 형성기 때 러시아 내 소수민족 공화국에 과도한 독립권과 자율권을 부

---

52) 1918년 3월 3일 독일과 평화조약을 체결함으로써 러시아는 폴란드, 우크라이나, 발트 지역의 영토를 잃었고, 그 결과 당시 러시아 전체 인구의 40%에 해당하는 5600만 명, 러시아 전체 경작지의 27%, 철도의 26%, 방직물 생산의 38%, 주철과 강철 생산의 73%, 석탄 생산의 89%, 설탕 생산의 90%를 상실하게 되었다. А. А. 다닐로프(А. А. Данилов)·Л. Г. 코술리나(Л. Г. Косулина), 『새로운 러시아 역사』, 620쪽.

53) Заседание межрегионального форума ОНФ.

54) 나할일로, 보흐단(Bohdan Nahaylo)·빅토르 스보보다(Victor Swoboda), 『러시아 민족문제의 역사』, 정옥경 옮김(신아사, 2002), 76쪽.

55) Заседание межрегионального форума ОНФ.

여한 레닌의 결정이 1980년대 말 페레스트로이카 시기 비러시아 민족 공화국들의 분리주의 독립운동의 단초를 제공했으며 궁극적으로 소연방 붕괴에 이르게 했다고 본다는 의미다. 즉, 푸틴 대통령은 소련 붕괴의 단초는 아이로니컬하게도 소련을 성립시킨 레닌이 제공했음을 지적하는 것이다. 2000년 대통령으로 취임한 이후 1990년대 옐친 시기와는 달리 강력한 중앙집권화 정책을 도입하고, 체첸 분리주의자들과 치열한 전쟁까지 치르면서 국가 통합과 국민 통합을 제1의 과제로 수행해 온 푸틴의 행보로 볼 때56) 레닌이 비러시아 공화국에 소연방 탈퇴 권리를 제공한 것은 분명한 잘못이다.

또한 푸틴 대통령은 소련 형성 과정에서 볼셰비키 지도부가 다양한 민족을 한 지역에 묶어서 임의로 국경을 그어 공화국을 만들었음을 지적하면서 그 예로 러시아인 인구가 많이 거주하고 있던 돈바스 지역을 우크라이나공화국에 편입시킨 소비에트 지도부의 결정을 비난하고 있다. 레닌 지도부에 대한 이 같은 비난은 2014년부터 돈바스 지역의 분리주의자들과 우크라이나 정부군 간의 전투, 그로 인한 러시아-우크라이나 간 긴장 고조와 국경 지역 불안 증대 등으로 날카로워진 푸틴 대통령의 심기를 반영한 것으로 볼 수 있다. 푸틴은 1922년 소연방 구성 당시 볼셰비키 정부가 "무슨 근거로 돈바스 지역을 우크라이나 공화국에 넘겨주었는가"라고 반문하면서 그 이유는 다름 아닌 우크라이나에 노동계급의 수를 늘려서 볼셰비키에 대한 정치적 지지를 늘리기 위해서였다고 지적했다. 푸틴은 이런 정책에 대해 "완전히 터무니없는 짓"이라고 일갈했다. 푸틴은 "이러한 예는 이 한 가지가 아니고, 많이 있다"라고 했다.57) 레닌의 정책이 오늘날 러시아의 상황과 기준에서 보았을 때 결코 효과적이지 않았음을 강조하면서 비판적 시각

---

56) 송준서, 「기억의 정치학」, 182~183쪽.
57) Заседание межрегионального форума ОНФ.

을 표출한 것이다.

6. 맺음말

　2012년 러시아 여론조사 기관인 레바다센터의 조사에 의하면 러시아혁명을 기념한다는 사람은 응답자의 18%에 머물렀다. 이날을 기념한다고 하는 사람들의 31%는 연금 수령자이고 55세 이상이라고 답한 사람이 29%였으며, 이들의 경제 수준은 식료품을 구입할 정도의 돈만 있다는 사람이 20%, 농촌에 거주한다는 사람이 26%였다. 전체 응답자의 61%는 11월 4일 국민 단합의 날이나 11월 7일 혁명 기념일 중 어느 날도 기념하지 않는다고 답했다. 9%는 답하기 어렵다고 밝혔다.[58] 이를 종합해 보면 러시아 국민 중 약 70%는 러시아혁명 기념일에 별 의미를 두지 않는 것을 알 수 있다. 의미를 두고 그날을 기념하는 사람의 비율은 5분의 1이 채 안 되는데 그들 중 다수는 55세 이상의 연금 수령자로 소득이 낮은 축에 드는 농촌 거주 인구라는 것이다. 즉, 시장경제에 완전히 적응한 도시 거주 젊은 중산층은 10월 사회주의혁명에 거의 의미를 두고 있지 않는다는 의미다.

　하지만 이 같은 무관심이 반드시 1917년 혁명 자체를 부정적으로 평가한다는 의미는 아니다. 2017년 3월 레바다센터가 1917년 러시아혁명에 대한 러시아 시민들의 생각을 조사했다. 이 여론조사는 러시아 시민의 3분의 1이 러시아혁명이 사회, 경제적 발전에 자극을 주었다고 평가함으로써 러시아혁명에 긍정적 의미가 있음을 인정하고 있다. 그에 비해 사회·경제 발

---

58) "7 ноября - День Октябрьской революции 1917 года: история праздника," РИА Новости, 7 ноября, 2017. https://ria.ru/spravka/20121107/909769974.html(검색일: 2018.4.23).

전을 방해하고 재앙을 불러왔다는 식으로 부정적으로 평가한 응답자는 27%로 전체 응답자의 4분의 1이 약간 넘는 수준이다. 1990년대 초 이래 여론을 추적해 보면 혁명이 사회 경제 발전에 자극을 주었다는 견해는 몇 년을 제외하고는 꾸준히 가장 높은 비율을 차지했고 최근 가장 높은 36%를 차지했다. 그와 반대로 혁명이 러시아에 재앙을 불러왔다는 견해는 점차 줄어 제일 낮은 비중을 차지하고 있다. 이러한 여론조사의 결과는 비록 러시아 시민들의 혁명에 대한 관심이 많이 줄어들었지만 그 역사적 의의에 대해서는 정부 지도자들처럼 부정적으로만 평가하지는 않는다는 점을 보여준다.

푸틴 정부도 러시아혁명에 대한 국민과 정부의 견해에 간극이 존재한다는 사실을 잘 인지하고 있다. 그렇기 때문에 10월혁명과 볼셰비키 지도부에 대해 비판적 견해를 견지하면서도 크렘린 앞의 레닌 묘 이장과 같은 혁명의 유산과 상징의 처리에 대해서는 극단적 조치를 유보하고 있다.[59] 레닌 묘의 이장 문제에 대해 2016년 1월 전 러시아 인민전선 포럼에서 푸틴 대통령은 "우리 사회를 분열시키는 어떠한 조치도 일어나지 않도록 이 문제는 조심스럽게 접근해야 한다"라고 밝히면서 "역으로 사회를 단결시킬 필요가 있다. 이것이 가장 중요한 점이다"라고 강조했다. 아직도 민감한 사안으로 남아 있는 혁명 유산 평가와 관련해 긁어 부스럼을 만듦으로써 러시아 사회를 양분하고 혼란에 빠뜨리기를 원치 않기 때문이다. 따라서 러시아 정부 지도부와 국민의 러시아혁명에 대한 평가와 기억은 망각과 기억 사이에 남아 당분간 이분화된 상태로 지속될 것으로 보인다.

---

59) Andrei Kolesnikov, "A Past That Divides: Russia's New Official History," Carnegie Moscow Center(October 5, 2017). http://carnegie.ru/2017/10/05/past-that-divides-russia-s-new-official-history-pub-73304; Елизавета Фохт, "Путин раскритиковал Ленина за его позицию в споре со Сталиным," РБК (2016.1.25), http://www.rbc.ru/politics/25/01/2016/56a64b6d9a794762fc7e85a5(검색일: 2018.9.8).

참고문헌

나할일로, 보흐단(Bohdan Nahaylo)·빅토르 스보보다(Victor Swoboda). 2002. 『러시아 민족문제의 역사』. 정옥경 옮김. 신아사.

노경덕. 2014. 「푸틴 시대 러시아의 스탈린주의 다시 읽기: 필리포프 현대사 교과서를 중심으로」. ≪서양사연구≫, 50집.

_____. 2018. 「탈이념화된 기억: 러시아혁명 100주년 기념을 돌아보다」. ≪역사비평≫, 122호.

다닐로프, A. A.(А. А. Данилов)·Л. Г. 콘술리나(Л. Г. Косулина). 2015. 『새로운 러시아 역사』. 문명식 편역. 신아사.

랴자놉스키, 니콜라스(Nicolas Riasanovsky)·마크 스타인버그(Mark Steinberg). 2011. 『러시아의 역사』 하. 조호연 옮김. 까치.

박원용. 2002. 「사회주의 몰락 이후 러시아혁명 해석의 흐름」. ≪역사와 경계≫, 42권.

_____. 2011. 「소비에트 체제 해체 이후 러시아혁명 해석의 주요 경향: 정치세력 및 노동계급과의 관계, 신문화사적 관점을 중심으로」. ≪동북아문화연구≫, 29호.

_____. 2017. 「러시아혁명 100주년, 어떻게 보아왔고 어떻게 볼 것인가」. ≪내일을 여는 역사≫, 67호.

볼코고노프, 드리트리(Dmitrii Volkogonov). 1996. 『크렘린의 수령들. 레닌에서 고르바초프까지』 상·하. 김일환 외 옮김. 한송.

서비스, 로버트(Robert Service). 2017. 『레닌』, 김남섭 옮김. 교양인.

송준서. 2012. 「기억의 정치학: 러시아 국가통합 도구로서 전쟁의 기억」. ≪중소연구≫, 36권 1호.

_____. 2017. 「러시아 역사교과서에 묘사된 제2차 세계대전의 '어두운 역사': 옐친과 푸틴 시기 교과서 비교」, ≪중소연구≫, 41권 2호.

오버리, 리처드(Richard Overy). 2002. 『스탈린과 히틀러의 전쟁』. 류한수 옮김. 지식의 풍경.

정한구. 2005. 『러시아 국가와 사회: 새 질서의 모색, 1985~2005』. 한울.

톰슨, 존(John Tompson). 2004. 『20세기 러시아현대사』. 김남섭 옮김. 사회평론.

캄파넬라, 토마소(Tommaso Campanella). 2012. 『태양의 나라: 불멸의 고전, 캄파넬라가 꿈꾸었던 유토피아』. 임명방 옮김. 이가서.

홍석우. 2008. 『우크라이나: 코자크와 오렌지혁명의 나라』. 한국외국어대학교.

Bigg, Claire. 2007.11.7. "At 90, Bolshevik Revolution Shows Its Age." Radio Free Europe/Radio Liberty. http://www.rferf.org/a/1347681.html(검색일: 2018.9.2).

Dejevsky, Mary. 2017.10.26. "If Putin celebrates the centenary of the Russian Revolution, it could be seen as validating the idea of state overthrow." *Independence*. http://www.independent.co. uk/voices/vladimir-putin-russia-centenary-bolshevik-revolution-a8021816.html#gallery(검색일: 2018.9.4).

Edele, Mark. 2017.2.10. "Friday Essay: Putin, Memory Wars and the 100th Anniversary of the Russian Revolution." https://theconversation.com/friday-essay-putin-memory-wars- and-the-100th-anniversary-of-the-russian-revolution-72477(검색일: 2018.4.10).

Fitzpatrick, Sheila. 2017. "Celebrating (or Not) The Russian Revolution." *Journal of Contemporary History*, Vol.52, No.4.

Humphries, Conor. 2007.11.7. "Politics pervades 90th anniversary of Russian Revolution." *Macau Daily Times*. http://macaudailytimes.com.mo/archive-2007-2009/politics-pervades-90th-anniversary-of-russian-revolution.html(검색일: 2018.1.2).

Kolesnikov, Andrei. 2017.10.5. "A Past That Divides: Russia's New Official History." Carnegie Moscow Center. http://carnegie.ru/2017/10/05/past-that-divides-russia-s-new-official-history-pub-73304(검색일: 2018.9.8).

Russia Beyond. 2017.10.26. "Winter Palace illuminated red in commemoration of the 1917 Revolution." https://www.rbth.com/arts/326533-winter-palace-illuminated-red(검색일: 2018.9.3).

Russian events and holidays. "The day of the great October socialist revolution." http://www.rusevents.info/holiday/the-day-of-the-great-october-socialist-revolution/(검색일: 2018.4.20).

Walker, Shaun. 2017.11.6. "Revolution, what revolution? Russians show little interest in 1917 centenary." The Guardian. https://www.theguardian.com/world/2017/nov/06/revolution-what-revolution-russians-show-little-interest-in-1917-centenary(검색일: 2018.9.3).

Zelče, Vita. 2018. "The Transformation of 'Holiday' in Post-Soviet Space: Celebrating Soviet Victory Day in Latvia." *Europe-Asia Studies*, 70, No.3.

Аргументы и Факты. 2008.11.4. "《Объединимся во имя стабильности》: 4 ноября отмечается дата окончания Смутного времени в России." http://www.aif.ru/society/history/7288(검색일: 2018.8.10).

Баранец, Виктор, Александр Гамов. 2008. "Тайны расстрела «Белого дома»." Комсомольская Правда, 3 Октября. https://www.kp.ru/daily/24174/385092/(검색일: 2018.7.5).

BFM.ru. 2017. 11. 6. "Военный парад на Красной площади: почему Россия отмеча ет 7 ноября?." www.bfm.ru/news/369362(검색일: 2018.1.20).

Деловая пресса. 2009.9.6. "Выступление В.В. Путина в МГУ 1 сентября 1999 года." http://www.businesspress.ru/newspaper/article_mId_33_aId_4067.html(검색일: 2018.10.1).

Президент России. 2016.1.25. "Заседание межрегионального форума ОНФ." http://kremlin.ru/events/president/news/51206(검색일: 2018.3.15).

РИА Новости. 2017. 11. 7. "7 ноября - День Октябрьской революции 1917 года: история праздника." https://ria.ru/spravka/20121107/909769974.html(검색일: 2018.4.23).

РИА Самара. 2008.10.31. "День народного единства. История праздника." http://www.riasamara.ru/rus/news/regiona/society/article34090.shtml(검색일: 2018.10.5).

ТАСС. 2014.11.3. "История праздника День народного единства 4 ноября." http://tass.ru/info/1549295(검색일: 2018.4.20).

Указ Президента Российской Федерации от 07.11.1996. г. No.1537. О Дне согласия и примирения. http://kremlin.ru/acts/bank/10231(검색일: 2017.11.10).

Федеральный закон от 29.12.2004 г. No.200-ФЗ. О внесутнии изменений в статью 1 Федернального закона ≪О дния воинской славы (победных днях) России≫. http://kremlin.ru/acts/bank/21862(검색일: 2018.2.24).

Федеральный закон Российской Федерации от 13 марта 1995 г. № 32-ФЗ «О днях воинской славы(Победных днях) России. http://pravo.levonevsky.org/bazazru/texts24/txt24630.htm (검색일: 2018.4.20).

Фохт, Елизавета. 2016. "Путин раскритиковал Ленина за его позицию в споре со Сталиным." РБК(25 Января), http://www.rbc.ru/politics/25/01/2016/56a64b6d9a794762fc7e85a5 (검색일: 2018.9.8).

지은이

한정숙
서울대학교에서 서양사를 공부하고 독일 튀빙겐 대학에서 러시아 농민사회주의 연구로 박사 학위를 받았다. 부산여자대학 전임강사, 세종대학교 조교수를 거쳐 현재 서울대학교 서양사학과 교수로 재직하면서 러시아사, 우크라이나사, 여성사에 관한 논문과 저서를 발표하고 있다. 서울대학교 러시아연구소장, 한국러시아사학회 회장 등을 역임했으며, 현재 한국외국어대학교 러시아연구소 일반연구원을 겸임하고 있다. 저서로는『여성은 이렇게 말하였다』(2008), 『시베리아 유형의 역사』(2018) 등이 있고, 역서로는『노동의 역사』(1982), 『우크라이나의 역사』 1(2016), 『우크라이나의 역사』 2(공역, 2016) 등이 있다.

반병률
미국 주립 하와이대학 대학원 역사학과에서 「러시아원동과 북간도 지역에서의 한인민족운동(Korean Nationalist Activities in the Russian Far East and North Chientao, 1905-1921」을 주제로 박사 학위(역사학)를 받았다. 전공 분야는 한국근현대사이고, 부전공으로 러시아사, 중국 근현대사, 일본 근현대사를 연구하고 있다. 세부 전공 분야는 한국독립운동사, 한인이주사, 해외동포사, 한러 관계사이다. 저서로는『망명자의 수기』(2013), 『홍범도 장군: 자서전 홍범도 일지와 항일무장투쟁』(2014), *The Rise of the Korean Socialist Movement: Nationalist Activities in Russia and China, 1905-1921* (2016), 『여명기 민족운동의 순교자들』(2013) 『통합임시정부와 안창호, 이동휘, 이승만: 삼각정부의 세 지도자』(2019) 등 다수가 있다.

강준영
대만 정치대학 동아연구소에서 현대중국정치경제학을 전공해 석사·박사 학위를 취득했다. 현재 한국외국어대학교 국제지역대학원 중국학과 교수, 중국 상하이 사회과학원 영예교수이다. 중국 문제 시사평론가이며, 한국중국학연구회와 중국문화학회 부회장을 맡고 있다. 한중사회과학학회 회장과 외교부 정책자문위원, 문화체육관광부 한중문화교류회의 사무국장, 한국외대 중국연구소장과 국제지역연구센터장, 연구산학협력단장 및 대학원 교학처장을 역임했고, 『한 권으로 이해하는 중국』(2004), 『중국의 정체성』(2004), 『판도라의 상자 중국』(2013) 등 20여 권의 저역서와 110여 편의 학술 논문이 있다.

공유식

대만 정치대학 동아연구소에서 현대중국정치를 전공해 석사·박사 학위를 취득했다. 현재 평택대학교 코리아실크로드연구소 연구교수, 한국외국어대학교 대만연구센터 책임연구원이며, 한중사회과학학회 부회장, 한국중국학연구회 편집위원, 한국중국문화학회 학술이사를 맡고 있다. 한국외국어대학교, 숭실대학교, 평택대학교, 대진대학교 등 다수의 대학에 출강했으며, 한중사회과학학회 사무국장과 중국학연구회 학술이사를 역임했다. 역서로 『우화로 배우는 중국경제』(2007), 『대만의 대학교육』(2014) 등이 있으며, 다수의 학술 논문이 있다.

이용운

서울대학교 동양사학과에서 「쑨원의 '두 갈래 노선'과 당치이론의 발전」으로 석사 학위를 받고 현재 박사 과정에 재학 중이다. 중화민국 시기 정치와 정치사상 및 혁명운동을 연구하고 있으며, 논문으로는 「쑨원의 러시아 10월 혁명 인식과 국민당 개조」(2018)가 있다.

손영훈

한국외국어대학교를 졸업하고 카자흐스탄 과학아카데미 역사민족학연구소에서 역사학 박사 학위를 받았다. 현재 한국외국어대학교 중앙아시아학과에 재직하면서 투르크 민족들의 역사와 언어 및 문화, 중앙아시아 지역의 디아스포라 및 고려인 문제 등을 연구하고 있다. 한국중동학회와 한국이슬람학회 총무이사, 카자흐스탄민족의회 학술위원회 해외전문위원 등을 역임했다. 저서로는 *Independence of Kaakhstan by Foreign Experts' Views* (공저, 2012), 『유라시아 지역의 분쟁』(공저, 2014), 『러시아 CIS 동포 이주 정주 실태조사』(공저, 2017) 등이 있다. 논문으로는 「카자흐스탄의 국민형성 과정과 조직」(2014), 「탈소비에트 투르크 공화국들의 문자개혁과 과제」(2015), 「괵투르크 석인상과 발발(balbal)의 의미와 기능에 대한 고찰」(공저, 2016) 등 다수가 있다.

베텔

서울대학교 사범대학원에서 협동과정 글로벌교육협력 박사 학위를, 경희대학교 국제대학원에서 국제관계학 석사 학위를 받았다. 포스코 경영전략실 미래전략그룹과 교육부 산하 국립국제교육원에서 근무한 경력이 있다. 현재 한국외국어대학교 아프리카연구소 전임연구원, 국제지역대학 아프리카학부 강사, 한국국제협력단(KOICA) 글로벌인재교육원 강사이다. 국제개발협력, 아프리카 정치·경제 및 국제교육 개발 등을 연구하고 있다. 저서로는 『남아공의 토지문제 연구(The Study of Land Issues in South Africa)』(공저, 2012)가 있다. 논문으로는 "Apps for language learning: their use across different languages in a Korean context"(2018), "Innovation in East Africa: An Exploration of Open Development Approaches"(2018), "Language Proficiency and Smartphone-aided Second Language Learning: A look at English, German, Swahili, Hausa and Zulu"(2019) 등이 있다.

김광수

남아프리카공화국 노스웨스트 대학 역사학과에서 박사학위를 받았다. 현재 한국외국어대학교 아프리카연구소 HK교수로 재직 중이다. 아프리카 중심주의 시각에서 아프리카 역사·문화 정체성을 규명하기 위해 연구하고 있다. 저서로 『스와힐리어 연구』(공저, 2011), 『남아프리카사』(공저, 2013), 『에티오피아 악숨문명』(공저, 2016), 역서로 『현대 아프리카의 이해』(2018)가 있다. 논문으로는 「Project for the Establishment of a National Museum in the DRC and Korea's New ODA Strategy: The Contextualization of the DRC's History and Culture」(2016), 「남아프리카공화국의 인종 갈등과 화해 그리고 공존을 향한 "평화 개념" 맥락화에 대한 역사적 고찰: 우분투(Ubuntu)와 진실과화해위원회(TRC)를 중심으로」(2018) 등이 있다.

김신규

한국외국어대학교 국제관계학과에서 정치학 박사 학위를 받았다. 현재 서강대학교 국제지역연구소 연구교수로, 동유럽 정치와 국제관계를 연구하고 있다. 저서로는 『약소국의 국제정치: 중부유럽 국제정치의 역사적 쟁점과 새로운 의제』(2018), 『국경 협력의 가능성과 미래』(2018), 논문으로는 「준-대통령제에서 대통령의 헌법적 권한과 실질적 영향력: 하벨(V. Havel), 클라우스(V. Klaus), 제만(M. Zeman)의 대통령 권한 비교」(2018), 「반유로, 반난민, 반기성의 정치: 2017년 10월 체코 총선을 중심으로」(2018), 「슬로바키아의 준-대통령제: 대통령과 총리 간 대결에서 공존으로」(2019) 등이 있다.

김지영

헝가리 부다페스트대학에서 현대사로 박사 학위를 받았다. 현재 숭실대학교 기독교문화연구원 HK교수에서 '근대 전환 공간의 인문학: 문화의 메타모포시스(Metamorphosis)'라는 어젠다로 연구하고 있으며, 오스트리아-헝가리 제국, 간전기 유럽 관계, 제2차 세계대전과 냉전의 역사, 동유럽의 체제 전환 역사에 집중하고 있다. 저서로는『1968년: 저항과 체제 비판의 역동성』(공저, 2019),『박물관 미술관에서 보는 유럽사』(공저, 2018), 역서로는 디오세기 이슈트반(Diószegi István)의『모순의 제국: 오스트리아-헝가리 제국의 외교사』(2013)이 있으며, 논문으로「헝가리 소비에트공화국의 성립과 좌절: 열망과 절망의 133일」(2018) 등이 있다.

이춘입

미국 뉴욕 주립대학 스토니브룩에서 역사학(여성학 부전공) 박사 학위를 받았다. 현재 동아대학교에서 인권의 역사와 서양사를 가르치며, 1960년대 인종과 젠더의 역사에 관해 연구하고 있다. 저서로는『1968년: 저항과 체제 비판의 역동성』(공저, 2019), 역서로는 낸시 톰스(Nancy Tomes)의『세균의 복음: 1870~1930년 미국 공중보건의 역사』(2019)가 있다. 논문으로는 "Women's Liberation and Sixties Armed Resistance"(2017),「블랙파워시대 급진적 흑인들의 맑스-레닌주의 변주」(2018),「미국 68의 시장화: 히피의 반문화에서 홀푸드와 의식적 자본주의 운동으로」(2018) 등이 있다.

송준서

미국 미시간 주립대학에서 역사학 박사 학위를 받았다. 미국 맨체스터대학 초빙교수를 거쳐 현재 한국외국어대학교 러시아연구소 HK교수로 러시아 지방정체성, 전쟁의 기억 등에 대한 연구를 수행하면서 러시아사를 가르치고 있다. 저서로는『프스코프 주 이야기: 변방의 요새에서 북서 러시아의 관문으로』(2012),『한국 슬라브학 30년사: 과거를 돌아보며 미래로 향하다』(공저, 2016),『러시아 프리즘: 보이는 현실, 숨겨진 진실』(공저, 2018)가 있다. 논문으로는「러시아 국경 도시의 실크로드 기억과 부활」(2015),「러시아 역사교과서에 묘사된 제1차 세계대전의 '어두운 역사'」(2017), "The Symbolic Politics and the Wartime Front Regional Identity"(2018) 등이 있다.

한울아카데미 2162
한국외국어대학교 러시아연구소
HK 연구사업단 학술연구총서 34

세계사 속의 러시아혁명

ⓒ 한정숙·송준서 외, 2019

편저자 | 강덕수·한정숙·송준서
지은이 | 한정숙·반병률·강준영·공유식·이용운·손영훈·베텔·김광수·
        김신규·김지영·이춘임·송준서
펴낸이 | 김종수
펴낸곳 | 한울엠플러스(주)
책임편집 | 최진희

초판 1쇄 인쇄 | 2019년 5월 21일
초판 1쇄 발행 | 2019년 5월 31일

주소 | 10881 경기도 파주시 광인사길 153 한울시소빌딩 3층
전화 | 031-955-0655
팩스 | 031-955-0656
홈페이지 | www.hanulmplus.kr
등록 | 제406-2015-000143호

Printed in Korea.
ISBN 978-89-460-7162-9 93900(양장)
     978-89-460-6659-5 93900(무선)

* 책값은 겉표지에 표시되어 있습니다.
* 이 책은 강의를 위한 학생용 교재를 따로 준비했습니다.
  강의 교재로 사용하실 때는 본사로 연락해 주시기 바랍니다.

이 책은 한국연구재단의 지원(NRF-362-2009-1-B00005)으로 발간되었음.